Islam und Sozialisation

Gerald Blaschke-Nacak • Stefan E. Hößl
(Hrsg.)

Islam und Sozialisation

Aktuelle Studien

 Springer VS

Herausgeber
Gerald Blaschke-Nacak
Stefan E. Hößl
Universität zu Köln
Deutschland

ISBN 978-3-658-01937-2   ISBN 978-3-658-01938-9 (eBook)
DOI 10.1007/978-3-658-01938-9

Die Deutsche Nationalbibliothek verzeichnet diese Publikation in der Deutschen Nationalbi-
bliografie; detaillierte bibliografische Daten sind im Internet über http://dnb.d-nb.de abrufbar.

Springer VS

Lektorat: Stefanie Laux

Gedruckt auf säurefreiem und chlorfrei gebleichtem Papier

Springer Fachmedien Wiesbaden ist Teil der Fachverlagsgruppe Springer Science+Business Media
(www.springer.com)

Inhalt

Einführung in den Band

Gerald Blaschke-Nacak und Stefan E. Hößl

Obwohl in den Debatten um den Stellenwert von Religion im europäischen und nordamerikanischen Kontext immer wieder von einem zunehmenden *„soziale[n] Bedeutungsverlust von Religion"* (Pickel 2011, S. 173) gesprochen wird, steht der Islam als eine der großen monotheistischen Religionen in der Bundesrepublik Deutschland stetig im Mittelpunkt der politischen und medialen Aufmerksamkeit – vorrangig jedoch im Zusammenhang mit Szenarien der (islamistischen) Bedrohung, Terrorismus, religiösen und politischen Auseinandersetzungen oder Kriegen (vgl. u.a. Amir-Moazami 2007; Bielefeldt 2008; Halm 2008; Foroutan 2012; Çakir 2014).

Neben den Thematisierungen des Islam im gesellschaftlich-öffentlichen Diskurs konstatieren Ergebnisse standardisiert-quantitativer Forschung zur Bundesrepublik Deutschland eine besondere Relevanz der Religion des Islam im Alltag der zirka 4 Millionen in Deutschland lebenden MuslimInnen[1] (vgl. Haug et al. 2009, S. 11). So kommt etwa der Religionsmonitor 2008, für den in einer repräsentativen Untersuchung 2000 MuslimInnen im Alter über 18 Jahren befragt wurden (vgl. Rieger 2008, S. 10), zu dem Ergebnis, dass diese im Vergleich zum Durchschnitt der Bevölkerung „deutlich religiöser" (Mirbach 2013, S. 45) sind.[2] Ferner verweisen etliche weitere, auch qualitativ-rekonstruktiv ausgerichtete Studien auf den herausgehobenen Stellenwert des Islam für in Deutschland lebende MuslimInnen, wenngleich sich diese Forschungen – etwa in Bezug auf die Altersstruktur, das Geschlecht und die Migrationsbezüge der Befragten, aber auch hinsichtlich ihrer Erkenntnisinteressen und forschungsmethodischen Ausrichtungen – mitunter

---

1 Im vorliegenden Sammelband wird das Binnen-I als geschlechtergerechte Schreibweise genutzt.

2 „90 Prozent der Muslime in Deutschland über 18 Jahre sind religiös, 41 Prozent davon sogar hochreligiös" (Bertelsmann Stiftung 2008, S. 6). V. a. jüngere MuslimInnen werden hier als „[b]esonders glaubensstark" (Mirbach 2013, S. 46) charakterisiert.

stark voneinander unterscheiden sowie in unterschiedliche Schlussfolgerungen
münden (vgl. u.a. Nökel 2002; Alacacioglu 2003; Boos-Nünning/Karakaşoğlu 2006;
Şen/Sauer 2006; Brettfeld/Wetzels 2007; Sauer 2009a und 2009b; Haug et al. 2009;
Geschke et al. 2011; Wensierski/Lübcke 2012; Hößl/Köbel 2013).

Letztlich spielen vielfältige Bezüge auf die Religion des Islam auch im bildungspolitischen Diskurs mit den Debatten um ein Kopftuchverbot von Lehrpersonen,
der Einführung und Umsetzung eines Islamunterrichts sowie in den breit geführten Diskussionen und Ansätzen hinsichtlich eines angemessenen Umgangs mit
‚ethnischer Differenz' in Schulen und Kindertageseinrichtungen eine bedeutende
Rolle (vgl. u.a. Berghahn/Rostock 2009; Halm et al. 2014; Mohr/Kiefer 2009; Uçar
2010; Kuhn 2013).

Die in diesem Band vorgenommene Zentrierung auf den Islam berücksichtigt
nicht nur den aktuellen gesellschaftlich-öffentlichen und bildungspolitischen
Diskurs. Mit ihr wird auch ernst genommen, dass der Islam im alltäglichen Leben vieler Menschen in Deutschland sowie für die pädagogische Praxis etlicher
Bildungsinstitutionen von Bedeutung ist. Vor diesem Hintergrund ging es in der
Konzeption dieses Bandes darum, nach Verhältnisbestimmungen zwischen *Islam
und Sozialisation* zu fragen, indem der Fokus darauf gerichtet wird, was es konkret
für das ‚Sein in der Welt' sowie das Aufwachsen bzw. die Entwicklung von Per-
sonen/-gruppen (vgl. Hölscher 2008; Hurrelmann 2012) bedeutet, muslimisch zu
sein und/oder als MuslimIn identifiziert, kategorisiert oder adressiert zu werden.
In diesem Sinne werden Einblicke in ausgewählte, rekonstruktiv-qualitativ ausgerichtete Forschungsarbeiten eröffnet, die einen differenzierten Beitrag zur Frage
nach dem Verhältnis von *Islam und Sozialisation* auf der Grundlage ihrer Studien
zu leisten im Stande sind.

Beim vorliegenden Band handelt es sich nicht um einen umfassenden Überblick
zum Thema. Vielmehr finden sich Forschungsarbeiten, die bestimmte Perspektiven
hinsichtlich des übergreifenden Erkenntnisinteresses in den Mittelpunkt rücken
sowie ihre Forschungsergebnisse in Bezug auf die pädagogische Praxis in unterschiedlichen Feldern reflektieren. In diesem Sinne liegt den Artikeln nicht nur ein
breites Spektrum an Bezugstheorien zugrunde. Die jeweiligen AutorInnen gehen
darüber hinaus von unterschiedlichen methodischen Zugängen sowie differieren-
den Fragestellungen aus und kommen gleichsam zu durchaus verschiedenen Schlüssen
für die pädagogische Praxis. Dabei stehen die vielschichtigen, empirisch fundierten
und detaillierten Perspektiven auf den Gegenstandsbereich *Islam und Sozialisation*
sowie die jeweiligen Ergebnisse in ihrer Gesamtheit jedoch in grundlegender Art
und Weise reduktionistischen und vereindeutigenden Homogenisierungen sowie

Differenzkonstruktionen bzgl. MuslimInnen, muslimischer Religiosität oder dem Islam entgegen. Es wird insofern auch deutlich, dass die Differenz zwischen MuslimInnen und Nicht-MuslimInnen immer eine relative ist, da sie nur in Abhängigkeit vom jeweiligen Hintergrund der Akteure und der jeweiligen (individuellen) Situation eine bestimmte (oder auch keine) Bedeutung entfaltet (vgl. Ricken/Reh 2014).

Die Beiträge, in denen die jeweiligen ForscherInnen zentrale Ergebnisse ihrer teilweise noch in Durchführung befindlichen, rekonstruktiv-qualitativ ausgerichtete Forschungsarbeiten vorstellen, wurden drei Bereichen zugeordnet: 1) *KiTa und Schule*, 2) *Jugend und Peergroups* sowie 3) *Familie*.

Im ersten Bereich des Bandes werden Studien von Oktay Bilgi, Gerald Blaschke-Nacak sowie Ingrid Kellermann und Ditte Lorenz vorgestellt, die im Kontext unterschiedlicher Kindertageseinrichtungen sowie einer Grundschule durchgeführt wurden. Ausgehend von einer Überführung des Konzeptes der Sozialisation in eine dekonstruktive Lesart wendet sich *Oktay Bilgi* dabei im ersten Beitrag der Frage zu, wie die Konstruktion eines ‚islamischen‘, ‚libanesischen‘ Jungen im Rahmen einer Interaktion in einer Kindertageseinrichtung mit unterschiedlichen Modi der Anerkennung, Betrauerbarkeit sowie Verletzbarkeit einhergeht und welche Grenzen der Gemeinschaft zwischen einem ‚Wir‘ und ‚den Anderen‘ so in einem frühpädagogischen Kontext gestiftet werden. Daraufhin rückt *Gerald Blaschke-Nacak* die Perspektive elementarpädagogischer Fachkräfte auf muslimische Religiosität in den Mittelpunkt. Er richtet den Fokus auf handlungsleitende Orientierungen, welche die Bearbeitung der Differenzkategorie muslimische Religiosität im Rahmen von drei Gruppendiskussionen strukturieren, die er mit Einrichtungsleiterinnen und Mitarbeiterinnen dreier Kindertageseinrichtungen durchgeführt hat. *Ingrid Kellermann* und *Ditte Lorenz* schließen diesen Bereich des Bandes ab. Sie arbeiten anhand der Rekonstruktion von Gruppendiskussionen mit SchülerInnen, einem Verantwortlichen der Islamischen Föderation Berlin und drei Lehrerinnen Bedeutungsdimensionen der Anerkennung im Zusammenhang mit dem an einer Berliner Grundschule verankerten islamischen Religionsunterricht heraus.

Im zweiten Bereich des Bandes *Jugend und Peergroups* finden sich Beiträge von Thomas Geier und Magnus Frank, Julia Franz sowie Stefan E. Hößl und Karim Fereidooni. *Thomas Geier* und *Magnus Frank* stellen in ihrem Beitrag erste Ergebnisse des Forschungsprojekts *Die Pädagogik der ‚Gülen-Bewegung‘* vor, in dem sie in einer migrationsgesellschaftlichen Perspektive auf Praktiken und Biografien muslimischer Studierender in religiösen Gesprächsgruppen der global verbreiteten ‚Gülen-Bewegung‘ fokussieren. Explorativ werden dabei mögliche Habitualisierungen der Praxis rekonstruiert und auf zwei bildungsbiografische Fallskizzen bezogen. *Julia Franz* geht in ihrem Beitrag *Jugendliche auf der Suche nach biografisch relevanten Werten* der Frage nach, wie Jugendliche, die als ‚junge Muslime' zur besonderen Zielgruppe geworden sind, Wertorientierungen ausbilden. Dabei bezieht sie sich auf Ergebnisse ihrer Dissertationsstudie, die sowohl auf die Ambivalenz dieser Orientierungen als auch auf Spannungsverhältnisse im Kontext der biografischen Prozesse dieser Jugendlichen verweist. *Stefan E. Hößl* und *Karim Fereidooni* fokussieren im dritten Beitrag des Bereichs *Jugend und Peergroups* auf die Frage, inwiefern dem Kopftuch in sozialisatorischer Hinsicht eine Bedeutung zukommen kann. Ein exemplarisches Interview heranziehend verdeutlichen sie, wie insbesondere kopftuchbezogene Ab- und Ausgrenzungserfahrungen eine Wirkmächtigkeit hinsichtlich des Werdens einer jungen Frau entfalteten.

Den thematischen Schwerpunktbereich *Familie* eröffnet *Ahmet Toprak* mit einem Beitrag zu *muslimischen Familien in Deutschland*. Sich auf zentrale Ergebnisse eines qualitativ ausgerichteten Forschungsprojekts beziehend schafft er Zugänge zu Sozialisations- und Erziehungsprozessen in muslimischen Familien in Deutschland, indem er einerseits auf den Erziehungsstil und die Erziehungsziele in ‚konservativ-autoritären Familien' sowie andererseits auf die religiöse Sozialisation und Erziehung in ‚religiösen Familien' fokussiert. Im Beitrag von *Nils Köbel, Stefan Weyers, Nina Brück* und *Sascha Benedetti* werden anhand einer aktuellen Studie religiös-normative Orientierungen religiös aktiver muslimischer Jugendlicher nachgezeichnet. Die ForscherInnengruppe gibt, ihre Ergebnisse anschließend vor dem Hintergrund aktueller Studien zum Verhältnis von Jugend und Familie in muslimischen Lebenswelten diskutierend, erste Antworten auf die Frage, inwiefern es Zusammenhänge zwischen den religiös-normativen Urteilen der untersuchten Jugendlichen und ihrer jeweiligen familialen Sozialisation und Erziehung gibt. Im Beitrag von *Nino Ferrin* und *Marion Ziesmer* werden erste Ergebnisse einer Pilotstudie aufgezeigt. Sie verweisen auf eine Relation ästhetischer Rezeptionsmuster und biografisch erworbener Dispositionen durch die Sozialisation in muslimisch-religiösen Settings. Dabei stellen die AutorInnen heraus, dass sich in einem Vergleich religiöser und säkularisierter Familien unterschiedliche Orientierungsmuster der Interpretation inszenierter Kunstmedien zeigen.

Literatur

Alacacioglu, Hasan (2003): Ist Gott noch ,in'? Glaube und Glaubenspraxis von Jugendlichen in einer modernen Gesellschaft. In: Bukow, Wolf-Dietrich/Yildiz, Erol (Hrsg.): Islam und Bildung. Leske + Budrich, Opladen, S. 93-114.

Amir-Moazami, Shirin (2007): Politisierte Religion. Der Kopftuchstreit in Deutschland und Frankreich. transcript, Bielefeld.

Berghahn, Sabine/Rostock, Petra (Hrsg.) (2009): Der Stoff aus dem Konflikte sind. Debatten um das Kopftuch in Deutschland, Österreich und der Schweiz. transcript, Bielefeld.

Bertelsmann Stiftung (2008): Muslimische Religiosität in Deutschland im Überblick. Die wichtigsten Ergebnisse des Religionsmonitors. In: Bertelsmann Stiftung: Religionsmonitor 2008. Muslimische Religiosität in Deutschland. Überblick zu religiösen Einstellungen und Praktiken. Gütersloh, S. 6-8.

Bielefeldt, Heiner (2008): Das Islambild in Deutschland. Zum öffentlichen Umgang mit der Angst vor dem Islam. Berlin.

Boos-Nünning, Ursula/Karakaşoğlu, Yasemin (2006): Viele Welten leben. Zur Lebenssituation von Mädchen und jungen Frauen mit Migrationshintergrund. Waxmann, Münster.

Brettfeld, Katrin/Wetzels, Peter (2007): Muslime in Deutschland – Integration, Integrationsbarrieren, Religion sowie Einstellungen zu Demokratie, Rechtsstaat und politisch-religiös motivierter Gewalt. Ergebnisse von Befragungen im Rahmen einer multizentrischen Studie in städtischen Lebensräumen. Bundesministerium des Innern. Texte zur inneren Sicherheit.

Çakir, Naime (2014): Islamfeindlichkeit. Anatomie eines Feindbildes in Deutschland. transcript, Bielefeld.

Foroutan, Naika (2012): Muslimbilder in Deutschland: Wahrnehmungen und Ausgrenzungen in der Integrationsdebatte. Bonn.

Geschke, Daniel/Möllering, Anna/Schmidt, Dajana/Schiefer, David/Frindte, Wolfgang (2011): Meinungen, Einstellungen und Bewertungen: die standardisierte Telefonbefragung von Nichtmuslimen und Muslimen. In: Frindte, Wolfgang/Boehncke, Klaus/Kreikenbom, Henry/Wagner, Wolfgang: Lebenswelten junger Muslime in Deutschland. Ein sozial- und medienwissenschaftliches System zur Analyse, Bewertung und Prävention islamistischer Radikalisierungsprozesse junger Menschen in Deutschland. Berlin, S. 106-432.

Halm, Dirk (2008): Der Islam als Diskursfeld. VS, Wiesbaden.

Halm, Dirk/Sauer, Martina/Schmidt, Jana/Stichs, Anja (Hrsg.) (2014): Islamisches Gemeindeleben in Deutschland. Im Auftrag der Deutschen Islamkonferenz 2013. http://www.bmi.bund.de/SharedDocs/Downloads/DE/Themen/Politik_Gesellschaft/DIK/islamisches-gemeindeleben-in-deutschland-kurz-dik.pdf?__blob=publicationFile. Zugegriffen: 26. August 2014.

Haug, Sonja/Müssig, Stephanie/Stichs, Anja (2009): Muslimisches Leben in Deutschland. Berlin.

Hölscher, Barbara (2008): Sozialisation, Sozialisationskontexte, schichtspezifische Sozialisation. In: Willems, Herbert (Hrsg.): Lehr(er)buch Soziologie. Bd. 2. VS, Wiesbaden, S. 747-771.

Hößl, Stefan E./Köbel, Nils (2013): Rethinking Religiosity. Muslimische Religiosität im Fokus der Biographie- und Jugendforschung. In: Neue Praxis 5/2013, S. 439-456.

Hurrelmann, Klaus (2012): Jugendliche als produktive Realitätsverarbeiter: Zur Neuausgabe des Buches ‚Lebensphase Jugend‘. In: Diskurs Kindheits- und Jugendforschung 1/2012, S. 89-100.

Kuhn, Melanie (2013): Professionalität im Kindergarten. Eine ethnographische Studie zur Elementarpädagogik in der Migrationsgesellschaft. Springer VS, Wiesbaden.

Mirbach, Ferdinand (2013): Das religiöse Leben von Muslimen in Deutschland. Ergebnisse des Religionsmonitors. Halm, Dirk/Meyer, Hendrik (Hrsg.): Islam und die deutsche Gesellschaft. Springer VS, Wiesbaden, S. 21-47.

Mohr, Irka-Christin/Kiefer, Michael (2009): Islamunterricht – Islamischer Religionsunterricht – Islamkunde: Viele Titel – ein Fach? transcript, Bielefeld.

Nökel, Sigrid (2002): Die Töchter der Gastarbeiter und der Islam. Zur Soziologie alltagsweltlicher Anerkennungspolitiken. Eine Fallstudie. transcript, Bielefeld.

Pickel, Gert (2011): Religionssoziologie. VS, Wiesbaden.

Ricken, Norbert/Reh, Sabine (2014): Relative und radikale Differenz – Herausforderung für die ethnographische Forschung in pädagogischen Feldern. In: Tervooren, Anja/Engel, Nicolas/Göhlich, Michael/Miethe, Ingrid/Reh, Sabine (Hrsg.): Ethnographie und Differenz in pädagogischen Feldern. Internationale Entwicklungen erziehungswissenschaftlicher Forschung. transcript, Bielefeld, S. 25-46.

Rieger, Martin (2008): Der Religionsmonitor. In: Bertelsmann Stiftung: Religionsmonitor. Muslimische Religiosität in Deutschland. Überblick zu religiösen Einstellungen und Praktiken. Gütersloh, S. 9-12.

Sauer, Martina (2009a): Türkeistämmige Migranten in Nordrhein-Westfalen und in Deutschland: Lebenssituation und Integrationsstand. Ergebnisse der neunten Mehrthemenbefragung. Stiftung Zentrum für Türkeistudien. Essen.

Sauer, Martina (2009b): Teilhabe und Orientierungen türkeistämmiger Migranten in Nordrhein-Westfalen. Ergebnisse der zehnten Mehrthemenbefragung 2009. Stiftung Zentrum für Türkeistudien. Essen.

Şen, Faruk/Sauer, Martina (2006): Islam in Deutschland. Einstellungen der türkischstämmigen Muslime. Religiöse Praxis und organisatorische Vertretung türkischstämmiger Muslime in Deutschland. Ergebnisse einer bundesweiten Befragung. ZfT-aktuell. Essen.

Uçar, Bülent (Hrsg.) (2010): Die Rolle der Religion im Integrationsprozess. Die deutsche Islamdebatte. Peter Lang, Frankfurt a. M.

Wensierski, Hans-Jürgen von/Lübcke, Claudia (2012): ‚Als Moslem fühlt man sich hier auch zu Hause‘. Biographien und Alltagskulturen junger Muslime in Deutschland. Barbara Budrich, Opladen.

Teil 1
KiTa und Schule

Grenzen der (An-)Erkennung als Grenzen der Gemeinschaft?
Zu Subjektivierungs- und Anerkennungsprozessen im Kontext der frühen Kindheit

Oktay Bilgi

1 Statt einer Einleitung: Über eine Problematik des Anfangens

Mit einem Beitrag für ein Lehrbuch mit dem Titel *Islam und Sozialisation* zu beginnen, stellt eine größere Herausforderung dar, als es sich im Vorhinein ankündigt. *Islam und Sozialisation*: so vage und doch umfassend. Aber wonach und nach wem fragen wir, wenn wir nach *Islam und Sozialisation* fragen? Wie also anfangen?

Ein Beitrag zu *Islam und Sozialisation* kann nur anfangen, weil er bereits schon angefangen hat. Anders formuliert: Solch ein Beitrag ist in einen seit Jahrzehnten anhaltenden, gesellschaftlich umkämpften Diskurs um Migration, Islam und Integration eingebettet. Wenn wir uns also einem Ort zuwenden, an dem die Frage nach *Islam und Sozialisation* artikulierbar wird, dann wird deutlich, dass dieser Ort auch ein politischer ist, da an diesem um Identität, Gemeinschaft, Macht und Anerkennung gerungen wird. Daher müssen mit der Frage nach *Islam und Sozialisation* zugleich die (epistemischen und normativen) Voraussetzungen in den Blick genommen werden, die diese Frage gesellschaftlich bedingen. Und genau aus diesem Grund wird im Folgenden eine Perspektive gewählt, die jene Rahmen problematisiert, in denen die Frage nach *Islam und Sozialisation* einer Logik der Grenzziehung und Ausgrenzung folgt.

Said macht in seinen Orientalismusstudien deutlich, dass die Bilder des islamisch-orientalisch Anderen wie auch des christlich-okzidentalen Eigenen zuvörderst in hegemonialen Re-Präsentationen konstituiert werden: „Orientalism is a style of thought based upon an ontological and epistemological distinction made between ‚the Orient' and (most of the time) ‚the Occident'" (Said 2003, S. 20). Diese Repräsentationen markieren auch die normativen und symbolischen Grenzen von Zugehörigkeit, Anerkennung und Gemeinschaft. In diesem Sinne wird davon ausgegangen, dass Repräsentationen des Anderen und damit einhergehende Ausbeutungs-

und Unterdrückungsverhältnisse auf materieller und symbolischer Ebene keine Randerscheinungen gesellschaftlicher Wirklichkeit sind, sondern diese konstitutiv hervorbringen. Orientalismus verweist also auf jene Konstitutionsbedingungen von Gesellschaft und Gemeinschaft, die auf symbolischer und materieller Ebene ein hierarchisches Verhältnis zwischen dem christlich-okzidentalen Eigenen und dem islamisch-orientalischen Anderen strukturieren. So zeigt bspw. Iman Attia (2009) für den bundesdeutschen Kontext, wie eine zunehmende öffentliche Aufmerksamkeit gegenüber dem Islam mit Strategien der kulturellen Essenzialisierung und Grenzziehungen einhergeht. In einer Rekonstruktion der aktuellen Diskurse macht sie deutlich, wie im Zuge eines ‚anti-islamischen Rassismus' tradierte Bilder eines orientalen Islam in der Gesellschaft funktional bedeutsam werden und zur öffentlichen Inszenierung einer Bedrohung der christlich-abendländischen Kultur beitragen. Die Diagnose einer zunehmenden islamischen Gefährdung bedient sich dabei eines breiten Repertoires an Topoi des islamistischen Terrorismus, Antisemitismus, der Kriminalität, Ehrenmorde, Zwangsheirat, Gewalt gegen Frauen und homosexuellen Menschen sowie Geringschätzung von Bildung und Integration (vgl. ebd., S. 89). Diese hegemonialen Bilder des islamisch Anderen fungieren als Kontrast zur eigenen modernen und aufklärerischen Selbstdefinition als westlich-christliche Gemeinschaft, die sich angesichts der Bedrohung durch den Islam immer mehr in Gefahr sieht.[1]

In kritischer Distanz zu hegemonialen Wissens- und Wahrheitsregimes, die auf eine naturalistische und kulturalistische Weise gewaltvoll festschreiben, was und wer der Islam ist, wird hier also forscherisch auf die gesellschaftliche und diskursive Konstruktion des islamisch Anderen abgehoben.

Zurück zur Frage nach dem Anfang: Worin also besteht die besondere Herausforderung eines Beitrags zu *Islam und Sozialisation*? Vor dem Hintergrund der eingenommenen Perspektive ist bzgl. des Titels zu fragen: Wer oder was ist überhaupt gemeint, wenn von Islam gesprochen wird? Gerade vor dem Hintergrund

---

1   Tatsächlich zeigen u.a. die jüngsten Vorfälle im Irak, in Syrien und an den Grenzen der Türkei, wie gefährlich ein extremistischer Islamismus wie im Fall des IS (Islamischer Staat) werden kann. Eine derartige Bedrohung des Lebens aufgrund unserer Verletzbarkeit als menschliche Wesen bedarf einer besonderen Berücksichtigung. Aber gerade angesichts der Tatsache, dass die vorrangigen Opfer der islamistischen Gewalttaten Menschen sind, die sich dem Islam zugehörig fühlen, ist die hier formulierte Kritik von besonderer Wichtigkeit. Denn es geht schließlich darum deutlich zu machen, dass es einen gravierenden Unterschied gibt, ob wir von Islam oder von Islamismus sprechen. Die Gleichsetzung bzw. ihre zum Teil synonyme Verwendung können schließlich dazu führen, dass die ‚eigentlichen Opfer' des Islamismus selbst zu ‚Tätern' erklärt werden. Zu sehr ist die Bedrohung durch den Islamismus mit Islam übersetzt worden und zu sehr wurde Islamismus als migrations- und integrationsspezifisches Problem funktionalisiert.

der Ausführungen zu Attia sollte deutlich geworden sein, dass eine Frage nach dem Islam auch mit Selbstvergewisserungen verbunden ist. Der Titel *Islam und Sozialisation* könnte damit auch als eine Frage nach der eigenen Identität gelesen werden.[2] Aus diesem Grund wird der mit dem Titel hergestellte Zusammenhang zwischen *Islam und Sozialisation* hier zuallererst in Frage gestellt. So geht es um eine Frage, die nicht danach fragt, wer der Andere ist, um diesen Anderen mit allen möglichen wissenschaftlichen Methoden zu identifizieren. Am Anfang steht eine viel radikalere Frage, und zwar „eine vom Fremden kommende Frage. Als eine Frage der Antwort oder Verantwortung also. Wie auf all diese Fragen antworten? Wie die Verantwortung für sie übernehmen? Wie sich selbst ihnen gegenüber verantworten" (Derrida 2007, S. 94)? Die besondere Herausforderung des Anfangens besteht also im Finden einer verantworteten Antwort angesichts der Frage nach *Islam und Sozialisation.*

Vor diesem Hintergrund wird im Folgenden eine Position vertreten, die entgegen einer sozialisationstheoretischen Epistemologie, welche entlang naturalistischer Dichotomien zwischen Innen/Außen, Werden/Sein danach fragt, wie ein vor-sozialer ‚Anderer' durch eine Aneignung und Internalisierung von Normen zum gesellschaftsfähigen Subjekt werden kann, mit anerkennungs- und machttheoretischen Zugängen auf jene Normen abzielt, welche spezifische Subjekte überhaupt erst hervorbringen. Ausgehend von einer konstitutiven Verletzbarkeit und Ausgesetztheit als (kindliche) Bedingungen des Subjektseins soll im Sinne einer dekonstruktiven Verschiebung[3] der Perspektive versucht werden, Möglichkeiten einer Gemeinschaft

---

2 Im Kontext eines gewissen ‚flüchtigen Zeitgeistes' der Verunsicherung, der sich gerade durch immer wiederkehrende apokalyptische Szenarien des Untergangs durch den Islam mit Forderungen nach mehr Sicherheit und Gefahrenkalkulation kreuzt (vgl. Bommes 2006, S. 14), scheinen auch Fragen nach Gemeinschaft und Sicherheit krisenhaft geworden zu sein. In dem Augenblick, in dem die Gemeinschaft apokalyptisch bedroht wird, wird die Frage nach kollektiver Identität zentral, wächst doch die Identität „auf dem Grab der Gemeinschaft; sie gedeiht nur, weil sie die Auferstehung der Toten verspricht" (Bauman 2014, S. 23). Wie jedoch Derrida in seinen Arbeiten zur Apokalypse etymologisch aufzeigt, gibt es noch eine weitere Lesart des Wortes Apokalypse, die für die hier präferierte Geste des Anfangens entscheidend ist. Wenn die Apokalypse die bevorstehende Katastrophe ankündigt, dann kann sich Apokalypse selbst apokalyptisch ankündigen, und zwar als „post-aufklärerische Geste des Entblößens und Zeigens" (Derrida 2012, S. 16). Apokalyptische Ankündigung heißt in diesem Sinne zunächst nicht Untergang oder Katastrophe, sondern Enthüllung, Offenbarung und Aufklärung, die das Unsichtbare in das Sichtbare, das Rauschende in das Hörbare bringen will (vgl. ebd., S. 12f.).

3 Mit Jacques Derrida lässt sich Dekonstruktion als eine „doppelte Geste" (Derrida 2009, S. 65), bzw. als eine „doppelte Wissenschaft" (ebd.) verstehen. In einer ersten Phase werden dichotome Unterscheidungen, die immer ein hierarchisches (Ungleichts-)Verhältnis darstellen (‚Wir' und die ‚Anderen'), in eine Lesart überführt, in der die gewaltvolle

ohne Gemeinsamkeit[4] zu denken, die sich für den Anspruch des Anderen öffnet; d.h. einer Gemeinschaft, die nicht (ausschließlich) auf Gefühlen von Identität, Zugehörigkeit und gegenseitiger Anerkennung gründet. Hiervon ausgehend wird eine methodologische Perspektive entwickelt, aus der heraus die Erfahrung der Kindheit für die qualitative Forschung im Kontext von Kindertageseinrichtungen fruchtbar gemacht wird. Das Konzept der Sozialisation wird dabei als eine spezifische Epistemologie der Grenze von Gemeinschaft und Identität in eine dekonstruktive Lesart überführt. Als Sensibilisierung für Grenzziehungen wird dabei die Figur der Allegorie als Erkenntnis-, Interpretations- und Darstellungsstrategie im Rahmen qualitativer Forschung diskutiert und anschließend eine Sequenz aus einer ethnografischen Untersuchung in einer Kindergartengruppe vorgestellt. Zentral ist hier die Frage, wie die Konstruktion eines ‚islamischen‘, ‚libanesischen‘ Jungen mit unterschiedlichen Modi der Anerkennung, Betrauerbarkeit sowie Verletzbarkeit einhergeht und so Grenzen der Gemeinschaft zwischen einem ‚Wir‘ und ‚die Anderen‘ in einem frühpädagogischen Kontext gestiftet werden. Mit Blick auf die theoretischen wie auch empirischen Ergebnisse werden abschließend Ausblicke für weiterführende Forschung und für die frühpädagogische Praxis formuliert

2   Gemeinschaft, Sozialisation und der Andere

Im Folgenden wird es darum gehen, mit und gegen den Begriff der Sozialisation Möglichkeiten einer Gemeinschaft ohne Gemeinsamkeit zu denken. Wie kann eine

---

Hierarchie umgestürzt wird. In einer verschobenen und verschiebenden Schreibweise muss sodann der Abstand zwischen der Phase des Umbruches und dem Auftauchen eines neuen Begriffs markiert werden, der nicht mehr im alten (Denk-)System aufgeht (vgl. ebd., S. 66f.).

4   Solch Gemeinschaft ist eine Gemeinschaft à venir, die außerhalb jeder regulativen Idee und teleologischen Endzwecke beständig im Kommen bleibt. Wenn es eine kommende Gemeinschaft ohne Gemeinsamkeit geben soll, d. h. eine radikale Öffnung für den Anderen, dann gründet diese Gemeinschaft nicht auf dem Gefühl von Identität, Zugehörigkeit und gegenseitiger Anerkennung. Mit der Unterbrechung eines zirkulären Bandes von Gemeinschaft kann es aber auch nicht um ein jenseits von Gemeinschaft gehen. Ohne jede Ordnung und Zirkularität von Zugehörigkeit, Anerkennung und Gemeinsamkeit wäre jede unbedingte Verpflichtung gegenüber dem Anderen nicht unbedingt, sondern „abstrakt, utopisch, illusorisch" (Derrida 2007, S. 62). So ist der fundamentale Widerspruch, der dem Begriff der Gemeinschaft ohne Gemeinsamkeit inne wohnt, beizubehalten. Worum es geht, ist die Möglichkeit einer „‚quasi'-Gemeinschaft [...], die eine andere Erfahrung der Grenze voraussetzt" (Morin 2006, S. 54).

Gemeinschaft gedacht werden, die nicht auf kollektiver Identität gründet, sondern Singularität und Differenz als konstitutive Grenzen jeder Gemeinschaft anerkennt (vgl. Derrida 2002, S. 74f.)? An dieser Stelle wird der Sozialisationsbegriff in besonderer Weise herausgefordert, da dieser einem geläufigen Verständnis zufolge nach Prozessen der Gemeinschaftsstiftung fragt:

> „Zunächst ist festzuhalten: Das Leben in und mit der Gemeinschaft und der Gesellschaft muss erst erlernt werden, um sich diesen zugehörig zu fühlen. Nur über den Prozess der Sozialisation, der aus den Individuen soziale Wesen mit sozialen Identitäten macht, kann Gemeinschaft und kann Gesellschaft funktionieren" (Hölscher 2008, S. 749).

Mit Weber können die in sozialisationstheoretischer Hinsicht relevanten Grundbegriffe von Vergemeinschaftung und Vergesellschaftung unterschieden werden. So kann „Vergemeinschaftung' […] eine soziale Beziehung heißen, wenn und soweit die Einstellung des sozialen Handelns – im Einzelfall oder im Durchschnitt oder im reinen Typus – auf subjektiv gefühlter (affektueller oder traditionaler) Zusammengehörigkeit der Beteiligten beruht" (Weber 1980, S. 21). Im Unterschied zur Vergemeinschaftung wird Vergesellschaftung, über wert- und zweckrationalen Interessenausgleich und/oder Interessenverbindungen bestimmt. Während der Begriff der Vergesellschaftung Sozialisationsprozesse im Kontext eines funktionalen und rationalen Zusammenhangs wie etwa in der Ökonomie oder der Bürokratie beschreibt, umfasst der Begriff der Gemeinschaft bzw. Vergemeinschaftung emotionale und zwischenmenschliche Beziehungen und Bindungen, die durch gegenseitige Anerkennung und Identifizierung gestiftet werden. Gefühle von Zugehörigkeit und Gemeinsamkeit, die konstitutiv für die Imagination eines ‚Wir' sind, stellen mit Weber argumentiert keine natürlichen Tatbestände dar, sondern müssen in Beziehung zu anderen Menschen erst sozial hervorgebracht werden (vgl. ebd., S. 22).

Nun lässt sich diese Webersche Unterscheidung zwischen Vergesellschaftung und Vergemeinschaftung kritisieren. Wie es etwa unter der Perspektive des strukturellen und institutionellen Rassismus bzw. Diskriminierung diskutiert wird (u.a. Osterkamp 1996; Jäger/Jäger 2002; Gomolla/Radtke 2009), sind Ordnungen der Zugehörigkeit auf das engste mit ökonomischen und rationalen Ordnungen gesellschaftlicher Institutionen verschränkt. Trotz dieser Einsicht fokussiert der Beitrag die Ebene der Gemeinschaft, weil davon ausgegangen wird, dass die Frage nach *Islam und Sozialisation*, wie sie hier gestellt wird, zuallererst nach einem Ethos und einem Gemeinsinn fragt.

Wenn gefühlte Zugehörigkeit und Gemeinsamkeit erst in sozialen Prozessen gestiftet werden, dann verweist der Prozess der Vergemeinschaftung gleichzeitig auf den Ausschluss derjenigen, die nicht dazu gehören. Das heißt, Gemeinschaft ist konstitutiv auf die Ausgrenzung derjenigen angewiesen, die nicht zur Gemeinschaft gehören. Eine Gemeinschaft ohne Grenzen, das heißt ohne den konstitutiven Ausschluss der Nicht-Dazugehörigen verunmöglicht sich selbst. Sozialisation lässt sich in diesem Sinne als eine begriffliche Umschreibung jener imaginären Grenze von Zugehörigkeit und Gemeinschaft denken, die in einer Logik von Innen und Außen, von Sein und Werden, Mitglied und Nicht-Mitglied die Bedingungen der (Un-)Möglichkeit von Gemeinschaft beschreibt. Dem Begriff der Sozialisation ist daher eine Oppositionslogik eingeschrieben, indem Sozialisation nicht nur den Prozess der Vergemeinschaftung beschreibt, sondern sich notwendiger Weise auch auf jene Prozesse bezieht, in denen Andere ausgeschlossen werden: „Es ist immer ein Ich, das ‚Wir' sagt und dem ‚Wir' steht immer ein ‚Ihr' oder ein ‚Sie' gegenüber" (Morin 2006, S. 41). Insofern jedoch Sozialisation nicht nur Prozesse der Bindung und Eingliederung beschreibt, sondern konstitutiv auf Ausgrenzung angewiesen ist, rechnet Sozialisation nicht nur kategorisch mit der Abweichung, sondern ihr ist eine epistemologische Logik des Ausschlusses inhärent.[5]

---

5   Sozialisation sollte daher nicht nur als ein gegenstandsbezogenes Konzept verstanden werden, sondern auch als ein erkenntnistheoretisches (vgl. Honig 2009, S. 793). Der sozialisationstheoretische Blick mit seinen analytischen Kategorien und Heuristiken impliziert nicht nur ein Repertoire an Dichotomien wie etwa Innen/Außen, Werden/Sein, Mitglied/Nicht-Mitglied, sondern setzt darüber hinaus eine sozialisationstheoretische Epistemologie der Abweichungen von gesellschaftlichen Normen und Normalität als Wirklichkeit voraus, weil sich sonst die Frage nach Sozialisation nicht stellen würde. Eine sozialisationstheoretische Epistemologie stellt sich immer schon als eine Epistemologie des Othering dar, insofern das doppelte Erkenntnisinteresse der Sozialisationstheorien von Vergemeinschaftung und Individuation auf eine zeitliche und topografische Dimension des ‚Noch-Nicht' verweist. In diesem Sinne stellt Bauman fest, dass das Denken in Dichotomien – wie derjenigen zwischen der Eigen- und der Fremdkultur – eine der zentralen Prämissen der nationalen Moderne ist, ‚hinter' sich die Wirkungen einer differenzierenden Macht ‚verstecken' (vgl. Bauman 1992, S. 28). Diese Dichotomien beschreiben also nicht bloß die Koexistenz neutraler Dualitäten, vielmehr handelt es sich hier um hierarchische und Wirklichkeit konstituierende Asymmetrien, die mit einer Höherbewertung des einen bzw. niedrigeren Bewertung des anderen einhergehen. Sofern der Begriff der Sozialisation heuristisch dichotome und hierarchische Unterscheidungen zwischen ‚Innen/Außen', ‚Sein/Werden', Mitglied/Nicht-Mitglied voraussetzt, lässt sich eine differierende Macht hinter dem Begriff der Sozialisation ausmachen. Denn nur aufgrund solcher heuristischen Dichotomien lässt sich eine Narration eines sozialisationsbedürftigen Anderen formulieren, die paradoxerweise erst den Anderen als diesen spezifischen Anderen konstituiert. D. h., der soziale Effekt der Sozialisationstheorien vermag gerade darin bestehen, dass sie den (Sozialisations-)Anderen in Abgrenzung zum Eigenen (wie etwa Islam vs. Christentum) mit ihren analytischen Kategorien zuallererst machtvoll hervorbringt. Insofern also der Begriff der Sozialisation heuristisch auf die beschriebenen Dichotomien angewiesen

2.1 Subjektivierung und Sozialisation?

Mit einer Verschiebung der Perspektive, mit der wir nicht mehr bedingungslos von Sozialisation reden können, ohne nach ihren normativen und machtvollen Voraussetzungen zu fragen, ändert sich die Fragerichtung:

> „Wir müssen uns [jetzt] fragen, ob das ‚Ich‘, das moralische Normen auf lebendige Weise anzueignen hat, nicht selbst durch Normen bedingt ist, Normen, die das Subjekt erst lebensfähig machen. Es ist eines, zu sagen, dass ein Subjekt in der Lage sein muss, Normen anzueignen, aber es ist etwas anderes, zu sagen, dass es Normen geben muss, die dem Subjekt innerhalb des ontologischen Feldes Raum eröffnen" (Butler 2007, S. 17).

Im Sinne Butlers können wir also nicht mehr voraussetzen, dass ein vorsoziales Subjekt existiert, das erst durch Aneignung von Normen zu einem sozialen Mitglied wird. Vielmehr stellt sich jetzt die Frage, wie Normen überhaupt erst spezifische Subjekte hervorbringen. Das Verhältnis zwischen Normen und Subjekten, zwischen Innen und Außen, zwischen Sein und Werden ist aus der hier eingenommenen Perspektive mit und gegen den Begriff der Sozialisation neu zu denken. Es bedarf einer anderen soziokulturellen Heuristik des ‚Sozialisationsproblems‘, die die konstitutive Rolle des Anderen, zuweilen auch Degradierten, Unterdrückten und Ausgeschlossenen mit einbezieht.[6] In diesem Sinne rücken Prozesse der Subjektivierung in den Blick, die gleichsam nach den epistemischen und gesellschaftlichen Bedingungen der Hervorbringung spezifischer Subjekte fragen. Mit Subjektivierung werden dabei diejenigen Prozesse umschrieben, in denen Subjekte in intersubjektiven Anerkennungsbeziehungen im Kontext normativer Rahmungen erst hervorgebracht werden. Der Normbegriff bezieht sich hier allerdings nicht auf den Verhaltenskodex einer Gemeinschaft, der entweder anerkannt oder dessen Missachtung, Zuwiderhandlung etc. sanktioniert werden kann. Vielmehr werden mit Normen vor allem die historischen Bedingungen für die (An-) Erkennbarkeit

---

ist, legitimieren sich sozialisationstheoretische Fragestellungen über den Anderen der jeweiligen Sozialordnung immer auch selbst.

6 Denn „[d]as zweite Glied ist nur das Andere des ersten, die entgegengesetzte (degradierte, unterdrückte, exilierte) Seite des ersten und seine Schöpfung. Auf diese Weise ist die Abnormität das Andere der Norm, Abweichung das Andere der Gesetzestreue, Krankheit das Andere der Gesundheit, Barbarei das Andere der Zivilisation, das Tier das andere des Menschen, die Frau das Andere des Mannes, der Fremde das Andere des Einheimischen, der Feind das Andere des Fremden ‚sie‘ das Andere von ‚wir‘, Wahnsinn das Andere der Vernunft, der Ausländer das Andere des Staatsbürgers, das Laienpublikum das Andere des Experten" (Bauman 1992, S. 28).

von Subjekten beschrieben. Was in einem spezifischen, historischen Kontext als Subjektform gelten kann, wird über Normen vermittelt, die zugleich begrenzend und hervorbringend strukturieren, wer überhaupt als (an-)erkennbares Subjekt wahrgenommen wird (vgl. Butler 2010, S. 14). Anerkennung bedeutet in diesem Sinne nicht die normative und reziproke Wertschätzung eines bereits existierenden Subjekts, sondern Anerkennen bedeutet zuallererst im Modus der Enteignung durch Andere angesprochen zu werden: „Anerkennung zu erhalten oder zu geben heißt gerade nicht, Anerkennung dafür zu verlangen, wer man bereits ist. Es bedeutet, ein Werden für sich zu erfragen, eine Verwandlung einzuleiten, die Zukunft stets im Verhältnis zum Anderen zu erbitten" (Butler 2012, S. 64).

Erst in einer primären Gebundenheit zu Anderen, in einem grundlegenden Ausgesetztsein dem Anderen gegenüber, vollzieht sich der Prozess der Subjektwerdung. In ihrer Argumentation bezieht sich Butler vor allem auf unsere primäre Gebundenheit in der frühen Kindheit, in der wir aufgrund unserer Hilflosigkeit in fundamentaler Weise auf die Fürsorge Anderer angewiesen sind. Butler verweist damit auf eine grundlegende soziale Erfahrung des Ausgeliefertseins, die konstitutiv für das gemeinsame Leben in Gemeinschaften ist. In Gemeinschaft zu leben bedeutet daher, „sich zueinander zu verhalten, einander auszuliefern, ausgeliefert zu sein. Es bedeutet, ausgesetzt zu sein und in einem Verhältnis zum Anderen und zu dem, was anders ist, zu stehen, noch bevor von einer konkreten Gemeinschaft (einer geteilten Vorstellung, Geschichte, einem Stück Land…) die Rede ist" (Masschelein/ Simons 2012, S. 99). Wenn Gemeinschaft auf Bedingungen des Ausgeliefertseins, auf einem Angewiesensein und auf einer Hilfslosigkeit beruht, die vor allem auf die Geburt (bzw. Geburtlichkeit) und die Prägbarkeit in der frühen Kindheit verweisen, dann beschreibt die Erfahrung der frühen Kindheit eine entscheidende Konstitutionsbedingung von Gemeinschaft.

> „Diese Art, sich Gemeinschaft vorzustellen, bejaht die Relationalität nicht bloß als eine deskriptive oder historische Tatsache unserer Formierung, sondern auch als eine dauerhafte normative Dimension unseres sozialen und politischen Lebens, als eine Dimension, in der wir gezwungen sind, uns über unsere wechselseitige Abhängigkeit klarzuwerden" (Butler 2012, S. 44).

Dimensionen wechselseitiger Abhängigkeit insistieren auf die (kindlichen) Bedingungen jeder Gemeinschaft: Ausgesetztsein, Enteignung, Nicht-Souveränität, Nicht-Kohärenz, Unfertigkeit. So lässt sich an die Argumentation von Masschelein und Simons anschließen, wenn diese feststellen, dass wir

> „diese Kindheit […] nicht einsetzen, nicht einschließen [können], sondern [dass] sie […] auf etwas hin[deutet], das Teil von uns ist, ohne dass wir Einfluss darauf hätten,

etwas, das in uns eindringt, ohne dass wir es hätten willkommen heißen können. Diese Kindheit [...] weist [...] auf die simple Tatsache hin, dass wir nicht allein sind, dass unser Leben ein Leben mit etwas oder jemanden ist und das wir in diesem Leben-mit-Jemandem oder Etwas ausgesetzt sind" (Masschelein/Simons 2012, S. 89f.)

Leben in Gemeinschaften heißt daher immer wieder und aufs Neue auf Fragen des Zusammenlebens zu antworten. Gemeinschaften müssen stets gestiftet werden und dies ist nur ethisch und politisch möglich, d.h. durch die Erfahrung der frühen Kindheit.[7]

Daher soll es im Folgenden darum gehen, was eine Erfahrung der frühen Kindheit in methodologischer Hinsicht für die Konstituierung von Subjekten und Gemeinschaften bedeuten könnte. Gerade die Herausforderung, mit Unvorhersehbarkeit und Offenheit zu rechnen, führt im Folgenden methodologisch zu einer Ethnografie des Ereignisses, die das kindliche Staunen über die Dinge zu ihrem Erkenntnisprinzip erklärt.

3   Ethnografie des Ereignisses

Die neuere Kindheitsforschung erhebt den Anspruch, Kindern eine ,eigene Stimme' zu geben (vgl. Honig et al. 1999), doch methodologisch ist hier eine Unmöglichkeit formuliert. Der Anspruch, Kindern eine eigene Stimme zu geben und damit zu einer Demokratisierung ihrer Lebenssituationen beizutragen (vgl. kritisch dazu Mey 2001), muss zwangsläufig vor dem Hintergrund scheitern, dass auch eine politisch informierte Kindheitsforschung auf wissenschaftliche Zugangsweisen einer Scientific Community angewiesen ist, die nach den Regeln und Relevanzsystemen

---

7   Mit der Erfahrung der frühen Kindheit werden mindestens vier verschiedene Formen der menschlichen Erfahrung angesprochen. 1) die Tatsache der Geburt, 2) die Erfahrung einer irreduziblen Alterität, 3) damit einhergehend: dem Anderen von Anfang an ausgesetzt zu sein, 4) die Möglichkeit eines Neuanfangs im Handeln selbst (vgl. Arendt 2006). Gemäß der hier vorgelegten Argumentation ist es die Erfahrung der frühen Kindheit als eine Erfahrung der Verletzbarkeit, des Unfertigen, der Nicht-Souveränität, der Nicht-Kohärenz, die jene Grenzen der Gemeinschaft überschreiten lässt. Die Erfahrung der frühen Kindheit bringt uns in jenen Bereich der Differenz, Spaltung und Unabschließbarkeit, der als eine Offenheit für die Vielfalt der Welt zu verstehen ist. Eine Theorie, die sich mit Prozessen der Soziierung beschäftigt, müsste ihren Ausgangspunkt von jenem Unvermögen und Nicht-Können als Offenheit nehmen. Nicht als ein zu überwindender Zustand, sondern als Konstitutionsbedingung eines ethischen und politischen Lebens, in dem eine kommende Gemeinschaft ohne Gemeinsamkeit möglich werden kann.

von Erwachsenen funktioniert. Insofern die Stimme der Kinder zwangsläufig durch den forscherischen Blick aufgearbeitet, selektiert und transformiert wird, ist es unmöglich zu sagen, dass man ihr gerecht werden könne. Diese Unmöglichkeit führt möglicherweise in eine Sackgasse, sofern man den Anspruch erhebt, methodisch adäquat einen Zugang zu den Erfahrungen und Stimmen von Kindern zu erlangen. Es gibt jedoch auch andere Möglichkeiten, mit der Offenheit umzugehen, die uns eine Erfahrung der frühen Kindheit nahelegt. Dazu begeben wir uns in eine postkoloniale Situation,

> „in der das scheinbar Bekannte wieder fremd wird, ohne aber ein neues Bild abzugeben. Denn das Kind als Fremder ist keine neue Konstruktion, sondern die Bedingung der Möglichkeit aller anderen Konstruktionen und zugleich das, was sich in jedem Bild entzieht. Das Fremde, das als solches nicht Repräsentierbare, hinterlässt damit in jeder Repräsentation seine präontologischen Spuren wie eine Gespensterschrift" (Wimmer 2007, S. 159).

Wimmer folgend kann auch die Erfahrung der frühen Kindheit nicht in einfacher Weise als nur zu erfassender und zu verstehender Gegenstand von Forschung gelten. Vielmehr verlangt die Erfahrung der frühen Kindheit eine konstitutive Offenheit im forscherischen Denken und Wissen, da immer zugleich auch etwas entzogen wird. Diese Form der Erfahrung der frühen Kindheit stellt eine empirische Forschung, die die Erfahrung zu ihrem Erkenntnisprinzip erklärt hat, vor eine besondere Herausforderung. Denn sofern sie um ihre eigene Unmöglichkeit weiß, muss sie zwangsläufig eine gewisse Affinität zum Kuriosen pflegen bzw. das Kuriose zum eigentlichen Motor von Neugierde und Erkenntnisinteresse machen; eine Affinität jedoch, die um den Erkenntnisertrag des Kuriosen weiß.

Im Rahmen einer ethnografischen Forschungsperspektive, die keine kanonisierbare und anwendbare Methode darstellt, sondern heuristisch mit Nicht-Wissen, mit dem Unbekannten und dem Fremden im Vertrauten rechnet, lässt sich das Kuriose als Erkenntnisprinzip denken:

> Die in der „Ethnografie liegende Affinität zum Kuriosen [...] [ist] nicht eine Eigenschaft bevorzugter Gegenstände, sondern das Potenzial, alle möglichen Gegenstände ‚kurios‘, also zum Objekt einer ebenso empirischen wie theoretischen Neugier zu machen. Dafür setzt die Ethnografie auf einen ‚weichen‘ Methoden-, aber ‚harten‘ Empiriebegriff. Dessen Prämisse ist die Unbekanntheit gerade auch jener Welten, die wir selbst bewohnen" (Amann/Hirschauer 1997, S. 9).

Das Kuriose, in dem Vertrautes fremd und Fremdes vertraut wird, ist das eigentliche ethnografische Erkenntnisprinzip. Vertrautheit mit dem Fremden ist in diesem Sinne ein beständig zu überschreitender ‚Durchgangspunkt‘ (vgl. ebd., S. 29). Der

Prozess des Befremdens und des Infragestellens hört nicht auf, das Vertraute und die Gewissheiten zu ‚befallen'. So scheint eine ethnografische Forschungsstrategie auch für jene Aspekte zu sensibilisieren, die nicht im Gewohnten aufgehen. Denn insofern erkenntnisstrategisch immer schon damit gerechnet wird, dass sich im Vertrauten etwas ereignet, das weder im Vorfeld vorhergesagt, noch in einer theoretischen Weise ausgesagt werden kann (vgl. Derrida 2003, S. 36), lässt sich ethnografische Forschung immer schon als eine Ethnografie des Ereignisses verstehen.

3.1 Allegorie als ethnografische Erkenntnismethode

In diesem Sinne ist ein Ereignis nicht etwas, was in die gewohnten Raster des Sichtbaren passt, sondern es ist vielmehr eine „Veränderung des Rahmens, durch den wir die Welt wahrnehmen und uns in ihr bewegen" (Žižek 2014, S. 16). Ein Ereignis ist per Definition ein Phänomen, das sich weder im Voraus planen lässt, noch mit dem gewöhnlichen und routinemäßigen Dingen zusammenfällt. Wenn uns daher das Ereignis zugänglich wird, dann nur als ‚Widerstreit' an der Grenze dessen, was als die Grenzen der Erfahrbarkeit – und damit auch die Erfahrung der Kindheit – bezeichnet werden kann. Wenn das Ereignis sich an den Grenzen dessen ereignet und enteignet, was wir wissen, sehen, berühren, empfinden können, dann kann ethnografische Forschung sich nicht unter den Prinzipien von Kohärenz und Eindeutigkeit auf die Rekonstruktion dieser Grenzen beziehen. Vielmehr muss eine Ethnografie, die um die Notwendigkeit des Kuriosen weiß, nicht nur auf eine methodische Befremdung ihres Gegenstandes zielen, sondern gleichsam auf die methodische Befremdung der Methode selbst. Daraus folgt: eine interpretative und darstellende Aufzeichnung ‚des Anderen' erweist sich nicht nur in ihrer methodologischen Reflexion als unmöglich, zudem muss sie ihr Scheitern ‚noch einmal' zeigen, um einer doppelten methodischen Befremdung zu folgen. Mit Butler ist festzuhalten: Wenn es etwas Undarstellbares gibt,

> „das wir dennoch darzustellen versuchen, [dann muss dieses] Paradox [...] in der Darstellung, die wir geben, beibehalten werden. In diesem Sinne wird das [Undarstellbare] nicht mit dem gleichgesetzt, was dargestellt wird, es wird aber auch nicht dem Nichtdarstellbaren gleichgesetzt; es ist vielmehr das, was das Gelingen einer jeden darstellenden Praktik beschränkt" (Butler 2012b, S. 171).

Wenn sich das Undarstellbare weder in Darstellbares noch in Nicht-Darstellbares überführen lässt, dann folgt solch eine unmöglich-mögliche Darstellung dem Allegorischen. Nach Walter Benjamin stellt die Allegorie als die Kunst der Anders-Rede ein hochbedeutendes und fragmentiertes Bruchstück dar, das im Vollzug seiner

Darstellung zugleich sein Scheitern aufzeigt (vgl. Benjamin 1978, S. 156). Mit Benjamin gesprochen ist eine Allegorie *„genau das Nichtsein dessen, was es vorstellt"*
(ebd., S. 208), insofern sie ein Mitgesagtes und Mitgedachtes mit sich trägt, das von
der eigentlichen Bedeutung abweicht. Das Wesen der Allegorie lässt sich am besten
in Abgrenzung zum traditionellen Verständnis des Symbols verdeutlichen. Sind
im Symbol noch Zeichen und Bedeutung miteinander verschränkt, entzieht sich
die Allegorie einer endgültigen Schließung von Sinn und Bedeutung. Allegorie ist
demnach eine Grenzverletzung, ein Überschreiten der Grenzen (vgl. ebd., S. 155).
     Mit dem Wissen um die „Bodenlosigkeit kultureller Phänomene" (Amann/
Hirschauer 1997, S. 29) wird auch eine ethnografische Affinität zum Allegorischen
deutlich. Eine „ethnografische Allegorie" ermöglicht es, jenen Widersprüchen,
Paradoxien, Mehrdeutigkeiten und unterschiedlichen Lesarten im Forschungskon-
text einen angemessenen Ort einzuräumen (vgl. Clifford 1993). Sofern Allegorie
nicht nur ein sprachliches Stilmittel ist, und „[j]ede Person, jedwedes Ding, jedes
Verhältnis [...] ein beliebiges anderes bedeuten [kann]" (Benjamin 1978, S. 152),
könnte eine Allegorie der Allegorie[8] als Praxis eines methodischen Anderssehens
verstanden werden. Hinter dieser Praxis des methodischen Anderssehens steht
keine Methode im strengen Sinne, sondern eine (Handwerks-)Kunst.

> „Allegorie ist [demnach] die Kunst, dem Gesagten einen anderen Sinn zu geben
> oder ihm etwas hinzuzufügen. Es ist die Kunst, Bedeutung zu entziffern, des Lesens
> zwischen den Zeilen, etwas anderes oder mehr zu verstehen. Es ist die Fertigkeit,
> mehrere nicht notwendigerweise miteinander zu vereinbarende Dinge gleichzeitig zu
> tun. Es ist die geschickte Kunst, jene Grenzkontrollen zu entspannen, die Singularität
> absichern sollen" (Law 2010, S. 163).

Ethnografie als Arbeit an den Grenzen des Erfahrbaren verweist in diesem Sinne –
im Gegensatz zum methodisch kontrollierten Fremdverstehen – auf eine Kunst des
praktizierten Anderssehens, das in die etablierte Ordnung der Sicht- und Sagbarkeit
interveniert und ggf. neue Antworten auf Fragen der Gemeinschaft, Zugehörigkeit
und Anerkennung ermöglicht.

---

8   Vorausgesetzt, dass soziale Wirklichkeit selbst allegorisch strukturiert ist, d. h. mehrdeutig,
     widersprüchlich, bruchstückhaft, kann eine angemessene Weise, auf das Allegorische zu
     antworten, in der Allegorie selbst liegen. In diesem Sinne zeichnet sich ethnografische
     Forschung nicht dadurch aus, dass sie Konstruktionen ersten Grades (alltagsweltliche
     Konstruktionen) in Konstruktionen zweiten Grades überführt. Vielmehr lässt sich
     Forschung als Übersetzungsleistung verstehen, indem das Allegorische der Wirklichkeit
     allegorisch offengelegt, übersetzt und verändert wird. Denn „Allegorien sind im Reiche
     der Gedanken was Ruinen im Reich der Dinge sind" (Benjamin 1978, S. 156).

4   Der Fall ‚Faraj'

Im Folgenden geht es darum, die vorhergehenden theoretisch-methodologischen Reflexionen für die empirische Analyse produktiv werden zu lassen. Das hier interpretierte Material ist ein Auszug aus einem ethnografischen Beobachtungsprotokoll, das in einer Kindergartengruppe in der Stadt Essen im Rahmen einer ethnografisch angelegten Studie erhoben wurde. In dieser Studie wird die Kindergartengruppe als praktizierte Kultur in den Blick genommen. Es wird davon ausgegangen, dass soziale Ordnungsbildungen in Kindertageseinrichtungen als ein Netz von Subjekten, Artefakten und Objektivationen zu verstehen sind (vgl. Hörning/Reuter 2008, S. 116), die sich in einem Spannungsverhältnis zwischen Stabilisierung und De-Stabilisierung bewegen und Unberechenbarkeit, Verschiebbarkeit und Unentscheidbarkeit als konstitutive Momente zur Ordnungsbildung in Kindertageseinrichtungen einschließen (vgl. Moebius 2008, S. 61). Die Studie knüpft an die Frage an, wie Kindertageseinrichtungen als der Austragungsort eines Ringens um Anerkennung verstanden werden können. So wird davon ausgegangen, dass der Institutionskontext der Kindertageseinrichtung nicht von den jeweiligen sozialen, kulturellen oder machtförmigen Praktiken im Vollzug frühpädagogischer Zusammenhänge zu trennen ist, in dem die Frage nach Islam und religiöser Zugehörigkeit relevant wird.

In diesem Sinne rücken Praktiken der Anrufung und Subjektivierung im Spannungsverhältnis zwischen Fremd- und Selbstpositionierung in ihren je spezifischen Kontexten in den Blick. Fokussiert werden die vielseitigen, widersprüchlichen und paradoxen Zuschreibungen, Positionierungen und die wechselnden Machtrelationen zwischen den beteiligten Subjekten, um so Anerkennungsprozesse in ihren Widersprüchen deutlich werden zu lassen. Die relevante Frage ist hier, und damit ist auch eine Frage nach den normativen Rahmen der (An-) Erkennbarkeit formuliert, wie Verletzbarkeit und Anerkennung unterschiedlich ‚verteilt' werden, wie unterschiedliche Subjektformen mit unterschiedlichen Prekarisierungen einhergehen, welche Subjekte durch verletzende Anreden diskriminiert, ausgegrenzt, unterdrückt werden und letztlich auch, welche Artikulations- und Darstellungsmöglichkeiten durch Praktiken der Anerkennung gleichzeitig ermöglicht und verunmöglicht werden.

Beobachtungs- und Gesprächsprotoll:

Ich komme in den Gruppenraum und begrüße die Kinder und die Erzieherinnen, die zusammen am Frühstückstisch sitzen und frühstücken. Nachdem ich meine Sachen im Abstellraum verstaut habe, setze ich mich an den Nebentisch. Ich rede eine Weile mit der Erzieherin Heidi über den gestrigen Tag, bis mir plötzlich ein Kind auffällt, das ich vorher in der Gruppe nicht gesehen hatte. Es steht vor dem Regal direkt neben der Gruppentür und schaut mich ab zu an. Das Kind redet auch nicht mit anderen Kindern, sondern es steht da und beobachtet das Geschehen.

Ich spreche Heidi auf das Kind an:

Ich: Ist heute ein neues Kind in der Gruppe?
Heidi: Ah, nö?!
Ich: Ach so, das sieht so aus *[blicke in Richtung des Kindes]*.
Heidi: Ach, der Faraj, der ist über ein Jahr schon hier, der kommt aus dem Libanon, der hat riesen Schwierigkeiten, kommt auch ganz unregelmäßig, die Mutter ist auch verschleiert, alles, also, ich glaube, dass er sich fremd vorkommt, aber lässt sich auf nichts ein, ne. *(Kurze Unterbrechung)*
Ich: Und warum kommt er nur unregelmäßig, weißt du das?
Heidi: Weil, erst ist er krank, weil, ich glaub die haben mehrere Kinder allerdings schon ältere, dann waren irgendwie Ferien, dann macht er Theater, es ist immer 'ne andere Sache.[…]

Nach dem Frühstück setzen sich einige Kinder und Heidi zusammen an den Tisch direkt am Eingang, um ein Gesellschaftsspiel zu spielen. Ich setze mich zu ihnen an den Tisch. Faraj steht immer noch vor dem Regal nur wenige Meter von uns entfernt. Ich sitze schräg gegenüber von Faraj und schaue ihn ab und zu an. Heidi dreht sich zu Faraj um.

Heidi: Na, Faraj?
Faraj schaut auf den Boden und spricht nicht.
Heidi: Der hat Wimpern *(dreht sich wieder zum Tisch)*
Ich: hmhm.
Heidi: Kannst mal Augenmodell werden *(schaut wieder zu Faraj)*
Ich sehe, dass Faraj zu weinen anfängt
Ich: Oh, jetzt weint er.
Heidi: Zu viel mit ihm gesprochen.
Ich: Ah, okay?
Faraj: ‚Ah- ah- ah- ah- ah-ah-ah' *(laut und durchgehend)*
Heidi: Nä, Faraj, das ist echt nicht nötig, du kannst dich hier hinsetzen.
Heidi zieht den Stuhl neben sich etwas nach vorne. Faraj bleibt vor dem Regal stehen und weint weiter. […]
Ich: Wie alt ist er denn?
Heidi: Wer, der Faraj? Geht nächstes Jahr in die Schule, ist schon über ein Jahr hier und hat keine Freunde in der Gruppe bis auf Hami, wobei, wenn der kann, er kann auch gut austeilen, also, es ist draußen z.B. teilweise so, das ist dieses

Typische, auf der einen Seite ängstlich, emotional total am Ende und auf der anderen Seite, wenn sich die Gelegenheit anbietet wird ausgeteilt, was aber meistens fehlt ist die emotionale Bindung, Vertrauen und Beziehung zu den Kindern aufzubauen.

Ich: Liegt das daran, weil er unregelmäßig hier ist?

Heidi: Das ist es sicherlich auch, aber der ist, sag ich mal jetzt auch wirklich über ein Jahr schon da, ne, ich glaube, dass er sich entschieden hat, das nicht zu wollen, das ist erst mal ja schwierig, für arabische Kinder schwierig uns Frauen hier anzuerkennen.

Faraj weint immer noch laut.

Ich: Also, das, das irritiert ja auch, weil er sehr laut dabei ist, er signalisiert ja damit auch ‚mir geht's so schlecht‘, warum kümmert sich jetzt keiner drum‘, einerseits …

Heidi: Einerseits, soweit ich mich ihm zuwende geht's richtig los, du hast ja gesehen als man ihn in den Mittelpunkt gestellt hat, hat er geweint. ‚Ich stehe gewisser Weise im Mittelpunkt, die haben über mich gesprochen, und das ist dann wieder zu viel‘.

Heidi steht auf und geht zu Faraj. Sie hält ihn mit beiden Händen an den Oberarmen fest und holt ihn zu uns an den Tisch. Heidi setzt sich wieder auf den Stuhl und Faraj steht rechts von ihr am Tisch.

Heidi: So, Faraj, was ist los, he? Sag mal, du kannst dich auch hier hin setzen. (*Zieht den Stuhl neben sich etwas weiter nach vorne*) schau mal, du kannst dir das hier bequem machen und weiter brüllen, der ist da völlig und […] Das ist völlig monoton, ne, (*meint die Geräusche, die Faraj beim Weinen macht*), ist wie, irgendwie so ‚nen wie atmen, ne. (*schaut dabei Faraj an*) […] Weißt du was, ich kann das die ganze Zeit nicht ab, die ganze Zeit hier ˙ne Heulsuse zu haben, du gehst am besten dort hinten hin.

Heidi nimmt Faraj am Arm und bringt ihn in den Nebenraum. Faraj wehrt sich leicht, geht aber mit. Heidi lässt Faraj im Raum stehen und kommt wieder zurück an den Tisch. Faraj steht jetzt mitten im Raum und weint weiter.

4.1 Das ‚neue Kind im alten Gewand‘

Die folgende Interpretation wendet sich der Frage des Forschers zu, mit dem das Gespräch über das (unbekannte) Kind eröffnet wird; eine Frage nach dem Kind, die ihren Ausgangspunkt von einer gewissen Fremdheit her nimmt und mehrdeutig zu lesen ist. Einerseits bezieht sich die wahrgenommene Fremdheit darauf, dass der Forscher auf ein Kind aufmerksam wird, das er vorher in der Gruppe nicht gesehen hat. Das Kind wird aber nicht nur als fremd/neu wahrgenommen, weil es sich vorher dem forscherischen Blick entzogen hat und plötzlich in den Blick gerät;

auch das ‚schweigsame' Verhalten des Kindes scheint befremdlich. Denn so erklärt sich, warum in der Situation eine Erklärung für das ‚schweigsame' Verhalten des Kindes gesucht wird. Das Sichtbarwerden ist damit für den Forscher an eine gewisse Schweigsamkeit des Kindes gebunden. Eine Schweigsamkeit jedoch, die nicht mit fehlender Interaktion verwechselt werden darf. Denn das gegenseitige Blicken und Angeblicktwerden zwischen Kind und Forscher initiiert gerade die Frage nach dem ‚neuen Kind'. Erst dadurch, dass der Forscher durch die Schweigsamkeit angesprochen wird, rührt die Frage nach dem ‚neuen Kind' zu allererst von einem Angesprochensein durch die (wahrgenommene) Fremdheit des Kindes: „Ist heute ein neues Kind in der Gruppe"? Ein ‚neues Kind' lässt sich als Ankömmling verstehen, der in topografischer und zeitlicher Hinsicht noch nicht in der Gruppe anwesend war. Die Frage, ob ein ‚neues Kindes' in der Gruppe sei, verweist jedoch nicht nur auf eine topografische und zeitliche Grenze von Anwesenheit und Abwesenheit, sondern auch auf eine symbolische Grenze von Zugehörigkeit und Gemeinschaft, wenn schließlich mit der Frage, ob ein ‚neues Kindes' in der Gruppe sei, auf jenes Verhältnis zwischen der Fremdheit eines Neuankömmlings und der etablierten gemeinschaftlichen Gemeinsamkeit hingewiesen wird. Erst über die Wahrnehmung von Abweichung erfahren wir, was in der Wahrnehmung als ‚normal' gilt. Hier begegnen uns also Semantiken, die an die sozialisationstheoretischen Dichotomien zwischen Innen/Außen, Werden/Sein, Mitglied/Nicht-Mitglied erinnern. So geht es um jene Distanzmarkierung zwischen dem Vertrauten der Gemeinschaft der Kindergartengruppe und der Fremdheit des ‚neuen Kindes'. Die Frage nach dem ‚neuen Kind' ist also nicht nur eine Frage nach der Gemeinschaft der Kindergartengruppe, sondern darüber hinaus ist mit ihr auch eine normative Vorstellung angesprochen, wie sich Kinder verhalten, wenn sie neu in eine Kindergartengruppe kommen. So könnte man schlussfolgern, dass eine Unzugänglichkeit des Fremden zugänglich wird, indem die Fremdheit des Kindes vor dem Hintergrund vertrauter Bilder interpretiert wird. Warum das Kind wirklich schweigt, und ob es überhaupt schweigt, oder ob das Schweigen möglichweise auch ein Sagen ist, lässt sich nicht endgültig bestimmen.

Das Bild des ‚neuen Kindes', das aber nur durch vertraute Bilder (also im alten Gewand) zugänglich wird, lässt sich vor dem Hintergrund der bisherigen Interpretation als eine Allegorie verstehen, insofern nämlich die mit diesem Bild einhergehenden Bedeutungen mehrdeutig und bruchstückhaft sind. Die Unzugänglichkeit des Fremden muss erst einmal zugänglich werden, damit es als solches erfahren werden kann. Das Fremde muss gewisser Weise schon vertraut sein. Zugleich ist das Vertraute eigentlich ein Fremdes, weil seine Zugänglichkeit nur als Unzugänglichkeit erfahren werden kann, und zwar als Irritation, Befremdung, Enteignung. So verschränken sich in der Allegorie des ‚neuen Kindes im alten Gewand' Fremdheit und Vertrautheit auf unterschiedlichen Ebenen, ohne sich aufzulösen.

4.2 Gemeinschaft, Identität, Anerkennung: ‚Wir' und ‚die Anderen'

Die in der Allegorie des ‚neuen Kindes im alten Gewand' verankerte Widersprüchlichkeit zwischen Fremdheit und Vertrautheit wird von Heidi aufgegriffen und in eine neue allegorische Lesart überführt. Statt der Figur eines ‚neuen Kindes' wird mit den Differenzmarkierungen der Herkunft (‚kommt aus Libanon'), und der religiösen Zugehörigkeit (‚[die] Mutter ist auch verschleiert, alles') die kulturalistische Figur eines libanesisch-islamischen Jungen aufgerufen. Fragen der Herkunft und der religiösen Zugehörigkeit werden an soziale und emotionale Schwierigkeiten gekoppelt, wenn gesagt wird, dass Faraj ‚riesen Schwierigkeiten' hätte, ‚nur unregelmäßig' in den Kindergarten komme und sich ‚fremd vorkomme'. Bedeutsam an dieser Stelle ist vor allem, dass die Verschleierung der Mutter als Ausdruck für ihre islamische Zugehörigkeit als Erklärung herangezogen wird, um die Fremdheit Farajs zu unterstreichen: Faraj wird vor dem Hintergrund der Verschleierung der Mutter als islamischer Junge adressiert – und so wird die wahrgenommene Fremdheit als spezifische, das heißt als ‚islamische Fremdheit' hervorgebracht. Das Wort ‚Verschleierung' transportiert neben der eigentlichen Aussage, dass Farajs Mutter aufgrund ihrer islamischen Zugehörigkeit verschleiert sei, auch eine weitere Bedeutung, die mit Unkenntlichmachung und Intransparenz umschrieben werden kann. In diesem Sinne wird die angesprochene Verschleierung negativ konnotiert. Das Bild einer verschleierten Mutter, das heißt einer Mutter, die über sich hinaus das ‚Fremde' darstellt, ist eine Allegorie der Fremdheit, die zwischen dem Individuellen und der Gemeinschaft changiert. Das Bild der ‚verschleierten Mutter' scheint in dieser Situation nicht nur ein spezifisches Sorgeverhältnis zu Faraj, sondern darüber hinaus auch das (angebliche) Geschlechterverhältnis einer libanesisch-islamischen Gemeinschaft zu allegorisieren. Gleichzeitig markiert das Bild der ‚verschleierten Mutter' auch eine Differenz zu jenen Frauen, die nicht verschleiert sind, weil sich sonst die Fremdheitserfahrung über die Verschleierung nicht erklären würde.

Daher verstehe ich das Bild der ‚verschleierten Mutter' als eine Allegorie für das Fremde und Vertraute, das nicht nur in Bezug auf die generationale Beziehung zu Faraj und der Zugehörigkeit zu einer größeren Gemeinschaft des Libanesisch-Islamischen bedeutsam wird, sondern auch als Abgrenzung zu einem ‚Wir' zu verstehen ist. Das bedeutet, dass die hier vorgenommene Grenzziehung zwischen Vertrautheit und Fremdheit vor allem eine Grenzziehung zwischen verschiedenen Gemeinschaften darstellt. Während das Bild des ‚neuen Kindes' jene Differenz zwischen individueller Fremdheit und kollektiver Gemeinsamkeit allegorisierte, wird mit der Allegorie des ‚libanesischen-islamischen' Kindes auf eine Grenze zwischen Gemeinschaften verwiesen. So wird Farajs Fremdheit zunächst einseitig als empfundene Fremdheit aufgrund seiner Herkunft und religiösen Zugehörigkeit gerahmt. Darüber hinaus werden die unterstellten Fremdheitsgefühle auf eine fehlende Bereitschaft zurückgeführt, sich der Kindergartengruppe anpassen zu wollen. Faraj würde es daran fehlen, sich auf freundschaftliche Bindungen einzulassen und Vertrauen zu anderen Kindern aufzubauen. Nun deutet sich hier ebenfalls an, dass diese beschriebene Problematik eher vor dem Hintergrund von Farajs Zugehörigkeit zu einer größeren Gemeinschaft wahrgenommen wird: „das ist dieses Typische, auf der einen Seite ängstlich, emotional total am Ende und auf der anderen Seite, wenn sich die Gelegenheit anbietet, wird ausgeteilt, was aber meistens fehlt ist die emotionale Bindung, Vertrauen und Beziehung zu den Kindern aufzubauen". Das Typische, das im weiteren Verlauf als ‚arabisch' gekennzeichnet wird, beschreibt einen Moment der Gleichheit, die über Faraj als individuelles Kind hinausweist. Das Typische spricht für eine Allgemeinheit, sodass Faraj nur als ein Beispiel für ‚das Typische' verstanden werden muss. Farajs wahrgenommenes Verhalten bestätigt insofern ‚das Typische', und dieses dient als Deutungsrahmen für Farajs Verhalten. Vor allem die Unterstellung fehlender emotionaler Bindungen und Vertrauen in der Gruppe deuten darauf hin, dass die wahrgenommenen Probleme vor allem solche sind, die die gemeinschaftliche Zugehörigkeit von Faraj in der Kindergartengruppe betreffen.

Auch wenn gesagt wird, dass Faraj sich selbst entschieden hätte, keine Bindung und kein Vertrauen zu anderen Kindern aufzubauen, wird doch klar, dass diese angebliche Entscheidung gegen die Gemeinschaft der Kindergartengruppe vor dem Hintergrund einer Kollektivität interpretiert wird. Diese (angeblich) selbstverschuldete Ausgrenzung wird in einem weiteren Schritt über eine Anerkennungsproblematik begründet – und zwar, dass arabische Kinder Schwierigkeiten hätten die Frauen ‚hier', das heißt, die Erzieherinnen in der Einrichtung anzuerkennen: „das ist erst mal ja schwierig, für arabische Kinder schwierig uns Frauen hier anzuerkennen". Das heißt, dass Faraj nicht nur aufgrund der fehlenden Bindungen zu anderen Kindern große Schwierigkeiten hätte, sondern auch weil es ihm schwer fallen würde, die Frauen in der Einrichtung anzuerkennen. Insofern die Erzieherinnen ein Teil der Gemeinschaft der Kindergartengruppe sind, wird mit dieser Aussage ebenfalls Farajs fehlende Vergemeinschaftung kritisiert. Zum einen lässt sich feststellen, dass zwar bei arabischen Kindern keine geschlechtsspezifischen Unterscheidungen getroffen werden, doch über die geschlechtsspezifische Konnotation scheint es, als wären mit arabischen Kindern prototypisch arabische Jungen gemeint. Das arabische Kind wäre damit zuallererst ein männlich codiertes. Gleichzeitig wird deutlich, dass die Anerkennungsproblematik nur auf Seiten der arabischen Kinder ausgemacht wird. Nicht-arabische Kinder haben demzufolge offenbar keine oder zumindest weniger Schwierigkeiten, die Frauen in der Einrichtung anzuerkennen. Auch hier wird auf eine Grenze verwiesen, die eine Differenz zwischen arabischer und nicht-arabischer Gemeinschaft beschreibt. Die Annahme, dass über die Problematisierung des Anerkennungsverhältnisses Identitäten und Gemeinschaften gestiftet werden, kann in der weiteren Interpretation untermauert werden. So werden auch Frauen kollektivierend über das ‚uns‘ mit einer örtlich-zeitlichen Markierung des ‚hier‘ konkretisiert. Es geht also nicht um eine abstrakte Kategorie von Frauen, sondern um eine konkrete Gruppe von Frauen (‚uns‘ und ‚hier‘) im Kindergarten. Das ‚uns‘ und ‚hier‘ verweist erneut auf zeitlich-räumliche Grenzen wie auf symbolische Grenzen von Zugehörigkeit und Gemeinsamkeit. Nun wird diese Gemeinschaft der Frauen in gewisser Weise negativ über wahrgenommene Schwierigkeiten bei der Anerkennung durch arabische Kinder gestiftet. So werden den Frauen ‚hier‘ die arabischen Kinder gegenübergestellt, wenn behauptet wird, dass diese Schwierigkeiten hätten, Frauen anzuerkennen.

Die Aussage der Erzieherin rekurriert auf einen gesellschaftlichen Topoi über einen Islam, in dem Frauen – und hier besonders nicht-muslimische Frauen – weniger Anerkennung und Wertschätzung erfahren würden als Männer. In dieser Perspektive werden die unterstellte Fremdheit und die fehlende Vergemeinschaftung von Faraj an eine grundsätzliche Geringschätzung der Frauen in der Einrichtung gekoppelt. Die konstitutive Rolle der Anerkennungsproblematik für die Gemeinschaftsstiftung zeigt sich nicht nur in der Identifizierung einer Anerkennungsproblematik, sondern die Identifizierung entpuppt sich selbst als eine Anerkennungsproblematik. Wenn sich jedoch die Feststellung einer fehlenden Anerkennung selbst als fehlende Anerkennung darstellt, dann stellt sich die Darstellung schließlich allegorisch dar, d.h. als unauflösbarer Widerspruch. In ihrem Vollzug wird die Klage über die fehlende Anerkennung selbst zu fehlender Anerkennung.

4.3 Die Grenzen der Anerkennung als Grenzen der Betrauerbarkeit

Durch diese Dopplung der Anerkennungsproblematik stellen sich Fragen nach dem Erkennen und der Anerkennung von Farajs Weinen als Ausdruck von Trauer. Als Faraj anfängt zu weinen, wird zwar das Weinen erkannt, aber nicht als betrauerbare Trauer anerkannt. Faraj spricht zwar keine Worte, doch er bringt mit seinem Weinen eine gewisse Trauer zum Ausdruck, die von Heidi wiederum nur einseitig über die empfundene Fremdheit Farajs interpretiert wird: „zu viel mit ihm gesprochen". Das

Weinen wird hier als Ausdruck dafür verstanden, dass Faraj die Distanz aufrecht erhalten möchte. Insofern das Weinen lediglich als Artikulation des Wunsches nach Distanz verstanden wird, gibt es auch keine Notwendigkeit, Faraj aktiv zu trösten. So lässt sich auch verstehen, dass Heidi zwar auf Farajs Weinen eingeht und ihm anbietet, sich neben ihr hinzusetzen, aber das Weinen grundsätzlich als unnötig bewertet. So wird zwar auf das Weinen reagiert, aber insgesamt erweckt es den Eindruck, dass diese Reaktionen dazu dienen, auch den Forscher von der eigenen Haltung Faraj gegenüber zu überzeugen. Neben einer gewissen Ironisierung der Situation („schau mal, du kannst dir das hier bequem machen und weiter brüllen"), wird deutlich, dass die Handlungen Heidis lediglich vorherige Aussagen fortführen und bestätigen: „Einerseits, soweit ich mich ihm zuwende geht's richtig los, du hast ja gesehen als man ihn in den Mittelpunkt gestellt hat, hat er geweint. ‚Ich stehe gewisser Weise im Mittelpunkt, die haben über mich gesprochen, und das ist dann wieder zu viel'".

Dem Gesprächsverlauf folgend wird deutlich, dass Heidis Verhalten und Aussagen möglicherweise unter einem Rechtfertigungsdruck aufgeführt werden. Als der Forscher den Versuch unternimmt, Farajs Weinen in eine Aussage zu übersetzen („mir geht's so schlecht, warum kümmert sich keiner drum"), wird mit dieser Übersetzung gleichzeitig ein Rahmen aufgerufen, in dem normative Forderungen nach (Für-)Sorge und Verantwortung seitens der Erzieherinnen aufgeworfen werden. Schließlich geht es auch um eine Aushandlung des Rahmens, wie das Weinen von Faraj zu interpretieren ist und welche verantwortbaren Entscheidungen und Handlungen zu folgen haben. Während in der einen Lesart Farajs lautes Weinen als Bedürfnis und Wunsch nach Hilfe interpretiert wird (‚mir geht's so schlecht, warum kümmert sich keiner drum'), wird in der anderen Lesart ein Wunsch nach Distanz unterstellt (‚ich stehe gewisser Weise im Mittelpunkt, die haben über mich gesprochen'). So wird davon ausgegangen, dass es in Farajs eigenem Interesse liegt, nicht getröstet zu werden, weil er dann noch mehr weinen würde. Die Frage nach Fürsorge und Verantwortung wird damit in gewisser Weise umgangen. Farajs Trauer wird seine eigene Sache, insofern sie auf seiner eigenen Entscheidung beruht, keine vertrauensvollen Beziehungen in der Gruppe haben zu wollen. Sofern eine Tröstung, das heißt, eine gewisse Aufmerksamkeit und Zuwendung gegenüber Faraj als der eigentliche Grund seiner Trauer interpretiert wird, wird gleichzeitig seine Untröstbarkeit unterstellt. Das heißt, jede Tröstung wäre eine Vergrößerung seiner Trauer, weil sein Weinen als Ausdruck für den Wunsch nach Distanz und Nicht-Zugehörigkeit verstanden wird. Ging es zuerst darum, dem Weinen von Faraj eine Stimme zu geben, die möglicherweise einen Appell nach Hilfe und Fürsorge an die Erwachsenen richtet, wird dieser Appellcharakter des Weinens erneut in eine Schweigsamkeit des Nichts-Sagens überführt, wenn Heidi sagt: „Das ist völlig monoton, ne, (meint wie Faraj weint) ist wie, irgendwie so ,nen wie atmen, ne. (schaut dabei Faraj an)". Ein Weinen, das nur monoton und automatisiert erscheint, kann von Heidi nicht als authentische Trauer, als Ausdruck von Schmerz, Leid, Angst wahrgenommen werden. Das Weinen wird zu einem eintönigen Rauschen, einem Atmen ohne Botschaft. So erklärt sich möglicherweise auch, warum seine Trauer nicht nur nicht betrauert wird, sondern als unangenehm bzw. als Störung wahrgenommen wird. Das Weinen wird letztlich zum Anlass einer gewaltvollen Praktik, wenn Faraj als ,Heulsuse' bezeichnet und gegen seinen Willen angefasst und in den Nebenraum gebracht wird.

4.4 Zusammenführung

Am Beispiel dieser Sequenz sollte deutlich geworden sein, wie die Konstruktion eines ,libanesischen', ,islamischen', ,arabischen' Jungen mit unterschiedlichen Modi der Anerkennung, Betrauerbarkeit und Verletzbarkeit einhergeht und so Grenzen von Gemeinschaft und Identität, zwischen einem ,Wir' und ,die Anderen' gestiftet werden. Entgegen einer sozialisationstheoretischen Lesart, die genau diese dichotome Logik zwischen einem ,Wir' und ,die Anderen' perpetuiert, wurde nach konkreten Weisen der Subjektivierung gefragt, die kein substantielles Subjekt voraussetzen. So wurde deutlich, dass die Adressierung als ,libanesisches', ,islamisches', ,arabisches' Kind an einen Deutungsrahmen gebunden ist, der nicht nur mögliche Erfahrungen im Frühpädagogischen vorstrukturiert, sondern darüber hinaus mitentscheidet, wie Anerkennung, Verletzbarkeit, Betrauerbarkeit entlang von Gemeinschaft, Zugehörigkeit und Identität verteilt werden. Schließlich schlägt die differierende Macht, die der dichotomen Unterscheidungen zwischen ,Wir' und ,die Anderen' inhärent ist, in Gewalt um. Die Art und Weise der Subjektivierung im vorliegenden Beispiel ist vor allem mit Blick auf ihre Gewaltförmigkeit zu reflektieren. Diese beruht nicht zuletzt darin, dass versucht wird, ein kohärentes und in sich geschlossenes Bild eines ,libanesischen', ,islamischen', ,arabischen' Anderen zu konstruieren, der schließlich vor dem Hintergrund einer ,Integrationsproblematik' wahrgenommen wird. Trotz dieser gewaltvollen Eindeutigkeitsunterstellungen wird zugleich die Unmöglichkeit jener eindeutigen Grenzziehung lesbar, wenn nämlich deutlich wird, dass die Gemeinschafts- und Identitätsstiftung letztendlich immer allegorisch, das heißt, bruchstückhaft und mehrdeutig bleibt. Immer wird etwas mehr und immer etwas anderes gesagt als beabsichtigt wurde. Die hier herausgearbeiteten Interpretationen sind daher als allegorische Denkfiguren zu verstehen, die auf die Ruinenhaftigkeit des sozialen Herstellungsprozesses von Gemeinschaft und Identität verweisen.

5   Ausblicke für die Praxis und weiterführende Forschung

Wie lassen sich diese Ergebnisse nun auf die pädagogische Praxis anwenden? Zunächst scheint diesbezüglich eine Vergegenwärtigung dessen, was Erziehung überhaupt ist, zielführend. Jan Masschelein schreibt: „Erziehung als Menschenbildung [...] kennt [...] keinen Anfangs- oder Endpunkt. Erziehung ist kein ‚Weg zu…' (ist nicht in der Perspektive einer Methode zu verorten). Es gibt kein (inneres) Zentrum, das am Ursprung von Erziehung läge" (Masschelein 1992, S. 90).

Möglicherweise geht es in der Pädagogik nicht primär um die richtige Anwendung von Wissen, Programmen und Methoden, sondern um jene ethische Beziehung der Antwort und Verantwortung angesichts der Tatsache, dass wir als Geborene und Verletzbare immer schon auf die Anderen angewiesen sind (vgl. ebd.). Wenn pädagogische Praxis (auch) eine Praxis der ethischen und politischen Verantwortung ist, dann ist ihr Anliegen nicht die Anwendung abstrakter Theorien auf die Erziehungswirklichkeit, sondern vielmehr die (dekonstruktive) Hinwendung zu diesen, um eine pädagogische Wendung im Denken, Handeln und Sprechen einzuleiten. Schließlich sollte es darum gehen „vorbehaltlos von Grund auf in Frage zu stellen und nach [...] Zusammenhängen suchen zu können – unabhängig davon, ob sie angenehm oder unangenehm und in der Praxis glatt umsetzbar sind" (Röhrs 1967, S. 4).

So gilt für die Reflexion einer pädagogischen Praxis, sich jene theoretischen Werkzeuge anzueignen, zu übersetzen und zu transformieren, die eine kritische Infragestellung von Gewissheiten und Normalitätsentwürfen ermöglichen. Ohne den Anspruch auf Wahrheit und endgültige Gewissheit müsste es darum gehen, sich jene Wissensformen anzueignen, die Kritik als pädagogische Praxis kultivieren. Möglicherweise bedarf es hier eines theoretischen Bezugsrahmens einer Frühpädagogik, wonach Kindheit nicht ausschließlich unter der Perspektive von Entwicklung, Bildung oder Sozialisation thematisiert wird. Es bedarf theoretisch fundierter Forschung, die die ethische und politische Dimension der frühen Kindheit für die Konstitution von (Inter-)Subjektivität und Gemeinschaft(en) zu erklären versteht.

Deutlich sollte geworden sein, dass eine Kindertageseinrichtung nicht nur einen Schonraum für die Entwicklung der Kinder darstellt, sondern durch und durch ein politischer Ort ist, in dem um Gemeinschaft, Anerkennung und Identität gerungen wird. Vor dem Hintergrund bestimmter hegemonialer Bilder über ‚den Islam und MuslimInnen', die auch im Kontext von Kindertageseinrichtungen präsent sind und einen wirkmächtigen Einfluss auf die Wahrnehmung, das Handeln und die Urteile im Feld haben, ist also nach einer (Früh-)Pädagogik gefragt, die um ihre Verstrickung in hegemoniale Verhältnisse weiß. Die hier vorgelegte theoretische

Perspektive im Anschluss an macht- und anerkennungstheoretische Zugänge könnte solch eine Reflexionsfolie bieten. Schließlich geht es auch in der pädagogischen Praxis um ein praktiziertes Anders-Sehen, das sichtbar macht, was nicht gesehen, und das hörbar macht, was nicht gehört werden konnte.

Literatur

Amann, Klaus/Hirschauer, Stefan (1997): Die Befremdung der eigenen Kultur. Ein Programm. In: Amann, Klaus/Hirschauer, Stefan (Hrsg.): Die Befremdung der eigenen Kultur: Zur ethnographischen Herausforderung soziologischer Empirie. Suhrkamp, Frankfurt a. M., S. 7-52.

Arendt, Hannah. (2006): Vita activa oder Vom tätigen Leben. Piper, München/Zürich.

Attia, Iman (2009): Die ‚westliche Kultur' und ihr Anderes. Zur Dekonstruktion von Orientalismus und antimuslimischem Rassismus. transcript, Bielefeld.

Bauman, Zygmunt (1992): Einleitung: Die Suche nach Ordnung. In: Bauman, Zygmunt: Moderne und Ambivalenz. Ende der Eindeutigkeit. Fischer, Frankfurt a. M., S. 13-32.

Bauman, Zygmunt (2014): Tantalusqualen. In: Bauman, Zygmunt: Gemeinschaften. Suhrkamp, Frankfurt a. M., S. 13-28.

Benjamin, Walter (1978): Ursprung des deutschen Trauerspiels. Suhrkamp, Frankfurt a. M.

Bommes, Michael (2006) Migrations- und Integrationspolitik in Deutschland zwischen institutioneller Anpassung und Abwehr. In: Bommes, Michael./Schiffauer, Werner (Hrsg.): Migrationsreport 2006. Fakten - Analysen - Perspektiven. Campus, Frankfurt a. M., S. 9-30.

Butler, Judith (2007): Kritik der ethischen Gewalt. Suhrkamp, Frankfurt a. M.

Butler, Judith (2010): Gefährdetes Leben, betrauerbares Leben. In: Butler, Judith: Raster des Krieges. Warum wir nicht jedes Leid beklagen. Campus, Frankfurt a. M., S. 9-38.

Butler, Judith (2012): Gewalt, Trauer, Politik. In: Butler, Judith: Gefährdetes Leben. Politische Essays. Suhrkamp, Frankfurt a. M., S. 36-69.

Butler, Judith (2012b): Gefährdetes Leben. In: Butler, Judith: Gefährdetes Leben. Politische Essays. Suhrkamp, Frankfurt a. M., S. 154-178

Clifford, James (1993): Über ethnografische Allegorie. In: Berg, Eberhard/Fuchs, Martin (Hrsg.): Kultur, soziale Praxis, Text. Die Krise der ethnografischen Repräsentation. Suhrkamp, Frankfurt a. M., S. 200-239.

Derrida, Jaques (2002): Aus Freundschaft lieben. vielleicht – der Name und das Adverb. In: Derrida, Jaques: Politik der Freundschaft. Suhrkamp, Frankfurt am M., S. 51-79.

Derrida, Jaques (2003): Eine gewisse unmögliche Möglichkeit, vom Ereignis zu sprechen. Merve, Berlin.

Derrida, Jaques. (2007): Schritt der Gastfreundschaft: 5. Sitzung (am 10. Januar 1996). In: Derrida, Jaques: Von der Gastfreundschaft. Passagen, Wien, S. 50-110.

Derrida, Jaques (2009): Positionen. Gespräch mit Jean-Louis Houdebine und Guy Scarpetta In: Derrida, Jaques: Positionen. Gespräch mit Henri Ronse, Julia Kristeva, Jean-Louis Houdebine, Guy Scarpetta. Passagen, Wien, S. 63-130.

Derrida, Jacques (2012): Von einem neuerdings erhobenen apokalyptischen Ton in der Philosophie. In: Derrida, Jaques: Apokalypse. Passagen, Wien, S. 11-76.

Gomolla, Mechtild./Radtke, Frank-Olaf (2009): Institutionelle Diskriminierung. Die Herstellung ethnischer Differenz in der Schule. VS, Wiesbaden.

Hölscher, Barbara (2008): Sozialisation, Sozialisationskontexte, schichtspezifische Sozialisation. In: Willems, Herbert (Hrsg.): Lehr(er)buch Soziologie. Für die pädagogischen und soziologischen Studiengänge. Band 2. VS, Wiesbaden, S. 747-771.

Honig, Michael-Sebastian/Lange, Andreas/Leu, Hans Rudolf (1999) (Hrsg.): Aus der Perspektive von Kindern? Zur Methodologie der Kindheitsforschung. Beltz/Juventa, Weinheim.

Honig, Michael-Sebastian (2009): Sozialisation. In: Andresen, Sabine et al. (Hrsg.): Handwörterbuch Erziehungswissenschaft. Beltz, Weinheim und Basel, S. 788-802.

Hörning, Karl Heinz/Reuter, Julia (2008): Doing Material Culture. Soziale Praxis als Ausgangspunkt einer ‚realistischen‘ Kulturanalyse. In: Hepp, Andreas/Winter, Rainer (Hrsg.) Kultur – Medien – Macht. Cultural Studies und Medienanalyse. VS, Wiesbaden, S. 109-123.

Jäger, Margarete/Jäger, Siegfried (2002): Das Dispositiv des Institutionellen Rassismus. Eine diskurstheoretische Annäherung. In: Jäger, Margarete./Kaufmann, Heiko (Hrsg.): Leben unter Vorbehalt. Institutioneller Rassismus in Deutschland. DISS, Duisburg, S. 15- 30

Law, John (2010): Methodische Welten durcheinanderbringen. In: Feustel, Robert/Schochow, Maximilian (Hrsg.): Zwischen Sprachspiel und Methode: Perspektiven der Diskursanalyse. transcript, Bielefeld, S. 147-168.

Masschelein, Jan (1992): Pädagogisches Handeln und Verantwortung. Erziehung als Antwort. In: Meyer-Drawe, Käte/Peukert, Helmut/Ruhloff, Jörg (Hrsg.): Pädagogik und Ethik. Beiträge zu einer zweiten Reflexion. Deutscher Studien Verlag, Weinheim, S. 81-104.

Masschelein, Jan./Simons, Maarten (2012): Globale Immunität oder Eine kleine Kartographie des europäischen Bildungsraumes. Diaphanes, Zürich.

Mey, Günter.: Den Kindern eine Stimme geben! Aber können wir sie hören? Zu den methodologischen Ansprüchen der neueren Kindheitsforschung. FQS, Volume 2, No. 2, S. 1-20. www.qualitative-research.net/index.php/fqs/article/download/937/2051. Zugegriffen am 20. Oktober 2014

Moebius, Stephan (2008): Handlung und Praxis. Konturen einer poststrukturalistischen Praxistheorie. In: Moebius, Stephan/Reckwitz, Andreas (Hrsg.): Poststrukturalistische Sozialwissenschaften. Suhrkamp, Frankfurt am M., S. 58-74.

Morin, Marie-Eve (2006): Jenseits der brüderlichen Gemeinschaft. Das Gespräch zwischen Jacques Derrida und Jean-Luc Nancy. Studien zur Phänomenologie und praktische Philosophie. Band 2. Ergon, Würzburg.

Osterkamp, Ute (1996): Rassismus als Selbstermächtigung. Texte aus dem Zusammenhang des Projektes Rassismus/Diskriminierung. Argument, Berlin/Hamburg.

Röhrs, Hermann (1967): *Zur Einleitung*. Erziehungswissenschaft und Erziehungswirklichkeit. In: Röhrs, Hermann (Hrsg.): Erziehungswissenschaft und Erziehungswirklichkeit. Akademische Verlagsgesellschaft, Frankfurt a. M., S. 3-8.

Said, Edward (2003): Orientalism. Penguin, London.

Weber, Max (1980): Wirtschaft und Gesellschaft. Grundriss der verstehenden Soziologie. Mohr Siebeck, Tübingen.

Wimmer, Michael (2007): Wie dem Anderen gerecht werden? Herausforderungen für Denken, Wissen und Handeln. In: Schäfer, Alfred (Hrsg.): Kindliche Fremdheit und pädagogische Gerechtigkeit. Ferdinand Schöningh, Paderborn, S. 155-184.

Žižek, Slavoj (2014): Was ist ein Ereignis. Fischer, Frankfurt a. M.

Muslimische Religiosität aus der Perspektive von Elementarpädagoginnen

Gerald Blaschke-Nacak

1 Einleitung

Der folgende Beitrag ging hervor aus einer laufenden, ethnografisch ausgerichteten Studie zum Thema der Hervorbringung elementarpädagogischer Organisationskulturen. In der Auswertung einer Gruppendiskussion, die im Rahmen dieses Forschungsprojekts mit zwei Leiterinnen einer Kindertageseinrichtung durchgeführt wurde, zeigte sich dabei, dass in der Thematisierung der Gestaltung des elementarpädagogischen Alltags dieser Tagesstätte insbesondere das Thema Religion/Religiosität einen herausgehobenen Stellenwert einnahm. So wurde sich im Rahmen dieser Gruppendiskussion vertiefend darüber ausgetauscht – sowie von intensiven Diskussionsprozessen innerhalb des Einrichtungsteams zur Frage danach berichtet –, ob und wie in dieser Einrichtung religiöse Feste oder Rituale begangen werden. Sowohl aufgrund der besonderen Dichte der Passagen, in denen sich hier mit der Bedeutung von Religion/Religiosität für die elementarpädagogische Praxis auseinandergesetzt wurde, als auch in Hinsicht auf das Thema *Islam und Sozialisation* wurden sodann in zwei weiteren Kindertageseinrichtungen Gruppendiskussionen mit mindestens einer Leitungskraft sowie mindestens einer weiteren Mitarbeiterin zur Frage nach der „Bedeutung von Religion in Einrichtungen der Elementarpädagogik"[1] durchgeführt.

Im Folgenden werden nun zentrale Ergebnisse dieser Studie anhand exemplarischer Passagen aus diesen Gruppendiskussionen vorgestellt. Zuvor werden jedoch die Analyseperspektive und Fragestellung, unter der diese Gruppendiskussionen ausgewertet wurden, sowie das die Studie rahmende Sozialisationsverständnis skizziert.

---

[1] So der Wortlaut in der Anfrage an die Kindertageseinrichtungen.

2   Analyseperspektive, Fragestellung und rahmendes Sozialisationsverständnis

2.1   Dokumentarische Methode und Analyseeinstellung auf das Performative

Die im Rahmen der hier vorgestellten Studie durchgeführten Gruppendiskussionen wurden mit der Dokumentarischen Methode ausgewertet. Im Kern dieses (im Rahmen der praxeologischen Wissenssoziologie stehenden) Auswertungsverfahrens steht die Frage nach den impliziten Orientierungen, dem Orientierungsrahmen (oder auch Habitus) von Personen/-gruppen, d.h. nach denjenigen Bereichen des Wissens, welche die „alltägliche *Handlungspraxis orientieren*" (Bohnsack 2009, S. 15), ohne dass dieses Wissen den jeweiligen Personen reflexiv verfügbar sein muss. Mit der Anwendung der Dokumentarischen Methode geht es demnach darum, das im Handeln zur Geltung kommende atheoretische, implizite oder ‚stillschweigend' handlungsleitende Orientierungswissen begrifflich zu explizieren (vgl. Bohnsack 2010, 2013).

Die Ausrichtung anhand der Dokumentarischen Methode wurde dabei mit einer performativitätstheoretisch ausgerichteten Analyseperspektive (Wulf et al. 2001; Wulf/Zirfas 2007) verschränkt. Zwischen Dokumentarischer Methode und der zugrundeliegenden Analyseeinstellung auf das Performative existieren jedoch entscheidende Differenzen. So unterscheiden sich diese Forschungsperspektiven im Besonderen darin, dass erstere einen zentralen Fokus auf die Prozessstruktur bzw. die Regelhaftigkeit von (sozialem) Handeln legt, wohingegen letztere den wirklichkeitskonstituierenden Charakter und die Ereignishaftigkeit dieses Handelns akzentuiert (vgl. Bohnsack 2007). Die Verschränkung dieser beiden Analyseperspektiven führte zu der im Folgenden skizzierten Fragestellung.

2.2   Frage nach der Bearbeitung sowie den Orientierungen zur *Differenzkategorie muslimische Religiosität*

Mit der Verwendung des Begriffs der muslimischen Religiosität im Sinne einer Differenzkategorie wurden in einem heuristisch-offenen Sinne solche Unterscheidungspraxen in den Mittelpunkt gerückt, über die Differenzen zwischen Personen/-gruppen hergestellt oder auch gesetzt werden (vgl. Diehm/Kuhn 2005; Fritzsche/Tervooren et al. 2014; Budde 2014; Wrana 2014; Ricken/Reh 2014). Damit richtete sich die Studie auf sprachliche Vollzüge als Praktiken, über die Personen/-gruppen als MuslimInnen kategorisiert und bestimmte Verhaltensweisen in Zusammenhang mit muslimischer Religiosität gebracht werden. In diesem Sinne führte die performative Perspektive der Studie zu einem Fokus darauf, *wen* oder *was* die an den Gruppendiskussionen beteiligten Fachkräfte *wie* als ,islamisch/muslimisch' identifizieren sowie einhergehend, *wie* sie die Differenz zwischen ,dem Muslimischen' und ,dem Nicht-Muslimischen' in den Gruppendiskussionen und – ihren Aussagen nach – im elementarpädagogischen Alltag performativ (d.h. über Inszenierungen und Aufführungen) bearbeiten. Die Ausrichtung anhand der Methodologie der Dokumentarischen Methode bedeutete vor diesem Hintergrund die Frage nach den sich in den Gruppendiskussionen dokumentierenden handlungsleitenden Orientierungen zu muslimischer Religiosität als Differenzkategorie und weniger zu muslimischer Religiosität als Phänomen oder Erfahrung. Darüber hinaus ging es darum, Zusammenhänge zwischen diesen Bearbeitungen (bzw. diese Bearbeitungen strukturierenden Orientierungen) sowie dem Orientierungsrahmen – verstanden „als Struktur der Handlungspraxis" (Bohnsack 2013, S. 181) – der an der Studie beteiligten pädagogischen Fachkräfte[2] aufzuzeigen.

2.3   Sozialisationsverständnis

Das hier zugrunde liegende heuristisch-rahmende Sozialisationsverständnis beruht auf dem praxeologisch-wissenssoziologischen sowie performativitätstheoretischen Bezugsrahmen der Studie. Demnach konstituieren Erfahrungen dauerhafte Schemata des Wahrnehmens, Denkens und Handelns, die als einverleibte „Organisations-prinzipien des Handelns" (Bourdieu 1992, S. 31) im Sinne des Habitus fungieren (vgl. Thiersch 2014, S. 71-79). Der in der praxeologischen Wissenssoziologie zentrale Begriff des (gemeinsam geteilten) konjunktiven Erfahrungsraumes rückt dabei Aspekte habitueller Gemeinsamkeiten zwischen Akteuren in den Mittelpunkt. Demzufolge entsteht über Prozesse des Aufwachsens und Lebens ,in' gemeinsam geteilten Erfahrungsräumen „eine Gemeinsamkeit der Erfahrungsbasis" (Meuser 2007, S. 211), oder anders: ein „aus gemeinsamer bzw. strukturidentischer Praxis resultierende[r] Erlebniszusammenhang" (Bohnsack 2014, S. 43).[3] Das, was die Kinder in den Kindertageseinrichtungen als ,muslimische Kinder' erleben und erfahren,

---

2   Da die in der im folgenden vorgestellten Studie befragten Personen über unterschiedliche Abschlüsse verfügen (sowohl akademische als auch Fachschulabschlüsse), werden sie der Einfachheit halber übergreifend als pädagogische Fachkräfte bezeichnet.

3   Wesentlich ist dabei jedoch, dass sich diesem Verständnis nach unterschiedliche konjunktive Erfahrungsräume personen- und gruppenspezifisch mehrdimensional überlagern und durchdringen: „Der Einzelne steht im Schnittpunkt unterschiedlicher Erfahrungsräume, die alle ihre je spezifische Sozialisationsgeschichte, d.h. ihre unter-

hängt aus dieser Perspektive mit den Orientierungen der pädagogischen Fachkräfte zusammen. Die performative Perspektive auf Sozialisation betont in diesem Zusammenhang den wirklichkeitskonstituierenden Charakter sozialer Praktiken. Nach dem hier zugrundeliegenden Verständnis strukturieren Orientierungen also Praktiken, vermittels derer wiederum konjunktive Erfahrungsräume konstituiert werden. Sozialisation wird somit als performativer Prozess der Hervorbringung von Wirklichkeit verstanden (vgl. Zirfas 2004; Wulf/Zirfas 2007, S. 31).

3   Die Fälle der Studie

Die drei in die Studie einbezogenen Einrichtungen befinden sich in einem urbanen Umfeld. Die im Folgenden als *KiTa 1* bezeichnete Kindertageseinrichtung, in der das anfangs angesprochene, ethnografisch ausgerichtete Forschungsprojekt[4] primär verankert ist, lässt sich als Natur-KiTa beschreiben, die unter freier Trägerschaft geführt wird. Diese Einrichtung befindet sich in einem Waldgebiet einer Großstadt des Ruhrgebiets. Von hier ausgehend wurden weitere Kindertageseinrichtungen mit der Bitte um eine Teilnahme an der Studie angefragt. Bei der Auswahl dieser Einrichtungen wurde darauf geachtet, dass diese hinsichtlich des auf muslimische Religiosität ausgerichteten Erkenntnisinteresses einen möglichst großen Kontrast bieten. Letztlich erklärten sich zwei weitere Einrichtungen zur Teilnahme an der Studie bereit, die sich in verschiedenen Berliner Ballungszentren befinden. Eine dieser Einrichtungen besuchen Kinder, die zu rund 70 Prozent eine familiäre Migrationsgeschichte aufweisen. Diese Einrichtung wird unter freier Trägerschaft geführt (*KiTa 2*). Die andere Einrichtung arbeitet unter der Trägerschaft der katholischen Kirche explizit christlich ausgerichtet (*KiTa 3*).

---

schiedlichen „kollektiven Gedächtnisse" (Halbwachs 1985) haben" (Bohnsack/Nohl 2001, S. 32).

4   Im Rahmen dieser Studie wurden in dieser Einrichtung sowohl Gruppendiskussionen mit den beiden Leiterinnen und MitarbeiterInnen als auch über mehrere Monate teilnehmende/videogestützte Beobachtungen durchgeführt.

4   KiTa 1: „...weil das würde eine neue Frage auch auf die Pädagogik werfen"

In dieser KiTa spielte muslimische Religiosität bis zur Durchführung der im Folgenden fokussierten Gruppendiskussion nach Aussage der beiden daran teilnehmenden Einrichtungsleiterinnen kaum eine Rolle. Die Interpretation der Antwort auf meine Frage[5] nach Aspekten der „Vielfältigkeit" und „Unterschiedlichkeit", bzw. danach, wie im KiTa-Alltag „mit Differenz" umgegangen wird, „auch wenns vielleicht um den Islam [...] geht", lässt dennoch Aussagen sowohl zu den Orientierungen dieser beiden Fachkräfte zu muslimischer Religiosität als auch zu deren Orientierungsrahmen zu. Ferner lässt sich zeigen, wie sie die eingebrachte *Differenzkategorie muslimische Religiosität* bzw. die Differenz zwischen dem ‚Muslimischen' und dem ‚Nicht-Muslimischen' im Verlauf der Gruppendiskussion bearbeiten.

4.1   Exemplarische Interpretation

So lautete die Antwort auf die Interviewerfrage wie folgt[6]:

W2:   „Leider ham wir keine zu große Vielfalt in den Familien. Die meisten sind evangelisch, katholisch oder (.) oder nix."

W1   Aber ne türkische Mitarbeiterin in der Gruppe unter drei

W2:   Wir hatten eine (...) da hat es eine Rolle gespielt mit Kopftuch mit Kopftuch ja   ja

W1:   ja mit dem Tuch, mit dem Tuch und das von Anfang an, weil die Lehrerin uns damals angerufen hat, weil das dieses Mädchen nirgendswo einen Platz gefunden hat (.), ne, total Schwachsinn also ah is is egal, also ich möchte versuchen äh, sie hat kein Platz äh gefunden (.) und (.) dann kam diese Frau und mit diesem Tuch @.@ und hat uns alle (2) berührt.

W2:   bezaubert, ja

W1:   Ja (.) total (.) wunderhübsch und äh ein Ausdruck (2) so. Und äh irgendwann waren wir uns klar, also die ganze Geschichte lass mal, dass sie für die Gruppe

---

5   Bis auf die Gruppendiskussion mit den Einrichtungsleiterinnen dieser KiTa, die ich gemeinsam mit Ursula Stenger durchführte, führte ich die beiden anderen Gruppendiskussionen alleine.

6   Transkribiert wurde orientiert an den TiQ-Regeln (vgl. Bohnsack et al. 2014, S. 467; Kellermann in diesem Band, S. 77).

unter drei vielleicht geeignet wäre und dann ham wa halt (.) dann hat sie bei
uns das Berufspraktikum gemacht und ihre Prüfung gemacht und bestanden.

In ihrer Reaktion auf die Interviewerfrage greift W2 zunächst den von mir eingebrachten Begriff der „Vielfältigkeit" als „Vielfalt" auf und nicht den der „Unterschiedlichkeit" oder der „Differenz", die ebenfalls in der Fragestellung angesprochen
wurden. In der Konstruktion eines „Wir" betont sie damit eher die Gemeinsamkeit
und Zusammengehörigkeit der Familien der Einrichtung als deren Unterschiedlichkeit. Indem die religiösen Unterschiede zwischen diesen Familien zudem mit
den Worten „keine zu große Vielfalt" gekennzeichnet werden, nimmt W2 eine
Kategorisierung vor, wonach Familien katholischen, evangelischen oder auch
keines religiösen Hintergrundes in einem religiösen Sinne als recht homogene
Gruppe dargestellt werden. Wiederum werden also weniger Aspekte der Unter-
schiedlichlichkeit betont. Dennoch verweist das anfängliche „leider" auch auf
eine Orientierung, wonach eine größere religiöse Vielfalt grundsätzlich begrüßt
werde – eine Orientierung, die erst im weiteren Verlauf der Gruppendiskussion
weiter elaboriert wird.

Sodann kommt W1 auf die von mir eingebrachte *Differenzkategorie muslimische
Religiosität* zu sprechen und initiiert eine Erzählung darüber, wie ihnen „ne türkische Mitarbeiterin" mit Kopftuch vermittelt und vorstellig wurde. Zwar zeigt sich
hier eine Verknüpfung von Nationalität und Religiosität; ausgehend von meiner
Frage wird allerdings weniger über den Aspekt der Nationalität, sondern in erster
Linie über das Tragen des Kopftuchs (als Symbol für die muslimische Religiosität
dieser Mitarbeiterin) ein Unterschied zwischen den pädagogischen Fachkräften
und dieser Frau betont. Anschließend folgt dann jedoch die Schilderung einer
gemeinsamen und als äußerst wertvoll entworfenen Differenzerfahrung, wonach
diese Frau sie beim ersten Kontakt „bezaubert" und „berührt" hätte – d.h. eine
Beschreibung, die die Irritation eigener Vorannahmen im unmittelbaren Kontakt
mit dieser Frau in den Mittelpunkt rückt.

Darüber hinaus distanziert sich W1 in dieser Passage deutlich von derjenigen
institutionellen Praxis, die dazu führte, dass die angesprochene Mitarbeiterin bis
zur Vermittlung zu ihnen „keinen Platz" gefunden hätte – was sie an dieser Stelle
jedoch bewusst nicht weiter ausführt. Demgegenüber dokumentiert sich eine
Orientierung, nach der hinsichtlich der Einstellung von MitarbeiterInnen der
eigene, unmittelbare Eindruck bzw. die persönliche Erfahrung des Miteinanders
entscheidend sein solle.

4.2   Bearbeitung und Orientierungen zu der *Differenzkategorie muslimische Religiosität*

In der Interpretation der unter 4.1 in den Mittelpunkt gestellten Passage zeigten sich in besonderer Dichte einige Orientierungen, die auch in der weiteren fallinternen und fallübergreifenden komparativen Analyse im Sinne der Methodologie der Dokumentarischen Methode hervortraten und Rückschlüsse auf den Orientierungsrahmen bzw. Habitus der beiden Einrichtungsleiterinnen zulassen. Zudem lässt sich daran zeigen, wie die beiden pädagogischen Fachkräfte die eingebrachte *Differenzkategorie muslimische Religiosität* bzw. die Differenzlinie zwischen ‚dem Muslimischen' und ‚Nicht-Muslimischen' bearbeiteten. Im Folgenden wird das Augenmerk auf Zusammenhänge zwischen dieser Bearbeitung und den Orientierungen zu muslimischer Religiosität sowie dem Orientierungsrahmen der beiden Einrichtungsleiterinnen gerichtet, wofür in exemplarischer Absicht auch auf einige weitere Passagen aus dieser Gruppendiskussion eingegangen wird.

Der Orientierungsrahmen der beiden ist gekennzeichnet durch eine grundsätzliche Offenheit, sich immer wieder irritieren zu lassen sowie diese Irritationen als Erfahrungen reflexiv zu machen. Damit zusammenhängend zeigen sich die beiden prinzipiell offen für ‚kulturelle' oder ‚religiöse' Differenz, wie sie dies auch zum Abschluss der Passage der Gruppendiskussion zum Thema Religion formulieren:

W2:   Ah das fänd ich echt schön, aber da muss man neu
W1:   @Buddhisten@
W2:   (…) oder neu uberlegen
W1:   Ja neu überlegen. Ja, aber ich glaube, dass es möglich ist. Ja, das glaub ich schon.
        Wenn ein paar Buddhisten da wären oder auch andere Kulturen also fänd ich
        auch nicht schlecht, weil das würde eine neue Frage auch auf die Pädagogik
        werfen und (mehr) spannend (1) Ja.

Abgesehen davon, weshalb sie hier von Buddhisten sprechen,[7] konstruieren die beiden kulturelle oder religiöse Differenz im Sinne einer willkommenen Herausforderung, da diese ein neues Überlegen bedeuten könne. Die Metapher des Werfens verdeutlicht, dass Differenz gerade deshalb in einem positiven Sinne charakterisiert wird, da sie die eigene Sicht zu verändern im Stande sei; sprich: bedeutungsvolle Erfahrungen ermöglichen könne.

---

7   Offenbar geht es ihnen um die Hervorhebung bedeutungsvoller Differenzen, d.h. von Differenzen, die Relevanz im Alltag entfalten und so ein Umdenken zur Folge haben müssten, was sie gegebenenfalls der Differenz zwischen dem Eigenen und dem Buddhistischen zuschreiben (vgl. dazu die folgenden Ausführungen).

Ihre Offenheit und Orientierung am (reflexiven) Machen von Erfahrung kommt
sodann auch in der oben interpretierten Antwort auf die Frage nach der Differenzkategorie *muslimische Religiosität* zur Geltung. Dabei unterwandern sie mit ihrer
Antwort geradezu eine Argumentationsweise, wonach mit muslimischer Religiosität
subsumtionslogisch bestimmte Verhaltensaspekte assoziiert werden (MuslimIn
sein bedeutet…). D.h. sie schreiben MuslimInnen nicht in generalisierender Art
und Weise bestimmte Charakteristika, Haltungen oder Praktiken zu bzw. machen
– abgesehen vom Tragen des Kopftuchs – keine Aussagen zu Differenzen zwischen
MuslimInnen und Nicht-MuslimInnen. Vielmehr dokumentiert sich im Verlauf der
Diskussion eine Orientierung, nach der das jeweils interessierende Kind, die jeweils
interessierende Familie, die/der jeweils fokussierte MitarbeiterIn oder Situation in
den Mittelpunkt ihrer jeweiligen Ausführungen gestellt wird, wie sich auch in der
folgenden Aussage zu muslimischer Religiosität zeigt:

W2:   Mal gucken, ob wir jetzt demnächst ein paar Familien bekommen, die das
        Thema mitbringen.

Und kurz danach, als sie feststellen, dass sie vermutlich an einem anderen Standort,
dessen Eröffnung sie gerade vorbereiten, mehr Kinder und Familien mit muslimischem Hintergrund haben werden:

W2:   also es wird bestimmt nicht bei auf dieser Ebene bleiben.

Was die Familien als „Thema mitbringen", aber auch, ob und wie diese Themen
eingebracht werden, ist ausschlaggebend, und weniger bereits vorausgesetzte
Differenz(kategorisierung)en. Ihr Orientierungsrahmen scheint demnach einer
Besonderung von Personen/-gruppen allein aufgrund ihrer Religiosität entge-
genzustehen. MuslimInnen sind vielmehr Individuen wie alle anderen auch – *mit*
einer bestimmten Religiosität im Sinne nur eines Aspektes ihrer Individualität.
     Diese Orientierung an der jeweiligen Individualität bzw. an den von den Eltern,
Kindern, aber auch MitarbeiterInnen eingebrachten Themen, strukturiert auch
den hier geführten Diskurs. So streichen die beiden Einrichtungsleiterinnen auch
im Anschluss an die unter 4.1 interpretierte Passage zur Bedeutung muslimischer
Religiosität heraus:

W1:   und es war für niemand (1) niemand hat uns darauf ange- es war für alle eine
        Selbstverständlichkeit.
W2:   hm Ja
W1:   Wie bei uns (.) ich bin vor Kurzem interviewt worden in Bezug
        auf äh Regenbogenfamilien, und (.) die gleiche Selbstverständlichkeit, also

W2:   wir haben zwei
Familien (...)
W1   zwei Familien, absolut kein Thema, absolut kein Thema.

Die Tatsache, dass zwei Kinder in Familien mit gleichgeschlechtlichen Elternteilen aufwachsen, laden sie also nicht weiter mit Bedeutung auf, gerade weil dies im Alltag nicht als „Thema" wahrgenommen wird. D.h. sie nehmen die Aufladung der Differenzlinie zwischen „Regenbogenfamilien" und Familien mit gemischt-geschlechtlichen Eltern seitens der Medien wieder zurück – für sie und auch die anderen Eltern der Einrichtung stelle diese Differenz „absolut kein Thema" dar. Und genau in diesem Sinne holen die beiden Einrichtungsleiterinnen die Besonderung der oben angesprochenen Frau als Muslimin auch schnell wieder ein und markieren so die Differenz zwischen MuslimInnen und Nicht-MuslimInnen als eine relative.[8]

5   KiTa 2: „Es geht bei uns in erster Linie darum, die einzelnen Kulturen zu respektieren"

In der Gestaltung des elementarpädagogischen Alltags der zweiten Einrichtung des Samples komme, so die Aussage der an der Gruppendiskussion beteiligten pädagogischen Fachkräfte,[9] muslimischer Religiosität ebenfalls keine bedeutsame Rolle zu. Vielmehr sei der Einrichtungsalltag maßgeblich durch die kulturellen Unterschiede[10] der Eltern und Kinder geprägt, die hier ‚gelebt' würden. Die Betonung kulturell „begründeter" oder „verankerter" Differenzen erweist sich dabei als dasjenige Moment, welches den Diskurs der Gruppendiskussion zentral orientiert und strukturiert.

5.1   Exemplarische Interpretation

Anhand der folgenden Passage der Gruppendiskussion lassen sich nicht nur einige zentrale Aspekte der Bearbeitung der *Differenzkategorie muslimische Religiosität* im Rahmen der Gruppendiskussion aufzeigen. Darüber hinaus kommen hier in besonderer

---

8   Norbert Ricken und Sabine Reh (2014) weisen mit der Verwendung des Begriffs der relativen Differenz darauf hin, dass hinsichtlich des ‚Setzens' von Differenz der jeweilige Hintergrund bzw. die Perspektive, aus der wahrgenommen wird, entscheidend ist.

9   Es handelt sich um die Einrichtungsleitung sowie zwei weitere pädagogische Fachkräfte.

10   Zum Kulturbegriff vgl. in diesem Zusammenhang den Artikel von Kellermann in diesem Band.

Dichte einige Orientierungen zu muslimischer Religiosität sowie zentrale Komponenten des Orientierungsrahmens der an der Gruppendiskussion Beteiligten zur Geltung.

W1:   und die eine Mutter, (hatte) mir ja Michael gestern noch erzählt, hier von von
W2:   ja
W1:   die kam eben dann zu dem einen Kollegen und sachte dann, ob sie mal beten könnte
W3:   Ja (ausatmen)
W1:   ja und äh er war jetzt auch erstmal bißchen irritiert, weil äh jetzt nicht wusste
        und dann hat::: er gesagt, ja kein Problem und dann is sie eb-
W3:   Stimmt
W1:   in in also halt n
        Raum wo eben keiner war und dann hat sie ihren kleinen (.)
W?:   Teppich
W1:   Teppich aus und
        hat gebetet und dann
W3:   den Kompass, dass sie wusste Richtung gen Mekka so
W1:   ja ja   genau und
        dann ist sie wieder mit zurück in die Gruppe
I: hm
W1:   Hatten wa so in dem Sinne auch noch nicht. Ja
W2:   jajaja und deswegen war ich auch völlig
        irritiert und hat überlegt ob was gestern fürn Tag
W3:   jaja
W2:   äh oder nicht gestern äh wo ihr
        hattet, ob des irgendwie (.) n besonderer Tach ist, den wa jetzt nicht bedacht hatten
W?:   hm
W1:   aber des hing wahrscheinlich irgendwie mit der Zeit zusammen
W3:   Stimmt, des das hat mich auch noch beschäftigt, dacht ich, Mensch komisch,
        eigentlich des ist ja nicht bestimmt nicht unüblich und dann dacht ich, oh Mann,
        wie wie kulturell, also wie kul- wie wie wir eigentlich mit diesen kulturellen
        Unterschieden so ganz normal schon inzwischen leben und des gehört, ja wir
        sind halt einfach ne Multikultigesellschaft, des gehört einfach mit dazu, ne?

In dieser Passage dokumentiert sich zunächst einmal eine Abgrenzung gegenüber der angesprochenen Mutter. Ihr gegenüber grenzt sich die Gruppe im Sinne eines ‚Wir – Sie' ab und bringt dadurch wiederum ein bestimmtes Wir hervor – ‚wir beten nicht auf die angesprochene Art und Weise, ‚wir ermöglichen es zu beten' und worüber weiter unten noch gesprochen wird: ‚wir sind multikulti'. Auch steht weniger „die eine" konkrete Mutter im Mittelpunkt, vielmehr geht es um die Erfüllung des Wunsches nach einem Ort für das Gebet, die gemeinsame Beschreibung der Gebetssituation sowie vorrangig um eigene Irritationen und Reflexionen im Anschluss an diese Situation. Dabei verweisen die Schilderungen nicht nur auf fehlende Erfahrungen hinsichtlich der Äußerung eines Wunsches zu beten (worauf W1 auch hinweist). Darüber hinaus kommt ein spezifisches Verhältnis zur thematisierten Gebetspraxis zur Geltung. So liegen gewisse Kenntnisse zu dieser Praxis vor, die die pädagogischen Fachkräfte auch wiedergeben, obwohl sie während der Gebetsvorbereitungen und beim Gebet der Mutter nicht persönlich anwesend waren. Eine weitergehende oder differenziertere Auseinandersetzung mit dieser Gebetspraxis findet allerdings nicht statt (bspw. ihren identifikatorischen Aspekten[11] oder auch den individuellen wie sozialen Hintergründen des Anliegens dieser Mutter, in der KiTa zu beten).

Eine besondere Bedeutung kommt in dieser Passage darüber hinaus einem Modus zu, der an dieser Stelle als nachgehender Modus bezeichnet werden soll, und wonach offenbar versucht wird, religiös begründeten Anliegen nachzukommen, diese zu berücksichtigen oder einzubeziehen. So erfüllt nicht nur der Kollege Michael den Wunsch nach einem Ort für das Gebet; auch fragt W1, ob sie „da etwas nicht bedacht" hätten. Hinsichtlich dieser Frage kommt W1 trotz ihrer ‚völligen Irritation', jedoch letztlich zu dem Schluss, dass „des" wahrscheinlich „irgendwie mit der Zeit" zusammenhing. Dies verweist nicht nur auf eine Unvertrautheit mit der Gebetspraxis; zudem wird das Handeln des hier relevanten Anderen[12] damit im Sinne einer lediglich routinisierten Praxis entworfen – A (eine bestimmte Zeit) führt zu B (einem bestimmten Verhalten).

Letztlich kommt in W3s ritueller Konklusion eine Differenzsetzung anhand von Kultur zur Geltung. Demnach unterscheiden sich Kulturen voneinander und führen zu ‚kulturellen Unterschieden' im Handeln. Auch kommt in der einhergehenden Konstruktion eines ‚Wir als Multikultigesellschaft' ein Widerspruch zum Tragen. So gehöre zu diesem Wir zwar einerseits eine Frau, die nach einem Ort für ihr Gebet frage, „einfach mit dazu", andererseits wird dieses Wir gleichsam über eine Abgrenzung zu diesem Anderen hervorgebracht – ‚*wir* leben *inzwischen mit* diesen mitunter irritierenden Unterschieden'. Obwohl der Wunsch nach einem Gebet „bestimmt nicht unüblich" sei, habe ihr die geschilderte Situation zudem deutlich gemacht, dass kulturelle Unterschiede von ihr kaum mehr bewusst wahrgenommen würden. Alles in allem wird muslimische Religiosität demnach mit kultureller Unterschiedlichkeit in Zusammenhang gebracht; und trotz der Hervorbringung eines Wir als Multikultigesellschaft eine Frau, die die beschriebene Gebetspraxis ausübt, nicht als selbstverständlicher Teil des Eigenen ausgemacht.

---

11 Vgl. hierzu auch Hößl/Köbel 2013.

12 D.h. es wird eine Differenz zwischen sich selbst und dieser Frau markiert und diese Differenz mit einer Bedeutung versehen.

5.2   Bearbeitung und Orientierungen zu der *Differenzkategorie muslimische Religiosität*

Mit Blick auf Zusammenhänge zwischen den Bearbeitungsweisen der Differenzkategorie *muslimische Religiosität* sowie dem Orientierungsrahmen der an der
Gruppendiskussion beteiligten pädagogischen Fachkräfte, lässt sich die unter 5.1
angesprochene Rückführung von Differenz auf Kultur als ein Orientierungsmuster
abstrahieren, das den Diskurs der Gruppe als Praxis strukturiert, worüber gleichsam Prozesse der Identifikation gestiftet werden. Es kommt in dieser Gruppendiskussion also ein Orientierungsrahmen zur Geltung, demzufolge Elternteile und
Kinder der Einrichtung durchgängig anhand der Kategorie ‚Kultur' kategorisiert
und im Besonderen den Elternteilen subsumtionslogisch bestimmte, der jeweiligen
Kultur entsprechende kollektiv geteilte Merkmale zugeschrieben werden (‚Kultur
A bedeutet...') (vgl. Emmerich/Hormel 2013, S. 132ff.). Auf diese Weise werden
‚kulturelle Differenzen' beständig auf ein Neues hervorgebracht und perpetuiert.
Kulturen werden dabei in erster Linie nationalstaatlich-ethnisch codiert, d.h.
mit territorialen Grenzen, sprachlichen Unterschieden und Differenzen auf einer
Ebene des Verhaltens und Wahrnehmens in Zusammenhang gebracht (vgl. ebd.,
S. 93; Kuhn 2013, S. 52ff.).

Einhergehend findet eine Abgrenzung von Angehörigen ‚anderer Kulturen' im
Sinne eines ‚Wir – Sie' statt. ‚Das Eigene' fließt in die kulturalisierenden Ausführungen dabei stets über binär oppositionelle Verhältnisbestimmungen ein und
dient als Kontrastfolie zum kulturell Anderen. So schildert W2 etwa im Verlauf der
Gruppendiskussion die Situation einer 25 Jahre alten „arabischen Mutter" wie folgt:

> W3:   sie ist so sie lebt halt hier in dieser Kultur erlebt das hier ganz anders und ja,
> und is halt aber in ihrer eigenen Kultur so verhaftet und des is n echter Spagat
> das merkt man einfach immer wieder an solchen Stellen und das macht die
> Arbeit eben halt auch besonders schwierig.

Die hier angesprochene Mutter, die sich unter anderem durch ihren „arabischen"
Migrationshintergrund auszeichnet, wird also aufgrund dieses Migrationsbezuges
zunächst einmal und vor allem über eine Andersheit identifiziert[13] – d.h. darüber,
in einer anderen, „eigenen Kultur [...] verhaftet" zu sein, einer Kultur, die „dieser
Kultur" „hier" nicht entspricht. Wegen ihrer kulturellen Andersheit erlebe diese
Frau auch „das hier ganz anders", als man es selbst erlebe.

---

13 Vgl. hierzu auch die Ausführungen von Garfinkel (1967) sowie Bohnsack/Nohl zu
Prozessen der Konstruktion einer totalen Identität (2001, S. 20f.).

Einhergehend wird die kulturelle Unterschiedlichkeit zwischen sich selbst und den kulturell Anderen auf eine besondere Art und Weise problematisiert – an dieser Stelle im Sinne eines ‚echten Spagats‘, den sowohl die kulturell Anderen, aber auch man selbst als pädagogische Fachkraft zu bewerkstelligen habe („das macht die Arbeit eben halt auch besonders schwierig").

Der Aspekt der Problematisierung nationalkulturell codierter Differenz lässt sich auch anhand der folgenden Passage verdeutlichen und weiter präzisieren.

W2:   Aber so allgemein haben wir ja auch oft Probleme weil wir das Gefühl haben, dass Eltern mit nem anderen Hintergrund ähm auch ne andere Erziehungs-vorstellung haben als wir. Ich mein, das ist bei deutschen Eltern ja auch oft so, aber da kann man noch anders reden oftmals ne und kann damit viel bewirken, während bei vielen Eltern die die nicht deutscher Herkunft sind (.) ja wie noch ne andere Vorstellung haben als wir.

So wird die Andersheit zwischen sich selbst (das „wir" als die pädagogischen Fachkräfte) und den Anderen („Eltern mit nem anderen Hintergrund" bzw. „nicht deutscher Herkunft") u.a. hinsichtlich der Umsetzung von Zielen der elementar-pädagogischen Arbeit problematisiert, wobei die mit der Andersheit einherge-henden Differenzen gleichsam kaum überwindbar erscheinen – im Unterschied zur Situation mit „deutschen Eltern", mit denen „oftmals" über unterschiedliche „Erziehungsvorstellungen" gesprochen und „viel" bewirkt werden könne. Insofern wird das Wir (und auch das Andere) nationalstaatlich bestimmt, so dass zu die-sem Wir auch die „deutschen Eltern" der Einrichtung zählen („Ich mein, das ist bei deutschen Eltern ja auch oft so"). Die sich in dieser Passage dokumentierende problematisierende Differenzlogik hinsichtlich der Ebene der Sprache („anders reden") findet sich zudem in der folgenden Passage:

W3:   Der Hauptpunkt liegt einfach so auf der Verständigung (.) das ist ziemlich schwierig manchmal. Viele können des gar nicht, verstehen uns nicht, da ist unheimlich viel mit Sprache was den ganzen Tag über so läuft. Man wiederholt immer so die richtigen Sätze, ne es kommt sehr gebrochen, manchmal verste-hen wir sie überhaupt nicht was sie überhaupt wollen, das ist so der Alltag, das begleitet den ganzen Alltag, dass sie wirklich auch schlecht sprechen.

Die Problematisierung von (sprachlicher) Differenz ergibt sich demnach vorran-gig aus der Perspektive des Eigenen, welches als positiver Horizont oder Norm operiert, von der die Anderen als diejenigen, die dieser (Sprach-)Norm nicht ent-sprechen, abweichen. Damit zusammenhängend finden sich gleichsam Aspekte der Essenzialisierung von Differenz, d.h. dass Differenzen an das Wesen der kulturell

Anderen gebunden werden und so geradezu als unveränderlich erscheinen (vgl.
Hall 2004 S. 144):

> W1:   naja das und dann is es eben halt auch so ne Temperamentsfrage, die gehen
> ganz schnell mal hoch ne, des haben wa schon, ne. Also Lautstärke, des was
> Frau [...] gerade so sagte, is auch wirklich n Thema, sind ganz schnell aufge-
> bracht die Leute, ne, darauf muss man sich wirklich auch einstellen, und des
> is manchmal schwierig des auszuhalten, ne, diese Aggression die einem da
> entgegenschlägt und ähm, die kommen dann aber auch wieder ganz schnell
> runter, wenn ses dann wenns raus aber des is erstmal, des macht ja was mit
> einem und da muss man oftmals schon sich ähm zusammenreißen und sagen
> ok professionell und jetzt guckst mal und schaust mal und des is schwierig so
> die eigenen Emotionen dann so auch zurück zu halten und auch so ähm ich
> sag des jetzt mal so sich dann so behandeln zu lassen.

Neben der Essenzialisierung von Differenz kommt in dieser Passage zugleich der
bereits angesprochene nachgehende Modus zur Geltung, der eine weitere zentrale
Komponente des Orientierungsrahmens der Gruppendiskussionsteilnehmerinnen
darstellt. Demnach scheinen sie im Kontext der Einrichtung zu versuchen, Ansichten,
Anliegen oder Verhaltensweisen, die entsprechend des oben dargestellten Kultur-
verständnisses anderen Kulturen zugeschrieben werden, (respektvoll) im eigenen
Handeln zu berücksichtigen.[14] In diesem Sinne scheint der nachgehende Modus
gleichsam zu einer Normalisierung ‚kultureller Unterschiede‘ beizutragen und den
Fachkräften eine Möglichkeit zu bieten, auf Irritationen und Verunsicherungen
ihrer gewohnten Praxis zu antworten. Allerdings dokumentiert sich immer wieder
auch ein Spannungsverhältnis zwischen diesem Orientierungsschema[15] der Norma-

---

14   Hier: „die" sind eben temperamentvoll; aber auch die Umsetzung eines internationalen
     Speiseplans mit dem Verzicht auf Schweinefleisch, das Entfernen eines Bildes, auf dem
     ein Kind mit freiem Oberkörper abgebildet war, oder auch der Verzicht darauf, musli-
     mischen Eltern im Zeitraum des Ramadan Süßigkeiten oder Getränke anzubieten.

15   Im Rahmen der praxeologischen Wissenssoziologie wird zwischen den Orientie-
     rungsschemata als dem theoretischen Wissen um Normen und Rollenbeziehungen
     sowie dem Orientierungsrahmen unterschieden. Demnach akzentuiert der Begriff des
     Orientierungsrahmens einerseits den Aspekt der Auseinandersetzung mit den Orien-
     tierungsschemata und berücksichtigt andererseits, dass Orientierungsschemata „ihre
     eigentliche Bedeutung erst [...] in und durch die fundamentale existentielle Dimension
     der Handlungspraxis [selbst] erhalten, wie sie sich im modus operandi [Anm. GBN: d.h.
     des Wie des ‚gelebten Vollzugs‘] des Habitus oder eben Orientierungsrahmens vollzieht"
     (Bohnsack 2014, S. 44). Und zuvor: „Den komplexen Zusammenhang von Habitus und
     Regel, von Habitus und Orientierungsschemata, der mannigfaltige Spannungsverhält-
     nisse beinhaltet, bezeichne ich als Orientierungsrahmen" (ebd.).

lisierung kultureller Differenz sowie dem Habitus der an der Gruppendiskussion Beteiligten. Oder anders: Zwischen dem, was da („professionell") programmatisch berücksichtigt werden sollte, sowie dem, was ‚im Sinne' der pädagogischen Fachkräfte wäre, besteht immer wieder eine Diskrepanz, die im nachgehenden Modus des Orientierungsrahmens bearbeitet wird.

Dieser Zusammenhang dokumentiert sich auch in den folgenden Passagen:

W2:   Bei uns beginnt alles n bißchen später, was auch mit den Kulturen zu tun hat. Kommen mit Gelassenheit, die man auch erstmal aushalten muss, was man selbst auch lernen muss, dass sie einfach später kommen aus unterschiedlichen Gründen.

So müsse man „erstmal aushalten [...] lernen", dass die Familien „mit Gelassenheit" später kommen, wobei deutlich wird, dass dies eigentlich nicht im eigenen Sinne war/ist.[16] Und an einer anderen Stelle zum Thema der Organisation des christlichen St. Martinsfestes, das kurz vor der Gruppendiskussion stattgefunden hatte:

W2:   Wir hatten uns auch so gedacht, ach schön gemütlich und was man halt so macht und aber da ist son Stück Erwartungshaltung, des war so wie wir setzen uns hierher und wir erwarten uns jetzt son Programm ne, ja und des ist vielleicht auch son Stück in der Kultur ja begründet. Viel Ehrgeiz grade bei den russischen Familien, die erwarten, dass man was präsentiert. Da spürte man so ne Erwartungshaltung. Wir sind dann auch drauf eingegangen als wirs gespürt haben, haben dann auch was gesungen und dann losgegangen. Ja, man stellt sich halt drauf ein, sach ich mal ne.

Man stelle sich „halt drauf ein", einer wahrgenommenen Erwartungshaltung nachzukommen – auch wenn dies nicht das ist, was man sich erhoffte („schön gemütlich"). Auch hier steht das Eigene im positiven Horizont, welches jedoch im Sinne der (‚gespürten') Erwartungen der kulturell Anderen zurückgestellt wird.

Diese Komponenten des Orientierungsrahmens strukturieren und orientieren nun auch die Bearbeitung der *Differenzkategorie muslimische Religiosität* im Rahmen der Gruppendiskussion. So äußert sich W3 bereits zu Beginn der Gruppendiskussion wie folgt:

---

16   Wie sie später berichten, habe man zwar vor Jahren noch versucht, dass die Kinder pünktlich kommen und auch mit unterschiedlichen Varianten experimentiert (u.a. Auffanggruppen), das hätte jedoch zu keiner Verbesserung der Situation beigetragen, so dass sie sich nun mit dem Späterkommen vieler Familien abgefunden hätten.

W3:   aber ähm für mich ist es eben stellt sich halt immer die Frage Religion und
      Kultur das hängt ja ganz ganz eng miteinander zusammen ne, so wie in den
      einzelnen Kultur- Kulturen die Religionen gelebt werden.

W3 stellt zwischen Kultur und Religion also einen „ganz ganz" engen Zusammenhang her. Demnach erscheinen Kulturen im Verhältnis von Kultur und Religion
als übergeordneter Rahmen und Religionen als etwas, das entsprechend dieses
Rahmens „gelebt" werde. Zudem spricht W2 in Abgrenzung zu einer christlichen
Einrichtung, die sie vor Kurzem besucht habe und „die halt sämtliche Religionen
so als Projekt gemacht haben", von einem anderen „Interesse" ihrer Arbeit:

W2:   „ich denke wir machen des aus kulturellem Interesse nicht so sehr aus religi-
      ösem Interesse würde ich jetzt so so sagen".

So akzentuieren beide (zwar) eine Unterschiedlichkeit zwischen Religionen und
Kulturen („einzelne Kulturen", „sämtliche Religionen"), allerdings kommt jeweils
eine Priorisierung von Kultur gegenüber Religion zum Ausdruck. Dementsprechend
‚fließe' Religion auch in ‚Kultur ein', wie an anderer Stelle gesagt wird, und gäbe
es auch „aus nem kulturellen Hintergrund" kein Schweinefleisch in der Einrichtung, wie die Einrichtungsleitung gleich zu Beginn der Gruppendiskussion sagt.
Der kulturalisierende Aspekt des Orientierungsrahmens und der Bearbeitung der
Differenzkategorie Religiosität zeigt sich zudem in der folgenden Aussage:

W3:   dass die sich hier ausziehen und durch die Gegend springen, des gibts nicht,
      also die haben ihre Badesachen, manche dürfens gar nicht ne oder wenn wir
      KiTaübernachtung haben, gerade Mädchen dürfen das dann oftmals nicht, ne,
      das sind, aber des is wie gesagt, eher alles so in der Kultur äh verhaftet, des
      hat ähm weiß nicht, klar hat des nen religiösen Hintergrund aber ich würd
      nicht sagen, dass wir so, dass wir diese Religionen hier so leben, des sind die
      kulturellen Unterschiede.

Unabhängig davon also, ob und wie diese Situation mit Religiosität in Zusammenhang steht (und auch gebracht wird), wird sie kulturalisiert – das hat etwas mit
Kultur zu tun. Einhergehend wird muslimische Religiosität auf einer Ebene des
Orientierungsrahmens unter Kultur subsummiert, d.h. ‚religiöse Differenzen' vorrangig im Sinne kultureller Differenzen gedeutet, wobei in der Gruppendiskussion
auch keine weitergehenden Auseinandersetzungen mit dem Verhältnis von Religion
und Kultur stattfinden.

6   KiTa 3: „…und wenn se das nicht wollen, dann müssen sie sich ne andere Kita suchen."

In der letzten hier vorgestellten Einrichtung des Samples (Innenstadt Berlins, christlich ausgerichtet, rund 30 Prozent an Kindern mit ‚muslimischem Hintergrund') wird die *Differenzkategorie muslimische Religiosität* auf eine weitere Art und Weise bearbeitet. Hier lässt sich eine Differenzlogik rekonstruieren, wonach zentral zwischen dem Eigenen und dem muslimisch Anderen unterschieden wird, wobei die Hinführung zum Christlichen bzw. christliche Orientierungen im Mittelpunkt der pädagogischen Praxis stehen. So wird hier der „Jahreskreis" entsprechend der christlichen Feste gestaltet, d.h. diese werden in unterschiedlicher Art und Weise „erarbeitet" und begangen. Daneben wird in der Einrichtung täglich gebetet und es werden christliche Lieder gesungen oder auch der Kaplan der Gemeinde über Besuche und Absprachen in die Arbeit der Einrichtung einbezogen. Außerdem stehen immer wieder auch gemeinsame Besuche in der Kirche der Gemeinde oder religionspädagogisch geplante Einheiten auf dem elementarpädagogischen Programm. Letztlich sollen die Kinder die Gelegenheit bekommen, die Priester der Gemeinde persönlich kennenzulernen.

An der Gruppendiskussion, die ich in dieser Einrichtung durchführte, nahmen die Leiterin sowie die stellvertretende Leiterin dieser Einrichtung teil. Da die an dieser Stelle akzentuierten Komponenten des Orientierungsrahmens dieser beiden Fachkräfte zudem gerade in denjenigen Passagen dieser Gruppendiskussion zur Geltung kommen, in denen sie die *Differenzkategorie muslimische Religiosität* thematisierten, wird die Falldarstellung hier nicht wie zuvor in zwei Kapitel unterteilt. Vielmehr wird in einem Schritt auf Zusammenhänge zwischen der Bearbeitung und den Orientierungen zur *Differenzkategorie muslimische Religiosität* sowie dem Orientierungsrahmen der beiden Fachkräfte eingegangen.

Der Orientierungsrahmen der beiden Einrichtungsleiterinnen kommt in besonderer Dichte in der folgenden Aussage der Einrichtungsleiterin zur Geltung:

W1:   Auch wenn wir wissen, dass viele Kinder nicht den Zugang zur Kirche dann haben ist natürlich die Hoffnung, dass diese kleinen Schritte die wir hier tun, unseren Glauben den Kindern nahe zu bringen den Menschen Jesus auch nahe zu bringen und seine Möglichkeiten die er vermittelt hat durch sein Sterben und Auferstehen dass wir ihnen einfach einen Weg bereiten oft gerade die Messen mit den Eltern dann solche Kinderkirchenarbeit dann auch ein Schwerpunkt dass man die Eltern näher ranbringt und auch die Scheu nimmt mit ihren Kindern über Gott zu sprechen (.) und solche Bezug früher war ich mal mit meinen Eltern in der Kirche aber das ist schon so lange her dass man einfach über die Kinder die Familien dann auch dann n Weg bereitet, dass sie dann zur Gemeinde dann anschließen können sich wieder.

Es geht den an der Gruppendiskussion beteiligten pädagogischen Fachkräften also darum, den Kindern, aber auch den Eltern den eigenen Glauben „nahe zu bringen" und „einen Weg [zu] bereiten", der ihnen auch später den Anschluss an die Gemeinde zu ermöglichen im Stande ist. Auf einen „Weg" mitzunehmen, den sie selbst eingeschlagen haben und weiterhin gehen, d.h. die eigene christliche Perspektive zu eröffnen und so auch an eine christliche Glaubensgemeinschaft heranzuführen (‚ranbringen'), erscheint demnach als „Hoffnung" oder auch Wunschbild (vgl. Foltys/Lamprecht 2008) ihrer elementarpädagogischen Arbeit.

Diese zentrale, missionarisch anmutende Orientierung strukturiert auch die Bearbeitung der *Differenzkategorie muslimische Religiosität* im Verlauf der Gruppendiskussion. So dokumentiert sich diese Orientierung einerseits in der Konstruktion einer Gemeinschaft aller Menschen als „Kinder Gottes" oder auch derjenigen, die an „einen Gott glauben". Andererseits stellt die Differenzlinie zwischen ChristInnen und Nicht-ChristInnen oder „Gläubigen" und Nicht-Gläubigen das zentrale Kategorisierungskriterium der beiden Einrichtungsleiterinnen dar:

W1:   Vor ein paar Jahren noch eigentlich weniger Christen im Haus einfach von dem Umfeld in dem wir leben, das dreht jetzt um es werden immer weniger Nicht-Christen

W2:   Das war aber für uns nicht des Problem, weil für uns alle Kinder Gottes sind.

Oder an anderer Stelle:

W2:   denn wir glauben eigentlich, davon geh ich wenigstens aus, alle an einen Gott nur. Mit welchem Verständnis des ist ein anderes Thema dazu, aber für mich ist des, darum habe ich vorhin auch gesagt, jeder muss einzeln sehen, es ist kein Generalisierung jetzt hier, dass des für mich eigentlich kein Unterschied ist.

Demnach stiftet ihr religiöser Glaube und ihre oben dargestellte zentrale pädagogische Orientierung für sie sowohl Distanz als auch Nähe. Einerseits über eine Differenzlinie zwischen (Mitgliedern) verschiedenen/r Glaubensgemeinschaften (Nähe zu anderen ChristInnen und Distanz zu Nicht-ChristInnen) und andererseits eine Nähe aller Menschen als „Kinder Gottes" bzw. zwischen denjenigen, die alle an „einen Gott" glauben; d.h. zu ChristInnen und Nicht-ChristInnen, denen sie ihren Glauben „nahe zu bringen", die sie auf ihren „Weg" mitzunehmen und die sie an die eigene Glaubensgemeinschaft heranzuführen versuchen.

Die zentrale Orientierung des ‚Nahe-Bringens' oder Heranführens an den eigenen Glauben bzw. an die eigene Glaubensgemeinschaft orientiert nicht nur die beschriebenen Praktiken der elementarpädagogischen Alltagsgestaltung, sondern auch eine Praxis, wonach die Einrichtungsleitung im Kontext der Aufnahmegespräche deutlich herausstelle, woran sich die elementarpädagogische Arbeit ausrichtet:

W2:   und dementsprechend die mit den Bedingungen der Aufnahme dass wir ein christliches Haus sind dass wir mit den Kindern beten, dass wir rüber in die Kirche gehen, dass wir die kirchlichen Feste feiern mit leben können sind herzlich willkommen bei uns

W1:   die andersgläubigen Eltern haben meist im Erstgespräch zu mir gesagt entweder sind sie eben auch nur auf dem Papier gläubig, dass ihnen das auch wirklich egal ist, aber oft kam rüber Jesus isn Prophet und er hat gute Sachen getan die mein Kind eben halt auch lernen soll oder auch eben z.B. die Geschichte von Martin ist ja auch etwas, das man aus Menschlichkeit machen sollte und nicht weil man Christ oder Mohammedaner und so ist also die haben dann auch gesagt, dass was ihr hier über Gott oder über Jesus sagt, das kann mein Kind auch gerne hören und da stehen wir auch dazu hinter und akzeptieren dann eben andersrum dass das Kind dann eben lernt beim Mittagessen zu beten.

Und an anderer Stelle:

W2:   Wir grenzen auch niemand aus aber wir sagen, ihr müsst akzeptieren dass eben die Kinder (die Sachen) die Erfahrungen eben machen.

Die Eltern haben demnach die „Bedingungen der Aufnahme" zu „akzeptieren" und sich im Kontext der Aufnahmegespräche dazu bereit zu erklären. Tun sie das, dann würden sie nicht nur nicht ausgegrenzt, sondern mehr noch: dann seien sie „herzlich willkommen". Es wird also eine Grenze zwischen Innen und Außen gezogen – und nur wer bereit sei, die Regeln der Alltagsgestaltung zu akzeptieren, ist „herzlich willkommen".

Deutlich wird ferner, dass das Muslimische – sei es die Religion des Islam („Jesus isn Prophet") oder die Identifikation als MuslimIn („Mohammedaner")[17] – als relevantes Anderes hervorgebracht wird. Unabhängig davon, ob sich das mit dem sozialräumlichen Umfeld der Einrichtung in Zusammenhang bringen lässt (da hier eine hohe Prozentzahl an Familien lebt, in denen der Islam eine mehr oder

---

17 „Die gelegentlich gebrauchte Bezeichnung ‚Mohammedaner' lehnen [...] [Muslime] im allgemeinen [sic] ab, da nach ihrem Glauben der Prophet Muhammad zwar Verehrung verdient, aber nicht den hohen Stellenwert einnimmt wie Jesus im Christentum" (Elger 2014).

minder bedeutungsvolle Religion darstellt), wird hier also eine Differenz zwischen
ChristInnen und MuslimInnen markiert. Dass W1 in diesem Zuge den Begriff „Mohammedaner" verwendet, verweist zudem auf eine Orientierung, wonach ‚der Islam'
an den Propheten Mohammed gebunden und in einen übergeordneten, gemeinsam
geteilten Rahmen des Glaubens an einen Gott integriert wird. D.h., sie lösen die
oben beschriebene Ambivalenz zwischen Nähe und Distanz zwischen ihnen als
ChristInnen und MuslimInnen über die Hervorhebung verbindender[18] Momente
auf. So ist dies hier die Betonung dessen, dass Jesus im Islam ein „Prophet" sei oder
an anderer Stelle die Hervorhebung, wie stolz „die türkischen Kinder immer [seien],
dass der Nikolaus in der Türkei lebte". Darüber hinaus betonen sie die Bedeutung
der Vermittlung christlicher Orientierungen im Sinne der „Menschlichkeit", wie
dies W1 an anderer Stelle hervorhebt:

> W1:   Und ich geh ebend auch noch einen Schritt weiter wie ich sage, diese guten
>   Taten die besprochen werden sollte eigentlich n Humanist sollte n Atheist
>   auch haben. Er sollte auch nicht den Frierenden da liegen lassen oder so ich
>   finde das gehört auch noch zur Menschlichkeit dazu und wenn die Leute es
>   akzeptieren können, dass wir es eben mit der christlichen Basis erziehen oder
>   sowas sind sie gerne hier willkommen.

Insofern streichen sie die Anschlussfähigkeit nicht-christlicher Orientierungen
an den eigenen Orientierungsrahmen heraus – auch Nicht-Christliches ‚passt' in
unseren Rahmen, d.h. ‚auch für MuslimInnen ist das, was wir hier tun, erstrebens-
wert'. Letztlich läge es jedoch an der Bereitschaft und Offenheit der Eltern selbst,
die Pädagogik der Einrichtung im Sinne der Vermittlung religionsübergreifend zu
teilender Normen und Werte mitzutragen. In besonderer Dichte dokumentieren
sich der Orientierungsrahmen sowie die angesprochenen Orientierungen der beiden
Einrichtungsleiterinnen zum muslimisch Anderen zudem in den folgenden Passagen:

> W2:   Was anderes was wir mal hatten, also des is auch schon wirklich 20 Jahre her
>   da hatten wir mal so angeboten Mütter und Väter können vormittags basteln
>   für den Basar des kamen nur Mütter und des war auch die Zeit wo wir noch
>   mehr türkische und arabische Frauen hatten und als wir da saßen sagte auf
>   einmal eine Frau (.) kommen jetzt noch irgendwie noch Männer hierher und
>   hab ich gesagt höchstens könnte n Postbote klingeln oder jemand anderes aber
>   in den Raum kommt keiner und da haben sie ihre Kopftücher abgemacht und

---

18   An anderer Stelle sagen sie auch explizit: „Mehr die Verbindung als die Abgrenzung,
     ja".

mehr also vertrauen können die Frauen uns eigentlich nicht geben dass sie sich also mit freiem Kopf eben gezeigt haben (.) haben wir auch schon mal gehabt.

Und an anderer Stelle:

W1: Aber in der Regel sind die muslimischen Familien hier ganz offen, machen mit äh bestes Beispiel war wo du meintest mit Fronleichnam damals, dass dann unsere KiTa mit rumgegangen ist von der Gemeinde auch rüber war schon Mathias ne und äh, dass dann also auch mit Kopftuch natürlich die Mütter dann mit Fronleichnam gefeiert haben dann ihre Kinder nun diesen Termin und jetzt sind sie mitgegangen war n bisschen befremdlich wohl für die anderen aber äh es zeigt also es gibt genauso diese Familien die sagen nein mein Kind ist jetzt hier ich weiß auf was ich mich eingelassen habe und wenn des jetzt ein Fest von der KiTa mit der Gruppe ist nehm ich dran teil

W2: Unser Pfarrer war so stolz er hatte ein Bild mit der Monstranz mit ihm und im Hintergrund drei türkische Frauen das kam auch im Pfarrheft gefragt ob wirs eben dürfen weil er auch ganz stolz war ne.

So werden die muslimischen Frauen zunächst als relevante Andere gekennzeichnet – für die beiden pädagogischen Fachkräfte hat die religiöse Differenz zwischen dem christlich Eigenen und dem muslimisch Anderen Bedeutung. In der symbolischen Aufladung des Ablegens des Kopftuchs in Gegenwart pädagogischer Fachkräfte der Einrichtung, der Anwesenheit von Frauen mit Kopftuch samt ihrer Kinder beim Fronleichnamsfest der Gemeinde und letztlich der Bereitschaft einiger „türkischer Frauen", sich mit dem Pfarrer im Vordergrund im Gemeindeheft abbilden zu lassen (u.a. als Zeichen des Vertrauens, der Offenheit und des Stolzes), dokumentiert sich zudem, dass sie diese Situationen als besonderen Gewinn erlebten: Es ist gelungen, dass MuslimInnen ihr Kopftuch vor ihnen ablegten, das Fronleichnamsfest mit ihnen begangen haben und sich mit dem Pfarrer im Gemeindeheft abbilden ließen. Das Muslimische ist dabei stets das Andere, das dem Eigenem gegenüber gestellt wird. Wenn die Anderen jedoch „offen" sind, d.h., sich auf den christlich-religiös ausgerichteten Rahmen einlassen, bereit sind, sich in diesen ,hineinzubegeben', dann wird dies in positiver Weise gedeutet.

Die Art und Weise der Bearbeitung der Differenz zwischen dem Eigenen und dem muslimisch-Anderen kommt zudem in der Antwort auf die Frage nach der Bedeutung religiöser Heterogenität für den Einrichtungsalltag zur Geltung:

W1: Also im Alltag haben die Kinder es immer durchs Essen schon. Wir haben eine Köchin, die frisch kocht und weil wir muslimische Kinder haben äh gibts bei uns nicht regelmäßig Schweinefleisch um des (1) da keine Probleme zu haben

> aber wenn es Schweinefleisch gibt gibts n Ersatz für die anderen Kinder äh
> und dass man natürlich darauf achtet und dass man den anderen auch erklärt
> warum kri (.) darfst du des nicht essen und des und dann kommt man schon
> ins Gespräch dann dahingehend.

„Muslimische Kinder" werden hier also als relevante Andere markiert – aufgrund
ihrer Anwesenheit gäbe es „nicht regelmäßig" Schweinefleisch. Als Grund dafür
werden mögliche „Probleme" angeführt, die gerade aufgrund ihrer Anwesenheit
aus dem Verzehr von Schweinefleisch resultieren könnten. D.h. die Anwesenheit
muslimisch Anderer wird verantwortlich dafür gemacht, dass sowohl Probleme
aus einer als unproblematisch erachteten Praxis erwachsen könnten, als auch für
die eigene entsprechende Veränderung dieser Praxis. Im Unterschied zur KiTa
zuvor rührt daraus allerdings keine generelle Lösung (kein Schweinefleisch). Zwar
zeigen sie damit eine grundsätzliche Bereitschaft, auf ‚das Muslimische' einzugehen, allerdings gibt es für das Schweinefleisch lediglich einen „Ersatz" und es
erscheint erklärungsbedürftig, dass die muslimischen Kinder kein Schweinefleisch
essen ‚dürfen'. Letztlich trage dieser Unterschied in den Essgewohnheiten und den
entsprechenden Regeln auch dazu bei, dass „ins Gespräch" gekommen werde über
religiös begründete Differenzen. Diese werden thematisiert bzw. nicht unsichtbar
gemacht. Allerdings gäbe es auch „mal kleine Probleme":

> W1:   wir sagen den Kindern das ist Schweinefleisch das ihr dürft das essen oder jenes
> Essen es kann aber natürlich mal passieren, dass n Kind in falsches Würstchen
> beißt oder so also das bloß dann sind wa auch offen also dann gehen wir auch
> zu den Eltern hin sagen also tut uns leid Ali hat in so ne Wurst reingebissen
> wir haben sofort des dann weg genommen aber wir lügen dann auch nicht wir
> sagen dann ehrlich des kann eben passieren ne oder wenn wir jetzt eben hier
> was weiß ich Schokolade haben und dann Gummibärchen und sagen aber des
> kann trotzdem mal passieren aber dann stehen wir auch dazu ne. Also wir
> verheimlichen es dann nicht dann dann sprechen wir die Eltern an heute ist
> es leider mal passiert.

So wird die Differenz zwischen dem Eigenen und dem muslimisch Anderen hier
auch nicht zum Verschwinden gebracht, vielmehr wird den muslimisch Anderen
gezeigt, dass sie anders sind. Die Metapher des ‚Nicht-Verheimlichens' verweist
somit auf zweierlei: Einerseits inszenieren sie damit, dass sie trotz des Verbots
des Verzehrs von Schweinefleisch nicht dazu bereit sind, ihre Essgewohnheiten
aufzugeben, andererseits markieren sie damit die Differenz zwischen sich selbst
und denjenigen MuslimInnen, die aufgrund ihrer Religion auf Schweinefleisch

verzichten. Kurz: sowohl das Eigene als auch die Differenz zwischen dem Eigenen und dem Anderen wird performativ in Szene gesetzt.

Alles in allem empfinden sie das Verhältnis zwischen dem christlich Eigenen und dem muslimisch Anderen jedoch als nicht oder nur als geringfügig „spannungsmäßig":

W1:   Also (…) spannungsmäßig empfind ich des eigentlich nicht,
W2:   wenig
W1:   ganz wenig, dass wir irgendwie so haben, dahingehend weil eben wirklich die vorbereitet sind und wenn se das <u>nicht</u> wollen, dann müssen sie sich ne andere KiTa suchen. Hier in der Gegend gibt es einige muslimische Kinderläden auch, so dass es also auch Möglichkeiten gibt, wir wissen auch, dass es schwierig ist KiTaplätze zu kriegen, aber wir gehen davon aus wir müssen uns nicht verbiegen. Wir sind n christliches Haus und wir äh kommen (.) entgegen, wir nehmen gerne auf, aber wir lassen uns nicht einschränken von wenigen, die sagen nein aber hier darfs aber gar kein Fleisch mehr geben.

Als wesentliche Voraussetzung dafür, dass es zu wenigen religiös begründeten Spannungen komme, wird also die Vorbereitung der Eltern angesehen. Schließlich werde ihnen im Zuge der Anmeldung deutlich gemacht, dass sich hier an christlichen Werten, Praktiken und Ritualen/Festen orientiert werde. Und falls dazu jemand nicht bereit sei, könnten sie sich auch für eine andere Einrichtung entscheiden. Zwar werde kein Kind in der Einrichtung gezwungen, sich an den christlichen Ritualen zu beteiligen, die den Alltag der Einrichtung strukturieren, dennoch sei man auch nicht bereit dazu, sich einzuschränken oder zu „verbiegen" im Sinne der Integration von Orientierungen in den eigenen Orientierungsrahmen, die sie selbst nicht teilen. D.h., sie geben eindeutig vor, was in der KiTa zugelassen wird oder was eben nicht zugelassen wird.

7   Zusammenfassung und Ausblick

7.1   Zusammenfassung

Der Fokus der Studie richtete sich zwar deduktiv auf eine spezifische soziale Kategorie, welche in den jeweiligen Feldern ggf. keine weitere Relevanz entfaltet (vgl. Budde 2014). Dies ermöglichte jedoch einen Zugang zu den Arten und Weisen der Bearbeitung der *Differenzkategorie muslimische Religiosität* im Kontext der Gruppendiskussionen. Darüber hinaus konnten so Zusammenhänge zwischen diesen Bearbeitungsweisen und den Orientierungen zu muslimischer Religiosität sowie dem Orientierungsrahmen (oder auch Habitus) der an der Studie Beteiligten aufgezeigt werden. So macht der Kontrast der Fälle zunächst deutlich, dass diese Differenzkategorie je nach Einrichtung unterschiedlich bearbeitet wurde. Das jeweilige Einrichtungsmilieu scheint also entscheidend dafür zu sein, welche Bedeutung muslimischer Religiosität im elementarpädagogischen Alltag zukommt bzw. dieser zugeschrieben wird.

Bevor jedoch in zusammenfassender Weise auf einige Unterschiede zwischen den Einrichtungen zurückgekommen wird, wird auf einige fallübergreifende Ähnlichkeiten zwischen den Fällen eingegangen: So zeigte sich, dass die Bezugnahme auf Differenz in allen drei Einrichtungen zur Identifikation eines Wir beansprucht wurde. D.h., über die jeweiligen Differenzsetzungen brachten die Beteiligten gleichsam bestimmte Vorstellungen eines Wir hervor. Einhergehend wurde die *Differenzkategorie muslimische Religiosität* in allen drei Gruppendiskussionen mit Nationalstaatlichkeit sowie in KiTa 1 und 2 mit Kultur in Zusammenhang gebracht. Auf einer Orientierungsebene wird religiöse Unterschiedlichkeit also offensichtlich eng an kulturelle oder nationale Unterschiede gekoppelt.[19] Letztlich wurde in Bezug auf das Thema Religion in erster Linie die religiöse Ausrichtung der Eltern oder anderer Erwachsener (von sich selbst oder von anderen MitarbeiterInnen) in den Mittelpunkt gerückt. Geht es um Religion, dann ist dies offenbar ein Thema, über das die Erwachsenen entscheiden bzw. hinsichtlich dessen es um die Frage geht, ob und wenn ja, wie religiöse Orientierungen von den Erwachsenen an die Kinder weitergegeben (oder eben nicht weitergegeben) werden – Religion als etwas, das deduktiv vermittelt, oder anders: in das ‚hineinsozialisiert' wird.

Mit Blick auf die Unterschiede zwischen den Gruppendiskussionen ließ sich zudem rekonstruieren, wie die beiden Einrichtungsleiterinnen der KiTa 1 die Differenz zwischen dem ‚Muslimischen' und dem ‚Nicht-Muslimischen' über die Hinwendung zu den persönlichen Erfahrungen mit einer muslimischen Mitarbeiterin als eine relative Differenz kennzeichneten, der im Kontext ihrer gemeinsamen Alltagspraxis jedoch keine bedeutungsvolle Relevanz zugekommen wäre. Ferner verweisen die Rekonstruktionen zu diesem Fall auf einen Orientierungsrahmen der beiden Einrichtungsleiterinnen dieser KiTa, wonach sich diese das Handeln von Personen

---

19 Wobei 1) mit Bezug auf den arabischen Raum oftmals keine weitere Ausdifferenzierung der jeweiligen Nationen erfolgte und wodurch 2) der Anschluss an die Orientalismusstudien von Said (2003) oder die Arbeiten von Attia (2009) interessant erscheint. Denn diese befassen sich sowohl mit den Grenzziehungen zwischen dem westlich Christlichen und orientalisch Islamischen als auch mit diskursiv vermittelten Bildern zu deren Gegenüberstellung und weisen auf die Hervorbringung eines hierarchischen Verhältnisses zwischen diesen hin (vgl. auch den Artikel von Bilgi in diesem Band).

im Kontext ihrer Einrichtung (Kinder, Elternteile, MitarbeiterInnen) weniger über bereits vorausgesetzte Differenzlinien erschließen, sondern die Aufmerksamkeit (quasi induktiv) in erster Linie darauf richten, welche Differenzen wie in der konkreten Alltagspraxis zur Geltung kommen. Im Kontrast dazu, kommt im zweiten Fall eine Differenzlogik zur Geltung, wonach die pädagogischen Fachkräfte dieser Einrichtung das Verhalten von Personen primär unter einer kulturalisierend-ethnisierenden Perspektive entwerfen. In diesem Zuge wird auch muslimische Religiosität unter Kultur subsummiert und in den wenigen konkreten Bezugnahmen auf sie gleichsam dem/den kulturell Anderen zugeschrieben. Letztlich erhält muslimische Religiosität in der dritten KiTa ihre spezifische Bedeutung ‚aus der Perspektive' eines Orientierungsrahmens, der an einer Hinführung zum christlichen Glauben und an einem Anschluss an die eigene christliche Gemeinschaft ausgerichtet ist. Demzufolge sind MuslimInnen ‚Andersgläubige' bzw. muslimisch Andere, die auch in Richtung des Eigenen geführt werden können/sollen.

7.2   Ausblicke für die Praxis

Den Blick nun auf die pädagogische Praxis sowie Sozialisation richtend soll vor diesem Hintergrund der Schwerpunkt auf Prozesse des Othering (oder der Ver-Anderung, vgl. u.a. Reuter 2002) gelegt werden. Eine entscheidende Komponente solcher Prozesse ist der Bezug auf und die Festschreibung *symbolischer* und *sozialer Grenzen* – von Grenzen zwischen dem, „was ‚dazu gehört' und dem, was ‚nicht dazu gehört' oder was ‚das Andere' ist, zwischen ‚Insidern' und ‚Outsidern', Uns und Ihnen", wie Hall formuliert (2004, S. 144), über die Gefühle der Gleichheit und Zugehörigkeit kreiert werden (vgl. Raitelhuber 2013, S. 6). Im Hinblick auf Sozialisation kommt Prozessen des Othering dabei auch vor dem Hintergrund quantitativer Befragungen eine besondere Bedeutung zu, die darauf hinweisen, dass sich bspw. rund die Hälfte der Jugendlichen mit türkischem Migrationshintergrund und deutscher Staatsangehörigkeit als ‚Ausländer' bezeichnen (vgl. Karayaz 2013). Allerdings können Prozesse des Othering nicht nur dazu beitragen, dass Personengruppen als nicht selbstverständlich zugehörig anerkannt werden (und sich vielfach auch so fühlen). Auch gehen sie oftmals mit Negativbewertungen einher, die in subjektive und kollektive Gemeinschafts- und Identitätskonstruktionen eingehen (können) (vgl. u.a. Leiprecht 2012; Yildiz 2014). Letztlich werden über symbolische und soziale Grenzziehungen sozialisatorisch bedeutungsvolle soziale Positionierungen vorgenommen und sozialer Status zugewiesen (vgl. Raitelhuber 2013, S. 6).

Aus dieser Blickrichtung lässt sich nun mit Bezug auf die KiTa 2 und 3 davon sprechen, dass auch die pädagogischen Fachkräfte dieser Einrichtungen in den hier analysierten Gruppendiskussionen immer wieder eine Grenze zwischen sich selbst als Angehörigen oder VertreterInnen einer bestimmten Kultur oder Glaubensrichtung und Personen/-gruppen anderer Kulturen oder einer anderen Religionszugehörigkeit markieren und diese Grenze so performativ verstetigen, d.h. entsprechende Wirklichkeiten hervorbringen. Da im Falle dieser Einrichtungen zudem das Eigene (Beherrschung der eigenen Sprache, eigene Verhaltensnormen, eigene Wertvorstellungen usw.) mehr oder weniger explizit als erstrebenswerte und angestrebte Norm operiert, wird die Differenz zwischen dem Eigenen und dem Anderen zugleich wiederkehrend als Grenze zwischen dem ‚Normalen‘ und dem ‚Abweichenden‘, dem ‚Richtigen‘ und dem ‚Falschen‘, dem ‚Erwünschten‘ und dem ‚Unerwünschten‘ gekennzeichnet.

Angesichts der besonderen (Bildungs-)Bedeutung der ersten Lebensjahre von Kindern in Bezug auf die Formung ihrer Selbst- und Weltsicht (vgl. u.a. Schäfer 2001, Stieve 2013), verdeutlicht die Studie die hohe Bedeutung einer pädagogischen Praxis, die selbstreflexiv ihre (impliziten) Normen des Handelns in den Blick nimmt und dabei nicht von einer „unbedingten Richtigkeit des Eigenen" (Welsch 1994, S. 37) ausgeht. Darüber hinaus wird die Reflexion des pädagogischen Handelns hinsichtlich handlungsleitender Orientierungen zu Andersheit und Fremdheit sowie zu (routinisierten) Praktiken der Grenzziehung deutlich; oder genauer: hinsichtlich die Praxis strukturierender Differenzlogiken, da diese in sozialisatorischer Hinsicht bedeutungsvolle Ausgrenzungs- und Abwertungserfahrungen begründen können.

Dabei ergeben sich diese Forderungen nicht nur vor dem Hintergrund der bereits genannten möglichen Konsequenzen von Prozessen des Othering. Ferner deuten die Rekonstruktionen darauf hin, dass Praktiken der VerAnderung auch zu einer weniger differenzierten Wahrnehmung des Verhaltens von Personen/-gruppen führen können, wie auch Leiprecht (2012) mit Bezug auf Tajfel (1982) und Kultur anmerkt:

> „Denjenigen, die als Angehörige einer anderen Kultur wahrgenommen werden […] wird eher ein für eine Kultur typisches und durch eine Kultur determiniertes Verhalten unterstellt, während – und hier erweisen sich auch festlegende Denkweisen erstaunlich flexibel und inkonsistent – Angehörige der eigenen Kultur eher als Individuen gelten."

Insofern scheint eine Praxis der VerAnderung nicht nur hinsichtlich spezifischer sozialisatorisch bedeutungsvoller symbolischer und sozialer Grenzziehungen von Bedeutung, sondern in grundsätzlicher Art und Weise dem zu widersprechen, was in den aktuellen frühpädagogischen Diskursen im Interesse des Kinder sowie deren Sozialisation und Bildung gefordert wird – nämlich ein wertschätzender, einfühlsamer, differenziert am jeweiligen Kind und dessen Hintergründen, Perspektiven und Ressourcen orientierter Umgang mit den Kindern (vgl. u.a. Kasüschke 2010).

Literatur

Attia, Iman (2009): Die ‚westliche Kultur' und ihr Anderes. Zur Dekonstruktion von Orientalismus und antimuslimischem Rassismus. transcript, Bielefeld.

Bohnsack, Ralf (2007): Performativität, Performanz und dokumentarische Methode. In: Wulf, Christoph/Zirfas, Jörg (Hrsg.): Pädagogik des Performativen. Theorien, Methoden, Perspektiven. Beltz, Weinheim, S. 200-212.

Bohnsack, Ralf (2009): Qualitative Bild- und Videointerpretation. Barbara Budrich, Opladen.

Bohnsack, Ralf (2010): Rekonstruktive Sozialforschung. Einführung in qualitative Methoden. Barbara Budrich, Opladen.

Bohnsack, Ralf (2013): Dokumentarische Methode und die Logik der Praxis. In: Lenger, Alexander/Schneickert, Christian/Schumacher, Florian (Hrsg.): Pierre Bourdieus Konzeption des Habitus. Grundlagen, Zugänge, Forschungsperspektiven. VS, Wiesbaden, S. 175-200.

Bohnsack, Ralf (2014): Habitus, Norm, Identität. In: Helsper, Werner/Kramer, Rolf-Torsten/ Thiersch, Sven (Hrsg.): Schülerhabitus. Theoretische und empirische Analysen zum Bourdieuschen Theorem der kulturellen Passung. VS, Wiesbaden, S. 33-55.

Bohnsack, Ralf/Nohl, Arnd-Michael (2001): Ethnisierung und Differenzerfahrung. Fremdheit als alltägliches und als methodologisches Problem. In: ZBBS Zeitschrift für qualitative Bildungs-, Beratungs- und Sozialforschung, Heft 1/2001. Leske + Budrich, Opladen, S. 15-36.

Bohnsack, Ralf/Fritzsche, Bettina/Wagner-Willi, Monika (Hrsg.) (2014): Dokumentarische Video- und Filminterpretation. Methodologie und Forschungspraxis. Barbara Budrich, Opladen,

Bourdieu, Pierre (1992): Rede und Antwort. Suhrkamp, Frankfurt a. M.

Budde, Jürgen (2014): Differenz beobachten. In: Tervooren, Anja/Engel, Nicolas/Göhlich, Michael/Miethe, Ingrid/Reh, Sabine (Hrsg.): Ethnographie und Differenz in pädagogischen Feldern. Internationale Entwicklungen erziehungswissenschaftlicher Forschung. transcript, Bielefeld, S. 133-149.

Diehm, Isabell/Kuhn, Melanie (2005): Ethnische Unterscheidungen in der frühen Kindheit. In: Hamburger, Franz/Badawia, Tarek/Hummrich, Merle (Hrsg.): Migration und Bildung. Über das Verhältnis von Anerkennung und Zumutung in der Einwanderungsgesellschaft. VS, Wiesbaden, S. 221-231.

Elger, Ralf (2014): Muslim. http://www.bpb.de/nachschlagen/lexika/islam-lexikon/21546/ muslim. Zugegriffen: 15 April 2015.

Emmerich, Marcus/Hormel, Ulrike (2013): Heterogenität-Diversity-Intersektionalität. Zur Logik sozialer Unterscheidungen in pädagogischen Semantiken der Differenz. Springer VS, Wiesbaden.

Foltys, Julia/Lamprecht, Juliane (2008): Geburt und Familie. In: Wulf, Christoph/Hänsch, Anja/Brumlik, Micha (Hrsg.): Das Imaginäre der Geburt. Praktiken, Narrationen und Bilder. Fink, München, S. 136-148.

Fritzsche, Bettina/Tervooren, Anja (2014): Doing difference while doing ethnography? Zur Methodologie ethnographischer Untersuchungen von Differenzkategorien. In: Friebertshäuser, Barbara/Kelle, Helga/Boller, Heike/Bollig, Sabine/, Huf, Christine/ Langer, Antje/Ott, Marion/Richter, Sophia (Hrsg.): Feld und Theorie. Herausforderungen erziehungswissenschaftlicher Ethnographie. Barbara Budrich, Opladen, S. 25-39.

Garfinkel, Harold (1967): Conditions of Successful Degradation Ceremonies. In: Manis, Jerome G./Meltzer, Bernhard (Hrsg.): Symbolic Interaction. Allyn and Bacon, Boston, S. 205-212.

Hall, Stuart (2004): Das Spektakel des Anderen. In: Hall, Stuart: Ideologie. Identität. Repräsentation. Argument, Hamburg, S. 108-166.

Hößl, Stefan E./Köbel, Nils (2013): Rethinking Religiosity. Muslimische Religiosität im Fokus der Biographie- und Jugendforschung. In: Neue Praxis 5/2013, S. 439-456.

Karayaz, Erol (2013): Männliche Jugendliche mit Migrationshintergrund. Ergebnisse eigener Untersuchungen und was diese für eine diversitätsbewusste Pädagogik bedeuten können. BIS, Oldenburg.

Kasüschke, Dagmar (2010): Didaktik in der Pädagogik der frühen Kindheit. Carl Link, Neuwied.

Kuhn, Melanie (2013): Professionalität im Kindergarten. Eine ethnographische Studie zur Elementarpädagogik in der Migrationsgesellschaft. Springer VS, Wiesbaden.

Leiprecht, Rudolf (2012): Sozialisation in der Migrationsgesellschaft und die Frage nach der Kultur. http://www.bpb.de/apuz/150614/sozialisation-und-kultur?p=all. Zugegriffen: 13. März 2015.

Meuser, Michael (2007): Repräsentation sozialer Strukturen im Wissen. In: Bohnsack, Ralf/Nentwig-Gesemann, Iris/Nohl, Arnd-Michael (Hrsg.): Die dokumentarische Methode und ihre Forschungspraxis. VS, Wiesbaden, S. 209-224.

Raithelhuber, Eberhard (2013): Soziale Differenzlinien und soziale Ungleichheiten – Herausforderungen und Perspektiven für die Forschung in der Sozialen Arbeit. Vortrag am Institut für Sozialpädagogik und Erwachsenenbildung der Johann Wolfgang Goethe-Universität a. M. am 23. September 2013. http://www.uni-salzburg.at/fileadmin/multimedia/Erziehungswissenschaft/documents/Mitarbeiter/raithelhuber/Probevortrag_Frankfurt-soziale_Differenzen_und_Ungleichheit__2013-09-23.pdf. Zugegriffen: 13. März 2015.

Reuter, Julia (2002): Ordnungen des Anderen. Zum Problem des Eigenen in der Soziologie des Fremden. transcript, Bielefeld.

Ricken, Norbert/Reh, Sabine (2014): Relative und radikale Differenz – Herausforderung für die ethnographische Forschung in pädagogischen Feldern. In: Tervooren, Anja/Engel, Nicolas/Göhlich, Michael/Miethe, Ingrid/Reh, Sabine (Hrsg.): Ethnographie und Differenz in pädagogischen Feldern. Internationale Entwicklungen erziehungswissenschaftlicher Forschung. transcript, Bielefeld, S. 25-46.

Said, Edward (2003): Orientalism. Penguin, London.

Schäfer, Gerd (2001): Prozesse frühkindlicher Bildung. https://www.hf.uni-koeln.de/data/eso/File/Schaefer/Prozesse_Fruehkindlicher_Bildung.pdf. Zugegriffen: 24. März 2015.

Stieve, Claus (2013): Anfänge der Bildung. Bildungstheoretische Grundlagen der Pädagogik der frühen Kindheit. In: Edelmann, Doris/Stamm, Magrit (Hrsg.): Handbuch Frühkindliche Bildungsforschung. Springer VS, Wiesbaden, S. 51-70.

Tajfel, Henri (1982): Gruppenkonflikt und Vorurteil – Entstehung und Funktion sozialer Stereotypen. Huber, Bern.

Thiersch, Sven (2014): Bildungshabitus und Schulwahl. Fallrekonstruktionen zur Aneignung und Weitergabe des familialen ‚Erbes'. Springer VS, Wiesbaden.

Yildiz, Erol (2014): Migrationsfamilien: Vom hegemonialen Diskurs zur (transnationalen) Alltagspraxis. In: Geisen, Thomas/Studer, Tobias/Yildiz, Erol (Hrsg.): Migration, Familie und Gesellschaft: Beiträge zu Theorie, Kultur und Politik. Springer VS, Wiesbaden, S. 59-71.

Welsch, Wolfgang (Hrsg.) (1994): Wege aus der Moderne. Schlüsseltexte zur Postmoderne-Diskussion. Akademie, Berlin.

Wrana, Daniel (2014). Praktiken der Differenzsetzung. Von der poststrukturalistischen Theorie der Differance zu einem Instrumentarium der Analyse von Praktiken. In: Tervooren, Anja/Engel, Nicolas/Göhlich, Michael/Miethe, Ingrid/Reh, Sabine (Hrsg.): Ethnographie und Differenz in pädagogischen Feldern. Internationale Entwicklungen erziehungswissenschaftlicher Forschung. transcript, Bielefeld, S. 76-96.

Wulf, Christoph/Göhlich, Michael/ Zirfas, Jörg (Hrsg.) (2001): Grundlagen des Performativen. Eine Einführung in die Zusammenhänge von Sprache, Macht und Handeln. Juventa, Weinheim.

Wulf, Christoph/Zirfas, Jörg (Hrsg.) (2007): Pädagogik des Performativen. Theorien, Methoden, Perspektiven. Beltz, Weinheim.

Zirfas, Jörg (2004): Sozialisation als performativer Prozess. Ethnographische Überlegungen zu rituellen Praktiken in der Familie. In: Wulf, Christoph/Zirfas, Jörg (Hrsg.): Zeitschrift für Erziehungswissenschaft. 2. Beiheft: Innovation und Ritual. Jugend, Geschlecht und Schule. VS, Wiesbaden, S. 59-75.

Islamischer Religionsunterricht an einer urbanen Grundschule

Ethnografische Perspektiven auf Bedeutungsdimensionen der Anerkennung

Ingrid Kellermann und Ditte Lorenz

1 Einleitung: Islamunterricht in der Grundschule[1]

In der öffentlichen Wahrnehmung spiegelt sich selten die Heterogenität isla-misch geprägter *Kulturen* wider, obgleich deren Mitglieder ebenso wenig eine einheitliche Gesamtheit *der* MuslimInnen repräsentieren wie Angehörige anderer Glaubensgemeinschaften (vgl. Pieper/Traub 2013).[2] Dazu tragen nicht zuletzt ge-sellschaftspolitische Debatten und öffentlich-mediale Diskurse bei, die *den* Islam mit Bedeutungen aufladen und das Kollektiv-Imaginäre prägen (vgl. Wulf 2014; Mecheril 2014; Schiffauer 2014; Brumlik 2014). Sie nehmen Einfluss auf die Arten und Weisen, wie mit kultureller Differenz und Alterität umgegangen wird und die Beziehungen zueinander gestaltet werden (vgl. Wulf 2014, S. 246), Anerkennung (kulturell) Anderer ist Teil dieser performativen Dynamik, durch die das Verhält-nis zwischen dem ‚Eigenen‘ und dem ‚Anderen‘ definiert wird und die auch im Kontext einer Pädagogik der Vielfalt einen zentralen Stellenwert einnimmt (vgl. Prengel 2006; Kellermann/Wulf 2014; Hafeneger et al. 2013; Holzbrecher 2013; Gogolin/Krüger-Potratz 2010; Gomolla/Radtke 2009). Im Rahmen der Debatte um Anerkennung und Integration bleibt die Diskussion um das Pro und Kontra des islamischen Religionsunterrichts in der Schule ein aktuelles Thema (vgl. Halm et al. 2014; Obbecke 2010; Ceylan 2010; Halm 2010; Uçar 2010). In Berlin gingen

---

1 Unser herzlicher Dank gilt Tiner Öczelik für hilfreiche Hinweise und Kommentare zu diesem Beitrag.

2 In Deutschland leben fast vier Millionen MuslimInnen, rund 60 Prozent haben einen türkischen Hintergrund. Davon bilden SunnitInnen mit 74 Prozent die Mehrheit, gefolgt von der alevitischen Gemeinde mit 13 Prozent, während etwa 7 Prozent schiitischen Glaubens sind (vgl. Bundesamt für Migration und Flüchtlinge 2012; Halm et al. 2014; Halm 2011).

der Realisierung dieses Lehrangebots zunächst langjährige Klärungsprozesse voraus, insofern die Implementierung als Unterrichtsfach eine öffentlich-rechtlich anerkannte Bezugsinstitution wie die Islamische Föderation Berlin (IFB) voraussetzt,[3] die sich in den jeweiligen Bundesländern für die Ausbildung der Lehrkräfte verantwortlich zeichnet und als Ansprechpartner zur Verfügung steht (vgl. Bundesamt für Migration und Flüchtlinge 2011, S. 12ff.; Heinrich Böll Stiftung 2010; Chbib 2010; de Wall 2010).[4] Eine hypothetische Auseinandersetzung auf dieser Ebene vermag jedoch nicht zu (er-)klären, ob und inwiefern der islamische Religionsunterricht zu Prozessen interkultureller Verständigung beitragen kann. Um hinsichtlich dieser Frage einen empirisch fundierten Zugang zu eröffnen, stützt sich der vorliegende Beitrag auf Erkenntnisse aus einer ethnografischen Studie, die an einer Grundschule in der Berliner Innenstadt durchgeführt wurde. Der Fokus richtet sich dabei auf Bedeutungen, die LehrerInnen und SchülerInnen mit dem Islamunterricht in der Schule verbinden. Dabei gewinnen die performativen Dimensionen der Anerkennung an Relevanz, die aufgrund ihres beiläufigen Charakters in besonderer Weise sozialisatorische Wirkkraft entfalten können (vgl. Kellermann/Wulf 2014; Blaschke-Nacak sowie Ferrin/Ziesmer in diesem Band). Im Folgenden wird zunächst der theoretisch-methodische Rahmen der Studie skizziert. Sodann wird die innerstädtische Berliner Grundschule vorgestellt, deren inklusive Programmatik sich im schulischen Motto ‚es ist normal, verschieden zu sein' ausdrückt. Daran anschließend geben exemplarische Ausschnitte aus der Gruppendiskussion mit Islam-LehrerInnen Einblick in Konstruktions- und Bearbeitungsprozesse von „Kulturdifferenz" (vgl. Dreher/Stegmaier 2007, S. 9), die den Wert von Anerkennung und Wertschätzung hervorheben. Nachfolgend werden zwei Gruppendiskussionen von SchülerInnen einer jahrgangsgemischten Lerngruppe des 4. bis 6. Jahrgangs über ihren jeweiligen Religions- bzw. Lebenskundeunterricht in den Mittelpunkt gestellt, deren Umgangsformen auf habitualisiertes (Erfahrungs-) Wissen über Anerkennung und den Umgang mit (kultureller) Vielfalt verweisen. Das Fazit richtet sich abschließend auf die Frage, inwiefern sich die Erkenntnisse

---

3 Die Gründung der Deutschen Islam Konferenz ging nicht zuletzt auch aus der Debatte um den islamischen Religionsunterricht hervor. Die strukturelle Veränderung muslimischer Verbände mündete 2007 in die Gründung des Dachverbandes des Koordinationsrates der Muslime (KRM) (http://www.koordinationsrat.de/index.php?lang=de), der die Etablierung administrativer Strukturen forcierte (vgl. Deutsche Islamkonferenz (DIK) 2011).

4 MuslimInnen benötigen zur Ausübung ihrer Religion keine zentrale Bezugsinstitution, wie sie etwa durch die evangelische oder katholische Kirche vertreten wird; sie sind deshalb auch seltener mitgliedschaftlich organisiert als christliche Glaubensgemeinschaften (vgl. Heinrich Böll Stiftung 2010; Oebbecke 2010, S. 4; Halm 2008).

der Studie auf außerschulische Kontexte übertragen lassen und für interkulturelle Verständigungsprozesse von Bedeutung sein können.

2   Anerkennung im Kontext des islamischen Religionsunterrichts

Die Aufgabe des bekenntnisorientierten Religionsunterrichts besteht in der *Unterweisung in* Deutungsmuster, Rituale und Praktiken der jeweiligen Religion (vgl. Benner 2004, S. 21), während der Lebenskundeunterricht als *Unterricht über* verschiedene Religionen, humanistische Weltanschauungen und philosophische Fragen verstanden wird, in dem Deutungsmodelle und Erklärungen aus einer nicht-religiös fundierten Weltsicht reflektiert werden (vgl. Seiring 1999, S. 28). Der Religionsunterricht stellt unabhängig von der jeweiligen Glaubensrichtung ein freiwilliges Zusatzangebot zum Regelunterricht in der Grundschule dar, das durch den lebenskundlichen Weltanschauungsunterricht ersetzt werden kann. Die Implementierung des islamischen Religionsunterrichts in den Fächerkanon ist gesellschaftspolitisch verankert und begründet sich in der *formal-rechtlichen Anerkennung* der Lehrbefugnis sowie des Rahmenplans, der in Berlin von der Islamischen Föderation vorgelegt und schulbehördlich genehmigt wurde. Dieses reziproke Rechtsverhältnis basiert auf expliziten Bedingungen und Bestimmungen sowie der Zuordnung eines öffentlich-rechtlichen Status (vgl. Honneth 1994, S. 182ff.). Im sozialen Miteinander tritt diese formale Ebene jedoch zugunsten der Ebene der *sozialen Anerkennung* in den Hintergrund.[5] Mit ihr gewinnen die performativen Dimensionen an Relevanz, die oftmals im Verborgenen, als körperlich-sinnliche Erfahrungen soziale Wirkkraft entfalten.[6]

---

5   Honneth unterscheidet aus sozialphilosophischer Perspektive drei Muster intersubjektiver Anerkennung: die Liebe, das Recht und die soziale Wertschätzung (vgl. Honneth 1994, S. 148ff.). Seine Denkfigur ist für die empirische Forschung vielfach fruchtbar gemacht worden (vgl. etwa Kellermann/Wulf 2014; Prengel 2013; Helsper et al. 2001).

6   Die performativen Dimensionen beziehen sich auf körperliche, sprachliche und räumlich-atmosphärische Ausdrucks- und Gestaltungsformen, durch die eine spezifische Wirklichkeit konstituiert wird (vgl. Wulf 2009; Wulf/Zirfas 2007).

2.1   Zum Verhältnis von Kultur und Anerkennung

„Wir sind, was wir sind, durch unser Verhältnis zu anderen" (Mead 1973, S. 430).
Dieses Zitat verweist auf das grundlegende Angewiesen-Sein der Menschen aufeinander und mithin auf die elementare Relevanz reziproker Beziehungen und
Erfahrungen der *Anerkennung* für Sozialisations- und Bildungsprozesse. Denn
der Austausch mit Anderen ist immer auch ein selbstreferenzieller, auf sich selbst
bezogener Spiegelungsprozess (vgl. Jörissen/Zirfas 2013), in welchem die Reaktionen und Resonanzen Anderer das Selbstbild stärken oder schwächen können.
Sozialisationsräume wie Familie, Peergroups und Schule fungieren hierbei als Par-
tizipationsräume, die sowohl unterschiedliche Einfluss- und Beteiligungschancen
eröffnen als auch über entsprechende (Selbst-)Erfahrungen zur Subjektbildung[7] und
Identifikation mit der Bezugsgruppe beitragen (vgl. Nohl 2004). Durch die Art und
Weise, *wie* Beteiligung, Mitwirkung und Zugehörigkeit (Teil-*Haben*, Teil-*Nehmen*
und Teil-*Sein*) erfahren werden (können), wird das (Selbst-)Bewusstsein geprägt
und das Verhältnis zur (Um-)Welt beeinflusst (vgl. Deci/Ryan 2012). In diesem
Prozess wirkt Anerkennung als ein emotional aufgeladenes, identitätsstiftendes
Moment, mit dem soziale Ordnungen (Hierarchien, Macht- und Statusverhältnisse)
(re-)konstituiert, verbindliche Rahmenbedingungen (Möglichkeiten, Grenzen,
Spielräume) statuiert und sozial-relationale Beziehungsgefüge (Positionen innerhalb der Gruppe) performativ bestimmt werden. Die Bedeutungssemantiken der
Anerkennung werden über mimetische Bezugnahmen aufeinander ausgetauscht
(vgl. Wulf 2009) und drücken sich im kollektiven und individuellen Habitus der
(Gruppen-)Mitglieder aus (vgl. Bourdieu 1987, 2005). Praktiken der Anerkennung
orientieren sich an den soziokulturell etablierten Norm- und Wertvorstellungen
der jeweiligen Gruppe oder Gemeinschaft. In der Schule etwa verweist die anerkennende Adressierung der Lehrkraft auf den eigenen Standort als institutionelleR
VertreterIn, von dem aus sie Eigenschaften oder Leistungen von SchülerInnen als
‚anerkennenswert' hervorhebt. Diese positive Wahrnehmung durch die Lehrkraft
garantiert der/dem SchülerIn jedoch nicht selbstverständlich eine positive Resonanz
durch die SchülerInnengruppe, insofern Anerkennung in der jeweiligen Bezugsgruppe (PädagogInnen *oder* SchülerInnen) unterschiedlich konnotiert sein kann;
d. h. Anerkennungswerte können zwar korrespondieren, sie müssen aber nicht
notwendigerweise übereinstimmen. Anerkennung wird über implizite oder explizite

---

7   Der Begriff ‚Subjekt' (lat. ‚sub' unter ‚iacare' unterwerfen) bezeichnet den Prozess der
     Anpassung des Individuums an seine soziale Umwelt, in dem das Verhältnis zwischen
     eigener Entfaltung und Begrenzung durch ‚Andere' immer wieder ausbalanciert werden
     muss.

(Feedback-)Praktiken performativ hervorgebracht, die in der Gruppenöffentlichkeit einen paradigmatischen Charakter erhalten (vgl. Goffman 1986). Als Attribuierungen vermögen sie das Individuum oder die Gruppe auf ein ‚So-Sein' festzulegen (vgl. Bourdieu 2005, S. 114ff.), die jedoch auch in Frage gestellt oder zurückgewiesen werden können. In Ritualen verdichtet sich ihr Bedeutungssinn; denn sie stellen symbolische Repräsentationen gesellschaftlich-kulturell verankerter Wertigkeiten wie z.b. hinsichtlich des Wissenserwerbs dar (vgl. Kellermann/Wulf 2011), die als symbolisch-repräsentative Rituale und Inszenierungen (z.b. Einschulungsfeier) körperlich-sinnlich erlebbar gemacht werden (vgl. Wulf et al. 2011a; Kellermann 2008, 2012). Dabei können die Beteiligten auf geteilte Erfahrungen und Erinnerungen zurückgreifen, die als kollektive Wissensressourcen verbindende Wirkungen erzielen (können). Über emotionale ‚Ansteckung' können Gefühle intensiviert und kollektive Effekte oder Gegeneffekte (wie etwa Verweigerung der Teilnahme) evoziert werden (vgl. Hatfield et al. 1993; Wulf et al. 2011b; Ferrin/Blaschke 2010). Die soziale Wirkmächtigkeit der Anerkennung liegt in ihren *inklusiven* und gleichsam *exklusiven* Wirkweisen begründet, durch die Differenzen gesetzt (vgl. Blaschke-Nacak in diesem Band) und Macht- und Statusbeziehungen performativ hervorgebracht werden (vgl. Kemper 2007). Bedeutungen der Anerkennung werden vor allem über körperlich-sinnlich-emotionale Dimensionen des Sozialen übermittelt und sind „nur deshalb so beherrschend […], weil sie stumm und unterschwellig, nachdrücklich und eindringlich sind" (vgl. Bourdieu 2005, S. 57).

Praktiken der Anerkennung liegen *kulturell* geprägte Vorstellungen und Orientierungen zugrunde, mit denen ganz unterschiedliche Aspekte sozialer Wirklichkeit akzentuiert werden. Etwa kann direkter Blickkontakt Respekt, Provokation oder Respektlosigkeit *bedeuten* und in der (Re-)Aktion aufeinander ganz unterschiedliche Wirklichkeiten erzeugen. Kultur wird hier als „eine gemeinsame Praxis, ein geteiltes implizites Wissen bzw. ein entsprechendes ‚kollektives Gedächtnis'" (Reim 2007, S. 82) gefasst, die Modelle und Muster habitualisierter Ausdrucks-, Denk- und Fühlweisen bereitstellt und als kognitiv-soziales Bewusstsein die Perspektive auf das Selbst und die Welt (aus-)bildet. *Kulturräume* sind somit nicht an geographische Grenzen gebunden. Vielmehr beziehen sie sich auf spezifisch geprägte Sozial- und *Erfahrungsräume*, in denen je spezifische Routinen, Traditionen und Rituale im mimetischen Bezug aufeinander angeeignet werden (vgl. Wulf 2006c). Im Laufe der Sozialisation wird das Individuum so in eine „Vielfalt komplexer, oft übereinander gelagerter oder ineinander verwobener Bedeutungsnetze" (Geertz 1987, S. 15), Bezugsrahmen, (Welt-)Anschauungen und Denkweisen verstrickt, die als biografische *Erfahrungsschichten* Wissensressourcen bereitstellen und denjenigen Horizont bilden, vor dem „Menschen ihre Welt definieren, ihre Gefühle ausdrücken und ihre Erfahrungen interpretieren" (Geertz 1987, S. 99).

Im Kontext globaler Veränderungen, die mit der Erweiterung soziokultureller Kontaktzonen einhergehen, gewinnt der Begriff *Kulturdifferenz* an Bedeutung (vgl. Dreher/Stegmaier 2007; Soeffner 2007; Srubar 2007; Wulf 2006b). Dieser bezieht sich u. a. auf (stereo-)typisierende Zuschreibungen, die auf Mitglieder anderer oder eigener (Kultur-)Gemeinschaften gerichtet sein können. Dabei wird Einzelnen der Status einer/eines RepräsentantIn der jeweiligen Bezugsgruppe zugewiesen. Diese Zuschreibungen können positiv oder negativ konnotiert sein. Sie sind aufgeladen mit Bedeutungsgehalten, die soziale Identität bestimmen, insofern sie sich auf Unterschiede zwischen eigenen und anderen Denk-, Fühl- und Ausdrucksweisen beziehen. Sowohl in *inter*kulturellen als auch in *intra*kulturellen Sozial- und Erfahrungsräumen wird die Qualität des Verhältnisses ‚zwischen den Kulturen' durch Vor(ein)stellungen und Bilder voneinander (vor-)geformt; dabei ebnet der pauschalisierende Charakter dieser Attribuierungen Differenzen und Unterschiede innerhalb der ‚eigenen' und der ‚anderen' Bezugsgruppe ein (z. B. *wir* MuslimInnen, *wir* ChristInnen oder *die* MuslimInnen, *die* ChristInnen). Im Umgang mit *Kulturdifferenz* spielen anerkennungsdynamische Wechselwirkungen eine elementare Rolle, die zur differenzierten (Selbst-)Erkenntnis beitragen und gemeinschaftsbildende Kraft entfalten können (vgl. Wulf et al. 2012, 2010, 2006). „Kulturelle Differenzen sind also nicht zuvörderst Differenzen der Kultur – schon gar nicht in einer äußerst differenzierten Gesellschaft. Es sind Differenzen in der Art, wie mit Anderen umgegangen wird – eben als Ähnlichen oder ganz Anderen" (Knoblauch 2007, S. 38).

2.2   Methodischer Zugang

Die Studie über den Islamunterricht ist Teil einer Längsschnittstudie an einer Berliner Grundschule, die die performativen Dimensionen des Schullebens ethnografisch untersucht; insbesondere unter dem Aspekt der Performativität (schul-)kultureller Praktiken, Rituale und Routinen.[8] Während die ethnografische Untersuchung bisher das *Unterrichtsgeschehen* in den Mittelpunkt der teilnehmenden Beobachtung und komplementären Videographie rückte, richtet sich der Fokus dieser Teilstudie auf die

---

8   Unter der Leitung von Prof. Dr. Christoph Wulf entstand im Rahmen des Sonderfor-
    schungsbereichs „Kulturen des Performativen" die ‚Berliner Ritual- und Gestenstudie', die
    in Zusammenarbeit mit dieser Schule durchgeführt wurde (vgl. Wulf et al. 2011b, 2007,
    2004b, 2001; Kellermann 2008; Mattig 2009; Blaschke 2012; Ferrin 2013). Ebenfalls unter
    der Leitung von Prof. Dr. Christoph Wulf wurde aus emotionstheoretischer Perspektive
    im Rahmen des Excellence-Clusters ‚Languages of Emotion' an der FU Berlin die ‚Kultur
    der Wertschätzung' untersucht (vgl. Wulf et al. 2012; Kellermann/Wulf 2014).

Beteiligten, die über ihre *Erfahrungen* mit dem (Islam-)Unterricht berichten. Dazu wurden zwei Gruppendiskussionen mit je sechs 9- bis 12-jährigen SchülerInnen durchgeführt, die sich über ihren (islamischen und christlichen) Religions- bzw. Lebenskundeunterricht austauschen. Die Gruppendiskussion mit den Lehrerinnen fand gemeinsam mit einem Repräsentanten der Islamischen Föderation Berlin (IFB) in deren Räumlichkeiten statt, zu der darüber hinaus eine ehemalige Islamlehrerin der untersuchten Schule eingeladen wurde. Das videographierte und transkribierte Datenmaterial wurde mit Hilfe der Dokumentarischen Methode ausgewertet (vgl. Bohnsack 2003; Nohl 2009). Wesentlich für den interpretativen Zugang ist die analytische Unterscheidung zwischen zwei Wissensebenen: der *expliziten*, sprachlich-kommunikativen und der *impliziten*, praktischen Erfahrungsebene, die gleichsam auf die Doppelstruktur und Performativität des Wissenserwerbs verweisen (vgl. Wulf/Zirfas 2007). Bezogen auf das Begriffskonzept der Anerkennung wird auf der kommunikativ-sprachlichen Ebene allgemeines, *explizites Wissen über* Anerkennung ausgetauscht, während auf der konjunktiven Ebene Erfahrungen *durch* und *mit* Anerkennung ein ‚Know-how' über unterschiedliche Bedeutungsdimensionen bereitstellen, das als *implizites, praktisches Wissen* im konkreten Kontext verstanden und angewendet werden kann (vgl. Bohnsack/Nentwig-Gesemann 2010; zum Verhältnis von Dokumentarischer Methode und einer Analyseeinstellung auf das Performative vgl. Blaschke-Nacak in diesem Band). Die heuristische Trennung der beiden Wissensebenen ermöglicht es, über die explizite Ebene hinaus implizite Orientierungen, mentale Repräsentationen und Vorstellungsbilder herauszuarbeiten, die Situationen richtungsweisend steuern (vgl. Nentwig-Gesemann/Nicolai 2014). Denn über die selbstverständlichen Kommunikationsmodi der Beteiligten lässt sich rekonstruieren, *wie* ihre implizit handlungsleitenden Orientierungen und Relevanzsetzungen ihre performative Wirkkraft entfalten und die „Wirklichkeit als Wirklichkeit gestalte[n], von der die Rede ist" (Wulf/Zirfas 2007, S. 17).

3 Empirische Rekonstruktionen

3.1 Die Schule

Die Grundschule liegt in einem dicht besiedelten Innenstadtbezirk Berlins und wird von annähernd 300 SchülerInnen besucht, deren kulturelle und anderweitige Vielfältigkeit vom Kollegium als Bereicherung beschrieben wird. Als UNESCO-Projektschule gehört sie zu dem weltweit bestehenden Netzwerk des Associated School Projects, das u. a. die Anerkennung und Wertschätzung von Vielfalt, interkulturelle

Bildung und nachhaltige Friedenserziehung zu ihren Leitlinien zählt und durch die Kultusministerkonferenz Unterstützung findet. Unter dem Motto ‚es ist normal, verschieden zu sein' wird im Schulprogramm zudem die reformpädagogische Orientierung hervorgehoben, die sich in der strukturellen Rahmung ebenso wie in der didaktisch-methodischen Gestaltung des Schullebens manifestiert. Mit der Einrichtung der jahrgangsgemischten Lerngruppen sieht die Schule laut Schulprogramm die Heterogenität ihrer SchülerInnen anerkennend berücksichtigt, insofern die SchülerInnen hier bis einschließlich der 4. Klasse ohne Notengebung voneinander lernen sowie kognitiv-soziale Kompetenzen durch partizipative Unterrichtsformate wie Kreisgespräche und Wochenplanstunden ausbilden sollen. Zudem sollen gemeinschaftsstiftende Projekte, rituelle Feiern, Fahrten und freiwillige Arbeitsgemeinschaften das ‚Wir-Gefühl' stärken (vgl. etwa Blaschke 2012; Kellermann/Mattig 2011; Kellermann 2008). Die schulkulturelle Praxis trägt so zu einem Narrativ bei, das nicht nur zu einer Identifikation der Beteiligten mit der Institution führt, sondern die Schule über den Bezirk hinaus bekannt und beliebt macht (vgl. Wulf et al. 2012).

3.2   Der islamische Religionsunterricht

Der islamische Religionsunterricht stellt an dieser Schule ein freiwilliges Bildungsangebot dar, das alternativ zum evangelischen, katholischen oder Lebenskunde-Unterricht gewählt werden kann. Formal-rechtlich übernimmt die Islamische Föderation Berlin die Verantwortung für die zu unterrichtenden Inhalte sowie die Ausbildung der Lehrkräfte. Die Implementierung des Fachs in die Stundentafel der jeweiligen Schule hängt von einer Reihe Prämissen ab und erfordert zunächst die Zustimmung und Unterstützung durch die Schulleitung, welche Unterrichtszeit und -räume zur Verfügung stellt. Die Aufnahme des islamischen Religionsunterrichts in den Fächerkanon der jeweiligen Grundschule ist abhängig von der Anzahl der InteressentInnen und von der Relevanz, die deren Eltern dem Fach beimessen. Parallel zueinander wird mit je einer Doppelstunde Religions- und Lebenskundeunterricht und seit dem Schuljahr 2004/5 auch Islamunterricht angeboten, für den sich zwei Lehrerinnen verantwortlich zeichnen, die sich durch ihr Kopftuch sichtbar als Musliminnen verorten. Auch wenn sich Werthaltungen oder Weltanschauungen nicht auf das Tragen des Kopftuchs reduzieren lassen (vgl. Hößl/Fereidooni in diesem Band), kann die Zuschreibung repräsentativer Eigenschaften die Entscheidung für oder gegen die Wahl des Fachs beeinflussen.[9] Die Kontinuität dieses Unterrichts ist aufgrund der Freiwilligkeit an die Akzeptanz des Unterrichtsangebots durch die AdressatInnen gebunden. Anders als im Pflichtunterricht können Themenwahl sowie Unterrichts- und/oder Beziehungsqualität ausschlaggebende Kriterien für die Fortführung des Angebots sein. Zwar ist die Anerkennung der Islam-Lehrerinnen durch das Kollegium nicht an den Unterricht geknüpft, dennoch kann sie die pädagogisch-professionelle Arbeit maßgeblich beeinflussen, wie die folgenden empirischen Rekonstruktionen dokumentieren.

3.2.1 Aus der Perspektive der LehrerInnen[10]

Die Gruppendiskussion findet an einem Nachmittag in den Büroräumen der Islamischen Föderation Berlin (IFB) statt und dauert rund 100 Minuten; anwesend sind neben den beiden Islam-Lehrinnen der Schule eine ihrer Vorgängerinnen sowie ein Repräsentant der IFB.[11] Dieser berichtet zunächst über den Prozess der Institutionalisierung des islamischen Religionsunterrichts und schildert, wie langwierig und schwierig sich dieser anfangs gestaltete – von der Idee bis zur Realisierung des Angebots an Grundschulen vergingen mehr als 20 Jahre.

M: Wir haben nach dem 11. September angefangen also das heißt 2001 (.) haben wir damit angefangen und das Problem war halt (.) immer (.) diese Fundamentalisten im Fernsehen und jetzt auch noch bei uns in der Schule (.) was passiert und vor allem die

---

9   Die inner-religiösen Differenzierungen, die mit dem Kopftuch assoziiert werden und u. a. durch die Präsenz muslimischer Frauen mit und ohne Kopftuch ihren Ausdruck finden, führen im öffentlich-sozialen Raum nicht selten zu Anerkennungsproblematiken und/oder unreflektierten Diskriminierungen (vgl. Brumlik 2014).

10   Wir bedanken uns ganz besonders bei allen Beteiligten, die mit ihrem Beitrag diese Studie ermöglicht haben: bei dem Vorsitzenden der Islamischen Föderation Berlin und den LehrerInnen, die sich sehr viel Zeit für uns genommen haben und uns herzlich und aufgeschlossen begegnet sind, bei den SchülerInnen des islamischen und evangelischen Religionsunterrichts und des Lebenskundeunterrichts, die bereitwillig und mit unvoreingenommener Offenheit ihre Erfahrungen (mit-)geteilt haben, bei der Schulleiterin und den LehrerInnen, die sich immer kooperativ und flexibel zeigen, wenn es darum geht, Zeiten und Räume für unsere Studien zur Verfügung zu stellen und einen Teil ihrer SchülerInnen auch während des Unterrichts zu entbehren.

11   1) Die Namen aller Beteiligten sind anonymisiert. Die Angaben am Ende der Transkripte beziehen sich auf die Gruppendiskussion mit den LehrerInnen (GDL) oder SchülerInnen (GDS), den Monat/Tag der Aufzeichnung (1/23) und die Zeile des Zitats im Transkript (Z. 84). Alle SprecherInnen werden mit einem anonymisierenden Kürzel angegeben, wobei M für maskulin und F für feminin steht. Transkriptionsregeln: (.) kurze Sprechpause; muss: betont gesprochen; @.@ kurzes Lachen; //mhm// Bemerkung der Interviewerinnen; [lächelt] parasprachliche, gestische oder nonverbale Reaktionen.

sind ja wir haben ja 21 Jahre gebraucht also das heißt wir haben=n Antrag gestellt und in 21 Jahren hat man sich nicht immer Freunde gemacht sondern (.) es gab Vorbehalte, es gab Missverständnisse, es gab Ängste (.) wir war=n unerfahren (.) wir wussten nicht, wie wir damit umzugehen haben äh (.) die Presse hat negativ berichtet (.) deswegen war es so, dass man schon Vorbehalte gehabt hat (.) aber das gehört alles der Vergangenheit an (.) jetzt (.) Schulleitungen rufen uns an insbesondere weil man auch gesehen hat äh man kann sehr viele Probleme aus der Welt schaffen (GDL 01/23, Z. 80ff.)

Wie Herr M. hier schildert, war die formal-rechtliche Anerkennung offenbar nicht das einzige Problem, das der Genehmigung des Religionsunterrichts in der Berliner Grundschule im Wege stand. Ohne Schuldzuweisungen vorzunehmen, problematisiert Herr M. gegenseitige ‚Vor(ein)stellungen' als kontraproduktiv, wenn sie mit wechselseitigem Misstrauen und angsterzeugenden Attribuierungen (‚Fundamentalisten') einhergehen. Seinen Erfahrungen zufolge wurden diese Vorbehalte zusätzlich durch öffentliche Diskurse verstärkt, was seiner Ansicht nach zur Fokussierung auf Schwierigkeiten und Probleme beigetragen hat. Die daraus resultierende Skepsis und die negativ konnotierten Projektionen hätten zu einer Abwehrhaltung geführt, welche eine (selbst-)reflexive, differenzierte Wissens- und Meinungsbildung erschwere. Demgegenüber biete eine dem islamischen Religionsunterricht gegenüber aufgeschlossene Haltung eher die Gelegenheit eines Kennen- und Schätzenlernens des jeweils ‚Anderen', die Verstehensprozesse anregen und den interkulturellen Austausch fördern kann (‚man kann sehr viele Probleme aus der Welt schaffen'). Wie Herr M. anschaulich schildert, kann die *praktische Erfahrung* mit dem islamischen Religionsunterricht an der Schule ermöglichen, dass dessen pädagogischer Wert geschätzt wird, so dass dieser mittlerweile über die Einzelschule und den Bezirk hinaus breite Anerkennung genieße. Die Entwicklung, die er hier herausstreicht, zeigt, wie eine erfahrungsoffene Bereitschaft, sich auf ‚Andere' einzulassen, zur Verständigung und kommunikativen Verbreitung positiver Gegenhorizonte und Narrative beitragen kann. Herrn M.s Schilderung verweist auf das Potential der Implementierung des Islamunterrichts; als ergebnisoffener, tentativer Prozess kann dieser für alle Mitglieder der Schule eine kulturelle Kontaktzone bereitstellen, die für Bildungsprozesse genutzt werden (‚Schulleitungen rufen uns an insbesondere weil man auch gesehen hat') – oder auch ungenutzt bleiben kann.

    Im Folgenden erklärt Herr M. zudem, dass er nach den Jahren der Vorstands- und Öffentlichkeitsarbeit diese vor zwei Jahren zugunsten seiner Tätigkeit als Religionslehrer aufgegeben hat. Er gibt Einblick in den Unterricht, der sich an einem Rahmenplan und einem Lehrbuch orientiert, an deren Ausarbeitung er maßgeblich beteiligt war. [12]

> M: der Rahmenplan des islamischen Religionsunterrichts ist nicht etwas was sozusagen traditionell (.) wir müssen uns hier an den Bedürfnissen der Schüler orientieren (.) wie kann man sozusagen Anknüpfungspunkte haben in Bezug auf das Leben hier in Deutschland auf das Leben in einer multikulturellen Gesellschaft in einer multireligiösen Gesellschaft und (.) äh dann auch vor allem sozusagen kindgerecht (.) da unterscheiden wir uns hier in Berlin auch zum Beispiel in Bezug auf den Religionsunterricht in anderen Bundesländern (.) ich möchte Ihnen das mal an einem exemplarischen Beispiel darlegen und zwar islamische Begrifflichkeiten sind den meisten Kindern hier in Deutschland fremd nehmen wir mal das Beispiel Salam aleikum die islamische Kurzform für Friede sei mit euch Aleikum salam die Antwort in der islamischen Tradition ist das gang und gäbe da lernt man das als kleines Kind salam und salam aleikum und hier haben wir das Problem dass die Kinder manchmal bis zur Grundschule das nie gehört haben und (.) das auch nicht äußern können (.) also versuchen wir das Thema zu behandeln und was bedeutet das? (.) die Kinder haben sich begrüßt, sind rausgegangen (.) salam alei- kum wer begrüßt wen zum Beispiel da gibt's auch ne Formel wenn jemand reinkommt dann sagt er salam aleikum und die Antwort ist aleikum salam oder der Ältere grüßt den Jüngeren äh der Jüngere den Älteren der Stehende den Sitzenden und so weiter da gibt=s solche Regeln halt; und (.) erst mal diese Regeln beizubringen und zweitens auch diesen Spruch salam aleikum und die Kinder können das nicht aussprechen weil die das nicht gewöhnt sind (.) aber es war den Kindern fremd (.) aber als das Kind dann am Religionsunterricht teilgenommen hat hat=s hat er gesehen das ist ganz _normal_ Muslime machen das und dann war=s für das Kind auch normal und dann ging er nach Hause und (.) sagte dann auch diese Formel auf also das heißt (.) das sind Sachen, die wir halt hier (.) machen wobei man in der traditionellen Lehre gar nicht machen _muss_ weil das einfach gang und gäbe ist (.) also vielleicht soviel (.) dazu (gekürzt aus GDL 01/23, Z. 110-179)

Herr M. betont hier, dass sich der (kulturelle) Erfahrungsraum für Kinder und ihre Eltern mit dem Leben in einer Migrationsgesellschaft gravierend verändert. Der Integrationsprozess ist mit umfassenden Neu-Orientierungen verbunden, er findet nicht unter einheitlichen Prämissen statt, sondern ist durch regionale und lokale Gegebenheiten vorstrukturiert (vgl. hierzu auch Mecheril et al. 2010). Erfah- rungsgemäß gehe die Verschiebung lebensweltlicher Relevanzen generell mit einer

---

12 Der Islamunterricht findet parallel zum evangelischen Religions- und Lebenskundeun- terricht in allen Klassenstufen der Grundschule (in Berlin Klassenstufe 1 bis 6) für je zwei Stunden pro Woche statt. Abhängig von der Formalstruktur der jeweiligen Schule findet der Unterricht in jahrgangshomogenen oder jahrgangsgemischten Lerngruppen als 45-minütiger Einzel- oder 90-minütiger Blockunterricht statt.

‚Entfremdung' von religiösem Wissen einher (‚islamische Begrifflichkeiten sind den meisten Kindern hier in Deutschland fremd'), mit der er den Bedarf an religiöser Unterweisung begründet. Die Befremdung von ‚eigenen' Traditionen fasst Herr M. als einen migrationsspezifischen Effekt, den er vor dem Horizont des islamischen Kulturraums den veränderten (gesellschaftlichen) Bedingungen zuschreibt. Er problematisiert den fehlenden Bezug der Kinder zu religiösem Wissen, mit dem der Instruktions*bedarf* Relevanz erhält. Am Beispiel des Begrüßungsrituals ‚salam aleikum'[13] beschreibt er anschaulich, wie im islamischen Religionsunterricht rituelle Ausdrucksformen mimetisch nachvollzogen und mit entsprechenden Bedeutungs-semantiken verknüpft werden (‚der Jüngere begrüßt den Älteren').

Diese Regeln und Routinen verweisen auf feine Unterschiede (vgl. Bourdieu 1987), durch die spielerische Einübung sollen ihre Bedeutungen verinnerlicht werden und als praktisches (Erfahrungs-)Wissen für zukünftige Situationen zur Verfügung stehen. Als geteilte religiöse Wissensressource haben derartig habitualisierte Prak-tiken einen verbindenden Charakter, der ‚selbstverständliche' Partizipation an der Gemeinschaft ermöglicht (‚Muslime machen das'). Der islamische Religionsunter-richt bildet damit einen inklusiven und gleichsam exklusiven Rahmen, in dem die gemeinsame Praxis der Begrüßung ein performativer Akt der Bekräftigung und körperlich-symbolischen (Rück-)Bindung an die Bezugsgruppe darstellt, die sich von anderen unterscheidet.

Einhergehend sehen die LehrerInnen ihren Auftrag in der pädagogisch-pro-fessionellen Anleitung zur religiösen Praxis, die den Kindern darüber hinaus lebensweltliche Orientierung geben kann.

F1: viele Kinder fragen zum Beispiel ähm warum was ist nach dem Tod und sie haben halt mal einen Opa (.) verloren oder ja äh gestorben oder ja wo ist er jetzt ähm es gibt halt (.) Gebote in jeder Religion auch im Islam und ähm was halal[14] *ist und was erlaubt ist und was nicht erlaubt ist also solche Sachen (Z. 233-35) [...] also was richtig und was falsch ist nach der islamischen Religion ist darüber (.) ähm (.) sprechen wir halt viel (Z.340-41).*

M: ach so das war in den Sommerferien und die Kinder waren beim Ausbruch des Krieges im Libanon also die kamen alle zerstört nach Deutschland und äh da muss man auch über so was halt reden (GDL 01/23, Z. 854-56)

---

13 Das Begrüßungsritual ‚salam aleikum' unterscheidet sich von anderen kulturspezifischen Begrüßungsformeln durch seinen explizit religiösen Bedeutungsgehalt.

14 Der Begriff ‚halal' ist arabisch und bedeutet ‚das Zulässige, Erlaubte bzw. Gestattete' und bezeichnet Lebensmittel, aber auch Handlungsweisen, die den Vorschriften des Islam entsprechen. Beispielsweise dürfen nach islamischen Regeln Gummibärchen nur dann verzehrt werden, wenn sie keine Gelatine vom Schwein enthalten – also halal sind.

Diese Gesprächsausschnitte beziehen sich auf relevante (Lebens-)Bereiche der Kinder, die im Kontext des allgemeinen Schulunterrichts weniger Raum einnehmen. Demgegenüber stellt der islamische Religionsunterricht Raum zur Thematisierung von Sinnfragen bereit, für deren Bearbeitung spezifische Erklärungs- und Deutungsmuster zur Verfügung stehen. Sie beziehen sich auf einen religiösen Orientierungsrahmen, der als geteilte Wissensressource lebensweltliche Sicherheit, Verlässlichkeit und Kontinuität vermitteln kann. Der Unterricht kann zudem zur Identifikation mit und Zugehörigkeit zu der Bezugsgruppe beitragen, insofern konjunktive Erfahrungen selbstbestätigende Wirkungen entfalten können. Mit ihnen kann die persönliche Integrität bekräftigt („was richtig und was falsch ist") und die alltagweltliche Praxis („Gebote") bewältigt werden. Insbesondere emotional-sensitive Themen, die die eigene Verletzlichkeit offenkundig machen und auf empathische Resonanz hoffen lassen, wie etwa Themen der Transzendenz (Tod, Trauer) oder höherer Gewalt (Ausbruch des Krieges, Angst), können mit einem (angenommenen) ähnlichen Erfahrungs- bzw. Verständnishintergrund und antizipiertem Mitgefühl offenbar leichter mitgeteilt und ausgetauscht werden. Die Bereitschaft über persönlich bewegende Fragen und Themen zu sprechen, kann zusätzlich durch ein weniger formales Setting begünstigt werden, zumal es freiwillig zustande gekommen ist, auf dem gemeinsamen Interesse religiöser (Wissens-)Bildung beruht und Raum lässt, vor einem gemeinsamen Erfahrungshorizont unmittelbar verstanden zu werden und wechselseitig Solidarität zu *erleben*. Über die Auseinandersetzung mit existenziellen Fragen kann der islamische Religionsunterricht identitätsstiftende Wirkungen erzielen, insofern Religion bzw. das Religiöse „nicht nur eine Angelegenheit individueller Erfahrung [ist, sondern] auch eine kollektive, Gemeinschaft konstituierende Seite" (Wulf et al. 2004a, S. 9ff.) hat, die das „Grundbedürfnis nach Orientierung befriedigt" (ebd.).

Im regulären Schulunterricht können religiöse Orientierungen oder „natio-ethno-kulturelle Zugehörigkeiten" (vgl. Mecheril et al. 2010)[15] allerdings auch in ein Spannungsverhältnis zum schulkulturellen Bezugsrahmen münden.

M: heute auch=n Fall @ (.) im Unterricht redet man über griechische Götter (.) und=n Junge soll=n Text lesen und da steht die griechischen Götter und der sagt so was les ich nicht weil das ist falsch @ und dann muss das thematisiert werden ja also äh wenn die Lehrer uns das sagen dann können wir das sehr gut behandeln (.) oder zum Beispiel in einer Schule ist es mal passiert (.) die deutsche Nationalhymne soll gesungen werden (.)

---

15 Dieser Begriff weist darauf hin, dass die sozialen Zugehörigkeitsordnungen, für die Phänomene der Migration bedeutsam sind, von einer „diffusen, auf Fantasie basierenden, unbestimmten und mehrwertigen ‚Wir-Einheit' strukturiert werden" (Mecheril et al. 2010, S. 14), die an Nationalstaatlichkeit, Ethnizität und Kulturalität gekoppelt ist.

@ und=n Junge sagt mach ich nicht @ und als ich dann von der Lehrerin angesprochen worden bin hab ich das auch thematisieren können also ich hab dann mit dem Thema angefangen und sag ey wir sind ja alle Deutsche und da sollte man doch zumindest die deutsche Nationalhymne auch kennen (.) und dann ja also das wirkt sich dann auch auf den anderen Unterricht aus und das merken die Lehrer auch (822-42)
M: oder äh was der Hm2 mal erlebt hat @ der Junge war frech (.) und als er ihn ermahnt hat dann sagt er ey das tun Sie ja nur weil ich=n Türke bin wa, [@alle@] und da sagt der ich bin selber=n Türke @ also bitte @ (.) die haben gar nicht mitbekommen dass das=n Türke ist also der sieht typisch türkisch aus aber redet nur Deutsch ja und da und wenn wir das auch den anderen Lehrern erzählen (.) dann sind die auch so=n bisschen erleichtert und sagen ach Sie haben die gleichen Probleme? (GDL 01/23, Z. 989-993)

In diesen Gesprächsausschnitten zeigt sich, wie unterschiedliche Orientierungen oppositionelle Reaktionen gegenüber institutionellen Geltungsansprüchen und Erwartungen hervorrufen können.

Im ersten Fall ('griechische Götter') verweigert der Schüler die Anerkennung der schulischen Erwartungen ('so was les ich nicht, das ist falsch'). Zwar bleibt der identitätsstiftende Bezug auf den relevanten Orientierungsrahmen hier implizit; ein sinnlogischer Zusammenhang kann jedoch aufgrund Herrn M.s Rückgriff auf diese Episode erschlossen werden ('dann muss das thematisiert werden'). Denn in seiner Funktion als involvierter islamischer Religionslehrer zieht er sie als Beispiel gelungener (Rahmen-)Integration heran ('dann können wir das sehr gut behandeln'). Herrn M.s Kontextwissen folgend opponiert der Schüler gegenüber dem schulischen Anspruch, den er aufgrund seiner monotheistisch-religiösen Orientierung nicht erfüllen zu können glaubt. Die Weigerung verweist demzufolge auf eine Rahmeninkongruenz (vgl. Przyborski 2004, S. 316), die aus der individuell-subjektiven Perspektive heraus eine Relevanzsetzung für den einen (religiösen) und gegen den anderen (schulischen) Bezugsrahmen erforderlich macht. Irritationen dieser Art könnten nur mit dem Bewusstsein über die Ursachen reflektiert ('thematisiert') und gelöst werden. In dieser Weise bringt auch der Schüler im zweiten Fall ('Nationalhymne') einen Widerspruch zur schulischen Erwartung zum Ausdruck. Sie richtet sich allerdings nicht, wie im ersten Fall, auf den religiösen Bezugsrahmen, sondern auf die identitätskonstituierende Relevanz der 'natio-ethno-kulturellen' Mehrfachzugehörigkeit. Herrn M.s Schilderung zufolge verknüpft der Schüler das Singen der Nationalhymne mit der persönlichen, national-kulturellen Identität, deren Anerkennung er verweigert, da er den eindimensionalen Geltungsanspruch aus seiner individuell-subjektiven Perspektive offenbar nicht teilt. Wie schon zuvor sei es der Sensibilität und hier vor allem der Offenheit der Lehrkraft geschuldet, vermittelnd eingreifen zu können. Augenscheinlich stellt Herr M. als Religionslehrer eine anerkannte 'Instanz' für die beiden Schüler dar, der aufgrund seiner religiösen Erfahrungen bzw. ‚natio-ethno-kulturellen' Mehrfachzugehörigkeit über ein authentisches, ‚instituiertes' Wissen zur Bearbeitung derartiger Irritationen und Wiederherstellung der Rahmenkongruenz verfügt.

Demgegenüber wird im dritten Fall (‚weil ich=n Türke bin') der performative Spielraum von Anerkennungsdynamiken sichtbar, mit dem ‚natio-ethno-kulturelle' Mehrfachzugehörigkeiten und Zuschreibungen provokativ verfremdet oder instrumentalisiert werden können. Implizites und explizites Wissen und Vorstellungsbilder über die Wirkung von öffentlich-medialen Diskursen, Narrativen oder kollektiven Stereotypisierungen machen Reaktionen bis zu einem gewissen Grad antizipierbar; sie können mit Hilfe von (Selbst-)Zuschreibungen provoziert werden und so auf die Dynamik der Situation Einfluss nehmen. Im geschilderten Fall deutet der Schüler den Geltungsanspruch des Lehrers als *Kulturdifferenz* im Sinne einer *Diskriminierung* um. Mit seinem provokativen Kommunikationsmodus negiert der Schüler nicht nur die Anerkennung des Geltungsanspruchs des Lehrers; vielmehr verkehrt er das Anerkennungsverhältnis ins Gegenteil: die Semantik des Schülers unterstellt dem Lehrer unprofessionelles Handeln und stellt die Anerkennungswürdigkeit des Lehrers infrage (‚das tun Sie ja nur, weil ich=n Türke bin'). Die Reaktion des Lehrers wiederum zeigt (‚ich bin selber=n Türke'), wie fragil (kulturelle) Zuschreibungen sein und Vor(ein)stellungen auf den Zuschreibenden zurückwirken können, mit denen er sich selbst degradieren kann.

Die Rekonstruktion der Schilderungen zeigt, wie Sozialisationserfahrungen in den Schulalltag hineinwirken und zu Orientierungsinkongruenzen, Rahmenbrüchen oder Irritationen führen können (Przyborski 2004, S. 319ff.). Ihr konfligierendes Potential ist dem Spannungsverhältnis zwischen sozialen (externen) und persönlichen (internen) Ansprüchen an die eigene Integrität geschuldet, die in Differenz zueinander stehen können. Die Beweggründe bleiben oftmals im Verborgenen und sind auch dem eigenen Bewusstsein nicht immer zugänglich oder können wie in dem hier beschriebenen Fall bewusst zur Provokation eingesetzt werden. Sensibilität für *Kulturdifferenzen* lässt sich jedoch, wie Herr M.'s Schilderungen deutlich macht, durch eine Thematisierung mit den Betroffenen und im Austausch mit KollegInnen erhöhen, was zudem entlastende Wirkungen erzielen und kollegiale Annäherung fördern kann (‚wenn wir das auch den anderen Lehrern erzählen (.) dann sind die auch so=n bisschen erleichtert und sagen ach Sie haben die gleichen Probleme?'). Aufgeschlossenheit und die Bereitschaft zum selbstreflexiven Umgang mit dem jeweils ‚Anderen' kann eine gemeinsame (Kommunikations-)Basis zum Hinterfragen von eigenen und anderen irritierenden Reaktionen schaffen.

Vor dem Horizont eines geteilten Interesses für Beweggründe von Verweigerung und Provokationen seitens der SchülerInnen richtet sich der Fokus auf den professionellen Auftrag aller Lehrkräfte und pädagogischen MitarbeiterInnen, die durch gemeinsame Zielsetzungen den Dialog miteinander und mit den SchülerInnen sowie ihre Handlungsmöglichkeiten erweitern können (vgl. Tomasello 2009). Mit der Frage, *wie* dieser Anspruch konkret umgesetzt werden könnte, rückt gleichsam die untersuchte Schule als eine (von vielen) Antwort(en) in den Fokus der Aufmerksamkeit.

> F1: *hier sind alle offen also auch die Kinder die (.) nicht an meinem Unterricht teilnehmen sie kennen meinen Namen, sie kommen zu mir und (.) ähm einfach alle sind so offen und es ist wie eine große Familie in dieser Schule (.) und ehrlich gesagt ich fühle mich hier auch eher wohl als in anderen (GDL 01/23, Z. 380-84)*

Frau F1 ist eine der drei anwesenden Lehrerinnen, die von ihren positiven Erfahrungen an dieser Schule berichtet, welche von der Qualität der Beziehung zu den anderen Mitgliedern der Schulgemeinschaft beeinflusst sind. Die anerkennende Semantik, die sie der Einbeziehung ihrer Person und der 'namentlichen Anrufung' zuschreibt (vgl. Butler 1998), hebt sie aus der Anonymität 'externer' SchulbesucherInnen heraus und entfaltet als soziale Wertschätzung (selbst-)bestätigende Wirkungen, die durch die aufgeschlossene Haltung der nicht-teilnehmenden Kinder verstärkt werden kann. Denn die 'zwanglose' Natürlichkeit des Wahrnehmens, Grüßens und Ansprechens, wie sie von Frau F1 geschildert wird, verweist auf eine Haltung, die bei Kindern oftmals erst dann ihre performative Kraft entfaltet, wenn sie als innere Einstellung im kognitiv-emotionalen Bewusstsein verankert ist. Die sich bei Frau F1 dokumentierende Verknüpfung zwischen Form (Begrüßung), Bedeutungssemantik (Anerkennung) und Haltung wird durch die Familien-Metaphorik unterstrichen, mit der die *selbstverständliche* (An-)Teilnahme an der Gemeinschaft akzentuiert wird. Das prototypische Familienbild rekurriert nicht zuletzt auf einen konjunktiven Erfahrungsraum, in dem ein 'Wir-Gefühl' aus der wechselseitigen Berücksichtigung unterschiedlicher Interessen und der Anerkennung der Heterogenität ihrer Mitglieder erwächst (vgl. Kellermann 2013; Wulf et al. 2011a; Kellermann/Ono 2011a, 2011b). Die Schule stellt für Frau F1 somit einen positiven Orientierungshorizont gegenüber anderen Schulen dar.

In rituellen Feiern und Festen verdichtet sich der Bedeutungssinn (schulischer) Anerkennung, insofern Bedeutungen über sinnlich-affektive Kanäle erfahrbar gemacht werden. In der Inszenierung (Planung, Einübung) erhalten 'eigene' Relevanzen (z. B. Recht auf Diversität) und Akzentuierungen (Einbeziehung kultureller Vielfalt) ihre spezifische (Darstellungs-)Form (traditionelle Tänze), die während der Aufführung (Realisierung) auf die Resonanz der Adressaten trifft (vgl. Fischer-Lichte 2004, S. 82). Die Darbietungen *präsentieren* dabei nicht allein Bildungs*resultate* der pädagogisch-professionellen Arbeit mit den Kindern, sondern *repräsentieren* implizite Wissen*gehalte* (Wertschätzung kultureller Vielfalt), deren Anschlussfähigkeit sich u. a. in spontan-reaktiven Feedback-Dynamiken (z. B. rhythmisches Klatschen, Mitsingen, Applaus) spiegelt. Im Gegensatz zu den nach außen geöffneten Veranstaltungen wie z. B. dem Sommerfest, das auch externe BesucherInnen (Familie, FreundInnen, KollegInnen) einbezieht, bleiben rituelle Arrangements wie das im Folgenden beschriebene Adventssingen auf den internen Kreis der am Schulleben Beteiligten begrenzt.

> F3: *also es gibt so=n Adventssingen (.) weiß ich nicht ob Sie da auch mal da waren (.)*
> *da gehen so reihrum gehen Kinder aus verschiedenen Lerngruppen in den Raum unten*
> *im Erdgeschoss und da sind dann ganz viele Kerzen und ist ganz kuschelig (.) und äh*
> *dort wird gesungen und da dacht ich schon so na juhu (.) weil das ist schon kom=na*
> *für uns ist es ja in dem Moment komisch wenn wir an was* <u>Gottesdienst</u> *ähnlichem*
> *teilnehmen (.) und da wurden dann aber nur (.)* <u>Winter</u>*lieder gesungen (.) also wirk-*
> *lich da kam* <u>kein einziges</u> *Mal (.) der Weihnachtsmann kommt gleich um die @ Ecke*
> *sondern @ das war wirklich (.) und das fand ich wirklich schön (.) weil trotzdem ja*
> *die die Atmosphäre in dieser Adventszeit einfach so dicht* <u>christlich</u> *ist dass man dem*
> *kaum entkommt und ähm ich hatte dann eben auch das Gefühl Mensch und wenn*
> *unsere Feste sind kriegt das eigentlich niemand mit und daraufhin hatten wir uns*
> *dann mit den ähm (.) anderen Religionslehrern und mit den Lebenskunde-Lehrerin-*
> *nen zusammen geschlossen beziehungsweise mit denen so=ne Vereinbarung getroffen*
> *dass die Kinder in der Woche nachdem* <u>unser</u> *Fest war (.) alle zum Obstsalat-Essen (.)*
> <u>eingeladen</u> *wurden das heißt ich hab mit denen das Obst geschnippelt, (.) und nach der*
> *halben (.) Veranstaltung kamen dann die Kinder aus den anderen Veranstaltungen also*
> *evangelisch katholisch Lebenskunde dazu (.) und wir haben alle zusammen Obstsalat*
> *gegessen (.) so also um das auch so=n bisschen erlebbar zu machen boah bei denen ist*
> *gerade irgendwas (GDL 01/23, Z. 642-62)*

Im Laufe der Langzeitstudie wurden zahlreiche Rituale und rituelle Veranstaltungen an dieser Schule teilnehmend beobachtet, videographiert und analytisch rekonstruiert; der umfassende Einblick, den diese Studien bieten, wird hier als Kontextwissen und Vergleichshorizont herangezogen (vgl. etwa Kellermann 2012; Kellermann/Wulf 2009). Mit dem Adventssingen beschreibt Frau F3[16] ein aus ihrer Perspektive gelungenes schulinternes Ritual, das an konjunktive Werte und verbindende Gemeinsamkeiten anknüpft und somit jedem Mitglied identifikatorische und gemeinschaftsstiftende Erfahrungen ermögliche (vgl. Kellermann 2008). Zugleich schildert sie, *wie* Differenzerfahrungen die Ausbildung eines

---

16 Frau F3 ist in der Erziehungszeit und als ehemalige islamische Religionslehrerin der Schule eingeladen. Da sie ihre islamisch-religiöse Sozialisation als Erwachsene durchlaufen hat, verfügt sie über (Erfahrungs-)Wissen hinsichtlich beider religiöser Traditionen.

‚Wir-Gefühls' beeinträchtigen können. Denn Frau F3 nimmt in Erwartung eines Weihnachtslieder-Singens zunächst eine eher geschlossene Haltung gegenüber den Vorbereitungen des Adventssingens ein, die sie mit der Allgegenwärtigkeit des (‚christlich') Religiösen in der Vorweihnachtszeit begründet. Vor diesem Horizont hebt sie das Winterliedersingen an dieser Schule als inkludierende Erfahrung positiv hervor, mit der die heterogene (Schul-)Gemeinschaft bestätigt wird und islamisch-religiöse (oder andere, nicht-religiöse) Orientierungen Berücksichtigung finden können. Die Sichtbarkeit der einen (‚viele Kerzen und ganz kuschelig') und die gleichzeitige Unsichtbarkeit der anderen religiösen Tradition (‚kriegt das eigentlich niemand mit') verweist auf das anerkennungsdynamische Potential kultureller Akzentuierungen, das mit der Wahrnehmung des ‚Anderen' (selbst-)bestätigende Wirkungen erzielen kann. Darauf weist Frau F3 mit der Schilderung des ‚eigenen' Festes hin, das als Einladung inszeniert einen feierlichen Charakter erhält und auf diese Weise die ‚anderen' MitschülerInnen involvieren und ihr Interesse für und ihre (An-)Teilnahme an kulturellen Unterschieden wecken kann (vgl. Kellermann/ Ono 2011a, 2011b; Wulf et al. 2012).

3.2.2　Aus der Perspektive der SchülerInnen[17]

Die je sechs bis sieben SchülerInnen der Lerngruppe des 4. bis 6. Jahrgangs, die an zwei Gruppendiskussionen teilnahmen, sind neun bis zwölf Jahre alt und besuchen einmal in der Woche den 90-minütigen Blockunterricht des islamischen, des evangelischen Religions- oder des Lebenskundeunterrichts. Während in der ersten Gruppe (GDS 1) zwei von sechs SchülerInnen den islamischen Religionsunterricht besuchen und ein islamisch orientierter Junge am Lebenskundeunterricht teilnimmt, sind es in der zweiten Gruppe (GDS 2) drei SchülerInnen, die von ihren Erfahrungen im islamischen Religionsunterricht berichten. Beide Gruppendiskussionen zeichnen sich durch eine hohe Selbstläufigkeit und Dichte des Gesprächsverlaufs aus. Die Selbstregulierung des Gesprächsverlaufs durch die SchülerInnen verweist auf eine schulkulturell habitualisierte Organisationsstruktur, die im Kreisgespräch selbstverständlich angewendet wird (vgl. Kellermann 2012, 2008). Die gruppenspezifischen Relevanzen setzen die SchülerInnen performativ über die Art und Weise, *wie* sie zuhören,[18] nachfragen, inhaltlich aufeinander eingehen und auch lange Redebeiträge nicht unterbrechen.

17　Die Gruppendiskussionen wurden von Ingrid Kellermann durchgeführt und von den Autorinnen gemeinsam analytisch rekonstruiert.

18　Das heißt nicht, dass die SchülerInnen durchgängig ‚bei der Sache' bleiben, zuweilen deutet Verhalten wie etwa gegenseitiges Kabbeln, Kritzeln oder anderweitige Ablenkungen auf einen vorrübergehenden Rückzug aus dem Rahmen (vgl. Goffman 1980)

In der ersten Gruppendiskussion dokumentiert sich, *wie* die religiöse Orientierung der Kinder lebensweltliche Relevanz erhält und zugleich inner-religiöse Differenzierungen hervorbringt.

Marvin:	*und im Katholischen ist es halt so, dass man (.) halt (.) am Freitag kein Fleisch essen darf das ist @ das einzige @ was ich was ich über das Katholische weiß*
Y:	∟*ah (.) gibt es so bestimmte Essgewohnheiten*
Marvin:	∟*ja also*
	(.) natürlich betet man vor dem Essen
Güney:	∟*ähm (.) bei Muslimen ist es glaub ich so dass man*
	(.) ähm beim Essen kein Schweinefleisch (.) nur Fleisch essen kann das bewegt wurde als
Leyla:	∟*und ohne Gelatine (.) es gibt aber*
Kerim:	∟*es gibt aber halal Gummibärchen*
Leyla:	∟*extra*
Güney:	∟*[an Leyla gerichtet]*
	aber ich esse Gummibärchen und so (.) keine halal (.) weil meine (.) Eltern sagen also (.) wir sind meisten Aleviten (.) und ähm
Jens:	∟*was ist das?*
Güney:	∟*das ist auch ein Teil der Muslime (.) [Körper und Blick sind auf Leyla gerichtet] und ja also da und Aleviten bedeutet <u>nicht</u> dass man Schweinefleisch essen darf und ähm (.) Gelatine essen darf meine Mutter meint halt nur iss was du willst und (.) also wir glauben auch in die Propheten was die Sunniten aber wir haben einen anderen (.) den wir am meisten glauben*
Leyla:	∟*äh der wichtigste Prophet*
	bei uns im Islam ist Mohammed also
Güney:	∟*bei uns ist es halt Hazlet Ali*
Y:	∟*bist du*
	Sunnitin sozusagen?
Leyla:	∟*Muslimin*
Güney:	∟*ich weiß, das von Muslime gibt es also (.) Sunnit und Alevit ich glaub (.) ähm (.) Muslime gibt es also zum Beispiel Oberbegriff (.) [während er spricht, bildet er mit Handgesten einen imaginären Überbau und richtet den Blick immer wieder zu Leyla, die schweigend zuhört] und zum Beispiel Alevit oder so ich glaub nicht dass es eine (.) Sunniten und Aleviten gibt [bei Sunniten und Aleviten trennt er mit Hilfe von Handbewegungen*

hin; jedoch ermöglichen die relative Unauffälligkeit und baldige Rückkehr in den Rahmen die Aufrechterhaltung und Reziprozität des Gesprächsflusses. In der ersten Gruppendiskussion verließ ein Junge, Mirko, mit seinen Redebeiträgen immer wieder den Rahmen des Gesprächs, ohne dass diese Resonanz in der Gruppe fanden oder das Mitteilungsbedürfnis der anderen Kinder beeinflussten.

die Gruppen in einen rechten und linken Teil] weil Aleviten und Sunniten
sind ja auch ein Teil (.) sind auch (.) Muslime (GDS1 19/12, Z. 549ff.)

Marvin kommt an dieser Stelle auf das Thema Essen zu sprechen. Mit Hilfe des
Gegenhorizonts der katholischen Glaubensrichtung verortet er sich implizit als
evangelischer Religionsschüler – diese Bedeutung ist jedoch nur durch das Wissen
aus dem kontextuellen Zusammenhang zu erschließen. Mit seiner pauschalisieren-
den Ausdrucksweise bringt er sein Allgemeinwissen aus dem ,eigenen' religiösen
Erfahrungsraum zur Darstellung, das der Lebenskundeschüler Güney mimetisch
aufgreift, und an das er mit Bezug auf ,seinen' religiösen Bezugsrahmen anknüpft.
In Abgrenzung zu ihm bezieht er sich jedoch auf sein ,eigenes', islamisches ,All-
gemeinwissen' und verortet sich damit performativ vor dem islamisch-religiösen
Bezugsrahmen; ebenso wie Leyla und Kerim, die Güneys eher unspezifische
Ausdrucksweise durch spezifische Kenntnisse ergänzen (Gummibärchen bzw.
,halal' Gummibärchen). Die drei Kinder beziehen sich dabei auf konjunktive
Wissensressourcen, deren Bedeutungen für Außenstehende nicht ohne Weite-
res verstehbar sind, wie die interessierte Nachfrage von Jens zeigt. Sie verstehen
unmittelbar, was gemeint ist, wenn Güney sich auf religiöse Schlachtvorschriften
bezieht oder dass der Begriff ,halal' vorschriftsgerechte Nahrungsmittel bezeichnet, zu denen handelsübliche Gummibärchen aufgrund des Gelatineanteils nicht
gehören. Derartiges Wissen erhält für die islamisch orientierten Kinder in einer
„multikulturellen multireligiösen Gesellschaft" (Zitat von Herrn M., siehe oben)
besondere Bedeutsamkeit, insofern die Vielzahl an Nahrungsangeboten praktisches
Wissen zur Beachtung religiöser Vorschriften erfordert.

Die Schilderung der alltagspraktischen Anwendung der Gebote bringt (Deu-
tungs-) Unterschiede hervor, die Güney veranlassen, zwischen ,eigenen' (handels-
üblichen Gummibärchen) und ,anderen' Relevanzen (,halal' Gummibärchen) zu
differenzieren und sich damit als Alevit zu verorten; zugleich deutet die Antwort
auf Jens' Nachfrage darauf hin, dass er sich als Repräsentant eines gemeinsamen Bezugsrahmens mit Leyla und Kerim verstanden wissen will. Im Rahmen des geteilten
islamischen Wissenshorizonts erhält Güneys Erklärung die Bedeutungssemantik
einer Rechtfertigung, insofern sie klarstellt, dass seine Handlungspraxis nicht auf
religiöse Ignoranz, sondern auf die (alevitische) Glaubens*richtung* zurückzuführen
ist. Sodann reagiert auch Leyla (und nicht Jens) auf Güneys implizite Adressierung,
indem sie den ,eigenen' Bezugsrahmen explizit und zweifelsfrei hervorhebt, was
Güney ihr mimetisch gleichtut und einen offenkundigen Bezug herstellt. Interes-
santerweise reagiert Leyla auf die Nachfrage der externen Forscherin undifferen-
zierend mit ,Muslimin' und bezieht sich damit auf den gemeinsamen religiösen
Bezugsrahmen ihrer muslimischen MitschülerInnen, der Güney mit einschließt.

Auch in der zweiten Gruppendiskussion werden biografische Erfahrungen und Zugehörigkeiten gemäß dem Motto ‚es ist normal, verschieden zu sein' mit eingebracht. Während die SchülerInnen der ersten Gruppe die eigenen Relevanzen in einem *argumentativ-differenzierenden Modus* elaborieren (vgl. Przyborski 2004, S. 69ff.), ist die Diskursorganisation der zweiten Gruppe geprägt von einem *narrativ-mimetischen Modus*, in dem die SchülerInnen ihre Relevanzen am Thema religiöser Überlieferungen entfalten. Die Kinder setzen sich in einem parallelisierenden Erzählmodus nicht nur zu ihren jeweiligen (Propheten-)Geschichten, sondern auch zueinander ins Verhältnis. In langen Erzählpassagen werden islamische Bedeutungen nachvollzogen und mit denen christlicher Überlieferungen verglichen.

Selim:	*und (.) noch was zu Mohammed also er ist (.) ähm (.) also er ist=n besonderer Prophet weil er hat nie gelogen und er hat nie geschwindelt*
Besir:	∟*mhm ja nix war einfach*
Metin:	∟*frei er war frei und (.) jetzt ist er sozusagen der Freund von Allah*
Besir:	∟*alle Propheten*
Metin:	∟*die keinen Fehler gemacht haben*
Selim:	∟*ja aber er ist der engste*
Metin:	∟*ja*

(GDS2 19/12, Z. 194ff.)

Wie in diesem Gesprächsausschnitt deutlich wird, nutzen die Kinder ihr (konjunktives) Erfahrungswissen dazu, Gedankengänge gemeinsam zu entwickeln und eine Sinnlogik zu entfalten, die den identifikatorischen Charakter religiöser Bildung zur Darstellung bringt. Im wechselseitigen Bezug aufeinander drücken sie Empathie und Bewunderung für ‚ihren' Propheten aus, der als Vorbild fungiert und ihre Motivation zum Nachstreben sichtbar werden lässt. Im *narrativ-mimetischen* Bezug auf den (‚anderen') Propheten spiegelt sich das eigene Bedürfnis nach Anerkennung ihrer persönlichen Integrität und der individualspezifischen Besonderheit(en) der Kinder wider. Die selbstreferentielle Bedeutung dieses mimetischen ‚Sich-in-Beziehung-Setzens' wird durch die reziproke Dichte und emotionale ‚Bewegtheit' der SchülerInnen während des Gesprächsverlaufs hervorgebracht, der über den geteilten Bezugsrahmen und wechselseitige Bestärkung seine performative Kraft entfaltet. Ähnlich wie an dieser Stelle tauschen die Kinder aus dem evangelischen und islamischen Religions- und Lebenskundeunterricht auch im weiteren Verlauf der Gruppendiskussion ‚Geschichten' aus und hören einander intensiv zu, während sie vergleichend feststellen, dass z. B. die Geschichten von ‚Musa' bzw. ‚Moses' oder ‚Jibra'il' bzw. ‚Gabriel' sowohl Analogien als auch (Be-)Deutungsunterschiede aufweisen. Dabei setzen sie sich gleichermaßen mit eigenen und anderen Sichtweisen auseinander. Sie wollen gar nicht aufhören, miteinander zu sprechen, als die Lehrerin am Ende der Stunde kommt, und dürfen die Pause über weiterdiskutieren. Schließlich fasst Sibel das ‚Ergebnis' dieser Gruppendiskussion zusammen. Das folgende Fazit ist deshalb so interessant, weil der Bezugsrahmen, d. h. die islamische Orientierung der Sprecherin, sich nur aus dem situativen Kontext erschließen lässt, in welchem sie sich (selbst-)reflexiv verortet.

> Sibel: *also (.) ich finde der Unterschied ist weil wir sagen was anderes über die Propheten und die sagen dann auch was anderes und in dem Religionsunterricht (.) na ja wir sagen manche Sachen gleich und in der Bibel und im Koran stehen ja auch (.) manche Sachen gleich aber nicht alles (.) das ist nicht das ist nicht das gleiche (GDS2 12/19; Z. 482ff.)*

In Sibels Redebeitrag dokumentiert sich ein Spannungsbogen, mit dem sich die Schülerin die vorangegangene Gruppendiskussion vergegenwärtigt und die unterschiedlichen Perspektiven kontrastierend nebeneinanderstellt. Ihre abwägenden Gedankengänge bringt sie mit ihrer Rede*weise* zum Ausdruck, die durch körpersprachliche Gesten, prosodische Akzentuierungen und die aufeinander abgestimmte Wortwahl unterstrichen wird. Über den Perspektivenwechsel wird dem relationalen Verhältnis von ‚Gleichem' und ‚Anderem' ein äquivalenter Stellenwert zugewiesen. Aufschlussreich ist hierbei, dass sich die Verwendung der Begriffe ‚Gleiches' und ‚Anderes' geradezu konträr zum ‚natio-ethno-kulturellen' Differenz-Diskurs verhält. Denn Sibel konstituiert das ‚Andere' nicht etwa als das ‚Fremde', das es zu bearbeiten oder zu suspendieren gilt. Vielmehr wandelt sich der Bedeutungssinn, mit dem das ‚Andere' sich nicht allein auf das ‚Unvertraute', ‚Unbekannte', sondern gleichsam auf das je ‚Eigene' bezieht, durch welches der jeweilige Referenzrahmen zu dem spezifisch Besonderen wird (‚wir sagen was anderes über die Propheten und die sagen dann auch was anderes'). Das ‚Andere' erhält als ‚Eigenes' identitätsstiftende Relevanz, die aufgrund der wechselseitigen Betrachtungsweise weniger auf die exkludierende (ausgrenzende) als auf die exklusive (spezifische) Dimension von Zugehörigkeit verweist. Für Sibel bietet die Auseinandersetzung mit Ähnlichem und Anderem offenbar Anknüpfungspunkte für den interreligiösen Dialog. Ihre abwägende Reflexion führt Sibel von der eingangs aufgestellten These über die vergleichende Retrospektive, bis sie am Ende ihres Redebeitrags zu dem Schluss kommt: „das ist nicht das gleiche", womit sie zeigt, dass für sie differente

Perspektiven gleichwertig nebeneinander bestehen können, auch wenn der eigene Bezugsrahmen die subjektiv relevante Orientierung darstellt.

4 Islamischer Religionsunterricht als Schulfach – Fazit

Die in diesem Beitrag vorgestellte Studie ist Teil einer ethnografischen Längsschnittstudie zu (schul-)kulturellen Praktiken der Anerkennung, die an einer Grundschule in der Berliner Innenstadt durchgeführt wird und unterschiedliche Aspekte des Schullebens untersucht. Der Blick auf den islamischen Religionsunterricht beansprucht weder, Rückschlüsse auf *den* Islam *an sich* zu ziehen, noch die kontroverse Diskussion um das Pro und Kontra des bekenntnisorientierten Unterrichts in der Schule aufzugreifen. Vielmehr richtet sich das Erkenntnisinteresse dieser Teilstudie auf anerkennungsdynamische Prozesse, die mit ‚Kultur' und ‚Kulturdifferenz' in Zusammenhang stehen. Dazu bieten die Gruppendiskussionen mit LehrerInnen des islamischen Religionsunterrichts und SchülerInnen aus einer Lerngruppe, die verschiedene religiöse und nicht-religiöse Unterrichtsangebote besuchen, Gelegenheit. Aus methodologischer Perspektive bedingt bereits die Anwesenheit der externen Forscherinnen bei den Gruppendiskussionen ein Aufeinandertreffen unterschiedlicher Bezugsrahmen, das mit dem expliziten Interesse an der anderen Perspektive verknüpft ist. Wie in diesem Fall, kann es die (Mitteilungs-)Bereitschaft der TeilnehmerInnen anregen, kulturelle oder religiöse Relevanzsetzungen hervorzubringen. Anhand der (gruppen-)spezlfischen Relevanzen, die sie im wechselseitigen Bezug aufeinander bestätigend, differenzierend oder voneinander abgrenzend diskutieren, lassen sich nicht nur Bedeutungsdimensionen des islamischen Religionsunterrichts, sondern auch Korrelationen zwischen kulturellen/religiösen Orientierungen und anerkennungsdynamischen Prozessen rekonstruieren.

So heben die Rekonstruktionen der Gruppendiskussionen folgende *Bedeutungsdimensionen des islamischen Religionsunterrichts* hervor:

- *Kontinuität* durch Weitergabe und Tradierung kulturellen/religiösen Wissens
- *‚Wir-Gefühl'* durch geteilte (kultur-)spezifische Deutungs- und Erklärungsmuster
- *kulturelle Identität*, die sich über mimetische Bezugnahmen auf eigene (kulturell-religiöse) Narrative konstituieren kann
- *Zusammenhalt*, der durch einen geteilten Orientierungshorizont hergestellt wird und ein mitfühlendes Verstehen sowie eine solidarische Bearbeitung von (*intra-* und *inter*kulturellen) Differenzen ermöglicht

- *(intra- und interkulturelle) Verständigung* durch vermittelnde Dialoge zwischen unterschiedlichen Bezugsgruppen-Orientierungen

Darüber hinaus lassen sich Zusammenhänge zwischen kulturellen/religiösen Orientierungen, der Hervorbringung von (Kultur-)Differenzen und anerkennungsdynamischen Prozessen als das relationale Verhältnis zwischen ‚Eigenem‘ und ‚Anderem‘ rekonstruieren, insofern

- wechselseitige Vor(ein)stellungen die eigene Haltung prägen und die Begegnung mit (kulturell) Anderen anerkennungsdynamisch beeinflussen (*Affirmation – Indifferenz – Opposition*)
- Wissen übereinander und Erfahrungen miteinander transformatives Bildungspotenzial entfalten und Einstellungen anerkennungsdynamisch verändern können (*Potenzial zur Transformation*)
- (Kultur-)Differenzen auf individueller Ebene Orientierungsdilemmata hervorrufen und anerkennungsdynamische Dissonanz erzeugen können (Balance zwischen *sozialer* und *persönlicher Integrität*, vgl. Goffman 1975, S. 67ff.)
- geteilte Orientierungen und Verständigungsbereitschaft zur Sensibilisierung für (Kultur-)Differenzen beitragen und das eigene Handlungsspektrum erweitern können (*interkultureller Austausch*)
- wechselseitige Anerkennung von Unterschieden sowie die Betonung von Gemeinsamkeiten identitätskonstituierende und gemeinschaftsstiftende Wirkungen erzielen können (*Mehrfachzugehörigkeit*)
- eine Kommunikationskultur der Anerkennung von Vielfalt (*Heterogenitätsanspruch*) die selbstreflexive Auseinandersetzung mit eigenen und anderen Perspektiven (*Selbstreflexion*) begünstigen kann.

Im Kontext der empirischen Rekonstruktionen zum islamischen Religionsunterricht zeigt sich *Kultur* als akkumulierte, im Körpergedächtnis gespeicherte *Erfahrungsressource* (vgl. Tomasello 2002, S. 42), die in und mit sozialen Bezugsgruppen oder Gemeinschaften angeeignet wird (z. B. Schülergruppe, Klassengemeinschaft, Religionsgemeinschaft). Die Bedeutungsgehalte der (gruppen-)spezifischen Ausdrucksformen werden in mimetischen Bezugnahmen beständig (re-)aktiviert und über konjunktive Erfahrungen ‚kultiviert‘; etwa durch rituelle Feiern, die Aktualisierung gemeinsamer Geschichte(n), Erzählungen und kollektiver Imaginationen oder durch habitualisierte Routinen und Praktiken. Dabei bezieht sich jede Gruppe oder Gemeinschaft auf je eigene Selbstverständlichkeiten, über die sie sich von anderen abgrenzt, während sie dem Einzelnen unterschiedliche Partizipationsmöglichkeiten eröffnen. Die konstitutive Bedeutung von (Kultur-)Erfahrungen für die Identitätsentwicklung bündelt sich in anerkennungsdynamischen Prozessen, insofern mit ihnen beispielweise soziale Ordnungen (re-)konstituiert werden, die in der jeweiligen Bezugsgruppe Gültigkeit besitzen. Zudem können durch wechselseitige Bestätigung und Bekräftigung Vertrautheit erzeugt und Zugehörigkeit(en) performativ hervorgebracht werden. Anerkennung kann auch im Umgang mit Differenzen oder Dissens konstruktive Wirkungen erzielen. Sie zeigt sich in der Art und Weise, *wie* Konflikte thematisiert, Beweggründe reflektiert und Irritationen beseitigt werden (können). Dabei orientiert sich Anerkennung an den normativen (Wert-)Vorstellungen des situativ relevanten Bezugsrahmens, der aufgrund der Mehrfachzugehörigkeiten eines jeden Mitglieds zu Rahmeninkongruenzen führen kann.

Begreift man Kultur als gemeinsamen Erfahrungsraum, der das kognitiv-soziale Bewusstsein prägt, stellt Anerkennung als Bestätigung von Zugehörigkeit(en) und Ermöglichung von Teilhabe eine performativ wirksame Dimension der Identitätsbildung dar. Als kontextuelle und situative Modelle des Sozialen erhalten die Begriffskonzepte ‚Kultur‘ und ‚Anerkennung‘ sozialisatorische Relevanz, insofern sie mit Bedeutungen aufgeladen werden, die das Selbst- und Weltbild formen und konstitutiven Einfluss darauf ausüben, *wie* Verhältnis zwischen dem ‚Eigenen‘ und ‚Anderen‘ bestimmt wird. In diesem Sinne „bedarf es der Förderung eines Interesses für den Anderen und seine Alterität. Um die Reduktion kultureller Diversität auf Gleiches zu vermeiden, ist eine Sensibilisierung für *kulturelle Heterogenität* erforderlich" (Wulf 2006a, S. 254; Hervorhebung im Original), die sich nicht allein auf den islamischen Religionsunterricht oder institutionelle Bildungsprozesse bezieht. Vielmehr richtet sich der Fokus auf Formen des Umgangs miteinander; denn sie stellen Möglichkeitsbedingungen für inklusive oder exklusive Erfahrungen bereit.

Literatur

Benner, Dietrich (2004): Bildung und Religion. Überlegungen zu ihrem problematischen Verhältnis und zu den Aufgaben des öffentlichen Religionsunterrichts heute. In: Wulf, Christoph/Macha, Hildegard/Liebau, Eckart (Hrsg.): Formen des Religiösen. Pädagogisch-anthropologische Annäherungen. Beltz, Weinheim, S. 19-36.

Blaschke, Gerald (2012): Schule schnuppern. Eine videobasierte Studie zum Übergang in die Grundschule. Barbara Budrich, Opladen.

Bohnsack, Ralf (2003): Rekonstruktive Sozialforschung. Einführung in qualitative Methoden. Leske und Budrich, Opladen.

Bohnsack, Ralf/Nentwig-Gesemann, Iris (2010): Dokumentarische Evaluationsforschung und Gruppendiskussionsverfahren. Am Beispiel einer Evaluationsstudie zur Peer-Mediation an Schulen. In: Bohnsack, Ralf/Przyborski, Aglaja/Schäffer, Burkhard (Hrsg.): Das Grup-pendiskussionsverfahren in der Forschungspraxis. Barbara Budrich, Opladen, S. 267-283.

Bundesamt für Migration und Flüchtlinge (BAMF) (Hrsg.) (2011): Islamischer Religions-unterricht in Deutschland. Perspektiven und Herausforderungen. Dokumentation der Tagung der Deutschen Islam Konferenz 13. und 14. Februar. https://www.bmi.bund.de/SharedDocs/Downloads/DE/Broschueren/2011/religionsunter-richt.pdf?__blob=publicationFile. Zugegriffen: 20. Dezember 2014.

Bundesamt für Migration und Flüchtlinge (BAMF) (Hrsg.) (2012): Migrationsbericht. http://www.bamf.de/SharedDocs/Anlagen/DE/Publikationen/Migrationsberichte/migrations-bericht-2012.pdf?__blob=publicationFile. Zugegriffen: 30. August 2014.

Butler, Judith (1998): Hass spricht. Zur Politik des Performativen. Berlin Verlag, Berlin.

Bourdieu, Pierre (1987): Die feinen Unterschiede. Kritik der gesellschaftlichen Urteilskraft. Suhrkamp, Frankfurt a. M..

Bourdieu, Pierre (2005): Was heißt Sprechen? Zur Ökonomie des sprachlichen Tauschs. Braumüller, Wien.

Brumlik, Micha (2014): ‚Ich und das Andere'. Schule als Kulturraum absoluter und relativer Differenz. In: Hagedorn, Jörg (Hrsg.): Jugend, Schule und Identität. VS, Wiesbaden, S. 205-221.

Ceylan, Rauf (2010): Islamischer Religionsunterricht in einer multikulturellen Gesellschaft. In: Heinrich Böll Stiftung: Migration, Integration, Diversity: Muslimische Gemeinschaf-ten zwischen Recht und Politik (Dossier). http://heimatkunde.boell.de/sites/default/files/dossier_muslimische_gemeinschaften.pdf, S. 50-54. Zugegriffen: 26. August 2014.

Chbib, Raida (2010): Die deutsche Islampolitik und die Frage nach der Repräsentativität muslimischer Verbände. In: Heinrich Böll Stiftung: Migration, Integration, Diversity: Muslimische Gemeinschaften zwischen Recht und Politik (Dossier). http://heimat-kunde.boell.de/sites/default/files/dossier_muslimische_gemeinschaften.pdf, S. 28-33. Zugegriffen: 26. August 2014.

De Wall, Heinrich (2010): Verfassungsrechtliche Rahmenbedingungen eines islamischen Religionsunterrichts. In: Heinrich Böll Stiftung: Migration, Integration, Diversity: Muslimische Gemeinschaften zwischen Recht und Politik (Dossier). http://heimat-kunde.boell.de/sites/default/files/dossier_muslimische_gemeinschaften.pdf, S. 8-12. Zugegriffen: 26. August 2014.

Deci, Edward L./Ryan, Richard M. (2012): Self-determination theory. In: Van Lange, Paul A. M./Kruglanski, Arie W./Higgins, E. Tory (Hrsg.): Handbook of theories of social psychology. CA Sage, Thousand Oaks, S. 416-437.

Deutsche Islamkonferenz (2011): Islamischer Religionsunterricht in Deutschland. Perspek-tiven und Herausforderungen. Dokumentation Tagung der Deutschen Islamkonferenz. 13. und 14. Februar. Nürnberg. http://www.deutsche-islam-konferenz.de/SharedDocs/Anlagen/DIK/DE/Downloads/Sonstiges/Dokumentation%20IRU-Tagung%202011.pdf?__blob=publicationFile. Zugegriffen: 20. April 2015.

Dreher, Jochen/Stegmaier, Peter (Hrsg.) (2007): Zur Unüberwindbarkeit kultureller Differenz. Grundlagentheoretische Reflexionen. transcript, Bielefeld.

Ferrin, Nino (2013): Selbstkultur und mediale Körper: Zur Pädagogik und Anthropologie neuer Medienpraxen. transcript, Bielefeld.

Ferrin, Nino/Blaschke, Gerald (2010): Pädagogische Potenziale von Kontaktzonen. Pa-radoxien und Irritationen einer schulischen Begegnung. In: Wulf, Christoph (Hrsg.):

Kontaktzonen. Dynamik und Performativität kultureller Begegnungen. Paragrana Band 19, Heft 2. Akademie Verlag, Berlin, S. 179-191.

Fischer-Lichte, Erika (2004): Ästhetik des Performativen. Suhrkamp, Frankfurt a. M.

Geertz, Clifford (1987): Dichte Beschreibung. Suhrkamp, Frankfurt a. M.

Goffman, Erving (1975): Stigma. Über Techniken der Bewältigung beschädigter Identität. Suhrkamp, Frankfurt a. M.

Goffman, Erving (1980): Rahmen-Analyse. Ein Versuch über die Organisation von Alltagserfahrungen. Suhrkamp, Frankfurt a. M.

Goffman, Erving (1986): Interaktionsrituale. Über Verhalten in direkter Kommunikation. Suhrkamp, Frankfurt a. M.

Gogolin, Ingrid/Krüger-Potratz, Marianne (Hrsg.) (2010): Einführung in die Interkulturelle Pädagogik. Barbara Budrich, Opladen.

Gomolla, Mechthild/Radtke, Frank-Olaf (2009): Institutionelle Diskriminierung. Die Herstellung ethnischer Differenz in der Schule. VS, Wiesbaden.

Hafeneger, Benno/Henkenborg, Peter/Scherr, Albert (Hrsg.) (2013): Pädagogik der Anerkennung. Grundlagen, Konzepte, Praxisfelder. Debus, Schwalbach.

Halm, Dirk (2008): Der Islam als Diskursfeld. Bilder des Islam in Deutschland. VS, Wiesbaden.

Halm, Dirk (2010): Das öffentliche Bild des Islam in Deutschland und der Diskurs über seine gesellschaftliche Integration. In: Uçar, Bülent (Hrsg.): Die Rolle der Religion im Integrationsprozess. Die deutsche Islamdebatte. Peter Lang, Frankfurt a. M., S. 293-325.

Halm, Dirk/Sauer, Martina/Schmidt, Jana/Stichs, Anja (Hrsg.) (2014): Islamisches Gemeindeleben in Deutschland. Im Auftrag der Deutschen Islamkonferenz 2013. http://www.bmi.bund.de/SharedDocs/Downloads/DE/Themen/Politik_Gesellschaft/DIK/islamisches-gemeindeleben-in-deutschland-kurz-dik.pdf?__blob=publicationFile. Zugegriffen: 26. August 2014.

Halm, Heinz (2011): Der Islam. Geschichte und Gegenwart. Beck, München.

Hatfield, Elaine/Cacioppo John T./Rapson, Richard L. (1993): Emotional Contagion. In: Psychological Sciences. Vol. 2, S. 96-99.

Heinrich-Böll-Stiftung (2010): Migration, Integration, Diversity: Muslimische Gemeinschaften zwischen Recht und Politik. http://heimatkunde.boell.de/sites/default/files/dossier_muslimische_gemeinschaften.pdf. Zugegriffen: 26. August 2014.

Helsper, Werner/Böhme, Jeanette/Kramer, Rolf-Torsten/Lingkost, Angelika (2001): Schulkultur und Schulmythos. Rekonstruktionen zur Schulkultur I. Leske und Budrich, Opladen.

Holzbrecher, Alfred (2013): Anerkennung und interkulturelle Pädagogik. In: Hafeneger, Benno/Henkenborg, Peter/Scherr, Albert (Hrsg.): Pädagogik der Anerkennung. Grundlagen, Konzepte, Praxisfelder. Debus, Schwalbach, S. 168-176.

Honneth, Axel (1994): Kampf um Anerkennung. Zur moralischen Grammatik sozialer Konflikte. Suhrkamp, Frankfurt a. M.

Jörissen, Benjamin/Zirfas, Jörg (2013): Schlüsselwerke der Identitätsforschung. VS, Wiesbaden.

Kellermann, Ingrid (2008): Vom Kind zum Schulkind. Die rituelle Gestaltung der Schulanfangsphase. Budrich UniPress, Opladen.

Kellermann, Ingrid (2012): Emotionen-Formen-Gesten. Ein ethnographischer Blick auf verborgene Dimensionen des Unterrichts. In: Zeitschrift für Erziehungswissenschaft, Vol. 15, S. 97-114.

Kellermann, Ingrid (2013): Can Happiness be Created in Rituals? An Ethnographic Perspective on the Staging of Happiness in the Family in Germany and in Japan. In: Paragrana, Band 22, Heft 1. Akademie Verlag, Berlin, S. 28-48.

Kellermann, Ingrid/Mattig, Ruprecht (2011): Schule, Körper, Bildung. Eine ethnographische Perspektive auf die Schuleingangsphase. In: Kraus, Anja (Hrsg.): Körperlichkeit in der Schule. Aktuelle Körperdiskurse und ihre Empirie. Band 4: Heterogene Lernausgangslagen. Athena, Oberhausen, S. 57-80.

Kellermann, Ingrid/Ono, Fumio (2011a): Das Weihnachtsfest als Brückenschlag. In: Wulf, Christoph/Suzuki, Shoko/Zirfas, Jörg/Kellermann, Ingrid/Inoue, Yoshitaka/Ono, Fumio/Takenaka, Nanae (Hrsg.): Das Glück der Familie. Ethnographische Studien in Deutschland und Japan. VS, Wiesbaden, S. 73-108.

Kellermann, Ingrid/Ono, Fumio (2011b): Das Glück der Generationen. In: Wulf, Christoph/Suzuki, Shoko/Zirfas, Jörg/Kellermann, Ingrid/Inoue, Yoshitaka/Ono, Fumio/Takenaka, Nanae (2012a): Das Glück der Familie. Ethnographische Studien in Deutschland und Japan. VS, Wiesbaden, S. 229-266.

Kellermann, Ingrid/Wulf, Christoph (2009): Schularchitektur und rituelle Raumpraktiken. In: Böhme, Jeanette (Hrsg.): Schularchitektur im interdisziplinären Diskurs. VS, Wiesbaden, S. 171-185.

Kellermann, Ingrid/Wulf, Christoph (2011): Gesten in der Schule. Zur Dynamik körperlicher Ausdrucksformen. In: Wulf, Christoph/Althans, Birgit/Audehm, Kathrin/Blaschke, Gerald/Ferrin, Nino/Kellermann, Ingrid/Mattig, Ruprecht/Schinkel, Sebastian (Hrsg.): Die Geste in Erziehung, Bildung und Sozialisation. Ethnographische Feldstudien. VS, Wiesbaden, S. 27-82.

Kellermann, Ingrid/Wulf, Christoph (2014): Schulkultur und das Performative. Gesten und Emotionen als rituelle Verdichtungen von Anerkennung und Wertschätzung. In: Böhme, Jeanette/Hummrich, Merle/Kramer, Rolf-Torsten (Hrsg.): Schulkultur. Theoriebildung im Diskurs. VS, Wiesbaden, S. 307-328.

Kemper, Theodore (2007): Power and Status and the Power-Status Theory of Emotions. In: Stets, Jan E./Turner, Jonathan H. (Hrsg.): Handbook of the Sociology of Emotions. Springer, New York, S. 87-114.

Knoblauch, Hubert (2007): Kultur, die soziale Konstruktion, das Fremde und das Andere. In: Dreher, Jochen/Stegmaier, Peter (Hrsg.): Zur Unüberwindbarkeit kultureller Differenz. Grundlagentheoretische Reflexionen. transcript, Bielefeld, S. 21-42.

Mattig, Ruprecht (2009): Rock und Pop als Ritual: Über das Erwachsenwerden in der Mediengesellschaft. transcript, Bielefeld.

Mead, George H. (1973): Geist, Identität und Gesellschaft. Suhrkamp, Frankfurt a. M.

Mecheril, Paul (Hrsg.) (2014): Subjektbildung. Interdisziplinäre Analysen der Migrationsgesellschaft. transcript, Bielefeld.

Mecheril, Paul/Andresen, Sabine/Hurrelmann, Klaus/Palentien, Christian/Schöer, Wolfgang (Hrsg.) (2010): Migrationspädagogik. Beltz, Weinheim.

Nentwig-Gesemann, Iris/Nicolai, Katharina (2014): Dokumentarische Videointerpretation typischer Modi der Interaktionsorganisation im Krippenalltag. In: Bohnsack, Ralf/Fritzsche, Bettina/Wagner-Willi, Monika (Hrsg.): Dokumentarische Film- und Videointerpretation. Methodologie und Forschungspraxis. Barbara Budrich, Opladen, S. 45-72.

Nohl, Arnd-Michael (2004): Bildung im Islam. Pragmatische Reflexionen und empirische Rekonstruktionen zur Lebensgeschichte eines jungen Mannes. In: Wulf, Christoph/Macha, Hildegard/Liebau, Eckart (Hrsg.): Formen des Religiösen. Pädagogisch-anthropologische Annäherungen. Beltz, Weinheim.

Nohl, Arnd-Michael (2009): Interview und dokumentarische Methode. Anleitung für die Forschungspraxis. VS, Wiesbaden, S. 286-298.

Oebbecke, Janbernd (2010): Der Islam als Herausforderung für das deutsche Religionsrecht. In: Heinrich Böll Stiftung: Migration, Integration, Diversity: Muslimische Gemeinschaften zwischen Recht und Politik (Dossier). http://heimatkunde.boell.de/sites/default/files/dossier_muslimische_gemeinschaften.pdf, S. 3-7. Zugegriffen: 26. August 2014.

Pieper, Dietmar/Traub, Rainer (Hrsg.) (2013): Der Islam. 1400 Jahre Glaube, Krieg, Kultur. Goldmann, München.

Prengel, Annedore (2006): Pädagogik der Vielfalt. Verschiedenheit und Gleichberechtigung Interkultureller, Feministischer und Integrativer Pädagogik. VS, Wiesbaden.

Prengel, Annedore (2013): Pädagogische Beziehungen zwischen Anerkennung, Verletzung und Ambivalenz. Barbara Budrich, Opladen.

Przyborski, Aglaja (2004): Gesprächsanalyse und dokumentarische Methode. Qualitative Auswertung von Gesprächen, Gruppendiskussionen und anderen Diskursen. VS, Wiesbaden.

Reim, Joachim (2007): Vertraute Fremdheit und desperate Vergemeinschaftung – Ethnizität und die doppelte Normalisierung kultureller Differenz. In: Dreher, Jochen/Stegmaier, Peter (Hrsg.) Zur Unüberwindbarkeit kultureller Differenz. Grundlagentheoretische Reflexionen. transcript, Bielefeld, S. 65-96.

Schiffauer, Werner (2014): Vor dem Gesetz. Der staatliche Umgang mit dem ‚legalisierten Islamismus'. In: Mecheril, Paul (Hrsg.): Subjektbildung. Interdisziplinäre Analysen der Migrationsgesellschaft. transcript, Bielefeld, S. 165-183.

Seiring, Wilfried (1999): ‚Edel sei der Mensch…'. Die Wertediskussion heute und der Beitrag der Lebenskunde zur Werteerziehung. In: Humanismus Aktuell, Sonderheft 2, S. 24-28.

Soeffner, Hans-Georg (2007): Methodologischer Kosmopolitismus – Die Erhaltung kultureller Differenz trotz wirtschaftlicher und kultureller Globalisierung. In: Dreher, Jochen/Stegmaier, Peter (Hrsg.): Zur Unüberwindbarkeit kultureller Differenz. Grundlagentheoretische Reflexionen. transcript, Bielefeld, S. 97-112.

Srubar, Ilja (2007): Transdifferenz, Kulturhermeneutik und alltägliches Übersetzen: Die soziologische Perspektive. In: Dreher, Jochen/Stegmaier, Peter (Hrsg.): Zur Unüberwindbarkeit kultureller Differenz. Grundlagentheoretische Reflexionen. transcript, Bielefeld, S. 43-64.

Tomasello, Michael (2002): Die kulturelle Entwicklung des menschlichen Denkens: Zur Evolution der Kognition. Suhrkamp, Frankfurt a. M.

Tomasello, Michael (2009): Why we cooperate? MIT Press, Cambridge.

Uçar, Bülent (Hrsg.) (2010): Die Rolle der Religion im Integrationsprozess. Die deutsche Islamdebatte. Peter Lang, Frankfurt a. M.

Wulf, Christoph (2006a): Kulturelle Vielfalt und immaterielles kulturelles Erbe. Wege zur interkulturellen Verständigung. In: Wulf, Christoph/Poulain, Jacques/Triki, Fathi (Hrsg.): Europäisch und islamisch geprägte Länder im Dialog. Gewalt, Religion und interkulturelle Verständigung. Akademie, Berlin, S. 248-259.

Wulf, Christoph (2006b): Bilder des Sozialen. In: Wulf, Christoph/Hüppauf, Bernd (Hrsg.): Bild und Einbildungskraft. Wilhelm Fink, München, S. 203-215.

Wulf, Christoph (2006c): Anthropologie kultureller Vielfalt. Interkulturelle Bildung in Zeiten der Globalisierung. transcript, Bielefeld.

Wulf, Christoph (2009): Anthropologie. Geschichte, Kultur, Philosophie. Anaconda, Köln.

Wulf, Christoph (Hrsg.) (2010): Kontaktzonen. Dynamik und Performativität kultureller Begegnungen. Paragrana Band 19, Band 2.

Wulf, Christoph (2014): Bilder des Menschen. Imaginäre und performative Grundlagen der Kultur. transcript, Bielefeld.

Wulf, Christoph/Althans, Birgit/Audehm, Kathrin/Bausch, Constanze/Göhlich, Michael/ Sting, Stephan/Tervooren, Anja/Wagner-Willi, Monika/Zirfas, Jörg (Hrsg.) (2001): Das Soziale als Ritual. Zur performativen Bildung von Gemeinschaften. Leske und Budrich, Opladen.

Wulf, Christoph/Macha, Hildegard/Liebau, Eckart (Hrsg.) (2004a): Formen des Religiösen. Pädagogisch-anthropologische Annäherungen. Beltz, Weinheim.

Wulf, Christoph/Althans, Birgit/Audehm, Kathrin/Bausch, Constanze/Jörissen, Benjamin/ Göhlich, Michael/Mattig, Ruprecht/Tervooren, Anja/Wagner-Willi, Monika/Zirfas, Jörg (Hrsg.) (2004b): Bildung im Ritual. Schule, Familie, Jugend, Medien. VS, Wiesbaden.

Wulf, Christoph/Poulain, Jacques/Triki, Fathi (Hrsg.) (2006): Europäisch und islamisch geprägte Länder im Dialog. Gewalt, Religion und interkulturelle Verständigung. Akademie, Berlin.

Wulf, Christoph/Althans, Birgit/Blaschke, Gerald/Ferrin, Nino/Göhlich, Michael/Jörissen, Bejammin/Mattig, Ruprecht/Nentwig-Geseman, Iris/Schinkel, Sebastian/Tervooren, Anja/ Wagner-Willi, Monika/Zirfas, Jörg (Hrsg.) (2007): Lernkulturen im Umbruch. Rituelle Praktiken in Schule, Medien, Familie und Jugend. VS, Wiesbaden.

Wulf, Christoph/Suzuki, Shoko/Zirfas, Jörg/Kellermann, Ingrid/Inoue, Yoshitaka/Ono, Fumio/Takenaka, Nanae (Hrsg.) (2011a): Das Glück der Familie. Ethnographische Studien in Deutschland und Japan. VS, Wiesbaden.

Wulf, Christoph/Althans, Birgit/Audehm, Kathrin/Blaschke, Gerald/Ferrin, Nino/Kellermann, Ingrid/Mattig, Ruprecht/Schinkel, Sebastian (Hrsg.) (2011b): Die Geste in Erziehung, Bildung und Sozialisation. Ethnographische Feldstudien. VS, Wiesbaden.

Wulf, Christoph/Bittner, Martin/Clemens, Iris/Kellermann, Ingrid (2012): Unpacking recognition and esteem in school pedagogics. In: Ethnography and Education, Vol. 7, Issue 1. Routledge, Oxford, S. 59-75.

Wulf, Christoph/Zirfas, Jörg (2007): Pädagogik des Performativen. Beltz, Weinheim.

Webseiten der muslimischen Verbände und Organisationen:

* Alevitische Gemeinde zu Berlin e.V.: http://www.alevi.org/cms25/de/
* Deutsche Islamkonferenz (DIK): http://www.deutsche-islam-konferenz.de/
* Islamische Föderation Berlin (IFB): http://www.if-berlin.de
* Koordinationsrat der Muslime (KRM): http://www.koordinationsrat.de/

Teil 2
Jugend und Peergroups

Sozialisationsprozesse in studentischen *sohbetler* der ‚Gülen-Bewegung'
Zur sozialen Hervorbringung eines muslimischen Bildungssubjektes

Thomas Geier und Magnus Frank

1 Zum Bildungsdiskurs um türkisch-muslimische Kinder und Jugendliche in Deutschland

Die bildungspolitische Diskussion in Deutschland am Beginn des neuen Jahrtausends ist geprägt durch zwei diskursive Ereignisse, in deren Folge einerseits Kinder und Jugendliche mit einem sogenannten Migrationshintergrund und andererseits MuslimInnen in den Fokus des öffentlichen, politischen und medialen Interesses gerückt sind.

So stellen vor dem Hintergrund institutioneller Diskriminierungsmechanismen (vgl. Gomolla/Radtke 2009) seit PISA 2000 alljährlich quantitative Leistungsstudien (vgl. aktuell etwa Prenzel et al. 2013) und schulstatistische Erhebungen (vgl. aktuell Autorengruppe Bildungsberichterstattung 2012) heraus, dass Kinder und Jugendliche, die selbst, deren Eltern oder Großeltern nach Deutschland migrierten, besonders bildungsbenachteiligt sind. Die damit eingeführte „statistische Kunstfigur" (Radtke 2013, S. 6) *Migrationshintergrund*[1] erlangt seitdem vermehrt auch *soziale* Realität, da sie in Schule und Unterricht nicht nur herangezogen wird, um mögliche Bildungschancen zu beschreiben (vgl. Hormel 2010), sondern zugleich, um ausbleibende Bildungserfolge zu erklären (vgl. Radtke 2013).

In Folge der Anschläge vom 11. September 2001 rücken in Deutschland sodann MuslimInnen in den Fokus der Öffentlichkeit, indem der Islam und muslimisches Leben zunehmend stereotyp vor dem Hintergrund von Islamismus und Islamophobie diskutiert werden (vgl. Schneiders 2010a, 2010b); und dies, obwohl zahlreiche empirische, quantitative und qualitative, Forschungen zeigen, dass die alltagsweltliche Lebensgestaltung muslimischer Kinder und Jugendlicher höchst ausdifferenziert,

---

1 Zur kritischen Diskussion um die Definition und Operationalisierung von *Migrationshintergrund* in der quantitativen Forschung vgl. Settelmeyer/Erbe 2010.

ihre Lebensentwürfe divers und Religiosität innerhalb dieser „hybriden Identitäten" (Foroutan/Schäfer 2009, S. 11) eine je spezifische Bedeutung zukommt (vgl. etwa Boos-Nünning/Karakaşoğlu 2005; Bertelsmannstiftung 2008; Foroutan/Schäfer 2009; Wensierski/Lübcke 2012).

Mit Blick auf Kinder und Kindeskinder türkischer EinwandererInnen scheint sich das Interesse an MuslimInnen und der Bildungssituation von Kindern mit Migrationshintergrund überdies zu verschränken. So wird in Forschungen zu ihrer familialen, schulischen und peerspezifischen Bildungssituation vermehrt von „muslimischen Kindern und Jugendlichen" (Badawia 2005) oder „jungen Muslimen" (etwa Bukow 2007; Karakaşoğlu/Öztürk 2007) gesprochen, die in „islamischen Familien" (Uslucan 2008) aufwachsen, einer „muslimischen Jugendszene" (Dantschke 2007), „islamischer Jugendkultur" (Nordbruch 2009), den „Pop-Muslimen" (Gerlach 2006) oder „Neo-Moslems" (Güvercin 2012) angehören, möglicherweise in einer „muslimischen Adoleszenz" (Tressat 2011) ein „islamisch-selektives Bildungsmoratorium" (Wensierski 2007 in Anschluss an Zinnecker 1991) durchleben oder schlicht eine „islamische Identität" (Tietze 2001) unter Bedingungen von Migration ausbilden. Darüber hinaus zeigen nun auch schulstatistische Erhebungen, dass muslimische Kinder im Allgemeinen und türkisch-muslimische im Besonderen in hohem Maße benachteiligt sind (vgl. BAMF 2009).

Statt vom bildungsbenachteiligten ‚katholischen Arbeitermädchen vom Lande' wie in den 1960er und 1970er Jahren wird im aktuellen bildungspolitischen Diskurs nun vom „muslimischen Jungen aus der Trabantenstadt" (Barz/Liebenwein 2011) gesprochen und ausbleibende Bildungserfolge oftmals durch eine islamisch gebotene „Missachtung von Bildung" (de Winter 2007) erklärt. Die im öffentlichen Diskurs zu umstrittener Berühmtheit[2] gelangte Necla Kelek begründet die offenkundigen und langjährigen Bildungsbenachteiligungen etwa durch einen kollektiven „muslimischen Habitus" (Kelek 2002, S. 64) bzw. einen gesellschaftlichen „Konflikt mit den Muslimen" (Kelek 2007, S. 55). Das „Menschen- und Weltbild des Islam" (ebd., S. 56) und die „religiös fundierten Traditionen und Lebensweisen der Muslime" (ebd.) führten dazu, dass muslimische Familien „mehrheitlich nicht an den Zukunftsinteressen der Kinder orientiert" (ebd.) seien. Muslimische Jungen verfügten zudem über ein besonderes „Aggressionspotential" (ebd.), das „drei- bis viermal höher als bei vergleichbaren deutschstämmigen Jugendlichen" (ebd.) sei.

Damit lässt sich knapp illustrieren, mit welchen Begründungen im öffentlichen Diskurs nicht erst in Folge der ebenfalls umstrittenen wie folgenreichen Thesen Sarrazins (vgl. dazu kritisch Bade 2013) muslimische und türkisch-muslimische

---

2   Vgl. die Debatte zwischen Kelek und Bade in FAZ vom 09. Mai 2011 bzw. 18. Mai 2011 sowie Bade 2013.

Kinder als Bildungsverlierer *identifiziert* und ausbleibende Bildungserfolge mit Verweis auf den Islam *erklärt* werden. *Unterstellt* wird damit, dass die Situation von SchülerInnen aus ihren religiösen und kulturellen Orientierungen resultiere. Insgesamt wird diese Gruppe damit für die bundesdeutsche Gesellschaft als Problem *markiert*.

2   Zur Charakterisierung der ‚Gülen-Bewegung' in der Migrationsgesellschaft[3]

Mit der global verbreiteten sogenannten ‚Gülen-Bewegung' (vgl. Agai 2010; Ebaugh 2012) tritt vor diesem Hintergrund nun auch in Deutschland ein transnationales Bildungsnetzwerk zunehmend in Erscheinung, das durch die Ideen des namensgebenden türkisch-islamischen Predigers Fethullah Gülen geprägt und inspiriert ist. Deren Akteure versprechen, den Bildungserfolg türkisch-muslimischer Kinder und Jugendlicher „selbst in die Hand" (Badawia 2002, S. 115) zu nehmen.

Bereits in den 1960er Jahren formieren sich in Deutschland verschiedene migrantische Selbstorganisationen, um die Bildungssituation ihrer Kinder im deutschen Schulsystem durch Eigeninitiative zu verbessern. So sind etwa die, am Bildungserfolg ihrer Kinder gemessen, äußerst erfolgreichen, relativ frühen Aktivitäten der spanischen Elternvereine hinlänglich bekannt (vgl. etwa Otero 2004). Türkisch-muslimische Akteure organisieren sich mit dieser Absicht hingegen erst später (vgl. Pries/Sezgin 2010). Die Islamische Gemeinschaft Millî Görüş (dt. Nationale Sichtweise, kurz IGMG) und der Verband Islamischer Kulturzentren (VIKZ) sind in diesem Zusammenhang zu nennen (vgl. Schiffauer 2010; Boos-Nünning 2010). Beide Organisationen haben einen religiös-politischen bzw. religiösen Hintergrund, vor dem sie ihre Aktivitäten ausgestalten.

Obwohl es sich laut Christel Adick bei der ‚Gülen-Bewegung' um einen „global player" (Adick 2012, S. 90) unter den transnational operierenden Bildungsakteuren handelt, werden ihre Aktivitäten in der Erziehungswissenschaft bis auf wenige Ausnahmen (vgl. etwa Boos-Nünning 2011; Bukow 2011) bislang nicht erforscht. Dies ist umso erstaunlicher, wenn in Betracht gezogen wird, dass sich ihre Akteure

---

3   Wir verstehen darunter in Anlehnung an Paul Mecheril et al. (2010, S. 11) eine Gesellschaft, die nicht nur durch die Dynamik verschiedenartiger nationalstaatliche Grenzen überschreitender Migrationen und durch die leiblich-soziale Anwesenheit Migrierender und Migrierter geprägt ist, sondern innerhalb derer Diskurse um Migration stattfinden, die mittels symbolischer Zuschreibungen und gesellschaftlicher Klassifizierungen über soziale Zugehörigkeiten und deren Praktiken, sie zuzuweisen, entscheiden.

neben privatwirtschaftlichen Firmengründungen[4] und sozialpolitischem Engagement
doch v. a. der weltweiten Bildungsarbeit widmen. In der deutschen Migrationsgesellschaft wenden sie sich mit ihrem Angebot hauptsächlich an türkisch-muslimische Bevölkerungsgruppen. Gesellschaftlichen Aufstieg durch Vermittlung
von Bildung zu erreichen, wird nicht nur in den bewegungseigenen Publikationen
(Tageszeitung ZAMAN, Zeitschrift FONTÄNE, diverse Internetseiten) als zentrales
gesellschaftspolitisches Ziel formuliert, sondern ebenso auch als sozialreligiöse
Verpflichtung des Islam im Sinne von *hizmet*[5] (türk. Dienst, hier zu verstehen als
Dienst am Menschen für die Sache Gottes) interpretiert. Durch Prägung eines
„modernen islamischen Gedankenguts" (vgl. Agai 2004) versucht die Bewegung in
Deutschland zudem, das medial und gesellschaftspolitisch diskursiv erzeugte Bild
der „rückständigen Muslime" (kritisch Kiefer 2010, S. 150) zu korrigieren. Mittels
Gründung von Nachhilfezentren, Kindergärten und allgemeinbildenden Schulen in
privater Trägerschaft, wie sie sich in verschiedenen Großstädten (etwa Berlin, Köln
oder Stuttgart) finden lassen, landesweit operierenden Dialogvereinen sowie der
bundesweiten Einrichtung religiöser Gesprächsgruppen (türk. *sohbetler*[6] pl., *sohbet*
sg.) wissen die Akteure der Bewegung ihrer Programmatik auch institutionell in
formeller und nicht formeller Weise Nachdruck zu verleihen.

Ihre Aktivitäten gelten im öffentlichen Diskurs als umstritten. Die von den Akteuren geübte Verschwiegenheit in Bezug auf die Zugehörigkeit ihrer Institutionen
zum Bildungsnetzwerk nährt den Vorwurf von Intransparenz und Konspiration
(vgl. Rüssmann 2013), die nicht zuletzt auch den Ruf nach einer Beobachtung durch
den Verfassungsschutz laut werden lässt. Sowohl in der Türkei, dem nationalen
Herkunftskontext der Bewegung, als auch in den v. a. durch Arbeitsmigration global
verstreuten türkischen Communities ist sie immer wieder der Kritik ausgesetzt.
Den Akteuren wird vorgeworfen, lediglich auf der Vorderbühne soziale Mobilität
durch Bildung zu ermöglichen. Sie verfolgten insgeheim jedoch ein islamistisches
Programm, das nicht nur im Besonderen zu einem laizistisch-republikanisch ausgerichteten türkischen Staat sondern zu einer säkularen Orientierung moderner

---

4   Die Firmen im Finanz- und Medienbereich finanzieren den Bildungsbereich in Teilen
     (vgl. Ebaugh 2012).

5   Im Folgenden werden türkischsprachige Begriffe durch Kursivschreibung hervorgeho-
     ben. In Klammern wird bei der ersten Verwendung die jeweilige deutsche Übersetzung
     angegeben.

6   Wir übersetzen *sohbet* (türk. Gespräch, Unterhaltung) im Folgenden mit ‚Gesprächs-
     gruppe' oder ‚Gesprächskreis'.

Gesellschaften im Allgemeinen im Widerspruch stehe. Einige sehen den türkischen Staat seit Jahren infiltriert durch VertreterInnen des Gülen-Netzwerkes.[7] Während die Akteure nicht müde werden, öffentlich zu bekunden, Bildung ins Zentrum ihrer sozialreligiösen Aktivitäten zu stellen (prägnant: „Unser Dschihad ist die Bildung", KStA 2010), bewegt sich die öffentliche Diskussion auch in Deutschland zwischen dem Extrem rigoroser Ablehnung und teils vorsichtiger teils sogar bewundernder Befürwortung. So schätzt Kelek (2008) die ‚Gülen-Bewegung' etwa als eine „Sekte mit Konzernstruktur" ein. Andere versprechen sich hingegen von ihr, eine „Brücke zwischen den Kulturen" (Homolka et al. 2010) bauen zu können, oder eine Bewegung „türkische[r] Bildungsbürger" (Wrangel 2008) zu sein. Im besonderen Fokus stehen dabei auch die in unserem Beitrag zu diskutierenden *sohbetler*. In diesen getrenntgeschlechtlichen Treffen werden die Schriften und Predigten Gülens und seines Vordenkers Nursis[8] unter Leitung eines *ağabey*[9] (türk. älterer Bruder) vermittelt. KritikerInnen befürchten dort im Besonderen eine islamische Indoktrination der daran Teilnehmenden.[10] Befürworter hingegen sehen dies als haltlose Behauptungen an (vgl. Thies 2013).

3   Methodische Erläuterungen zum Projekt „Die Pädagogik der ‚Gülen-Bewegung'"[11]

Unser Forschungsprojekt nimmt hiervon ausgehend seinen Anfang. Einerseits, so zeigt sich, greift das Netzwerk der ‚Gülen-Bewegung' in das Bildungssystem durch Schulgründungen *ein* und andererseits greift es Bildung innerhalb muslimischer

---

7   Die Diskussion und der Prozess um den Autor Ahmet Şık im Jahr 2011, dessen Gülen-kritisches Skript ‚İmamın Ordusu' (dt. ‚*Die Armee des Imam*') im Jahr 2011 in der Türkei beschlagnahmt und verboten wurde sowie der aktuelle Vorwurf des türkischen Ministerpräsidenten Recep Tayyip Erdoğan, das Netzwerk plane für die Errichtung eines ‚parallelen Staats' einen Komplott gegen seine Regierung (vgl. etwa Topçu 2014), können als Belege für die politische Brisanz des Themas gelten.

8   Die ‚Gülen-Bewegung' ist eine von mehreren islamischen Gruppierungen, die sich auf den Sufisten Said Nursi (1876-1960) beziehen und insgesamt als *Nurcu* bezeichnet werden (vgl. Şahinöz 2009).

9   In den *sohbetler* für Mädchen und Frauen übernimmt diese Funktion eine *abla* (türk. ältere Schwester).

10 Vgl. etwa die Dokumentation ‚Der lange Arm des Imam – Das Netzwerk des Fethullah Gülen', WDR vom 15. April 2013.

11 Vgl. www.zsb.uni-halle.de/forschungsprojekte/guelen-bewegung/

Lebenswelten vor allem in den *sohbetler* auf. Wir fragen aus erziehungswissenschaftlicher Perspektive daher erstens, was die Akteure überhaupt unter Bildung
verstehen, indem wir aus praxeologischer Perspektive[12] untersuchen, wie dieses
Verständnis alltäglich gelebt, vermittelt und auf diese Weise in der sozialen Praxis
hergestellt wird. Zweitens nehmen wir in den Blick, welche individuelle biografische
Bedeutung die Akteure diesem Konzept von Bildung beimessen und in welchen
lebensgeschichtlichen Phasen es besondere Attraktivität erlangt. Gegenüber den
durch das Netzwerk finanzierten Schulen, in denen kein Islamunterricht stattfindet,
erscheint uns der informell organisierte Bereich der Gesprächskreise ausschlaggebend
dafür zu sein, das spezifische Bildungsverständnis des Netzwerkes rekonstruieren zu
können. Denn hier kommen die im Netzwerk zirkulierenden Botschaften einerseits
und die Lebenslagen und Lebenswelten der Teilnehmer andererseits zusammen.

  Methodisch beruht unsere Forschung auf einer nunmehr bereits knapp zweijäh-
rigen offen teilnehmenden Beobachtung in einem wöchentlich stattfindenden *sohbet*
für männliche Studierende[13] im universitären Umfeld. Das erhobene Datenmaterial
besteht aus Beobachtungsprotokollen und Feldnotizen des dort teilnehmenden
Forschers. Diese ethnografische Herangehensweise (vgl. Geertz 1987; Amann/
Hirschauer 1998; Breidenstein et al. 2013) gestattet es uns, eine möglichst große
Offenheit und Reflexivität[14] im Forschungsprozess zu erzielen. Die Praktiken des
Feldes sollen angesichts kontroverser Diskurse um den Islam und das Netzwerk in
ihrer Alltäglichkeit verstanden und nachvollzogen werden. Im Sinne Pierre Bourdieus
(2009) begreifen wir das *sohbet* folglich als ein soziales Feld, dessen soziale Ordnung
im Medium praktischer Logiken zu rekonstruieren ist. Die mit der Anwesenheit
des Forschers gegebene Gleichzeitigkeit und Gleichörtlichkeit ermöglicht es uns,
Sinnbildungen in ihrer Prozesshaftigkeit, d.h. in ihrem Entstehen im zeitlichen
Verlauf, nachvollziehen zu können.

  Während dies zulässt, sequenziell zu rekonstruieren, wie das netzwerkspe-
zifische Konzept von Bildung *in praxi* prozessiert (wird), führen wir zusätzlich
dazu biografisch-narrative Interviews (vgl. Schütze 1983) mit den teilnehmenden

---

12 Praxeologische Zugänge zielen darauf ab, Handlungsmuster und Verhaltenserwartungen
    sozialer Praktiken eines Feldes herauszuarbeiten und darin implizite Logiken der Praxis
    zu rekonstruieren (vgl. Reckwitz 2003).

13 Aufgrund der muslimisch gebotenen Geschlechtertrennung haben wir als männliche
    Forscher auch nur Zugang zu den Gesprächskreisen der jungen Männer (vgl. zu den
    weiblichen Zirkeln Dohrn 2011).

14 Um das Feld, seine Praktiken und deren Logiken zu verstehen, können dabei nicht nur
    das beobachtete Geschehen, sondern zugleich auch die Rolle des Forschers im Feld sowie
    seine in der Verschriftlichung zu Tage tretenden Fokussierungen im und Deutungen
    über das Feld analysiert werden (vgl. Breidenstein et al. 2013).

Studenten. Damit wollen wir deren lebensgeschichtliche Aneignungsweisen des Bildungskonzeptes stärker in den Blick bekommen. Hier geht es uns zum einen um den subjektiven Sinn, den die Akteure mit ihrer Teilnahme an den Gesprächskreisen verbinden, und zum anderen darum, sehen zu können, in welchen Lebensabschnitten ihre Teilnahme ihnen als sinnvoll erscheint. In Anlehnung an die Biografieanalyse nach Gabriele Rosenthal (1995) zielen wir, wiederum mittels eines sequenziellen Verfahrens, im Sinne der objektiven Hermeneutik nach Ulrich Oevermann (2002) darauf ab, die „volle Konkretheit des Falls" (Rosenthal 1995, S. 210) nachzuzeichnen, um die Gesamtgestalt biografischer Selbstpräsentation im Kontext von Migration und Bildung in der Teilnahme am Netzwerk zu verstehen. Folglich geht es auch um Kontexte des subjektiven Sinns. In einer Triangulation der biografischen Erzählungen mit den Daten der Ethnografie wird dabei zum einen nachvollziehbar, welche Praxislogiken des Feldes auf welche Weise in den lebensgeschichtlichen Erzählungen erscheinen, und zum anderen, auf welche biografischen Ressourcen in der Praxis zurückgegriffen wird (vgl. Dausien/Kelle 2005).

4   Zur praxislogischen Hervorbringung eines islamischen Bildungssubjektes in den *sohbetler*

Heuristisch sind die Praktiken des *sohbet* auf diesem Weg nicht ausschließlich als ein Bildungsraum zu verstehen, in dem – ggf. auch transformierende – Sinnbildungsprozesse (vgl. Koller 2009) ermöglicht werden, sondern ebenfalls als ein sozialer Raum zu betrachten, in dem sich Sozialität vollzieht. Das *sohbet* ist damit ein Ort von Vergesellschaftung, an dem sich Sozialisationsprozesse beobachten lassen. Dort werden nicht nur bewusst Normen und Regeln in einem pädagogischen Verhältnis im Sinne von Erziehung und Bildung intentional vermittelt und angeeignet, sondern die sozialen Regeln und Orientierungen werden insgesamt durch die Akteure in der Praxis selbst eher beiläufig, nicht unbedingt bewusst, leiblich-mimetisch nachvollzogen und auf diesem Wege erworben. Umgekehrt wird die Praxis durch die Akteure und ihr Handeln allererst hervorgebracht. Es handelt sich also um ein wechselseitig konstituierendes Verhältnis von Akteur und Praxis.

In dieser Perspektive kann die „strukturierende [...] und strukturierte Struktur" (Bourdieu 1982, S. 279) der Praktiken des Feldes bzw. seine „sozial konstituierte Verfasstheit" (Kramer et al. 2013, S. 17) fokussiert werden. Aus den ethnografischen Beobachtungen und biografischen Interviews gilt es damit, feldspezifische soziale Erwartungen und gelebte Routinen im interaktiven und diskursiven Umgang der Teilnehmer und *ağabeyler* mit- und untereinander zu rekonstruieren. Diese werden von uns als Habitualisierungen[15] verstanden, anhand derer über die Zeit feldspezifische Denk-, Handlungs- und Wahrnehmungsschemata entstehen können (vgl. Krais/Gebauer 2013, S. 33).

Konkret fragen wir daher und insbesondere für den vorliegenden Beitrag: Wie lässt sich entlang der Praxislogiken eine feldspezifische „Selbstverständlichkeit der sozialen Ordnung" (Krais/Gebauer 2013, S. 73) des *sohbet* beschreiben? Auf welche Art und Weise kommt es in dieser sozialen Ordnung zu Subjektivierungen, die für die Teilnehmer im Kontext der bundesrepublikanischen Migrationsgesellschaft plausibel sind und die für sie ggf. sinnvoll erscheinen, etwa um biografische Krisen zu bearbeiten?

4.1 Das sohbet als soziales Feld – Praxislogiken und Habitualisierungen

Das *sohbet* (türk. Gespräch, Erzählung) findet einmal wöchentlich an einem vom *ağabey* mit den Studierenden gemeinsam vereinbarten abendlichen Termin in einer privaten Wohnung statt. Diese wird von einigen teilnehmenden Studenten zugleich als Wohngemeinschaft genutzt. Oftmals werden die Wohnungen dafür auch von Akteuren des Netzwerks angemietet. Zu den abendlichen Treffen erscheinen für gewöhnlich zwischen zehn und zwanzig männliche junge Erwachsene. Die Zahl der Anwesenden schwankt von Woche zu Woche. Es sind auch nicht immer dieselben, die kommen. Vornehmlich handelt es sich um Studenten naturwissenschaftlich-mathematischer Fächer im Rahmen eines Lehramtsstudiums. Ihr Erscheinungsbild

---

15 Für Bourdieu (2009) hat der Begriff des Habitus die Funktion, innerhalb seiner Theorie die Schwerkraft gesellschaftlicher Strukturen, also ihre mangelnde Veränderbarkeit, zu erklären. Entscheidend ist die Homologie von Habitus und Feld. Akteure, die über den zum Feld passenden Habitus verfügen, werden dort auch unproblematisch agieren können. Bourdieus Ausführungen zum Erwerb des Habitus sind hingegen spärlich und eine Sozialisationstheorie, die sich seines Vokabulars bedient, Desiderat geblieben (vgl. etwa Kramer/Helsper 2011). Habitualisierungen verstehen wir vor diesem Hintergrund, darin etwas ungeschützt, vor allem als explorativen und heuristischen Begriff. Damit drehen wir die bourdieusche Perspektive um, weil wir nach Sozialisationsprozessen, die durch das Feld ausgelöst werden, fragen und nicht danach, welche Habitus dazu passen. In unserem Vorgehen soll methodisch an dieser Stelle also stärker die Eigenlogik des Feldes in den Blick kommen als dies etwa mit einem im Prinzip vergleichbaren Verfahren einer Habitushermeneutik möglich ist, die den Habitus vor allem anhand theoretisch-vorgefasster Kategorien im empirischen Material identifiziert und in einem Milieuansatz verortet (vgl. dazu Bremer/Teiwes-Kügler 2013).

entspricht keineswegs dem Bild eines frommen Muslimen mit Bart und Kaftan, wie es meistens in medialen Klischees erscheint. Vielmehr tragen die jungen Erwachsenen Kleidung, die im bundesrepublikanischen Kontext als gewohnt oder gewöhnlich bezeichnet werden kann.

Der Abend, in dessen Verlauf das *sohbet* stattfindet, lässt sich in verschiedene Phasen einteilen. Auf eine Versammlungsphase der Studierenden, bei der der *ağabey* meist noch nicht zugegen ist, folgt je nach Zeit des Sonnenuntergangs das gemeinsame Gebet. Daran anschließend beginnt erst das namensgebende *sohbet*. Beendet wird der Abend mit einem Essen und Gesprächen bei Tee und Nachspeise.

Die studentischen Praktiken des *sohbet* sind insgesamt geprägt durch eine spezifische soziale Ordnung. Sie ist durch Arbeitsteilung und Ritualisierung gekennzeichnet, die sich vor allem im wöchentlich wiederkehrenden Ablauf der verschiedenen Phasen zeigt. Die arbeitsteilige Praxis besteht u. a. darin, verschiedene Rollen einzunehmen. Ein jüngerer *ağabey* organisiert den reibungslosen Verlauf, indem er die Studenten meistens per SMS oder Whatsapp einlädt. Für den Fall, dass der das *sohbet* leitende *ağabey* nicht kommen kann, wird entweder eine Vertretung besorgt oder etwas anderes unternommen. Man widmet sich dann gemeinsamen sportlichen Aktivitäten, geht ins Kino oder schaut sich miteinander eine Predigt Gülens auf DVD an. Damit unterscheidet sich das *sohbet* etwa von muslimischen Jugendszenen (vgl. Gerlach 2006), deren Vertreter sich eher in loser Folge und spontan treffen (vgl. Hitzler/Niederbacher 2010, S. 15f.).

Der jüngere *ağabey* ist für den Ablauf verantwortlich, die anderen verlassen sich darauf. Partiell nimmt er auch die Rolle eines Lehrers ein, von dem die Übrigen etwas lernen wollen. Beide Parteien adressieren sich mitunter wechselseitig als Schüler und Lehrer. Darüber hinaus übernehmen vor allem die regelmäßig teilnehmenden Studenten Verantwortung für die Organisation des gemeinsamen Abends. Sie kümmern sich darum, dass gemeinsam gebetet wird, verteilen das Essen, empfangen und verabschieden Teilnehmer an der Tür und unterhalten sich mit Neudazukommenden, um ihnen einen atmosphärisch gelungenen Einstieg in die Gruppe zu ermöglichen.

Nicht nur den am Projekt beteiligten Forschern fällt in der Rekonstruktion stets eine besondere Höflichkeit zwischen den Teilnehmern des *sohbet* auf. Wunschformeln und Danksagungen kennzeichnen die stattfindenden Kommunikationen, was ein ausgeprägtes Formgefühl der Akteure signalisiert. Fortwährend ist ein aneinander interessierter und auch körperlich relativ naher Umgang miteinander, bei aller gebotenen Distanz, zu beobachten. Sich gegenseitig nach dem eigenen bzw. dem Wohlbefinden der Familie zu erkundigen und sich für die jeweilige Lebenssituation des Anderen zu interessieren, um bei Bedarf die eigene Hilfe anzubieten, gehören genauso zur Alltagskultur des *sohbet* wie äußerst herzlich begrüßende und verabschiedende Umarmungen zwischen den Teilnehmern.

Die Akteure nutzen hauptsächlich den bewegungsinternen Begriff *sohbet* für den gemeinsamen Abend. Darüber hinaus werden allerdings noch zwei weitere Begriffe gebraucht: *muhabbet* (türk. Unterhaltung, Plauderei) und *ders* (türk. Unterricht, Lehre). Bei allen drei Begriffen handelt es sich um feldspezifische in-vivo-codes[16], mit denen je unterschiedlich ausgestaltete Praxisformen bezeichnet werden, die sich über den Abend verteilt finden lassen. Es handelt sich folglich nicht bloß um Synonyme für dieselbe Sache, sondern mit ihnen lässt sich die damit bezeichnete Praxis in ihrer jeweiligen Logik auch verschiedenartig verstehen.

Im Sinne von *muhabbet* sind tendenziell symmetrische Interaktionen zu beobachten, die durch eine vergleichsweise freie und offene Form der Vergemeinschaftung zu charakterisieren sind. Hier geht es dominant um kollektives Handeln und soziale Nähe der Akteure zueinander. In diesen Gesprächsphasen werden die Studierenden vom *ağabey* häufig als Freunde angesprochen, um in einem gemeinschaftlichen Sinne der religiösen Praxis nachzugehen. Er übernimmt hierzu die Rolle eines Moderators und vor allem lebenserfahrenen Beraters, der zwar über religiöses Wissen verfügt, die damit verbundene Expertise jedoch gegenüber einer lebensweltlichen Orientierung vielmehr in den Hintergrund rückt.

Ganz im Gegenteil zur Praxislogik von *ders*. Damit wird die Weitergabe der die „cemaat [türk. Gemeinde] konstituierenden Texte" (Agai 2004, S. 248) bezeichnet. Sie wird oftmals vom *ağabey* als monologischer Vortrag gestaltet. Die Teilnehmer übernehmen hier vergleichsweise eher die Rolle zuhörender Schüler und der *ağabey* zeigt sich als – z.T. auch sachlich strenger – Lehrer einer islamisch kodifizierten Bildung. Es lässt sich zum Vergleich an eine asymmetrische Vortrags- oder Unterrichtssituation denken. Die zeitliche und räumliche Rahmung der hier stattfindenden Interaktionen ist gegenüber denjenigen, die mit *muhabbet* bezeichnet werden, weitaus geschlossener und rigider. Es muss dazu ein gesonderter Raum aufgesucht werden, die Teilnehmer sitzen in einer relativ stark strukturierten Sitzordnung und der Zeitraum, in der *ders* stattfindet, ist festgelegt und klar umrissen. Auf einer Art ‚Lehrplan' stehen die *Risale-i Nur* (osm. Episteln/Briefe des Lichts) und die Schriften Gülens, in deren Lehren man unterwiesen wird.

Mit *sohbet* wird schließlich neben dem Abend im Allgemeinen die Praxis des gemeinsamen religiösen Austauschs im Besonderen bezeichnet. Im Zentrum steht

---

16 Darunter werden z.B. in der Ethnografie die von den Akteuren selbst gebrauchten Ausdrücke und Bezeichnungen verstanden (vgl. Breidenstein et al. 2013).

hier das ‚*okumak*' (türk. lesen, studieren) der *Risale-i Nur*.[17] Der *ağabey* liest i. d. R.
zunächst Passagen aus den Schriften Nursis vor. Er übersetzt den osmanischen Text,
der sich auf die arabischen Suren des Koran bezieht, Stück für Stück ins Türkische
und bei Verständnisschwierigkeiten seitens der Teilnehmenden auch ins Deutsche
(‚*Üstad ne diyor?*' ‚Was sagt der Lehrer?'). Die Themen kreisen in seinen Erläuterungen etwa um die subjektive Innerlichkeit des islamischen Glaubens (*iman*), damit
verbundene religiöse Vorstellungen vollkommenen Wissens (*ilim*), ein pflichtge-
mäßes bzw. tugendhaft-asketisches Handeln (*ibadet* bzw. *edep*), das angesichts des
nach Lust strebenden Verlangens im Menschen (*nefs*) in den passenden Ritualen
zum Ausdruck kommen soll, sowie die individuelle Lebensführung im Sinne des
Dienstes an Gemeinschaft und Gesellschaft (*hizmet*).

Dabei geht es allerdings um ein Übersetzen im zweifachen Sinne. Zum einen
müssen passende Denotate für die osmanische und bisweilen auch für die türkische
Sprache gefunden werden. Zum anderen geht es darum, den inhaltlichen Sinn in die
heutige Lebenswelt der Teilnehmenden zu übertragen. Ein für die Bewegung und
hizmet sensibler Punkt. Denn hier entscheidet sich, ob die religiösen Botschaften
überhaupt gehört, d. h. als sinnvoll erachtet werden können. Sie können es nur
dann, so unsere Beobachtung, wenn sie im gemeinsamen Lesen als relevant für die
jeweiligen Lebenslagen eingeschätzt und interpretiert werden. Zu diesem Zweck
greift der *ağabey* auf verschiedene rhetorische Formen zurück. Entweder werden
die Inhalte des Koran, die im Islam als das vom Propheten Muhammed überlie-
ferte Wort Gottes ausgezeichnet und damit schon genealogisch charismatisiert
sind, gepredigt (‚*Peygamber Efendimiz ne diyor?*', ‚Was sagt unser Herr Prophet?')
oder die Kommentare Nursis und Gülens werden erläutert (‚*yani*', ‚das heißt'
oder ‚das bedeutet') und deren Relevanz für die heutige Zeit plausibilisiert. Der
ağabey versichert sich auf diesem Wege bei den Teilnehmern (‚*anlatabildim mi?*'
‚konnte ich das erklären?'), ob seine Interpretationen von ihnen als überzeugend
eingeschätzt wurden.

Die teilnehmenden Akteure sind dadurch besonders herausgefordert, sich sowohl intellektuell in die Sache zu versenken als auch ihren Glauben zu vertiefen,
bzw. die Glaubensinhalte zu prüfen. Sie werden als Subjekte adressiert, indem ihre
Deutungen hinsichtlich der Glaubensinhalte und islamischen Lebensweise erfragt
und thematisiert werden. Der *ağabey* muss seinerseits zwischen der spirituellen
Referenzquelle aller Muslime, dem Koran, ihren Interpretationen durch Nursi und

---

17 Dabei handelt es sich um einen auf Osmanisch verfassten Kommentar des Koran durch
    Nursi, auf den sich auch Gülen weitgehend bezieht. Die einzelnen Kapitel der *Risale*
    beziehen sich auf die arabischen Suren des Koran. Sie wurden von Nursi hinsichtlich
    ihrer Bedeutung für den muslimischen Glauben angesichts der Gegenwart erläutert.

Gülen sowie den Lebenswelten der Teilnehmer, wie gesehen, vermitteln. Im Gegensatz zur Praxis von *muhabbet*, des gemeinsamen Plauderns, stellen die Studierenden mit dem *ağabey* im *sohbet* eine – von Nursi und in Folge von Gülen wiederaufge-nommene – tradierte Praxis des Sprechens und Erzählens her (vgl. Yavuz 2004). Alle drei Logiken, die mit den Begrifflichkeiten verbunden sind, können allenfalls analytisch getrennt werden. Sie tauchen in den Phasen des Abends allerdings mit unterschiedlicher Gewichtung auf. Um von *ders* und *sohbet* zu sprechen, bedarf es vor allem konzentrierter Abschnitte der gemeinsamen Sammlung, während von *muhabbet* tendenziell in den eher zerstreuten Phasen gesprochen wird. Dennoch finden auch Wechsel statt. Dass alle Logiken an einem Abend zusammenkommen und nie eine von ihnen dominant zu werden droht, lässt die Gesprächskreise, unse-ren Beobachtungen zufolge, als besonders attraktiv für die Teilnehmer erscheinen, wobei die Logik des namensgebenden *sohbet* wohl den Kern des Abends darstellt. Der *ağabey* muss daher nicht nur die Rollen des Lebensberaters, Predigers und Lehrers ausfüllen, sondern auch geschickt austarieren können.

In besonders prägnanter Weise lässt sich die Sprachpraxis des *sohbet* als Sozia-lisationsraum verstehen. Die dortigen kommunikativen Praktiken sind durch eine feldspezifische Mehrsprachigkeit[18] gekennzeichnet. Die Teilnehmer kommen mit der osmanischen religiösen Sprache Nursis und der nicht weniger anspruchsvol-len türkischen Sprache Gülens in Kontakt. Dies geschieht sowohl innerhalb von *muhabbet* mit dem *ağabey* auf Deutsch und Türkisch als auch in der Logik des *sohbet*. Hier gilt es, sich mit zentralen Begriffen (z.B. *ilim* oder *edep*) vertraut zu machen und deren Bedeutung durch die interpretative Übersetzungsarbeit seitens des *ağabey* und der Gruppe zu erschließen. Als *ders* sind die Begriffe zugleich ver-pflichtender Lerninhalt, über den verfügt werden muss, wenn die Glaubensinhalte der Kommentare Nursis und Gülens auf das eigene Leben angewendet oder auch selbst einmal als *ağabey* weitergegeben werden sollen. So berichten sich die Stu-dierenden auch gegenseitig von ihren ersten Erfahrungen im selbständigen Lesen der *Risale-i-Nur*. Erst einmal würden sie nur wenig verstehen, doch ‚gewöhne‘ (‚*alışmak*‘) man sich schnell daran.

Das Türkische, das für die meisten neben Deutsch und den üblichen Misch-formen Alltagssprache ist, erscheint in den Gesprächskreisen im Kontext religiös konnotierter Bildungssprachen des Osmanischen und Arabischen und durch die

---

18   In unserem Verständnis umfasst Mehrsprachigkeit nicht nur als sogenannte Mutter-,
     Herkunfts- oder Fremdsprachen bezeichnete unterschiedliche Sprachsysteme, sondern
     innerhalb dieser divergierende alltagssprachliche und fachsprachliche Register (vgl.
     Halliday/Hasan 1976) und peerkulturelle, dia-, sozio- und ‚ethnolektale‘ Ausformungen
     (vgl. Keim 2011), in denen Codemixing und -switching weniger die Ausnahme denn
     die Regel ist.

Schriften Gülens selbst als Bildungssprache. Es wird dadurch gegenüber einer sonst von den Teilnehmern wahrgenommenen diskriminierenden Abwertung im hiesigen öffentlichen Diskurs (vgl. Mecheril/Quehl 2006) oder durch schulische Verbote (vgl. Dirim 2010) symbolisch aufgewertet. Wir vermuten, dass die Studenten sich als Sprecher dieser Sprache in diesem Sinne selbst aufgewertet fühlen, auch und gerade dann, wenn es für sie schwer ist, sich die osmanische oder arabische Sprache anzueignen. Hier zeigt sich, wie sich die migrationsgesellschaftlich geprägten symbolischen Distinktionen über sprachliche Praktiken niederschlagen.

Zusammenfassend lässt sich festhalten, dass es in den Gesprächskreisen nicht allein um Vermittlung und Aneignung spezifischer Glaubensinhalte oder eine muslimische Erziehung geht. Vielmehr legen die vorgestellten Praktiken und rekonstruierten Logiken nahe, von Habitualisierungen zu sprechen. Durch leiblich-mimetischen, praktischen Vollzug bilden die Akteure Gewohnheiten aus, sich selbst als ein muslimisches, religiös gebildetes Subjekt zu erfahren und sozial anzuerkennen. Hierbei steht nicht so sehr das Was der Inhalte, sondern das Wie der Formen des Miteinanders im Vordergrund.

5   Zur lebensgeschichtlichen Bedeutung des *sohbet*

Während unsere Beobachtungen bislang auf die Habitualisierungen der Praxis eines *sohbet* fokussierten, soll nun im Folgenden anhand zweier biografischer Fallskizzen vorgestellt werden, wie die Teilnahme lebensgeschichtlich gerahmt und ausgestaltet wird. Fokussiert werden dazu Auszüge aus Erzählungen von zwei Teilnehmern des *sohbet*, Metin und Hamit,[19] in denen sie in je individueller Weise ihre schulischen Erfahrungen in Zusammenhang mit den Praktiken des *sohbet* präsentieren.[20]

---

19   Die beiden Informanten sind durch die gewählten Namen anonymisiert. Hamit ist zum Zeitpunkt des Interviews 28 Jahre und Metin 21 Jahre alt. Beide studieren bzw. haben studiert. Sie präsentieren ihre Lebensgeschichten also im heutigen Bewusstsein, in diesem Sinne bildungserfolgreich zu sein. Ihre Lebensgeschichten weisen die gleichen thematischen Großfelder Familie, religiöse Orientierung, Adoleszenz und schulische Bildung auf. Während Hamits Teilnahme am sohbet immer wieder unterbrochen wird, nimmt Metin kontinuierlich teil.

20   Dafür nutzen wir die erzählgenerierende Aufforderung „Ich möchte dich gerne bitten, dass du mir deine Lebensgeschichte erzählst".

5.1   Metin – Schulische Hyperaktivität und selbstgesetzte Ziele

Metin beginnt seine Erzählung, in der er auf die Schule zu sprechen kommt, mit den Worten: „*Also, ich war früher sehr hyperaktiv auch, muss man sagen. Also erste bis vielleicht achte, neunte Klasse war ich sehr hyperaktiv. Ich konnte, ich konnte nicht auf 'nem Stuhl bleiben.*"

Er nimmt in der biografischen Rückschau einen relativ langen Zeitraum in den Blick, den er mit der Erfahrung von Hyperaktivität insgesamt charakterisiert. Nicht auf einem Stuhl sitzen bleiben zu können, scheint für ihn gleichermaßen die verdichtete Metapher seiner Erfahrung zu sein, als auch für die Ansprüche der schulischen Institution zu stehen. Diesen Ansprüchen an körperliche Disziplin nicht genügen zu können, erklärt er sich durch eine Diagnose seiner Aktivität als abnorme Hyperaktivität. Während es vielleicht als normal für Kinder angesehen wird, körperlich aktiver als Erwachsene zu sein, sieht er sich rückblickend bereits zum frühen Zeitpunkt der Einschulung und über eine lange Zeitspanne bis zur achten, neunten Klasse eher als pathologischen Fall, der nicht zu den normalen Erwartungen passt. Im Interview wird deutlich, dass ihm die Diagnose aber nicht attestiert wurde, sondern er diese selbst diagnostiziert. Er bedient sich also an dieser Stelle der Sprache des weit verbreiteten schulisch-medizinischen Diskurses um ADHS und Hyperaktivität, die zwar eine Zeitspanne zu erklären beansprucht, aber dadurch eher die einzelnen konkret damit verbundenen Erfahrungen, die er gemacht hat, nicht zum Ausdruck bringt, sondern vielmehr verdeckt.

Seine Diagnose verdeutlicht in der Erzählung dennoch dreierlei. Erstens erfüllt sie die Funktion, dem Interviewer gegenüber deutlich zu machen, keine Verantwortung dafür zu tragen, nicht den schulischen Erwartungen entsprochen zu haben. Wer krank ist, erleidet etwas. Es war etwas mit Metin, für das er nichts konnte. Zweitens bringt sie zum Ausdruck, dass die schulischen Erwartungen als Norm, hier auch in Gestalt körperlicher Gesundheit, akzeptiert werden. In Bezug dazu positioniert er sich damit als Kranker, als ein Anderer, ein von der Norm Abweichender. Drittens markiert sie für ihn eine biografische Krise in der schulischen Institution, die es im Laufe seiner Biografie zu bearbeiten gilt. Eine Krise, deren Zustandekommen er dominant sich selbst zuschreibt, wenn er im Laufe seiner Erzählung erklärt, „*in der Schule Probleme gemacht*" zu haben.

Erst in der 10. Klasse ändert sich die Lebenssituation für Metin schlagartig, wie er weiter berichtet, als er durch seinen Vater mit der ‚Gülen-Bewegung' und daraufhin mit den *ağabeyler* in Kontakt kommt. „*Die Leute um mich herum, die hatten alle fast studiert, die hatten wenigstens oder die waren fast mit dem Abitur fertig und das hat mich auch motiviert.*" Für ihn ist fortan völlig klar, dass sein nächstes Ziel verbindlich darin bestehen muss, seinen Schulabschluss zu machen und das Abitur anzustreben. Zuvor war dies mit Metins Worten *„gar nicht"* in seinem *„Lebensbild geprägt"*. Die *ağabeyler* üben einen großen und vorbildhaften Einfluss auf ihn aus, ihm das Abitur als erstrebenswertes Bildungsziel zu vermitteln. Dies geschieht, so wird es im Laufe seiner Erzählung immer deutlicher, nicht so sehr durch das, was sie sagen, sondern vielmehr durch das, was sie für ihn darstellen.

Die durch seine schulischen Erfahrungen ausgelöste biografische Krise wird durch seine Orientierung an den älteren Muslimen mit einem hohen Bildungsstatus bearbeitet. Metin erobert nun sozusagen den schulischen Bildungsraum für sich, von dem er sich vor seinem Eintritt in *hizmet* und *sohbet* ausgeschlossen betrachtete. Dazu geführt hat für ihn eine durch die Praktiken des *hizmet* initiierte Selbstreflexion. Metin gibt eine seiner Ansicht nach einseitige ökonomische Orientierung am Selbstnutzen auf, die mit Blick auf seine Lebenswelt in einer Fokussierung auf Geld und materielle Werte bestehe. Innerhalb der Gesellschaft und insbesondere der Gruppe der *„türkischen Eltern"* verhindere sie Bildungsaufstiege, wie er erklärt. Seine neue Orientierung ist ein langfristiger Bildungsplan im Sinne des sozialen Aufstiegs in dem *„man"* nicht länger Geld *„für sein Auto"*, sondern *„in sein Kind (…) investiert"*.

Die Teilnahme am *hizmet* stellt für ihn im Hinblick auf seine Vergangenheit daher eine einschneidende Erfahrung dar, die ein Umdenken für ihn nötig machte. Dem *ağabey*, der ihn und seine Freunde trotz des *„Ärgers"*, den sie ihm machten, betreute, begegnete er daher zunächst mit Unverständnis: *„Das hat mir immer so Fragezeichen gemacht. […] Ich hab' nicht verstanden warum."* Diese *„Fragezeichen"* arbeiten aber weiter in ihm. Er beginnt, sich und seine bisherigen Orientierungen in Frage zu stellen und Metin wechselt allmählich seinen vormals auf Materielles ausgerichteten Orientierungsrahmen zu einem, der Aspekte des Spirituellen in den Mittelpunkt rückt. Dies führt ihn in seinen Worten weg von den *„türkischen Jugendlichen"* hin zu den *„schönen Menschen"*. Diese sieht er repräsentiert durch die bildungserfolgreichen *ağabeyler*: *„Ja man, man sagt zum Beispiel auch bei uns: Du ähnelst den Menschen, den, die in deiner Umgebung sind. Oder: Du bist genauso wie dein, zeig' mir deinen Freund und ich zeig' dir wer du bist."* Selbst so, wie die gebildeten *ağabeyler* zu sein, wird zu seinem selbstgesteckten Ziel.

Die vergemeinschaftende Praxis des *sohbet* erscheint in Metins Erzählung als Narrativ der Bewegung vom Aufstieg durch Bildung und entfaltet zugleich innerhalb seiner Biografie ihren individuellen Sinn. Im Sinne von *hizmet* ist es für Metin die gemeinsam geteilte Lebenswelt, die über Bildungserfolg und -misserfolg entscheidet. Seine hohe moralische Identifikation mit den *ağabeyler* folgt daher für Metin daraus, dass diese als Muslime bildungsorientiert und -erfolgreich sind und weniger dadurch, dass sie für ihn religiös charismatische Autoritäten darstellen. Metin sieht sich nunmehr in der Lage, nicht nur einen drohenden Schulabbruch abzuwenden, sondern nach erneutem Schulwechsel auch das Abitur zu bestehen und ein Studium aufzunehmen. Dies wird dann im Laufe der weiteren Erzählung metaphysisch überhöht, denn in seinem neu beschrittenen Weg liegt nun für ihn auch der „*Weg zu Gott*". Seinen schulischen Erfolg wertet er als Weg in das „*System Gottes*".

Aus Metins Narrationen entsteht damit insgesamt der Eindruck, dass die Habitualisierungen in *hizmet* und *sohbet* in seinem Fall ein Passungsverhältnis zur vorherrschenden Schulkultur ermöglichen können. Denn erst umgeben von Akteuren, die sich in Glauben und Lebensführung als fromme Muslime wie bildungserfolgreiche Subjekte begreifen und die sich dessen gegenseitig vergewissern, kann er rückblickend seine schulische Laufbahn als eine zu ihm passende Lebensform denken. Er gewinnt im heutigen Bewusstsein des persönlichen Bildungserfolgs Deutungshoheit und Gestaltungswillen bzgl. seines als krisenhaft wahrgenommenen Bildungsverlaufs zurück.

5.2   Hamit – Nachdenken, Selbstdisziplin und eine alternative ‚Pädagogik der Herzen'

Hamit erlebt die Lehrenden in der Schule rückblickend, bis auf eine Ausnahme, als an seiner Person vollkommen desinteressiert. Er sei ihnen „*schnurzpiepegal*" gewesen. Den LehrerInnen habe es schlicht an Vertrauen in seine Fähigkeiten gemangelt. Doch nicht nur die fehlende soziale Anerkennung durch die Lehrerschaft sondern auch deren mangelnde emotionale Sensibilität lassen die Praktiken des *sohbet* zu einer alternativen Pädagogik für ihn werden: „*Die vom sohbet, vielleicht hast du das gemerkt, die sind sehr sensibel, (…) die achten sehr, sehr drauf oder wir achten sehr, sehr drauf, dass wir keinem das Herz brechen, so verstehst du? Unter anderem, wenn ich die Sensibilität beibehalten kann ist das gut für mich und auch gut für die Schüler in Zukunft, dass die vielleicht mal sehen dass ich, dass ein Lehrer mal sich um die Schüler kümmert. Der für die Schüler da ist*"

Er, dem offenbar selbst das „*Herz*"gebrochen wurde, sieht sich damit zum einen als Person in seiner Individualität von der Schule ausgeschlossen und zum anderen dort als Bildungssubjekt nicht ernst genommen, weil ihm nicht zugetraut wird, sich als ein solches erweisen zu können. Die Aufmerksamkeit und die (Herstellung von) Nähe, die sich Hamit im *sohbet* zeigen, deutet er damit auch als notwendige professionelle Kompetenzen. Professionelle LehrerInnen sind in seinen Augen auch „*für die Schüler da*". Die von Hamit im Laufe des Interviews geschilderte negative Passung zu Schule und schulischer Bildungskultur zeigt sich in seinem Fall als schulische Abwertung vor allem seiner Person, d.h. seiner Individualität, und seiner zu entwickelnden Fähigkeiten: „*Auf dem Gymnasium hat sogar ein Lehrer zu mir gesagt hier: Herr P., [.] weiß ich noch ganz genau, meine erste Deutschklausur in der elften [.], sie werden es hier an der Schule nicht schaffen, gehen sie direkt ab. Knallhart."* Die fehlende Anerkennung, so wird im daran anschließenden Verlauf nicht minder deutlich, resultiert aus der schulischen Konstruktion von Hamit als einem Migrationsanderen. Mit der individuellen Aufmerksamkeit und einer ‚Pädagogik der Herzen' verbindet sich daher für ihn nicht zuletzt die Hoffnung, *„dass man vielleicht in Zukunft gar nicht mehr darauf guckt, welche Nationalität der [Schüler] hat, man [in der] Hauptsache objektiv beurteilen kann"*.

So erzählt Hamit seine gesamte Lebensgeschichte innerhalb starker Kontraste zwischen seiner eigenen schulischen Erfahrung, keine Anerkennung durch die Lehrenden erfahren zu haben und seinem Verständnis einer dazu alternativen Pädagogik, wie sie für ihn in den *sohbetler* und des *hizmet* gelebt wird. Aber auch die Version des Islam, wie sie ihm in seiner Jugend in den Moscheen begegnet ist, und der Auslegung im *hizmet* bilden einen Gegensatz: *„früher als Kind, in der Moschee, vielleicht kann ich mich nicht daran erinnern, weiß ich nicht, hatte ich halt nicht so, hat man nicht, nachgedacht bzw. hier sagen sie ja: denkt[21] darüber nach".* Auch Hamit greift damit in der Erzählung seiner Kindheit auf ein zentrales Narrativ des Bildungsnetzwerkes zurück, beim durch die Akteure der ‚Gülen-Bewegung' vertretenen Islam handele es sich um eine moderne Variante. Dies macht sich für Hamit nicht nur daran fest, dass in den *sohbetler* immer auch auf naturwissenschaftliche Inhalte, die für ihn als ehemaliger Student und gegenwärtiger Lehrer verbindlich sind, rekurriert wird, sondern dass das eigene Denken im Glauben gefordert sei. Dies werde laut Hamit im *sohbet* gegenüber dem *„Auswendiglernen"* religiöser Inhalte, wie es aus seiner Sicht in den traditionellen Moscheen praktiziert wird, gepflegt.

Die Differenz zwischen einer Glaubenspraxis, wie sie in den Moscheen vermittelt werde, und die auf Reflexionsprozesse ausgerichtete Praxis im *sohbet* hat für ihn eine motivierende Funktion. Vor dem Hintergrund seiner schulischen Erfahrungen interpretiert er das zum-eigenen-Denken-aufgefordert-Werden als Aufruf, sich einen *„Ruck"* zu geben und den *„Flausen"*, die er während seiner Pubertät *„im Kopf"* hatte, nicht weiter nachzugehen. Dazu nutzt Hamit zweckgerichtet eingesetzte Disziplinierungstechniken, eine asketische Haltung einnehmen zu können. Deren Einsatz macht er aus heutiger Sicht dafür verantwortlich, sich *„nicht vom Weg abbringen"* zu lassen, d.h. seine Schullaufbahn erfolgreich abgeschlossen und ein Studium aufgenommen und beendet zu haben. In der Metapher vom Weg bzw. wahren Weg zeigt sich ähnlich wie bei Metin auch in Hamits Erzählung, welchen Einfluss an dieser Stelle nun auch die religiöse Semantik sowie die strukturgebenden Ritualisierungen der *sohbetler* auf biografischer Ebene gewinnen können.

---

21 Betonungen werden durch Unterstreichung gekennzeichnet.

6   Fazit – Vom Ethos gesellschaftlichen Aufstiegs im deutschen Bildungssystem

Eine migrationswissenschaftliche Forschung als Kritik (vgl. Mecheril et al. 2013), an die wir mit diesem Beitrag anschließen möchten, fragt danach, welche Strukturen asymmetrische Machtverhältnisse zwischen unterschiedlichen Personen und Gruppen in der Gesellschaft hervorbringen. Insbesondere Migrationsphänomene scheinen auf „dynamische Art und Weise gesellschaftliche und politische Machtverhältnisse widerspiegeln oder hervorrufen sowie zugleich befestigen und destabilisieren" (ebd., S. 9) zu können. Wenn also die Bildungsinitiativen der ‚Gülen-Bewegung' untersucht werden, bedeutet dies zum einen, darin einen produktiven Modus der Hervorbringung migrationsgesellschaftlicher Wirklichkeit zu erkennen. Zum anderen aber bedeutet es auch, die spezifischen Grenzziehungen, die etwa im Bildungssystem in Form von Disparitäten und Bildungsbenachteiligungen von Migrantenkindern auftauchen, zu analysieren. Die spezifische Attraktivität der ‚Gülen-Bewegung' zeichnet sich gerade vor diesem Hintergrund ab (vgl. auch Geier/Frank 2015).

Mit Blick auf schulische Mechanismen, in deren Folge Bildungsungleichheiten entstehen, liegt es dadurch insbesondere nahe, an pädagogische Forschungen zur diskriminierenden Homologie schulischer Passungsverhältnisse anzuschließen (vgl. Kramer/Helsper 2011). In den vorgestellten Ergebnissen unserer Studie scheint in den Darstellungen der befragten Jugendlichen und jungen Männer immer wieder die Semantik einer ausgrenzenden Schulkultur auf, nach der ihnen im Sinne einer schulischen „symbolischen Sinnordnung" (vgl. Helsper 2008) zugeschrieben wird, einer Kultur anzugehören, die nicht bildungserfolgreich sein kann, weil sie wenig bildungsorientiert, kulturdifferent und mit der Moderne nicht kompatibel sei.

Die Akteure der ‚Gülen-Bewegung' bearbeiten die damit einhergehenden Diskriminierungen und Differenzerfahrungen im informellen Bildungsbereich der *sohbetler*. In diesem Bildungs- und Sozialisationsraum werden die Teilnehmer als fromme, muslimische und bildungsaffine Subjekte adressiert. Durch die religiöse Expertise des *ağabey* werden ihre Deutungen dabei validiert und legitimiert sowie in lebensberatender Funktion für alltagspraktische Problemlagen genutzt. Indem die türkische Sprache im *sohbet* als islamisch-tradierte Bildungssprache genutzt wird, positionieren sich die Teilnehmer darüber hinaus abseits eines wohl noch immer in Schule vorzufindenden „monolingualen Habitus" (Gogolin 2008). Interaktiv stellen sie Übereinkunft darüber her, sich in Abgrenzung von anderen muslimischen Gruppierungen nicht allein in der bloß äußerlichen Befolgung religiöser Gebote zu üben, sondern v. a. darin, nachzuvollziehen, warum sie auch in der Moderne weiterhin plausibel und damit legitim sind, befolgt zu werden. Zugehörigkeitslogisch subjektivieren sich die Teilnehmer damit wiederum als differente, aber eben als bildungsorientierte und -erfolgreiche lernende Muslime.

Auf biografischer Ebene zeigt sich aus unserer Sicht, wie angesichts der wahrgenommenen mangelnden schulischen Anerkennung als Bildungssubjekte, in den Praktiken des *sohbet* eine spezifische Kultur des Selbst entsteht. So entwickelt Metin bspw. einen v. a. schulischen „Anlage-Sinn" (Bourdieu 1982, S. 151), also einen Sinn dafür, durch welche Strategien schulischer Erfolg für ihn möglich werden kann. Hamit nutzt die Teilnahme an *sohbet* und *hizmet* in seiner Bildungsbiografie hingegen dafür, sich selbst für seinen Bildungsaufstieg zu disziplinieren. Als fromme und bildungsorientierte Muslime, so liegt es nahe, können sie nunmehr schulische Erwartungen und das damit verbundene „imaginäre Autonomieideal" (Hummrich 2009, S. 314 ff.) erfolgreich bearbeiten. In beiden Biografien zeigt sich, wie muslimische Semantik, die Programmatik der ‚Gülen-Bewegung' und das Narrativ von gesellschaftlichem Aufstieg miteinander verwoben werden. Seelisch aufzusteigen, im Sinne einer religiösen Bewusstwerdung, bedeutet für Metin und Hamit gleichermaßen im weltlichen Sinne gesellschaftlich aufzusteigen, womit sich beide in diesem Punkt als getreue Ausgestalter des gülenschen Ideenkosmos erweisen. Es zeigt sich ein Ethos des Aufstiegs, das im Sinne des Bildungsgedankens auf Perfektibilität, also auf die Fähigkeit zur Vervollkommnung angelegt ist. Der Wunsch, die eigene Leistungsfähigkeit und -bereitschaft zu steigern, erscheint daher kompatibel damit, auch hinsichtlich formaler Bildung erfolgreich zu sein und sich als Muslim im Sinne der ‚Gülen-Bewegung' zu subjektivieren.

Das Netzwerk und seine Akteure interpretieren also die Migrationsgesellschaft v. a. als Leistungsgesellschaft. Das Bildungskonzept der ‚Bewegung', das die Akteure vor diesem Hintergrund interpretieren, lässt sich damit als ein islamisch legitimiertes Bildungsversprechen des *sohbet* verstehen, für das eben nicht die öffentlichen Bildungsinstitutionen, sondern das Netzwerk der ‚Gülen-Bewegung' die notwendigen Ressourcen (Initiierung, Begleitung, Unterstützung) bereitstellt. Deren Akteure können aus Sicht der von uns Befragten glaubwürdig verbürgen, ihren Bildungserfolg auch wirklich einlösen zu können. In ihren Interpretationen fungieren die Bildungsinstitutionen im religiösen Sinne als Orte der Bewährung im Diesseits für das Jenseits. Die Institutionen sollen daher nicht verändert werden, sondern das Individuum wird aufgerufen, sich zu ändern: Es muss eine Anpassungsleistung erbringen. Damit, so unser Eindruck im Feld, geht die Hoffnung der Akteure einher, einen behutsamen Wandel auf Seiten der sogenannten Mehrheitsgesellschaft in Gang setzen zu können, türkische Muslime nicht länger als an formaler Bildung desinteressiert wahrzunehmen.

Aus dem zuvor Entwickelten resultiert für uns, dass es unmittelbar notwendig ist, zwei herkömmliche Perspektiven zu verlassen: Zum einen nicht länger davon auszugehen, dass religiöse bzw. insbesondere muslimische Orientierungen und Praktiken Hindernisse für Bildungserfolg darstellen, zumal sich insbesondere zeigt, dass sie Ressourcen praktischer Lebensbewältigung sein und sich damit positiv auf mögliche Lern- und Bildungsprozesse auswirken können. Zum anderen die immer wieder heraufbeschworene Annahme zurückzuweisen, Religiosität verhindere gerade im Kontext der Migrationssituation Freisetzungsprozesse.

Für PädagogInnen stellt sich damit insgesamt die Aufgabe, Normalitätserwartungen ihres eigenen Denkens, Handelns und Wahrnehmens kritisch zu reflektieren, anhand derer im schulischen Geschehen Differenzmarkierungen entstehen und reproduziert werden. Vor dem Hintergrund zunehmend islamkritischer Diskurse geht mit der Verbreitung einer hierauf fokussierenden reflexiv-forschenden LehrerInnenbildung (vgl. Geier 2015) die Hoffnung einher, der schulischen Adressierung von türkisch-muslimischen Kindern und Jugendlichen als Differente und Bildungsverlierer entgegen treten zu können.

Literatur

Adick, Christel (2012): Transnationale Bildungsorganisationen: Global Players in einer Global-Governance-Architektur? Tertium Comparationis 18/1, S. 82-107.

Agai, Bekim (2004): Zwischen Netzwerk und Diskurs. Das Bildungsnetzwerk um Fethullah Gülen (geb. 1938). Die flexible Umsetzung modernen islamischen Gedankenguts. Eb, Schenefeld bei Hamburg.

Agai, Bekim (2010): Die Arbeit der Gülen-Bewegung in Deutschland: Akteure, Rahmenbedingungen, Motivation und Diskurse. In: Homolka, Walter/Hafner, Johann/Kosman, Admiel/Karakoyun, Ercan (Hrsg.): Muslime zwischen Tradition und Moderne. Die Gülen-Bewegung als Brücke zwischen den Kulturen. Herder, Freiburg, S. 9-55.

Amann, Klaus/Hirschauer, Stefan (Hrsg.) (1998): Die Befremdung der eigenen Kultur. Suhrkamp, Frankfurt a. M.

Autorengruppe Bildungsberichterstattung (2012): Bildung in Deutschland 2012. Bertelsmann, Bielefeld.

Badawia, Tarek (2002): ‚Ana laha': ‚Ich nehme es selbst in die Hand' – Muslimische Jugendliche und ein islamischer Bildungsauftrag, für den sich sonst keiner zuständig fühlt. In: Bukow, Wolf-Dietrich (Hrsg.): Islam und Bildung. Budrich, Opladen, S. 115-134.

Badawia, Tarek (2005): Thesen zur Förderung gesellschaftlicher Partizipation von muslimischen Kindern und Jugendlichen. Neue Praxis, 2, S. 158-186.

BAMF (2009): Muslimisches Leben in Deutschland. BAMF, Nürnberg.

Bade, Klaus J. (2011): Ich sitze keinem Polit-Büro vor. FAZ vom 18. Mai 2011.

Bade, Klaus J. (2013): Kritik und Gewalt: Sarrazin-Debatte, ‚Islamkritik' und Terror in der Einwanderungsgesellschaft. Wochenschau, Schwalbach.

Barz, Heiner/Liebenwein, Sylva (2011): Der Generationenbegriff in Bildungskontexten –
Eine Montage. In: Eckert, Thomas/von Hippel, Aiga/Pietraß, Manuela/Schmidt-Hertha,
Bernhard (Hrsg.): Bildung der Generationen. Springer VS, Wiesbaden, S. 37-52.

Bertelsmann Stiftung (2008): Religionsmonitor 2008. Muslimische Religiosität in Deutschland.
Überblick zu religiösen Einstellungen und Praktiken. Bertelsmann Stiftung, Gütersloh.

Boos-Nünning, Ursula (2010): Beten und Lernen. Eine Untersuchung der pädagogischen
Arbeit in den Wohnheimen des Verbandes der Islamischen Kulturzentren (VIKZ).
http://www.vikz.de/index.php/publikationen.html?file=tl_files/vikz/Publikationen/
Studie%20Beten_und_Lernen%20von%20Prof%20Dr%20Boos-Nuenning%20280610.
pdf. Zugegriffen: 13. April 2014.

Boos-Nünning, Ursula (2011): Die Bildungsarbeit von Migrantenselbstorganisationen –
dargestellt unter besonderer Berücksichtigung der Aktivitäten der Gülen-Bewegung. In:
Boos-Nünning, Ursula/Bultmann, Christoph/Uçar, Bülent (Hrsg.): Die Gülen-Bewegung.
Zwischen Predigt und Praxis. Aschendorff, Münster, S. 191-216.

Boos-Nünning, Ursula/Karakaşoğlu, Yasemin (2005): Viele Welten leben. Zur Lebenssituation von Mädchen und jungen Frauen mit Migrationshintergrund. Waxmann, Münster.

Bourdieu, Pierre (1982): Die feinen Unterschiede. Kritik der gesellschaftlichen Urteilskraft.
Suhrkamp, Frankfurt a. M.

Bourdieu, Pierre (2009): Entwurf einer Theorie der Praxis. Auf der ethnologischen Grundlage
der kabylischen Gesellschaft. Suhrkamp, Frankfurt a. M.

Breidenstein, Georg/Hirschauer, Stefan/Kalthoff, Herbert/Nieswand, Boris (2013): Ethnografie: Die Praxis der Feldforschung. UTB, Konstanz.

Bremer, Helmut/Teiwes-Kügler, Christel (2013): Zur Theorie und Praxis der Habitus-Her-
meneutik. In: Brake, Anna/Bremer, Helmut/Lange-Vester, Andrea (Hrsg.): Empirisch
arbeiten mit Bourdieu. Beltz Juventa, Weinheim, S. 93-129.

Bukow, Wolf-Dietrich (2007): Junge Muslime in Schule und Ausbildung. In: Wensierski,
Hans-Jürgen von/Lübcke, Claudia (Hrsg.): Junge Muslime in Deutschland. Lebenslagen,
Aufwachsprozesse und Jugendkulturen. Barbara Budrich, Opladen, S. 213-230.

Bukow, Wolf Dietrich (2011). Die Bedeutung der Gülen-Bewegung als soziokulturelle Initiative
der Zivilgesellschaft. In: Boos-Nünning, Ursula/Bultmann, Christoph/Uçar, Bülent (Hrsg.):
Die Gülen-Bewegung. Zwischen Predigt und Praxis. Aschendorff, Münster, S. 175-190.

Dantschke, Claudia (2007): Die muslimische Jugendszene. http://www1.bpb.de/themen/
ZOEWPE,1,0,Die_muslimische_Jugendszene.html. Zugegriffen: 13. April 2014.

Dausien, Bettina/Kelle, Helga (2005): Biographie und kulturelle Praxis. Methodologische
Überlegungen zur Verknüpfung von Ethnographie und Biographieforschung. In: Völter,
Bettina/Dausien, Bettina/Lutz, Helma/Rosenthal, Gabriele (Hrsg.): Biographieforschung
im Diskurs. Theoretische und methodologische Verknüpfungen. VS, Wiesbaden, S. 189-212.

de Winter, Leon (2007): Gottes Boten in der Fremde. DER SPIEGEL vom 22. Dezember
2007, S. 36-37.

Dirim, İnci (2010): ‚Wenn man mit Akzent spricht, denken die Leute, dass man auch mit
Akzent denkt oder so'. Zur Frage des (Neo-)Linguizismus in den Diskursen über die
Sprache(n) der Migrationsgesellschaft. In: Mecheril Paul/Dirim, İnci/Gomolla, Mechtild/
Hornberg, Sabine/Stojanov, Krassimir (Hrsg.): Spannungsverhältnisse: Assimilations-
diskurse und interkulturell-pädagogische Forschung. Waxmann, Münster, S. 91-114.

Dohrn, Kristina (2011): ‚Leben im Hizmet'. Die Formierung eines frommen Subjektes in
Wohngemeinschaften der Gülen-Bewegung. Unveröff. Magisterarbeit, FU-Berlin.

Ebaugh, Helen Rose (2012): Die Gülen-Bewegung. Eine empirische Studie. Herder, Freiburg.

Foroutan, Naika/Schäfer, Isabel (2009). Hybride Identitäten – muslimische Migranten und Migrantinnen in Deutschland und Europa. APuZ, 05, S. 11-18.

Geertz, Clifford (1987): Dichte Beschreibung. Beiträge zum Verstehen kultureller Systeme. Suhrkamp, Frankfurt a. M.

Geier, Thomas (2015): Reflexivität und Fallarbeit. Skizze zur pädagogischen Professionalität von Lehrerinnen und Lehrern in der Migrationsgesellschaft. In: Karakaşoğlu, Yasemin/Mecheril, Paul/Kul, Aysun (Hrsg.): Pädagogische Professionalität in der Migrationsgesellschaft. VS, Wiesbaden, i. E.

Geier, Thomas/Frank, Magnus (2015): Bildung im hizmet. Zu Bildungspraxen und Biographien junger Studierender im Kontext der ‚Gülen-Bewegung' In: Geier, Thomas/Zaborowski, Katrin U. (Hrsg.): Migration: Auflösungen und Grenzziehungen. Perspektiven einer erziehungswissenschaftlichen Migrationsforschung. VS, Wiesbaden, i. E.

Gerlach, Julia (2006): Zwischen Pop und Dschihad. Muslimische Jugendliche in Deutschland. Ch. Links, Berlin.

Gogolin, Ingrid (2008): Der monolinguale Habitus der multilingualen Schule. Waxmann, Münster.

Gomolla, Mechthild/Radtke, Frank-Olaf (2009): Institutionelle Diskriminierung. Die Herstellung ethnischer Differenz in der Schule. VS, Wiesbaden.

Güvercin, Eren (2012): Neo-Moslems. Porträt einer deutschen Generation. Herder, Freiburg.

Halliday, Michael A.K./Hasan, Ruqaiya (1976). Cohesion in English. Longman, London.

Helsper, Werner (2008): Schulkulturen – die Schule als symbolische Sinnordnung. Zeitschrift für Pädagogik, 541, S. 63-80.

Hitzler, Ronald/Niederbacher, Arne (2010): Leben in Szenen. Formen juveniler Vergemeinschaftung. VS, Wiesbaden.

Homolka, Walter/Hafner, Johann/Kosman, Admiel/Karakoyun, Ercan (Hrsg.) (2010): Muslime zwischen Tradition und Moderne: Die Gülen-Bewegung als Brücke zwischen den Kulturen. Herder, Freiburg.

Hormel, Ulrike (2010): Diskriminierung von Kindern und Jugendlichen mit Migrationshintergrund im Bildungssystem. In: Hormel, Ulrike/Scherr, Albert (Hrsg.): Diskriminierung: Grundlagen und Forschungsergebnisse. VS, Wiesbaden, S. 173-195.

Hummrich, Merle (2009): Bildungserfolg und Migration. Biografien junger Frauen in der Einwanderungsgesellschaft. VS, Wiesbaden.

Karakaşoğlu, Yasemin/Öztürk, Halit (2007): Erziehung und Aufwachsen junger Muslime in Deutschland. Islamisches Erziehungsideal und empirische Wirklichkeit in der Migrationsgesellschaft. In: Wensierski, Hans-Jürgen von/Lübcke, Claudia (Hrsg.): Junge Muslime in Deutschland. Lebenslagen, Aufwachsprozesse und Jugendkulturen. Barbara Budrich, Opladen, S. 146-163.

Keim, Inken (2011): Form und Funktion ethnolektaler Formen: türkischstämmige Jugendliche im Gespräch. In: Eichinger, Ludwig M./Plewnia, Albrecht/Steinle, Melanie (Hrsg.): Sprache und Integration. Über Mehrsprachigkeit und Migration. Narr, Tübingen, S. 157-188.

Kelek, Necla (2002): Islam im Alltag. Islamische Religiosität und ihre Bedeutung in der Lebenswelt von Schülerinnen und Schülern türkischer Herkunft. Waxmann, Münster.

Kelek, Necla (2007): Erziehungsauftrag und Integration: Eine Auseinandersetzung mit Integrationshemmnissen. Deutsche Jugend, 55/2, S. 53-59.

Kelek, Necla (2008): Die Anhänger des Fethullah Gülen. FAZ vom 21. Juli 2008.

Kelek, Necla (2011): Professor Bade gibt den Anti-Sarrazin. FAZ vom 09. Mai 2011.

Kiefer, Michael (2010): Lebenswelten muslimischer Jugendlicher – eine Typologie von ‚Identitätsentwürfen'. In: Behr, Harry Harun/Bochinger, Christoph/Rohe, Mathias/ Schmid, Hansjörg (Hrsg.): Was soll ich hier? Lebensweltorientierung muslimischer Schülerinnen und Schüler als Herausforderung für den Islamischen Religionsunterricht. LIT, Münster, S. 149-158.

Koller, Hans-Christoph (2009): Der klassische Bildungsbegriff und seine Bedeutung für die Bildungsforschung. In: Wigger, Lothar (Hrsg.): Wie ist Bildung möglich? Julius Klinkhardt, Bad Heilbrunn, S. 34-51.

Krais, Beate/Gebauer, Gunter (2013): Habitus. transcript, Bielefeld.

Kramer, Rolf-Torsten/Helsper, Werner (2011): Kulturelle Passung und Bildungsungleichheit – Potenziale einer an Bourdieu orientierten Analyse der Bildungsungleichheit. In: Krüger, Heinz-Hermann/Rabe-Kleberg, Ursula/Kramer, Rolf-Torsten/Budde, Jürgen (Hrsg.): Bildungsungleichheit revisited. VS, Wiesbaden, S. 103-125.

Kramer, Rolf-Torsten/Helsper, Werner/Thiersch, Sven/Ziems, Carolin (2013): Das 7. Schuljahr: Wandlungen des Bildungshabitus in der Schulkarriere? Springer VS, Wiesbaden.

KStA (2010): ‚Unser Dschihad ist die Bildung'. http://www.ksta.de/kultur/schulen--unser-dschihad-ist-die-bildung-,15189520,12691226.html. Zugegriffen: 20. Mai 2014.

Mecheril, Paul/Castro Varela, Maria do Mar/Dirim, Inci/Kalpaka, Annita/Melter, Claus (2010): Migrationspädagogik. Beltz, Weinheim.

Mecheril, Paul/Thomas-Olalde, Oscar/Melter, Claus/Arens, Susanne/Romaner, Elisabeth (2013): Migrationsforschung als Kritik? Erkundung eines epistemischen Anliegens in 57 Schritten. In: Mecheril, Paul/Thomas-Olalde, Oscar/Melter, Claus/Arens, Susanne/ Romaner, Elisabeth (Hrsg.): Migrationsforschung als Kritik? Konturen einer Forschungsperspektive. Springer VS, Wiesbaden, S. 7-55.

Mecheril, Paul/Quehl, Thomas (Hrsg.) (2006): Die Macht der Sprachen. Waxmann, Münster.

Nordbruch, Götz (2009): ‚I love my prophet' – Zwischen Lifestyle, Glauben und Mission. Islamische Jugendkulturen in Deutschland. Unsere Jugend, S. 296-303.

Oevermann, Ulrich (2002): Klinische Soziologie auf der Basis der Methodologie der objektiven Hermeneutik – Manifest der objektiv hermeneutischen Sozialforschung. http:// www.ihsk.de/publikationen/Ulrich_Oevermann-Manifest_der_objektiv_hermeneutischen_Sozialforschung.pdf. Zugegriffen: 31. März 2014

Otero, Jose Sanchez (2004): Der Beitrag von sozialer Netzwerkbildung bei Migranteneltern zur Integration. Das Beispiel der spanischen Elternvereine. In: Krüger-Potratz, Marianne (Hrsg.): Familien in der Einwanderungsgesellschaft. V&R Unipress, Göttingen, S. 97-104.

Prenzel, Manfred/Sälzer, Christine/Klieme, Eckhard/Köller, Olaf (2013): PISA 2012. Fortschritte und Herausforderungen in Deutschland. Waxmann, Münster.

Pries, Ludger/Sezgin, Zeynep (Hrsg.) (2010): Jenseits von ‚Identität oder Integration': Grenzen überspannende Migrantenorganisationen. VS, Wiesbaden.

Radtke, Frank-Olaf (2013): Schulversagen. Migrantenkinder als Objekt der Politik, der Wissenschaft und der Publikumsmedien. https://mediendienst-integration.de. Zugegriffen: 06. April 2014.

Reckwitz, Andreas (2003): Grundelemente einer Theorie sozialer Praktiken. Zeitschrift für Soziologie, 32, S. 282-301.

Rosenthal, Gabriele (1995): Erlebte und erzählte Lebensgeschichte. Gestalt und Struktur biographischer Selbstbeschreibungen. Campus, Frankfurt a. M.

Rüssmann, Ursula (2013): Hardliner im Lichthaus. FR-online vom 06. Februar 2013. http://www.fr-online.de/frankfurt/frankfurt-islam-hardliner-im-lichthaus,1472798,21646276.html. Zugegriffen: 21. Juni 2014.

Şahinöz, Cemil (2009): Die Nurculuk Bewegung. Nesil, Istanbul.

Schiffauer, Werner (2010): Nach dem Islamismus. Die islamische Gemeinschaft Milli Görüş. Suhrkamp, Berlin.

Schneiders, Thorsten Gerald (Hrsg.) (2010a): Islamfeindlichkeit. Wenn die Grenzen der Kritik verschwimmen. VS, Wiesbaden.

Schneiders, Thorsten Gerald (Hrsg.) (2010b): Islamverherrlichung. Wenn die Kritik zum Tabu wird. VS, Wiesbaden.

Schütze, Fritz (1983): Biographieforschung und narratives Interview. Neue Praxis. 13/3, S. 283-293.

Settelmeyer, Anke/Erbe, Jessica (2010): Migrationshintergrund. Zur Operationalisierung des Begriffs in der Bildungsforschung. Schriftenreihe des Bundesinstituts für Berufsbildung Bonn, Heft 112. Bonn.

Thies, Jochen (2013): Wir sind Teil dieser Gesellschaft: Einblicke in die Bildungsinitiativen der Gülen-Bewegung. Herder, Freiburg.

Tietze, Nikola (2001): Islamische Identität. Formen muslimischer Religiosität junger Männer in Deutschland und Frankreich. Hamburger Edition, Hamburg.

Topçu, Özlem (2014): Der Feind im eigenen Lager. ZEIT vom 13. Februar 2014.

Tressat, Michael (2011): Muslimische Adoleszenz? Peter Lang, Frankfurt a. M.

Uslucan, Haci-Halil (2008): Religiöse Werteerziehung in islamischen Familien. BMFSFJ, Berlin.

Wensierski, Hans-Jürgen von (2007): Die islamisch-selektive Modernisierung – Zur Struktur der Jugendphase junger Muslime in Deutschland. In: Wensierski, Hans-Jürgen von/Lübcke, Claudia (Hrsg.): Junge Muslime in Deutschland. Lebenslagen, Aufwachsprozesse und Jugendkulturen. Barbara Budrich, Opladen, S. 55-82.

Wensierski, Hans-Jürgen von/Lübcke, Claudia (Hrsg.) (2012): ‚Als Moslem fühlt man sich hier auch zu Hause‘. Biographien und Alltagskulturen junger Muslime in Deutschland. Barbara Budrich, Opladen.

Wrangel von, Cornelia (2008): Die türkischen Bildungsbürger. FAZ vom 19. Februar 2008.

Yavuz, Hakan M. (2004): Die Renaissance des religiösen Bewusstseins in der Türkei. Nur-Studienzirkel. In: Göle, Nilüfer/Amann, Ludwig (Hrsg.): Islam in Sicht: der Auftritt von Muslimen im öffentlichen Raum. transcript, Bielefeld, S. 121-146.

Zinnecker, Jürgen (1991): Jugend als Bildungsmoratorium. Zur Theorie des Wandels der Jugendphase in west- und osteuropäischen Gesellschaften. In: Melzer, Wolfgang/Heitmeyer, Wilhelm/Liegle, Ludwig/Zinnecker, Jürgen (Hrsg.): Osteuropäische Jugend im Wandel. Ergebnisse vergleichender Jugendforschung in der Sowjetunion, Polen, Ungarn und der ehemaligen DDR. Juventa, Weinheim, S. 9-24.

Jugendliche auf der Suche nach biografisch relevanten Werten

Julia Franz

1 Einleitung

Eine (auch) in der Jugendarbeit verbreitete Einschätzung lautet, islamische Alltagskultur gefährde die Individuation junger Menschen. In muslimischen Familien und Moscheegemeinden geltende Gebote lassen kollektive Vereinnahmung befürchten, die in der unhinterfragten Übernahme traditioneller bzw. religiöser Normen resultieren (vgl. Schmitt 2008). Gegen diese Vorstellung sprechen Ergebnisse aus Forschungsarbeiten und Überlegungen, die den reflexiven Charakter der Auseinandersetzung junger Menschen aus muslimischen Migrantenfamilien mit Religion und Kultur aufzeigen (vgl. u. a. Karakaşoğlu-Aydin 2000; Klinkhammer 2000; Tietze 2001; Frese 2002; Inowlocki 2002; Nökel 2002; Allenbach et al. 2011). Gleichwohl werden Sozialisationsprozesse in muslimischen Familien als Tradierung von Werten beschrieben und problematisiert (vgl. z. B. Toprak/Nowacki 2012).

In diesem Beitrag gehe ich der Frage nach, wie Jugendliche, die in der Pädagogik als ‚junge Muslime' zur besonderen Zielgruppe geworden sind, eigene Wertorientierungen ausbilden. Dazu gehe ich zunächst auf die Herausforderung Heranwachsender ein, sich mit vorgefundenen Normen und Konventionen alltagspraktisch auseinanderzusetzen (2). Unterschiedliche Orientierungen in dieser moralischen Auseinandersetzung werden zunächst theoretisch-methodologisch auf Sozialisationsprozesse bezogen, um anschließend eine rekonstruktive Interviewstudie unter Jugendlichen aus muslimischen Familien zu skizzieren (3). Am empirischen Material lassen sich divergierende Rahmen der moralischen Auseinandersetzung zeigen (4). Dabei werden zum einen ambivalente, spannungsreiche Orientierungen deutlich, zum anderen biografische Bewältigungsprozesse. Vor dem Hintergrund der vorgestellten Ergebnisse stelle ich schließlich Überlegungen zum pädagogischen Handeln an (5).

2   Auseinandersetzung mit Normen und Konventionen

Jugendliche aus muslimischen, migrierten Familien, die in Deutschland aufwachsen (nicht selten in Stadtvierteln und Peergroups, in denen solch ein Hintergrund keine Ausnahme darstellt), lernen unterschiedliche Konventionen und Normen kennen, u. a. die ihrer eingewanderten Eltern und Großeltern, die der deutschen Bildungsinstitutionen und solche, die über Konsum und Massenmedien vermittelt werden. Mit solchen teilweise widersprüchlichen Normalitätserwartungen müssen sie im Alltag umgehen. In der Auseinandersetzung mit vorgefundenen Normen und Anforderungen liegt die „Potenzialität der Neugestaltung" (King 2013, S. 110) des adoleszenten Prozesses, unabhängig davon, ob unvereinbare Widersprüche sozialer Konventionen entlang kulturell-religiöser oder anderer Differenzen verlaufen. Im Verlauf einer solchen Auseinandersetzung wird es möglich, eine konventionelle Rollenidentität zu überwinden, die sich an den partikularen Normen einer sozialen Gruppe herausbildet, wie Jürgen Habermas (1976a, S. 94f., Herv. i. O.) ausführt:

> „Diese konventionelle Identität zerbricht im allgemeinen während der Adoleszenzphase. Während dieser Zeit lernt der Jugendliche die wichtige Unterscheidung zwischen einerseits Normen und andererseits Grundsätzen, nach denen wir Normen erzeugen können. Solche Prinzipien können als Maßstab für die Kritik und die Rechtfertigung vorgefundener Normen dienen. Ja, dem prinzipiell Urteilenden müssen alle geltenden Normen als Setzungen, als bloße Konventionen erscheinen. Unter diesen lassen sich allein *allgemeine* Normen als vernünftig auszeichnen, denn nur diese sichern die Reziprozität der Rechte und Pflichten eines jeden gegenüber jedermann."

Sich nicht mehr an partikularen Normen, sondern an allgemeinen Metanormen zur Erzeugung von Handlungsnormen zu orientieren, ist eine „abstrakte Fähigkeit", die Habermas zum Bezugspunkt von Ich-Identität erklärt (ebd., S. 95). In seinem Modell steht sie am Ende einer logischen Entwicklung, die mit der natürlichen Identität des Kleinkindes beginnt und über die konventionelle Identität reflexiver Verhaltenserwartungen führt (Rollenidentität, vgl. ebd., S. 94). Habermas entwickelt den Begriff der Ich-Identität, indem er das Stufenmodell der Moralentwicklung von Lawrence Kohlberg handlungstheoretisch erweitert (vgl. Habermas 1976b). Kohlberg (1971) hatte drei Niveaus der Entwicklung des moralischen Verständnisses und eine unumkehrbare kognitive Entwicklung formuliert, bei der mit jeder Stufe eine neue Qualität erreicht werde und die vorangegangenen integriert würden:[1] ein Fortschreiten vom bloßen Eigeninteresse (*preconventional level*) zu

---

1   Die empirische Basis des Stufenmodells sind Kohlbergs Untersuchungen, in denen (anfangs ausschließlich männlichen) Kindern und Jugendlichen hypothetische

„konkrete[r] Sittlichkeit" (Habermas 1976b, S. 75; dies entspricht dem *conventional level* bei Kohlberg) in Gruppen und partikularen Normsystemen und schließlich zu universalen moralischen Prinzipien (*postconventional level*). Bei Habermas verlagert sich der Fokus von kognitiven Strukturen auf interaktive Kompetenz. Die von Kohlberg beschriebenen Ausprägungen des moralischen Urteils werden handlungstheoretisch reformuliert als „entwicklungslogische[r] Zusammenhang" (ebd., S. 76f.). Die höchsten Stufen dieser Entwicklungsmodelle (Ich-Identität, *ethical-principled orientation*) gelten als postkonventionell. Sie werden nicht regelmäßig, sondern nur von einigen erreicht und haben Vorbildcharakter (vgl. ebd., S. 64).

Heranwachsenden werden die ihnen bekannten Handlungsnormen, Loyalitätsverpflichtungen und Interaktionsregeln auf neue Art zum Thema, nämlich im Hinblick auf Geltungsansprüche. Gesellschaftliche Konflikte, die sich auf die wahrnehmbare Präsenz muslimischer MigrantInnen (und ihrer Nachkommen) beziehen und z. B. an Moscheebauten, am Kopftuch oder am schulischen Schwimmunterricht entzünden, können für Jugendliche aus muslimischen Migrantenfamilien zu besonderen Bezugspunkten werden. Die langlebige Annahme, diese Jugendlichen seien zwischen islamischer und westlicher Kultur hin- und hergerissen, greift allerdings zu kurz. In der Sozialisation der Kinder und Enkel muslimischer MigrantInnen in der deutschen Migrationsgesellschaft ist entscheidend, welche Möglichkeiten sie haben, sich mit Normalitätserwartungen und verschiedenen partikularen Handlungsnormen auseinanderzusetzen. Hängen diese Möglichkeiten wesentlich von interaktiver Kompetenz ab, wie von Habermas dargelegt, dann stellt sich auch die Frage nach den Interaktions*erfahrungen* der Jugendlichen: danach, wie sie Handlungsanforderungen und Konfliktbearbeitung in den verschiedenen Sozialisationsinstanzen alltäglich erleben. Diesen Erfahrungen gilt im Folgenden das Forschungsinteresse. Die Unterscheidung moralischer Orientierungen, wie sie Habermas im Rekurs auf Kohlberg weiter ausgearbeitet hat, ist hierfür von heuristischem Wert. Sie eröffnet eine Perspektive auf den Modus der adoleszenten Beschäftigung mit Handlungsnormen, statt von einer (scheinbaren) Übernahme solcher Normen auf moralisches Bewusstsein zu schließen. Auseinandersetzungen Jugendlicher mit dem Vorgefundenen lassen sich als moralische Orientierungen an partikularen Normen bzw. an universalen Prinzipien untersuchen und im biografischen Zusammenhang verstehen. Sie sollen hier jedoch nicht als Stufen einer universalen Entwicklung hierarchisiert werden – darauf komme ich noch zurück.

---

moralische Konfliktsituationen vorgelegt wurden. Die Positionen der Befragten wurden entwicklungslogisch systematisiert.

3 Moralische Auseinandersetzung in rekonstruktiver Perspektive

Die Frage nach alltagspraktischen Erfahrungen ergibt sich auch daraus, dass mit Selbst- und Fremdbezeichnungen wie ‚junge Muslime' und ‚muslimische Jugendliche' selbst schon Normalitätserwartungen verbunden sind, auf die sich die Betreffenden beziehen. Der zugeschriebene ‚muslimische Hintergrund' ist eine soziale Identität im Sinne von Erving Goffman (1967, S. 10f.). Viele Jugendliche, die so identifiziert werden, bekennen sich auf Nachfrage zum Islam – oft auch dann, wenn sie kaum religiöse Bezüge haben (vgl. Kelek 2002).[2] In solchen religiös-kulturellen Selbstzuordnungen spielen Moralvorstellungen eine wichtige Rolle, ebenso wie in der Abgrenzung von ihnen. Diese Vorstellungen lassen sich allerdings nicht jenseits von Sozialisationserfahrungen begreifen, die sich mit der Familie und ihrer Migrationsgeschichte verbinden, mit gesellschaftlichen (Aus-) Bildungsinstitutionen und mit Gleichaltrigen. Die adoleszente Umgestaltung der Selbst- und Weltverhältnisse, die auch Normen und Konventionen betrifft, ist in handlungspraktischen Erfahrungen verankert.

3.1 Orientierungsrahmen und Sozialisationserfahrungen

Im Bezugsrahmen der praxeologischen Wissenssoziologie wird dieser Zusammenhang als *konjunktiver Erfahrungsraum* gefasst (vgl. Mannheim 2003 S. 217ff.; Bohnsack 2010a, S. 111f.). Aus dem alltäglichen Handeln und Erleben bildet sich erfahrungsbasiertes Orientierungswissen der Akteure, ein „gesamt-geistige[r] ‚Habitus'" (Mannheim 2004, S. 117). Die grundlegende Annahme ist, dass sich Weltanschauungen (und damit auch moralische Vorstellungen) aus diesem Erfahrungswissen heraus bilden (vgl. Bohnsack 2002, S. 120). Sie entstehen nicht durch reflexive Vergewisserung, sondern als „Verinnerlichung der Äußerlichkeit" (Bourdieu 1987, S. 102). Erfahrungen werden inkorporiert und schlagen sich „in Gestalt von Wahrnehmungs-, Denk- und Handlungsschemata" (ebd., S. 101) nieder.

In der Sozialisationsgeschichte des Individuums bildet sich ein persönlicher Habitus heraus, der allerdings in geteilten Lebensbedingungen kollektiv verankert ist. Das Forschungsinteresse der praxeologischen Wissenssoziologie gilt den kollektiven Formen (vgl. Bohnsack 2006). Es sind Gemeinsamkeiten (Homologien) in den Erfahrungen der Individuen, die analytisch auf Strukturen schließen lassen. Auch

---

2   Neclá Keleks Schlussfolgerung, dies sei Ausdruck eines „türkisch-islamischen Common sense" bzw. „muslimischen Habitus'", teile ich allerdings nicht (vgl. Franz 2013, S. 47-50).

im Erleben derjenigen, die strukturell identische Erfahrungen miteinander teilen, ist die Zugehörigkeit zu gemeinsamen konjunktiven Erfahrungsräumen wesentlich. Auf diese Zugehörigkeit zielt das Konzept der *habituellen Übereinstimmung*, das in praxeologischen Jugendstudien empirisch entwickelt wurde (vgl. z. B. Bohnsack et al. 1995, S. 12; S. 17f.).

Die adoleszente Auseinandersetzung mit Normen und Werten gründet in Erfahrungen, die nicht nur individuell sind, sondern sich zu kollektiven Erfahrungsräumen verdichten – und zwar nicht nur im Falle fester Traditionsbindungen. Sie können auch auf „Gemeinsamkeiten des Erlebens biografischer Diskontinuitäten und des Verlusts milieuspezifischer Integration" (Bohnsack 2012, S. 137) basieren. Empirisch stellt sich die Frage nach strukturellen Homologien in der Auseinandersetzung mit Moral. Gemeint sind nun nicht übereinstimmende Standpunkte oder Einstellungen zu moralischen Fragen, sondern Orientierungsrahmen, innerhalb derer sich moralische Fragen als *biografisch relevante* Fragen überhaupt erst stellen. Es handelt sich dabei um atheoretische, erfahrungsgebundene Wissensbestände (vgl. ebd., S. 128).

In diesem Sinne verbindet sich die Frage, wie die Geltung von Handlungsnormen begründet wird,[3] mit einer Suche nach überindividuellen Orientierungsrahmen. Lässt sich die moralische Auseinandersetzung in überindividuellen Rahmungen fassen, in spezifischen, voneinander unterscheidbaren Orientierungsrahmen, so verweist dies auf Gemeinsamkeiten der Sozialisationsgeschichten derjenigen, die einen solchen Rahmen teilen, also auf konjunktive Erfahrungsräume.

3.2   Zur empirischen Untersuchung der Auseinandersetzung mit Zugehörigkeit

Die im Folgenden dargelegten Ergebnisse aus Interviews mit Jugendlichen entstammen einer rekonstruktiven Untersuchung zur Auseinandersetzung Jugendlicher mit Zugehörigkeit (vgl. Franz 2013). Die Perspektive richtete sich auf Jugendliche, deren wahrgenommener Migrationshintergrund dazu führt, dass sie als ‚muslimisch' kategorisiert, also sozial identifiziert werden. In kritischer Abgrenzung von pädagogischen und sozialwissenschaftlichen Gruppenkonstruktionen ‚junger Muslime' ging es mir darum, empirisch Zugang zu biografisch relevanten Orientierungen dieser Jugendlichen zu finden. Im methodologischen Rahmen der Dokumentarischen Methode (vgl. Bohnsack 2012) stellte sich die Forschungsfrage

---

3   Etwa im Sinne „unvollständiger Reziprozität" der Beteiligten, wie Habermas (1976b, S. 82f.) dies für „konkretes Ordnungsdenken" beschreibt.

nach den Zugehörigkeitserfahrungen Jugendlicher als Frage nach Erfahrungen habitueller Übereinstimmung. Worauf sich solche Erfahrungen beziehen, wurde nicht vorab bestimmt, die zu untersuchenden Zugehörigkeitserfahrungen wurden also nicht auf religiöse oder kulturelle Zugehörigkeitskontexte beschränkt. Zwischen 2008 und 2011 habe ich mit 20 jungen Frauen und Männern zwischen 15 und 20 Jahren biografisch-narrative Interviews geführt, die ich bei verschiedenen Gelegenheiten kennengelernt hatte.[4] Mit der Bitte, die eigene Lebensgeschichte zu erzählen (vgl. Schütze 1983), verband sich die Hoffnung auf einen Zugang zu den handlungspraktischen Bedeutungen von Zugehörigkeit. In einigen Fällen kam es zu autobiografischen Stegreiferzählungen, in anderen eher zu autobiografischen Präsentationen ohne die für Erzählungen charakteristische Struktur von Ankündigung – Mitte – Schluss (vgl. Griese 2009). Doch auch dort, wo die Jugendlichen ins Erzählen kamen, dominiert der argumentative Modus der Sachverhaltsdarstellung (vgl. Kallmeyer/Schütze 1977). Nicht nur in der Ankündigung der Lebensgeschichte (Präambel) und im bilanzierenden Abschluss (Koda) finden sich Argumentationen (vgl. Griese 2009, S. 337f.), auch die einzelnen Erzählsegmente sind argumentativ gerahmt und zudem sehr häufig von Argumentationen durchzogen (teils in Form komplexer Hintergrundkonstruktionen, vgl. ebd.; Franz/Griese 2010, S. 290ff.). Insbesondere in Orientierungstheorien reflektieren und bearbeiten die Jugendlichen ihr Verhältnis zu sich selbst, zu ihren Peers, zur Elterngeneration in den Familien und in den gesellschaftlichen Institutionen. In die Erzählung eigener Erlebnisse und Interaktionsszenen sind z. B. ausführliche Evaluationen des eigenen Handelns eingelassen oder es wird abschließend bilanziert. Plausibel wird das zum einen im Lichte der Interviewsituationen: Das Ungleichheitsverhältnis, in dem eine gesellschaftliche Mehrheit über eine Minderheit spricht, wirkte in meine Begegnungen mit den Jugendlichen hinein, wie sich an verschiedenen Stellen der Interviews zeigt. Nicht nur differente Erfahrungshintergründe und gesellschaftliche Positionen beeinflussten die Kommunikation zwischen den Interviewten und mir als Interviewerin.

Das paradoxe Vorhaben, etwas über Zugehörigkeitserfahrungen ‚muslimischer‘ Jugendlicher herauszufinden, Identitätszuschreibungen aber zu vermeiden, schlug sich in widersprüchlich formulierten, ambivalenten Erzählaufforderungen an die Interviewten nieder, die so teilweise zu theoretisch-reflexiven Stellungnahmen führten statt zu Narrationen. Dennoch verstehe ich die Dominanz des argumentativen Schemas (in Form von Evaluationen und Orientierungstheorien) in den autobiografischen Präsentationen nicht nur als Resultat der jeweiligen Interviewsituation. Der argumentative Modus in den autobiografischen Präsentationen weist zudem

---

4   U. a. an Schulen, in Jugendclubs, bei einem Fußballturnier, über ein Internetforum.

auf adoleszente Auseinandersetzungen mit vorgefundenen Standards und auf die Suche nach biografischen Orientierungen hin. Die Interviewtranskripte wurden nach der Dokumentarischen Methode ausgewertet (vgl. Franz/Griese 2010; Nohl 2012). Der forschungsmethodische Fokus liegt auf Gemeinsamkeiten biografischer Orientierungen im Sinne konjunktiver Erfahrungsräume, nicht auf biografischen Gesamtgestalten. Die Analysen mündeten in eine sinngenetische Typik (vgl. Bohnsack 2010a), für die die biografische Auseinandersetzung mit Normen und Werten zentral ist.

4   Ambivalenz in moralischen Auseinandersetzungen

Fallübergreifend lässt sich die Auseinandersetzung der Jugendlichen als Spannungsfeld rekonstruieren. *Individuelle Authentizität, Verantwortung für Gemeinschaften*[5] und *gesellschaftliche Anerkennung* erweisen sich als zentrale Pole im Erleben der untersuchten Jugendlichen. Die Spannung zwischen diesen Polen bleibt präsent, auch wenn jeweils einer von diesen die moralische Auseinandersetzung wesentlich charakterisiert. Die interviewten Jugendlichen bewegen sich in ihren Auseinandersetzungsprozessen suchend zwischen individueller Authentizität, gemeinschaftlicher Verantwortung und gesellschaftlicher Anerkennung. Die Ambivalenz dieser Suche tritt teilweise deutlich hervor – so im Fall ‚Hamid‘. Als primärer Orientierungsrahmen ließ sich hier die Suche nach gesellschaftlicher Anerkennung rekonstruieren. Für Hamid geht es darum, sich durch individuelle Leistungen und Erfolge in der gesellschaftlichen Sphäre und damit zugleich in der familiären Sphäre zu bewähren. Die primäre Orientierung an gesellschaftlicher Anerkennung zeigt sich fallübergreifend[6] in den biografischen Entwürfen: Diese Jugendlichen haben vor, den gesellschaftlichen Aufstieg der ersten Migrationsgeneration in ihren Familien durch schulische Leistungen und Bildungsabschlüsse

---

5   Die *Orientierung an gemeinschaftlicher Verantwortung* bezeichne ich an anderer Stelle als Orientierung an kollektiver Zugehörigkeit (vgl. Franz 2013). Verantwortung für die (Familien-)Gemeinschaft ist ein besonderes Moment, das die *Suche nach kollektiver Zugehörigkeit* in den von mir untersuchten Fällen auszeichnet: Es ist der Versuch, für bedrohte Familiengemeinschaften Verantwortung zu übernehmen, indem eine gemeinsame kollektive Zugehörigkeit *repräsentiert* wird, die von den Beteiligten aber nicht *erlebt* wird – s. u., Fall ‚Ümüt‘.

6   Die drei hier vorgestellten Typen wurden in fallübergreifenden Analysen rekonstruiert. Sie gehen also über Fallspezifisches hinaus, wenngleich sie hier jeweils anhand eines einzigen Falles vorgestellt werden (vgl. Franz 2013).

fortzuführen. In ihren autobiografischen Präsentationen kommen entsprechende familiäre Aufträge zur Sprache, die nicht bloß erfüllt werden, sondern zur eigenen Sache der an gesellschaftlicher Anerkennung orientierten Jugendlichen geworden sind. Sie betrachten ihre eingewanderten (Groß-)Eltern nicht als Repräsentanten von Herkunftskultur, Tradition oder kollektiver Zugehörigkeit, sondern in erster Linie als Pioniere des gesellschaftlichen Aufstiegs, vor allem beruflicher Art. Auch für Hamid ist es wichtig, den Aufstieg seiner Eltern als erfolgreiche Unternehmer fortzusetzen. Schule, Ausbildung und Berufswahl stehen für ihn im Zeichen sozialen Prestiges, ebenso wie seine Freizeitaktivitäten: Er besucht regelmäßig „schickere Clubs", dabei muss das „Outfit" stimmen.[7] Teure Spirituosen werden bestellt und Frauen eingeladen (vgl. Franz 2013, S. 192f.). Dies bedeutet allerdings einen Bruch mit islamischen Handlungsnormen, die Hamid in seiner Familie und religiösen Gemeinschaft als verbindlich erfährt.

4.1   Was macht einen „guten Moslem" aus?

Im Interview kommt es zu einer längeren Auseinandersetzung Hamids mit der für ihn wichtigen Frage, ob er ein „guter Moslem" sei. In seiner argumentativen Bearbeitung dieses Problems schwankt Hamid zwischen einer *Metamoral individueller Authentizität* einerseits und der Identifikation mit *partikularen Moralvorstellungen* im Sinne *kollektiver Zugehörigkeit* anderseits.[8]

> H: also ja; (.) es gibt=s leute die würden natürlich zu mir sagen nein du bist ein
>   sehr=sehr schlechter moslem weil du feiern gehst du trinkst du hast mit mädels
>   was zu tun; aber=ich geb=s ja ehrlich zu:; ihr macht auch mist, aber ihr gebt=s
>   nicht zu. dadurch bin ich eigentlich schon ein guter moslem=wenn ich- (.) ich
>   würd für mein glauben sterben okay=jetzt nicht so nach dem m=motto sterben
>   (.) dass jemand sagt mach=n äh: anschlag auf diese: (.) dieses jüdische gebäude
>   und=ich würd=s machen so mein=ich=s nicht; (.) also=halt; (.) so halt (.) von

---

7   Die zitierten Ausdrücke stammen aus den Interviewtranskripten und wurden zur besseren Lesbarkeit an die Schreibweise des Textes angeglichen.

8   Die Transkripte wurden nach den TiQ-Richtlinien angefertigt (in Bohnsack 2010b, S. 236). Die Satzzeichen sind nicht grammatikalisch gesetzt, sondern zeigen die Intonation an: Punkt = sinkend, Semikolon = schwach sinkend, Fragezeichen = steigend, Komma = schwach steigend. **Fett** = lautes Sprechen, ° = leises Sprechen, @(1)@ = Lachen (Dauer in Sek.), Doppelpunkte = Dehnung, Bindestrich = Abbruch. Unterstreichungen zeigen besonders betonte Wörter an. Pausen sind in Klammern angegeben: Zahlen stehen für die Dauer in Sekunden, ein Punkt in Klammern steht für kurzes Absetzen. Sämtliche Namen sind Pseudonyme.

der liebe her halt. für den glauben würd=ich halt sterben halt so; (.) und (.) ja=halt (.) ab und zu geh=ich natürlich auch zur moschee mit meinen eltern, (.) und ich hör=auch gerne dem prediger zu und (.) was er halt sagt=macht=auch manchmal bei mir so=oben=klick- (.) also es sag=w=wirklich dann denk ich mir okay: (.) was er sagt, du musst auch äh: das tun, und; dis befolgen. (.) aber dann sagt so=n (.) d=der teufel auf meiner rechten schulter sagt nein=nein; (.) ä=vergiss es wieder. (.) soll schnell wieder aus deinem rechten ohr raus, was in dein linkes reingegangen ist. (.) so=is=es halt bei mir=und; (.) weiß=au=nicht halt.

I: h=hm.

H: zum=beispiel gibt=s manchmal so ta:ge, da geh=ich s=gestylt zur moschee, und daraufhin, wenn=ich da fertig bin geh ich danach zu äh partymachen

Die Ambivalenz zwischen individueller Authentizität, kollektiver Zugehörigkeit und gesellschaftlicher Anerkennung spitzt sich hier zu. Gegen den Vorwurf, islamische Glaubensregeln zu verletzen, führt Hamid seine Aufrichtigkeit und eine wirklich empfundene „Liebe" zum Glauben an. Diese argumentative Bewegung weist in Richtung einer *Metamoral individueller Authentizität*: Dass Hamid einzelne Regeln verletzt, also z. B. auf Partys Alkohol trinkt und „mit Mädels was zu tun" hat, ist für ihn weniger problematisch als die Heuchelei, die er seinen Kritikern vorhält. Eine *partikularistische normative Perspektive* wird hier verlassen. Hamid nimmt sie aber wieder ein, wenn er den Vorsatz fasst, den religiösen Geboten zu folgen, die ihm in der Moschee und durch seine Eltern vermittelt werden.

Doch auch wenn Hamids Clubnächte sich nicht mit den religiösen Geboten vereinbaren lassen, die seinen Eltern wichtig sind: In seinem Streben nach gesellschaftlicher Anerkennung (hier: durch Konsum und Stilisierung) stimmt er mit ihnen durchaus überein. Die familiären Generationen (bis zu den Großeltern Hamids) verbindet ein familiäres Projekt des gesellschaftlichen Aufstiegs. Konflikte mit den Eltern, von denen Hamid im Interview erzählt, drehen sich um seine schulischen Leistungen, weniger um religiöse Handlungsnormen. In dieser Hinsicht, sagt Hamid, habe er seine „Freiheiten". Was Hamids Handlungsentwurf, künftig zu „befolgen", „was er [der Prediger] sagt", vor diesem Hintergrund bedeutet, zeigt sich im Kontrast zu einem ganz anders gelagerten Fall.

In Ümüts autobiografischer Präsentation wird eine prekäre familiäre Konstellation deutlich, die ihn stark belastet. Sein neun Jahre älterer Bruder ist seit langem drogenabhängig und in „kriminelle Aktionen" verstrickt. Die Familienmitglieder erleben eine schwere Krise, die ihren Zusammenhalt bedroht. Sie führt schließlich zu einem Abbruch der Beziehungen zwischen Eltern und ältestem Sohn. Ümüt gilt zunächst als „anständiger" Sohn. Als seine Eltern erfahren, dass auch er Drogen konsumiert und der Polizei bereits mehrfach als minderjähriger Tatverdächtiger aufgefallen ist, verschärft sich die familiäre Krise. Ümüt erlebt seine tief religiösen Eltern angesichts der Entwicklung ihrer Söhne als hilflos und ohnmächtig. Eine kommunikative Verständigung scheint ihm kaum möglich. Wie geht er mit dieser schwierigen familiären Situation um? In seiner von vielen theoretischen (argumentativen) Einlassungen durchzogenen Beschreibung wird eine Orientierung an gemeinschaftlicher Verantwortung deutlich.

Ü: grad wo meine mutter meinte okay; ich bin der einzige für sie und sie lasst meinen bruder, (1) ((tiefer)) hat sie erfahren ich nehm drogen; °das war das schlimmste für sie und da war ich im knast; (.) und sie konnte gar nicht mehr; (.) sie war wirklich am ende. und ich hab ihr tausend mal versprochen ich mach das nicht und ich konnte ich kann- ich=ich bin nie davon weggekommen; (.) und in diesen zeiten° aber in diesen all diesen jahren, (.) hab ich weiter diesen islamischen unterricht aber immer weiter bekommen immer; (.) in der woche zwei drei mal also ich hatte immer täglich unterricht; (.) ich hatte also- (.) ah=ich- (.) wenn es so geht über islam, (.) is mein allgemeinwissen wirklich sehr schön. (.) da hab ich schon wirklich sehr schöne sachen drauf, is auch einer der sachen gründen, (.) warum mich- warum ich von dieser ganzen scheiße weg bin; weil- (1) ich glaub daran fest dran, dass (.) eben allahs gott (.) barmherzigkeit eben so groß ist, dass er auch mir verzeihen würde, (.) und ich versuch nur noch das richtige zu machen. ich achte auf meine schule ich achte auf meine familie (.) ich=ich geb wert auf mein religion; ich hab ich bete fünfmal am tag; ich mache (.) ich nimm mach- ich vernachlässige meine pflichten nicht ich nehm alles ernst; (.)

Das „Allgemeinwissen" hat keine Orientierungskraft für Ümüt. Durch den Unterricht kam es nicht zu einer Übereinstimmung mit den Handlungsorientierungen seiner Eltern, die in den partikularen Normen der Herkunftskultur und Religion bestehen. Zwar hat Ümüt „sehr schöne Sachen drauf", er kann über Glaubensinhalte und Gebote sprechen, aber er lebte nicht danach. Um die Enttäuschung seiner Eltern zu mildern und um die Zukunft der Familienbeziehungen zu sichern, „versuch[t]" er nun, sein Leben religiös auszurichten und „alles ernst" zu nehmen. Dieses Vorhaben gilt der Herstellung von Gemeinsamkeit, wo sie zwischen den Familiengenerationen nicht gegeben ist. An die Stelle übereinstimmender Orientierungen tritt eine *Repräsentation* kollektiver Zugehörigkeit zum Glauben und Herkunftskontext der Eltern.

Ebenso wie Ümüt hat Hamid sich vorgenommen, alles so zu machen, wie es in den Augen seiner Eltern als gut und richtig gilt – allerdings zeigt ein Vergleich der beiden Darstellungen, dass sich die Bedeutungen dieses Vorhabens für die beiden jungen Männer unterscheiden. In Hamids Fall gründet der Handlungsentwurf nicht auf dem Erlebnishintergrund, dass die Eltern an der Diskrepanz zwischen ihren Orientierungen und denen ihrer Kinder zu zerbrechen drohen. Im Gegenteil: Während Ümüt seine Eltern als überfordert erlebt, erscheinen die Eltern in Hamids autobiografischer Präsentation als Pioniere, die sich in der Migrationsgesellschaft etwas aufgebaut haben und von ihren Kindern erwarten, diesen Erfolg fortzusetzen. Vor diesem Hintergrund ist Hamids Verpflichtung auf religiöse Normen gelockert: Er werde zu Moscheebesuchen angehalten, sagt er, habe aber durchaus seine „Freiheiten". Für ihn ist die Spannung zwischen den Regeln des elterlichen Herkunftskontextes und der eigenen Orientierung und Praxis ein Gewissenskonflikt. Im Fall von Ümüt wird diese Spannung dagegen als Bedrohung der familiären Beziehungen erlebt, sie hat damit ein ganz anderes Gewicht als für Hamid.

4.2 Wie können Pflichten zu eigenen Wertorientierungen werden?

Gemeinsam ist den beiden Fällen, dass sich die Umsetzung des jeweiligen Vorhabens als schwierig erweist. Die partikularen Normen, die den Eltern wichtig sind, werden nicht zu tragfähigen eigenen Wertorientierungen. Das kommt in Hamids Metapher zum Ausdruck: „Der Teufel auf meiner rechten Schulter sagt nein", und es gilt auch für Ümüt: Obgleich sich im Interview Bekenntnisse zum Islam und seinen Geboten finden, wird in den Beschreibungen der Alltagspraxis deutlich, wie schwer es Ümüt fällt, das eigene Handeln darauf zu gründen.

> Ü: °dann meint=ich irgendwann mal, (1) na ich sitz vor=m computer, kannst ja mal kurz beten. (.) hab gebetet, (.) wie fühlt sich das an, (.) ja. las das vor. mach komische bewegungen @und fertig@ (.) kein gefühl gehabt nix. (.) ich wusst schon was=n=e was man sagen muss und so; alles okay,° aber es kam nicht vom herzen; (.) das war- warum machst du das? weil ich es muss. (.) dieser gedanke war das. (.) und irgendwann war es so, (.) mach- es ist wirklich so wenn man einen monat lang sich zwingt zu beten, (.) dann (.) dann hat man=s drauf; dann kommt=s automatisch. man achtet auf alles dann. wenn man dis einen monat schafft; aber (wenn=s) ein monat (sicherlich boah) (.) oh:: was teufel mit dir dann macht; oh:: @(.)@ der lässt gar nicht locker und de- und grad noch @bei mir- (.)@

Obwohl Ümüt das Gebet problemlos verrichten kann („alles okay"), erscheint ihm das, was er tut, „komisch". Beim Beten stellt sich kein inneres Empfinden ein, so dass er sich fragt, warum er sich dieser Verrichtung eigentlich unterzieht: „weil ich es muss". Indem er „sich zwingt", hofft er, das Gefühl der bloßen Pflichterfüllung nach einer Weile zu überwinden – doch während dieser Zeit sind widerstrebende

Impulse besonders stark. Das Beten ist als Versuch der moralischen Besserung zu verstehen, als eine Bearbeitung des Schuldgefühls angesichts der Enttäuschung seiner Eltern (s. o.). Während Ümüt einerseits dem regelmäßigen Beten eine besondere, ja unbedingte Wichtigkeit zuspricht, gute Lebensführung also wesentlich an das Befolgen dieser Norm knüpft, erscheint ihm andererseits der Sinn des Betens fragwürdig, wenn damit kein entsprechendes Empfinden verbunden ist. Sein spontanes Beten (als ein „Vorlesen" mit „komische[n] Bewegungen") ist für ihn insofern problematisch, als er nach einem authentischen Erlebnis sucht. Es dokumentiert sich eine deutlich empfundene Diskrepanz zwischen Handlungsnormen und eigenen Wertorientierungen. Das Bemühen, sich die islamischen Normen zu eigen zu machen, scheint vergebens. Obwohl die *Orientierung an Verantwortung für die Familiengemeinschaft* den primären Rahmen seiner Auseinandersetzung darstellt, zeichnet sich die Spannung zwischen dieser Orientierung und der *Orientierung an einer Metamoral individueller Authentizität* ab.

Das Problem, das Ümüt hier zum Ausdruck bringt, stellt sich überhaupt erst vor dem Hintergrund, nach Grundsätzen zur Begründung von Normen zu suchen (vgl. Habermas 1976a, S. 95). Eine Orientierung an Normen, die im Sinne der Eltern wäre, tritt zugunsten einer Orientierung an normbegründenden Prinzipien zurück. Ein Prinzip, das die religiösen Handlungsnormen für Ümüt begründen könnte, ist das eigene Empfinden eines Bedürfnisses, das ihm einen authentischen Zugang eröffnet. Daran mangelt es ihm – er betet nur, „weil ich es muss". Diese Formulierung Ümüts steht zugleich für die Paradoxie, dass diese auferlegte Pflicht regelmäßig wiederholt werden muss, um gerade dadurch einen eigenen Zugang zum Beten zu finden. In der Gegenwart des Interviews wird dieser zu erlangende Zugang lediglich vage formuliert („dann hat man es drauf", „dann kommt's automatisch").

Bis hierhin wurde die Orientierung an einer Metamoral zur Begründung von Normen als Moment rekonstruiert, das in Auseinandersetzungen auftaucht, die durch andere Perspektiven auf moralisches Handeln charakterisiert sind und die sich schließlich durchzusetzen scheinen. Dies sind die primären Rahmen der *Suche nach gesellschaftlicher Anerkennung* (Hamid) bzw. der *Verantwortung für die Gemeinschaft* (Ümüt). Entfaltet wird die metamoralische Perspektive in anderen Fällen, in denen eine Suche nach individueller Authentizität als primärer Rahmen rekonstruiert wurde. Unter diesen weist der Fall ‚Kayra' wiederum stark ambivalente Züge auf.

4.3   Unter welchen Bedingungen und für wen gelten Normen?

Kayra ist – anders als Hamid und Ümüt – selbst nach Deutschland migriert, als sie neun Jahre alt war. Bis dahin wuchs sie in der Familie ihres Vaters in der Türkei auf. Zum Zeitpunkt des Interviews lebt sie mit ihrer türkeistämmigen Mutter und deren Familie in Deutschland. Hier durchläuft sie mehrere Deutschkurse und wird mit zwölf Jahren in die zweite Klasse einer Grundschule aufgenommen. Von der „türkischen" Familie mütterlicherseits fühlt sie sich als Tochter eines „Kurden" abgelehnt. Es trifft sie besonders, dass ihre Mutter ihretwegen – wegen ständiger Vorwürfe, dass Kayra einen kurdischen Vater hat – unglücklich sei. Die Erfahrung, von Normalitätserwartungen abzuweichen, wiederholt sich: sei es aufgrund zugeschriebener ethnisch-kultureller Identität, sei es aufgrund der Migrationsgeschichte und der damit zusammenhängenden Abweichung von schulischen Ablaufmustern, sei es als verhaltensauffällige Schülerin, der schließlich eine Aufmerksamkeitsdefizitstörung diagnostiziert wird. Kayra geht strategisch mit Anforderungen und Normalitätserwartungen um. Sie reflektiert die Bedingungen ihres oft als abweichend kategorisierten Handelns und stellt eine unmittelbare Geltung von Normen in Frage. Indem sie z. B. Bekleidungsvorschriften für Frauen kontextualisiert und nach deren Sinn fragt, emanzipiert sie sich tendenziell von den verschiedenen Normen, mit denen sie konfrontiert ist.

Kayra bezieht sich im Interview mehrfach auf meine Fremdheit gegenüber islamischen Glaubensregeln und islamischer Praxis. Sie spricht mich als Fremde an, um kommunikativen Anschluss trotz meiner geringen Kenntnisse ihres Zugehörigkeitskontexts sicherzustellen – nicht, um sich abzugrenzen, wie die folgende Szene zeigt.

K: und zu hause is das so dass wir jeden freitag= äh jeden tag beten wir sowieso?
        (.) meine mutter und so, aber jeden freitag is das so ein tag, dass die männer
        m=mussen zur moschee gehen, müssen, und ein besonderes äh (.) dings machen,
        beten, besonderes beten,
I: gebet?
K: gebet, genau, und wir frauen müssen koran lesen freitag. weil freitag br= äh
        juliane ich will dir jetzt keine angst machen aber du glaubst ja dis nich, (.) ich
        mein=ja is ja deine= is ja nich deine religion, am freitag is das so wenn jemand
        beispiel stirbt. in der (.) beispiel zu hause stirbt jemand ne?
I: h=hm,
K: und der geist geht denn nach oben und freitag is das also wir ham dis so gelernt
        freitag is so, dass dieser geist zurückkommt. verstehst du was ich meine? deswegen is=es freitag besonderer tag. wenn du dich fragst warum.

Kayra beschreibt eine Praxis, die sie mit ihrer Zugehörigkeit als Muslima verbindet, und richtet sich dabei an mich, die sich wahrscheinlich „frag[t] warum". Den Geltungsanspruch der Normen begründet sie im Zugehörigkeitskontext: Das Freitagsgebet wird als partikulare Pflicht gedeutet, deren Geltung auf den religiös-kulturellen Kontext beschränkt ist.[9] Kayra bearbeitet die Differenz, die sie zwischen ihrer Familie bzw. Glaubensgemeinschaft und der Interviewerin wahrnimmt, indem sie moralische Maßstäbe differenziert. So vermittelt sie religiöse Handlungsnormen über Milieugrenzen hinweg als sinnvoll in Bezug auf einen bestimmten Kontext, also ohne ihre Geltung zu verabsolutieren. Kayras Versicherung, ich brauche „keine Angst" zu haben, stellt unterschiedliche Sozialisationsgeschichten in Rechnung. Für sie ist das Freitagsgebet eine Selbstverständlichkeit, denn „wir ham dis so gelernt", mich ordnet sie einem anderen Zugehörigkeitskontext zu. Für Kayra, die in Deutschland zwei Jahre lang in einer Moschee gelebt hat, ist das Beten nicht bloß eine auferlegte Pflicht. Im Unterschied zu Ümüt hat sie einen selbstverständlichen Zugang zur Praxis des Gebets. Beiden gilt eine innere Überzeugung, ein Handeln in Übereinstimmung mit den eigenen Erfahrungen und Bedürfnissen als Voraussetzung dafür, Normen adäquat zu befolgen.

K: es gibt=s moschee. du weißt ja. man geht man liest koran, und man geht zurück.
    aber, (.) damals, wo äh wo=ich wie soll=ich=sagen- (.) **wo ich vierzehn fünf-**
    zehn war die ham gesagt (.) ja sie is noch äh ( ) pubertät sie wird ei:n schlechtes
    mädchen, dann ham die mich zur moschee gebracht. zur moschee.
I: h=hm,
K: und da war dis so dass ich immer schlafen musste, sie mich zur schule gebracht,
    (.) abgeholt, wieder von zu hause.
[Auslassung: 5 Zeilen im Originaltranskript]
K: aber da, hab ich zwei drei mal den koran fertig gemacht; hab ich auch wirklich
    da hab ich sehr oft gelernt, sehr viele gelernt (.) alles gebe:t und=so, (.) trotzdem
    hat meine mutter gesagt irgendwas is schief sie trägt trotzdem kein kopftuch.
    @(.)@ ich meinte vielleicht liegt=s daran dass ich nich im herzen habe oder?
    (.) meint=ich dis kopftuch. ja=und=mein=glauben, ich liebe meinen glauben;
    (das=is=schon=was=anderes), aber bei mir is das so ich kann nich kopftuch
    tragen, ich weiß=es nich. ich kann einfach nicht. (natürlich) immer muss pas-
    send sein. wenn wir moschee gehen trag ich natürlich was anderes. wenn wir

---

9   Für die Analyse im Hinblick auf moralische Orientierung spielt es keine Rolle, woher
     die Vorstellung von einer Wiederkehr der Toten stammt, auf die sich Kayra hier bezieht.
     Es geht nicht um eine Zuordnung ihrer Äußerungen zum Volks- bzw. Hochislam (vgl.
     dazu Mihçiyazgan 1994), sondern um die Art und Weise der Auseinandersetzung mit
     Normen und deren Geltung.

beispiel wenn=m wenn ich zu meiner mutters <u>freundin</u> geh dann geh ich auch nich <u>so;</u> dann (.) zieh ich mich schon passend an,

Für Kayra ist die Unterbringung in der Moschee eine Disziplinarmaßnahme, ein Arrangement ihrer Mutter und Großmutter, „die" verhindern wollten, dass sie ein „schlechtes Mädchen" würde. Das Motiv der Besserung wird von Kayra zunächst nicht kommentiert. In Kontrast zu ihrem Erleben umfassender Kontrolle wird die Beschäftigung mit dem Koran als eigene Aktivität dargestellt. Kayra sieht sich hier als Lernende.

Die Zurückweisung des Kopftuchs ist das Symbol einer umfassenderen Verweigerung: Kayra entzieht sich dem Versuch der Mutter und der Großmutter, sie zu einem besseren Mädchen zu machen. In dem beschriebenen Rahmen besteht ihre Anpassung darin, sich intensiv mit dem Koran zu beschäftigen, doch sie lernt selbstbestimmt und zieht ihre eigenen Schlüsse daraus. Sie wehrt sich gegen den unmittelbaren Geltungsanspruch von Normen, die ihr als bloße Konventionen erscheinen (vgl. Habermas 1976a, S. 95). Diese Normen kann Kayra nicht einfach befolgen („ich kann einfach nicht Kopftuch tragen"). Dies liegt aber nicht an einer Fremdheit gegenüber dem Glauben und den damit verbundenen moralischen Werten – Kayra bezieht sich auf die Liebe zum Glauben und damit auf ein allgemeines Prinzip, ähnlich wie Hamid: Als Index einer guten Lebensweise wird das authentische Gefühl der Verbundenheit betrachtet, nicht die normierte Handlungspraxis. Diese Metamoral individueller Authentizität, die in den Fällen Hamid und Ümüt in starker Spannung zu deren Orientierungen an gesellschaftlicher Anerkennung und an kollektiver Zugehörigkeit steht, charakterisiert die moralische Auseinandersetzung Kayras grundsätzlich. Aus dieser metamoralischen Perspektive sind partikulare Normen zwar nicht hinfällig, ihre Geltung wird aber an konkreten Situationen und deren Bedingungen bemessen: Dass die Bekleidung „passend" sein muss, verweist auf diese Kontextsensitivität, die unmittelbare Geltungsansprüche unterläuft.

4.4 Die Suche nach biografisch relevanten Werten vor dem Hintergrund unterschiedlicher Sozialisationserfahrungen

Die Analyse der autobiografischen Präsentationen zeigt, dass sich die interviewten Jugendlichen intensiv mit Normen und Werten auseinandersetzen. Das geschieht nicht rein hypothetisch, sondern im Zusammenhang alltäglicher biografisch relevanter Herausforderungen. Im Sinne der „Lebensbewältigung" lässt sich diese Auseinandersetzung als „Suche nach Handlungsfähigkeit" (Böhnisch 2012, S. 222) auffassen, geht es doch um Wertorientierungen, die biografische Perspektiven eröffnen – und damit subjektive Handlungsfähigkeit ermöglichen können.

Die Suche nach individueller Authentizität, kollektiver Zugehörigkeit und gesellschaftlicher Anerkennung ist im biografischen Erleben verankert. So finden sich im Interview mit Kayra zwar Normalisierungsversuche, die eine Orientierung an den vorgefundenen gesellschaftlichen Maßstäben anzeigen – die Zeit auf der Grundschule wird in Richtung eines ‚normalen‘ schulischen Abschlusses bilanziert (vgl. Franz 2013, S. 216f.). Doch vor Kayras biografischem Hintergrund erfahrener Missachtung im Zugehörigkeitskontext der Familie wie auch im gesellschaftlichen Kontext der Bildungsinstitutionen werden weder gesellschaftliche Anerkennung, noch gemeinschaftliche Verantwortung zu primären Orientierungen. Auch in den anderen Fallanalysen lassen sich die primären Rahmen der moralischen Auseinandersetzung auf die Sozialisationsgeschichten der Jugendlichen zurückführen: In Hamids Erleben ist der familiäre Auftrag zentral, den sozialen Aufstieg der Eltern und Onkel fortzusetzen, für Ümüt ist es das drohende Auseinanderbrechen der Familie aufgrund diskrepanter Orientierungen zwischen Eltern und Söhnen.

Eine theoretische Betrachtung moralischer Orientierungen in der Entwicklungslogik fortschreitend differenzierter Normen, Motive und Akteure, wie sie eingangs vorgestellt wurde, erscheint angesichts der Sozialisationsgeschichten recht formal. Von den biografischen Erlebnishintergründen, auf denen die Logik der rekonstruierten Wertorientierungen praktisch gründet, kann eben nicht abgesehen werden. Sie sind wesentlich für eine Sozialpädagogik, die nicht auf Belehrung setzt, sondern sich ihren Adressaten aus einer rekonstruktiven Haltung nähert (vgl. Franz 2014).

Anhaltspunkte für die soziale Genese der fallübergreifenden Orientierungsrahmen[10] finden sich zum einen im Verhältnis zu den Bildungsinstitutionen, zum anderen im Hinblick auf Geschlecht.

Verhältnis zu den Bildungsinstitutionen

Eine primäre Orientierung an gesellschaftlicher Anerkennung findet sich bei den SchülerInnen der Sekundarstufe II, die in der Schule Anerkennung für ihre Leistungen erfahren und somit überhaupt Aussicht auf Erfolg nach gesellschaftlichen Maßstäben haben. Demgegenüber orientieren sich die Schüler der Sekundarstufe I, die teilweise abschlussgefährdet sind, an ganz anderen Wertmaßstäben, nämlich in erster Linie an individueller Authentizität bzw. an Verantwortung für die Familiengemeinschaft, die sich in der versuchten Herstellung kollektiver Zugehörigkeit erweist.

---

10 Zur soziogenetischen Typenbildung in der Dokumentarischen Methode vgl. Bohnsack 2010b, S. 59ff.

Geschlecht

Alle jungen Frauen des Samples setzen sich mit den schulischen Leistungserwartungen aktiv auseinander. Zwar sieht Kayra in der Bewältigung institutioneller Anforderungen tendenziell ihre Autonomie gefährdet. Dennoch stellt sie sich den Herausforderungen der Bildungsinstitutionen. Sie erfährt sich darin – den besonderen Schwierigkeiten durch die verspätete Einschulung zum Trotz – als handlungswirksam. Die anderen jungen Frauen des Samples – ob Gymnasiastin, Hauptschülerin oder sonderpädagogisch betreute Schülerin – sehen für sich ebenfalls Handlungsmöglichkeiten in der Schule. Dies trifft allerdings nur für einen der männlichen Interviewten zu: Für Hamid sind schulische Leistungserwartungen zum eigenen Leistungsanspruch geworden, den er in seiner autobiografischen Präsentation deutlich hervorhebt, insbesondere kann er sich damit distinguieren. Ümüt und die anderen jungen Männer finden dagegen keinen erfolgreichen Zugang zum Schulsystem, sie erleben sich darin nicht als handlungswirksam. So setzen sie sich mit den Anforderungen kaum auseinander, sondern suspendieren berufsbiografische Entwürfe.[11]

Als ‚Bildungsferne‘ lässt sich die Fremdheit dieser Schüler gegenüber den Bildungsinstitutionen und ihren Kriterien allerdings kaum begreifen. In allen autobiografischen Präsentationen, auch in denen der abschlussgefährdeten jungen Männer, zeigen sich komplexe Selbst- und Weltverhältnisse, die die Angehörigen der jungen Migrationsgeneration in Auseinandersetzung mit den Werten und Normen der familialen und der gesellschaftlichen Sphäre entwickeln. Religiös-kulturelle Zugehörigkeit wird nicht selbstverständlich und ungebrochen übernommen. Besondere biografische Relevanz erhält sie (wie im Fall Ümut) erst vor dem Hintergrund familiärer Krisen und eines ausgeprägten Verantwortungsgefühls für die Familiengemeinschaft. Die sich darin dokumentierende biografische Orientierung lässt sich mit den Konzepten ‚Religiosität‘ und ‚Tradierung‘ nicht auf den Begriff bringen.

Familie

Über Geschlecht und Zugang zum Bildungssystem hinaus spielt auch eine Rolle, inwiefern die Jugendlichen in ihren Familien Anerkennung erfahren. In Kayras Fall dokumentiert sich eine Suche nach Anerkennung ihrer persönlichen Identität durch signifikante Andere, insbesondere durch ihre Mutter. Deutlich wird dies im Vergleich zu anderen Fällen, die eine gewisse Sicherheit in Bezug auf diese Anerkennung erkennen lassen, unabhängig von schulischen Leistungen und

---

11 Die „Suspendierung berufsbiografischer Entwürfe" haben Ralf Bohnsack (1989, S. 199) und andere (Bohnsack et al. 1995, S. 14) in dokumentarischen Jugendstudien als eine milieutypische Phase der Adoleszenzentwicklung männlicher Jugendlicher rekonstruiert.

biografischen Entscheidungen. Die Einbindung in die Familie, die bei Kayra so prekär ist, hängt auch eng mit der familiären Migrationsgeschichte und deren Bearbeitung zusammen. Diese Sozialisationserfahrungen in den Familien, ebenso wie jene in den Bildungsinstitutionen, zeigen sich fallspezifisch, sie lassen sich aber vermutlich auch fallübergreifend beschreiben, wenn weitere Vergleichsfälle analytisch einbezogen werden.

Die hier vorgestellten Orientierungsrahmen sind nicht als feste moralische Standpunkte zu verstehen. Darauf weist die *Suche nach Handlungsfähigkeit* hin, die sich in allen untersuchten Fällen dokumentiert. Diese Suche beinhaltet moralische Motive, genauer: die Auseinandersetzung mit diesen. Sie schlägt sich auch textstrukturell nieder, in Evaluationen und Orientierungstheorien im Modus der Argumentation. Man muss nicht die Entwicklungslogik der theoretischen Modelle von Kohlberg und Habermas übernehmen, um hier Spuren biografischer Prozesse zu erkennen. Ambigue Äußerungen weisen auf Lebensbewältigung hin, etwa wenn Ümüt sagt: „warum machst du das? weil ich es muss". Wie oben gezeigt, verdichtet sich in diesem Ausdruck das Dilemma der brüchig gewordenen konventionellen Moral.

5   Zusammenfassung und Ausblick: Sozialpädagogisches Handeln

Es lässt sich kaum annehmen, dass sich die moralische Auseinandersetzung mit dem Vorfindlichen unter Jugendlichen aus migrierten Familien strukturell von der ihrer einheimischen Peers unterscheidet. In muslimischen Familien mit Migrationsgeschichte aufzuwachsen bedeutet nicht unbedingt, dass islamische oder traditionelle Handlungsnormen inkorporiert, also zu eigenen biografischen Wertorientierungen werden, vielmehr erweisen sich Verbindlichkeitsansprüche solcher Normen als problematisch. In den familienbiografischen Prozessen unterschiedlicher Migrationsgenerationen (d. h. der eingewanderten und der in Deutschland aufwachsenden Generation, die häufig zugleich verschiedene Familiengenerationen sind) können sich divergierende Wertorientierungen und Verhaltenserwartungen derart zuspitzen, dass sich die Beteiligten über ihre Divergenzen nicht verständigen können.

Doch auch weniger dramatische Erfahrungen mit inkompatiblen Normen können verunsichern. Wo Jugendliche nach Prinzipien suchen, nach denen sich Normen beurteilen lassen, gestaltet sich ihr Verhältnis zur Welt um. Diese Umgestaltung ermöglicht, sich z. B. von gesellschaftlichen Normalitätskriterien, schulischen Leistungserwartungen oder traditionellen Handlungsnormen zu emanzipieren oder auch sich auf Werte zu beziehen, die in gemeinsamer Handlungspraxis, etwa in religiösen Gemeinschaften oder in Cliquen entstehen. Solche Prozesse der Ablehnung und (Neu-)Aneignung können aus pädagogischer Sicht problematisch werden. Sie in erwünschte Bahnen lenken zu wollen, kann aber ebenso fehlgehen. In der Jugendarbeit stellt sich auch die Frage, wie häusliche Gewalt, die teilweise aus Konflikten der Migrationsgenerationen entsteht, Gewalt im Namen von Ehre und/oder Religion sowie Rassismus und Antisemitismus thematisiert werden können, ohne ‚muslimische‘ Jugendliche oder Jugendliche aus Migrantenfamilien von vornherein als problematische oder benachteiligte und unterdrückte Gruppe zu identifizieren.[12] Fühlen die Jugendlichen sich beurteilt und belehrt, reagieren sie eher abwehrend, vor allem, wenn es um moralisch strukturierte Gegenstände geht (Franz 2013, S. 275f.; Schäuble 2012, S. 408ff.). Ein wesentlicher Punkt ist daher, Themen und Interessen Jugendlicher wahrnehmen und daran anschließen zu können, ohne sie zu vereinnahmen. Wenn Jugendliche z. B. von Konflikten um Geschlechterrollen oder anderen Normalitätserwartungen erzählen, wenn sie von Ungerechtigkeit sprechen oder davon, was Verantwortung für sie bedeutet, dann kommen darin nicht unbedingt Überzeugungen zum Ausdruck, sondern ambivalente Suchprozesse, die Raum zur Entfaltung benötigen. Wie kann im pädagogischen Kontext daran angeknüpft werden? Ein erster Schritt besteht darin, zu erschließen, wie die Jugendlichen ihre Situation erleben, wie sie handelnd darauf Bezug nehmen. Dazu eignen sich erzählgenerierende Fragen (im Einzel- und/oder im Gruppengespräch), die sich auch beiläufig ergeben können. Die Aufforderung, etwas (mehr) zu erzählen, verbunden mit einer zurückhaltenden, nicht gleich schon ‚wissenden‘ Einstellung,[13] signalisiert ein Interesse am anderen, das ihn oder sie nicht gleich zum (Problem-)Fall macht. Wird auf diese Weise deutlich, was im Erleben der Sprechenden problematisch ist, dann können in einem zweiten Schritt Handlungen als Bewältigung einerseits erst nachvollzogen, andererseits auch pädagogisch eingeschätzt werden. So kann bspw. das Bemühen, die Familie vor einem drohenden Zerbrechen zu bewahren, in eine rigide Normorientierung führen, die darauf zielt, Verletzungen und Kränkungen der als ohnmächtig erlebten eigenen Eltern auszugleichen bzw. weitere zu vermeiden. In der pädagogischen Arbeit kommt es dann darauf an, nach funktionalen Äquivalenten zu suchen. So gilt es etwa, Jugendliche in einer kritischen Auseinandersetzung mit der ‚Moral der Ehre‘ zu unterstützen, ohne einen Bruch mit der Familie zu riskieren. Das kann bedeuten, nicht von pädagogischer Seite vorzugeben, was an diesen Moral-

---

12 Zur Diskussion um Antisemitismus unter muslimischen Jugendlichen vgl. Hößl 2013.

13 Dies wird als methodische Fremdheitshaltung auch für die praktische Soziale Arbeit gefordert (vgl. z. B. Schütze 1994, S. 189).

vorstellungen ungerecht sei, sondern dem Empfinden von Ungerechtigkeit Raum zu lassen. In Gruppengesprächen können betroffene Jugendliche ihre Erfahrungen zur Sprache bringen und sich die gedankliche und emotionale Freiheit nehmen, die Orientierungen anderer Familienmitglieder und ihre eigenen zu hinterfragen. Maßstab sind dann die Bedürfnisse, die sie an sich und ihren Verwandte wahrnehmen (z. B. nach Freiheit, Sicherheit, Gemeinschaft, Authentizität).

Literatur

Allenbach, Brigit/Goel, Urmila/Hummrich, Merle/Weisskoeppel, Cordula (Hrsg.) (2011): Jugend, Migration und Religion. Interdisziplinäre Perspektiven. Pano/Nomos, Zürich.

Böhnisch, Lothar (2012): Lebensbewältigung. In: Thole, Werner (Hrsg.): Grundriss Soziale Arbeit. Ein einführendes Handbuch. VS, Wiesbaden, S. 219-233.

Bohnsack, Ralf (1989): Generation, Milieu und Geschlecht. Ergebnisse aus Gruppendiskussionen mit Jugendlichen. Leske & Budrich, Opladen.

Bohnsack, Ralf (2002): ‚Die Ehre des Mannes'. Orientierungen am tradierten Habitus zwischen Identifikation und Distanz bei Jugendlichen türkischer Herkunft. In: Kraul, Margret/Marotzki, Winfried (Hrsg.): Biographische Arbeit. Perspektiven erziehungswissenschaftlicher Biographieforschung. Leske & Budrich, Opladen, S. 117-141.

Bohnsack, Ralf (2006): Praxeologische Wissenssoziologie. In: Bohnsack, Ralf/Marotzki, Winfried/Meuser, Michael (Hrsg.): Hauptbegriffe Qualitativer Sozialforschung. Barbara Budrich, Opladen, S. 137-138.

Bohnsack, Ralf (2010a): Rekonstruktive Sozialforschung. Einführung in Methodologie und Praxis qualitativer Forschung. Barbara Budrich, Opladen.

Bohnsack, Ralf (2010b): Die Mehrdimensionalität der Typenbildung und ihre Aspekthaftigkeit. In: Ecarius, Jutta/Schäffer, Burkhard (Hrsg.): Typenbildung und Theoriegenerierung. Methoden und Methodologien qualitativer Bildungs- und Biographieforschung. Barbara Budrich, Opladen, S. 47-72.

Bohnsack, Ralf (2012): Orientierungsschemata, Orientierungsrahmen und Habitus. Elementare Kategorien der Dokumentarischen Methode mit Beispielen aus der Bildungsmilieuforschung. In: Schittenhelm, Karin (Hrsg.): Qualitative Bildungs- und Arbeitsmarktforschung. Grundlagen, Perspektiven, Methoden. Springer VS, Wiesbaden, S. 119-153.

Bohnsack, Ralf/Loos, Peter/Schaeffer, Burkhard/Staedtler, Klaus/Wild, Bodo (1995): Die Suche nach Gemeinsamkeit und die Gewalt der Gruppe. Hooligans, Musikgruppen und andere Cliquen. Leske & Budrich, Opladen.

Bourdieu, Pierre (1987): Sozialer Sinn. Kritik der theoretischen Vernunft. Suhrkamp, Frankfurt a. M.

Franz, Julia (2013): Muslimische Jugendliche? Eine empirisch-rekonstruktive Studie zu kollektiver Zugehörigkeit. Barbara Budrich, Opladen.

Franz, Julia (2014): Deutungsmuster überwinden durch Erfahrungswissen? Zum rekonstruktiven Paradigma in der Sozialen Arbeit. In: Köttig, Michaela/Borrmann, Stefan/

Effinger, Herbert/Gahleitner, Silke Birgitta/Kraus, Björn/Stövesand, Sabine (Hrsg.): Soziale Wirklichkeiten in der Sozialen Arbeit. Wahrnehmen – analysieren – intervenieren. Barbara Budrich, Opladen, S. 51-60.

Franz, Julia/Griese, Birgit (2010): Dokumentarische Methode und Narrationsstrukturanalyse – ein Vergleich. In: Griese, Birgit (Hrsg.): Subjekt – Identität – Person? Theoretische und methodische Reflexionen im Feld der Biographieforschung. VS, Wiesbaden, S. 271-316.

Frese, Hans-Ludwig (2002): ,Den Islam ausleben'. Konzepte authentischer Lebensführung junger türkischer Muslime. transcript, Bielefeld.

Goffman, Erving (1967): Stigma. Über Techniken der Bewältigung beschädigter Identität. Suhrkamp, Frankfurt a. M.

Griese, Birgit (2009): Von ,A' wie Ankündigung über ,T' wie Trauma bis ,Z' wie Zugzwänge. Biografieforschung zwischen erzähltheoretischen und (sozial-)psychologischen Analysen – eine Hinführung. In: Zeitschrift für qualitative Forschung 2/2009, S. 331-362.

Habermas, Jürgen (1976a): Können komplexe Gesellschaften eine vernünftige Identität ausbilden? In: Habermas, Jürgen: Zur Rekonstruktion des Historischen Materialismus. Suhrkamp, Frankfurt a. M., S. 92-126.

Habermas, Jürgen (1976b): Moralentwicklung und Ich-Identität. In: Habermas, Jürgen: Zur Rekonstruktion des Historischen Materialismus. Suhrkamp, Frankfurt a. M., S. 63-91.

Hößl, Stefan E. (2013): Antisemitismus unter muslimischen Jugendlichen. Perspektiven für die politische Bildung. In: Biskamp, Floris/Hößl, Stefan E. (Hrsg.): Islam und Islamismus. Perspektiven für die politische Bildung. Gießen, S. 229-247.

Inowlocki, Lena (2002): Was bedeuten Geschichte und Religion nach der Shoah? Paradoxien und Reflexivität in Bildungsprozessen Jugendlicher. In: Zeitschrift für qualitative Bildungs-, Beratungs- und Sozialforschung, 3. Jg., 2/2002, S. 263-281.

Kallmeyer, Werner/Schütze, Fritz (1977): Zur Konstitution von Kommunikationsschemata der Sachverhaltsdarstellung. In: Wegner, Dirk (Hrsg.): Gesprächsanalysen. Buske, Hamburg, S. 159-274.

Karakaşoğlu-Aydin, Yasemin (2000): Muslimische Religiosität und Erziehungsvorstellungen. Eine empirische Untersuchung zu Orientierungen bei türkischen Lehramts- und Pädagogik-Studentinnen in Deutschland. IKO, Frankfurt a. M.

Kelek, Neclá (2002): Islam im Alltag. Islamische Religiosität und ihre Bedeutung in der Lebenswelt von Schülerinnen und Schülern türkischer Herkunft. Waxmann, Münster.

King, Vera (2013): Die Entstehung des Neuen in der Adoleszenz. Individuation, Generativität und Geschlecht in modernisierten Gesellschaften. Springer VS, Wiesbaden.

Klinkhammer, Gritt (2000): Moderne Formen islamischer Lebensführung. Eine qualitative-empirische Untersuchung zur Religiosität sunnitisch geprägter Türkinnen der zweiten Generation in Deutschland. Diagonal, Marburg.

Kohlberg, Lawrence (1971): From Is to Ought: How to Commit the Naturalistic Fallacy and Get Away with It in the Study of Moral Development. In: Mischel, Theodore (Hrsg.): Cognitive Development and Epistemology. Academic Press, New York, S. 151-235.

Mannheim, Karl (2003): Strukturen des Denkens. Suhrkamp, Frankfurt a. M.

Mannheim, Karl (2004): Beiträge zur Theorie der Weltanschauungs-Interpretation. In: Strübing, Jörg/Schnettler, Bernt (Hrsg.): Methodologie interpretativer Sozialforschung. Klassische Grundlagentexte. UVK, Konstanz, S. 103-153.

Mihçiyazgan, Ursula (1994): Die religiöse Praxis muslimischer Migranten. Ergebnisse einer empirischen Untersuchung in Hamburg. In: Lohmann, Ingrid/Weiße, Wolfram (Hrsg.):

Dialog zwischen den Kulturen. Erziehungshistorische und religionspädagogische Gesichtspunkte interkultureller Bildung. Waxmann, Münster, S. 195-206.

Nohl, Arnd-Michael (2012): Interview und dokumentarische Methode. Anleitungen für die Forschungspraxis. VS, Wiesbaden.

Nökel, Sigrid (2002): Die Töchter der Gastarbeiter und der Islam. Zur Soziologie alltagsweltlicher Anerkennungspolitiken. Eine Fallstudie. transcript, Bielefeld.

Schäuble, Barbara (2012): ,Anders als wir'. Differenzkonstruktionen und Alltagsantisemitismus unter Jugendlichen. Anregungen für die politische Bildung. Metropol, Berlin.

Schmitt, Andreas (2008): Kritische Diskussion statt akzeptierender Dialog. Konflikte, Aufgaben und Möglichkeiten der Jugendhilfe im Hinblick auf islamistische Familien und Jugendliche. In: Blätter der Wohlfahrtspflege 4/2008, S. 146-148.

Schütze, Fritz (1983): Biographieforschung und narratives Interview. In: Neue Praxis 03/1983, S. 283-293.

Schütze, Fritz (1994): Ethnographie und sozialwissenschaftliche Feldforschung. Eine mögliche methodische Orientierung in der Ausbildung und Praxis der Sozialen Arbeit? In: Groddeck, Norbert/Schumann, Michael (Hrsg.): Modernisierung Sozialer Arbeit durch Methodenentwicklung und -reflexion. Lambertus, Freiburg i. Br., S. 189-297.

Tietze, Nikola (2001): Islamische Identitäten. Formen muslimischer Religiosität junger Männer in Deutschland und Frankreich. Hamburger Edition, Hamburg.

Toprak, Ahmet/Nowacki, Katja (2012): Muslimische Jungen. Prinzen, Machos oder Verlierer? Lambertus, Freiburg i. Br.

… „es ist ein Teil von mir"
Empirische Perspektiven auf die Bedeutung des Kopftuchs in sozialisatorischer Hinsicht[1]

Stefan E. Hößl und Karim Fereidooni

1 Einleitung

Debatten über das Kopftuch sind in der bundesrepublikanischen Öffentlichkeit spätestens seit dem Kopftuch-Urteil des Bundesverfassungsgerichts aus dem Jahre 2003 omnipräsent (vgl. Bundesverfassungsgericht 2003; Mahrenholz 2009).[2] Kopftuchtragende Musliminnen in Deutschland, aber auch in anderen europäischen Ländern standen seither oftmals „im Epizentrum eines kulturellen Sturms" (Gallup Coexist Index 2009, S. 36).

Ausgangspunkt der in Deutschland, aber auch andernorts geführten Debatten um das Kopftuch waren Fragestellungen, die sich im Besonderen darauf richteten, ob das Kopftuchtragen für MuslimInnen als religiöse Norm betrachtet und beachtet werden muss oder nicht (vgl. Mernissi 1989; Ahmed 1992; Hoodfar 1997; Knieps 1999; Tibi 2000; Bobzin 2001; Halm 2008; Wielandt 2009). Daneben finden sich auch andere Debatten: Bspw. eine ‚emanzipatorisch-feministische', in der unterschiedliche Akteure das Kopftuch entweder als Zeichen weiblicher Unterdrückung durch den Islam (vgl. Schwarzer 2002; Münch 2004; Thierse 2004) oder als ein Instrument weiblich-emanzipatorischer Selbstermächtigung deuten (vgl. Jedlitschka 2004; Haug/Reimer 2005; Rommelspacher 2009). In politischer und auch verfassungsrechtlicher Hinsicht wird das Kopftuch einerseits als ein Symbol des Islamismus (vgl. Schwarzer 2006), andererseits als verfassungskonformes und apolitisches Zeichen gewertet (vgl. Karakaşoğlu 2003; Berghahn 2009). Bezüglich des gesellschaftlich-konstitu-

---

1 Der vorliegende Beitrag entstand in einem kooperativen Forschungsprojekt, das auf die Dissertationsthematiken von Stefan E. Hößl und Karim Fereidooni aufbaut. Es werden erste Ergebnisse dargestellt.
2 Debatten um das Kopftuch wurden bereits vor diesem Datum in der BRD geführt. Siehe dazu: Amir-Moazami (2007, S. 103).

tiven Selbstverständnisses der Bundesrepublik werten einige Personen den Grad der (mangelnden) Anerkennung kopftuchtragender Frauen als das Sinnbild eines (un-)veränderten Selbstverständnisses Deutschlands als eines religiös und kulturell homogenen oder auch sich diversitätsbewusst konstituierenden Staates (vgl. Kermani 2010; Barskanmaz 2009). Auf der religiös-handlungspraktischen Ebene wiederum betrachten einige das Kopftuch als Symbol der Islamisierung der (vermeintlich) christlich-bundesrepublikanischen Gesellschaft (vgl. kritisch Bielefeld 1998; Karakaşoğlu-Aydin 1999), in deren Folge die Bedeutung der religiösen Verortung eines jeden Individuums innerhalb der (vermeintlich) säkularen Gesellschaft verhandelt wird (vgl. Böckenförde 2009; Ekardt 2009).

Das (Tragen des) Kopftuch(s) ist in der Bundesrepublik demnach außerordentlich stark symbolisch aufgeladen. Was aber bedeutet ein Kopftuch für dessen Trägerinnen? Inwiefern ist es bedeutsam hinsichtlich des individuellen Werdens dieser? Wenn davon ausgegangen wird, dass sich Sozialisation auf die Individuation Einzelner im interpendenten Wechselspiel mit sozialen Einflüssen bezieht, die im Kontext verschiedener Felder wie Familie, Peergroup, aber auch bspw. der Gesellschaft wirkmächtig werden (vgl. Hölscher 2008, S. 747), ist zu fragen: Inwiefern entfaltet das Tragen des Kopftuchs eine Relevanz in sozialisatorischer Hinsicht? Die Forschungsstände hierzu betrachtend ist festzustellen, dass derartige Fragen bislang sehr selten gestellt bzw. häufig ausgeblendet wurden. Zwar existieren Untersuchungen, die analysieren, aus welchen Gründen Kopftücher getragen werden; weitgehend unklar ist jedoch, welche Bedeutung dem Tragen eines Kopftuchs im Alltäglichen zukommt und inwiefern es Einfluss auf das Werden von Musliminnen entfaltet.

Diesen Fragen wollen wir im vorliegenden Artikel nachgehen. Nach einem Blick auf den Stand der Forschung zum Thema (1.) liegt der Fokus der Ausführungen auf einem narrativ-biografischen und einem Leitfaden-Interview[3] mit einer jungen Frau (Lina[4]) (2.). Anschaulich lässt sich hier rekonstruieren, dass das Kopftuch in unterschiedlichen Phasen ihrer Biografie und in sozialisatorischer Hinsicht hochbedeutsam war und ist. Die Rekonstruktionen zu diesem Interview und deren Abstraktion (3.) bilden die Ausgangsbasis dafür, Forschungsdesiderate zu benennen und über pädagogische Haltungen in Bezug auf das Kopftuch zu reflektieren (4.).

---

3   Das dreistündige Interview mit der 18-jährigen Lina wurde im Herbst 2012 von Stefan E. Hößl geführt.

4   Um keinen Rückschluss auf die Person Linas zu ermöglichen, wurde der Name wie auch der Rest des Interviews anonymisiert.

2   Stand der Forschung

Ergebnisse standardisierter Forschung

Zunächst die Ergebnisse zu den Assoziationen betrachtend, die mit dem Kopftuch verbunden sind, zeigt der u. a. diesen Aspekt fokussierende Gallup Coexist Index[5], dass sich hier zum Teil starke Unterschiede zwischen deutschen MuslimInnen im Vergleich zur Gesamtbevölkerung ausmachen lassen. Ein Unterschied besteht dahingehend nicht, dass beide Gruppen mit jeweils 40 Prozent das Tragen des Kopftuchs mit ‚Mut' verbinden und 75 Prozent eine assoziative Verknüpfung des Kopftuchs mit ‚Religiosität' herstellen (vgl. Gallup Coexist 2009, S. 36). Die Assoziation ‚Fanatismus' haben bezüglich des Kopftuchs in Deutschland 44 Prozent der Gesamtbevölkerung und 13 Prozent der befragten MuslimInnen, die mit ‚Unterdrückung' 60 Prozent im Vergleich zu 16 Prozent (vgl. ebd., S. 37). Der Gallup Coexist Index, in dem auch Items zu weiteren Assoziationen wie ‚Frauenfeindlichkeit', ‚Bedrohung der europäischen Kultur' und ‚Bereicherung der europäischen Kultur' aufgenommen wurden, erzielte folgende Ergebnisse bezüglich der Zustimmung zu den Items für jeweils die Gesamtbevölkerung und deutsche MuslimInnen: 45 und 11 Prozent (vgl. ebd.), 16 und 5 Prozent sowie 17 und 50 Prozent (vgl. ebd., S. 38). MuslimInnen empfinden das Kopftuch entsprechend zu 50 Prozent als Bereicherung der europäischen Kultur. Nur 17 Prozent der Gesamtbevölkerung sehen dies so.

Anders ausgerichtet ist die im Auftrag der Deutschen Islam Konferenz durchgeführte und 2009 publizierte Studie *Muslimisches Leben in Deutschland*, in der Daten aus der telefonischen Befragung von 6004 MuslimInnen einflossen. Hier zeigt sich ein deutlicher Zusammenhang „zwischen Gläubigkeit und dem Tragen des Kopftuchs" (Haug et al. 2009, S. 15), wenngleich keine zwangsläufige Kopplung zwischen der Bedeutung, die dem eigenen Religionsbezug zugeschrieben wird, und dem Tragen eines Kopftuchs feststellbar ist: „Immerhin jede zweite stark religiöse Muslimin trägt kein Kopftuch" (ebd.). Insgesamt tragen „28 Prozent der in den erfassten Haushalten lebenden Musliminnen [...] ein Kopftuch" (ebd., S. 195) – mit jeweils mehr als 30 Prozent tragen vor allem Mädchen und Frauen mit türkischem oder nordafrikanischem Familienhintergrund ein Kopftuch. Nach Gründen für das Kopftuchtragen befragt, äußerten die StudienteilnehmerInnen, dass religiöse

---

5   Die Publikation bezieht sich auf einen Vergleich zwischen Frankreich, Großbritannien und Deutschland. Für die folgenden Ausführungen werden nur die Ausführungen zu Deutschland betrachtet. In Deutschland waren die Daten zur Gesamtbevölkerung mit dem Ziel verbunden, „eine landesweit repräsentative Bevölkerungsgruppe deutscher Haushalte zu erzielen" (Gallup Coexist 2009, S. 47). Es wurden 4024 Personen telefonisch befragt (vgl. ebd.). Hinzu kamen 506 deutsche MuslimInnen (vgl. ebd., S. 47f.).

Ursachen die bedeutsamsten darstellen: Ähnlich wie in der von Frank Jessen und von Ulrich Wilamowitz-Moellendorf (2006, S. 24) durchgeführten Studie *Das Kopftuch – Entschleierung eines Symbols?* nennen über 90 Prozent der 1094 befragten KopftuchträgerInnen religiös begründete Motive (vgl. Haug et al. 2009, S. 205). 43 Prozent der Mädchen und Frauen äußerten, das Kopftuch vermittle ihnen Sicherheit und zirka 66 Prozent tragen es, „um als Muslima erkennbar zu sein" (ebd.).

Im Rahmen des Religionsmonitors 2008 wurde die *Vielfältige muslimische Religiosität in Deutschland* ins Zentrum einer repräsentativen Sonderbefragung gerückt. Befragt wurden 2000 MuslimInnen ab 18 Jahren (vgl. Rieger 2008, S. 10). Im Ergebnis kommt die Studie zu dem Befund, dass eine Mehrheit von 53 Prozent der StudienteilnehmerInnen das Kopftuchtragen ablehnt. Im Geschlechtervergleich waren dies 56 Prozent der Männer und 50 Prozent der Frauen (vgl. Thielmann 2008, S. 20). „Auch 37 Prozent der Hochreligiösen finden sich darunter" (ebd.). Im Altersvergleich zeigt sich, dass besonders jüngere MuslimInnen das Tragen des Kopftuchs bejahen (vgl. Blume 2008, S. 47),[6] was sich auch mit dem Befund deckt, dass jüngere MuslimInnen in der Studie insgesamt als „[b]esonders glaubensstark" (Mirbach 2013, S. 46) ausgemacht werden.

Darüber hinaus befragten Ursula Boos-Nünning und Yasemin Karakaşoğlu (2006, S. 9) in ihrer nicht repräsentativen Studie *Viele Welten Leben* 950 Mädchen und junge Frauen mit diversen Migrationshintergründen im Alter von 15 bis 21 Jahren (vgl. ebd., S. 35). Die Studie fokussiert bezüglich der 202 befragten Musliminnen mit türkischem Familienhintergrund u. a. auf Fragen nach dem Kopftuch (vgl. ebd., S. 427), wobei 25 der Befragten in dieser Gruppe ein Kopftuch tragen. Alle 25 ordnen sich dem sunnitischen Islam zu. Wie auch andere bereits angeführte Untersuchungen kommen Boos-Nünning und Karakaşoğlu ebenfalls zu dem Schluss, dass die jeweilige Gläubigkeit in einem engen Bezug zum Tragen des Kopftuchs steht: Unter den Kopftuchträgerinnen findet sich kein Mädchen bzw. keine junge Frau, die teilsteils, wenig oder gar nicht religiös ist (vgl. ebd., S. 428). Die ForscherInnen, die in ihrer Untersuchung auch die unterschiedlichen islamischen Glaubensrichtungen betrachten, stellen fest: „Eine ,sehr starke' Religiosität weisen [...] 18 Prozent der Sunnitinnen ohne und sogar 68 Prozent der Sunnitinnen mit Kopftuch auf" (ebd.).

Faruk Şen und Martina Sauer (2006, S. 19) befragten in 1019 standardisierten, telefonischen Interviews ebenfalls MuslimInnen mit türkischem Familienbezug nach deren Einstellungen bezüglich Religion und Religiosität. Neben anderen wurde auch das Item „Muslimische Frauen sollten generell in der Öffentlichkeit

---

6   Michael Blume (2008, S. 47) führt aus, dass „34 Prozent der 18- bis 29-Jährigen und sogar 37 Prozent der 30- bis 39-Jährigen gegenüber 29 Prozent der 50- bis 59-Jährigen und nur 27 Prozent der Senioren ab 60" das Tragen des Kopftuchs bejahen.

ein Kopftuch tragen" (ebd., S. 86) aufgenommen. Im Ergebnis zeigen ihre Ergeb-
nisse, dass 47 Prozent der Befragten „das Tragen eines Kopftuchs für muslimische
Frauen in der Öffentlichkeit" (ebd., S. 62) befürworten, während 43 Prozent „den
Kopftuchzwang ab[lehnen]" (ebd.). Es sind vor allem Frauen (61,5 Prozent), die das
Tragen des Kopftuchs befürworten (vgl. ebd., S. 65). Männer stimmten mit 42,9
Prozent dafür (vgl. ebd.). Bei dieser Frage nach dem Kopftuchtragen zeigen sich
deutliche Unterschiede je nach Bildungsstatus und sozialer Stellung, die über den
Beruf ermittelt wurden: So stimmen die Befragten ohne Schulabschluss mit 74
Prozent, jene mit niedrigem mit 60,3 Prozent und jene mit mittlerem oder höhe-
rem Schulabschluss mit 38,2 Prozent und 43,2 Prozent der Aussage zu. Vor allem
Facharbeiter und Hausfrauen sind hier mit hohen Werten vertreten: 64,7 Prozent
und 78,1 Prozent. Die anderen befragten Personen liegen je nach Berufsgruppe
bei 34,4 Prozent (Selbstständige) bis 42,6 Prozent (ArbeiterInnen), Arbeitslose bei
48,1 Prozent (vgl. ebd., S. 66).

Die Ergebnisse standardisierter Forschung verweisen auf Zusammenhänge zwischen dem Kopftuchtragen und Aspekten wie bspw. Religiosität, Geschlecht, Alter,
Bildungsstatus oder Beruf. Dabei wird jedoch deutlich, dass auf Fragen danach,
was das Kopftuch für das kopftuchtragende Individuum bedeutet, kaum ergiebige
Antworten zu finden sind. Die individuelle Dimension des Kopftuchtragens wird in
den skizzierten Studien weitestgehend ausgeblendet. Mit zahlreichen qualitativ-re-
konstruktiven Studien, die im Weiteren ins Zentrum der Betrachtungen gerückt
werden, sind in den letzten Jahren Erkenntnisse erzielt worden, die eher geeignet
erscheinen, Einsichten in diese Dimension des Kopftuchtragens zu erlangen.

Ergebnisse qualitativer Zugänge

Yasemin Karakaşoğlu-Aydin untersuchte in ihrer Dissertation *Muslimische Religiosität und Erziehungsvorstellungen* die religiösen Orientierungen von 26 türkischen
Lehramts- und Pädagogikstudentinnen. Die konfessionelle Zugehörigkeit der an-
gehenden Pädagoginnen variierte von Alevitinnen (7) über Sunnitinnen ohne (9)
und mit Kopftuch (10) (vgl. Karakaşoğlu-Aydin 1999, S. 160f.). Forschungsleitend
war die Frage nach der Bedeutung der Religiosität für das Selbstverständnis der
Interviewpartnerinnen und die damit verbundene Untersuchung zu Religions- und
Erziehungsvorstellungen. Zudem wurden kopftuchtragende Studierende nach der
Bedeutung des Kopftuchs für sie persönlich gefragt (vgl. ebd., S. 9).

Die Gründe der kopftuchtragenden Interviewten, dieses zu tragen sind vielfältig,
wobei die Freiwilligkeit von allen Kopftuchträgerinnen – bis auf eine Ausnahme –
betont wird (vgl. ebd., S. 230). Eine befragte Frau gab an, dass sie dem familialen
Wunsch, das Kopftuch zu tragen, „lange Widerstand leistete" (ebd., S. 221), bis
„ihr persönlich der Sinn dieser Handlung deutlich wurde" (ebd.). Eine andere

Interviewpartnerin entschloss sich „gegen den Willen des Vaters" (ebd., S. 230) das Kopftuch zu tragen.

Die Kopftuchträgerinnen teilen eine „uneingeschränkt positive Haltung zum Kopftuchgebot, das für sie nicht zuletzt aufgrund der mütterlichen Praxis ein selbstverständliches, nicht zu hinterfragendes Kleidungsstück für muslimische Frauen darstellt" (ebd., S. 224). Das Kopftuch ist für sie nicht die „Nachahmung einer familiären Tradition" (ebd., S. 222), sondern „Ausdruck [...] [des] selbstbewussten Umgangs mit den Grundlagen des Islams" (ebd.). Dieser freiwillige und selbstbestimmte Umgang ermöglicht den kopftuchtragenden Frauen beispielsweise Kompromisse zwischen modischen Vorlieben und dem religiös begründeten Kleidungshabitus zu schließen (vgl. ebd., S. 225) sowie eine „unkonventionelle Freizeitgestaltung (gemischtgeschlechtliche Jugendgruppen, Folkloregruppe, Kneipenbesuch)" (ebd., S. 223).

Die Bedeutungsdimension des Kopftuchs weiten die Kopftuchträgerinnen nicht auf die politische Ebene aus, weil sie diese Interpretation „als Mißachtung ihres persönlichen, individualistischen Zugangs zum Islam" (ebd., S. 226) empfinden. Vielmehr betonen sie die religiöse Dimension des Kopftuchtragens, indem sie diese Kleidungspraxis als „ein Gebot Gottes" (ebd., S. 230) interpretieren. Mit der Befolgung der religiösen Norm möchten sie ihre innere Religiosität „nach außen sichtbar" (ebd., S. 231) machen. Zusätzlich, so argumentieren sie, fungiert das Kopftuch für einige Frauen als Schutz vor „männlichen Zudringlichkeiten" (ebd.), weil es ihrer Meinung nach „die sinnliche Wahrnehmung der Frauen durch die Männer hinter der intellektuellen zurücktreten lasse" (ebd.).

Gritt Klinkhammer untersuchte in ihrer Dissertation *Moderne Formen islamischer Lebensführung* die unterschiedlichen Lebensformen muslimisch-sunnitischer Frauen der 2. Generation mit und ohne Kopftuch, die zum Interviewzeitpunkt zwischen 20 und 31 Jahre alt waren und bis auf eine Ausnahme einen mittleren bis hohen Bildungsgrad aufwiesen (vgl. Klinkhammer 2000, S. 18). Forschungsleitend war die Frage nach „islamischen Handlungsweisen [...] und Sinnzusammenhängen in den Selbstbeschreibungen der Musliminnen" (ebd.). Diesbezüglich fokussierte Klinkhammer die Frage, „welche Deutungen durch den gelebten Islam in Deutschland vorgenommen werden" (ebd., S. 17). Für die Studie hat Klinkhammer sieben der 19 geführten Interviews berücksichtigt (vgl. ebd., S. 117).

Die vier interviewten Frauen, die Kopftuch tragen, verstehen dies als eine „orthopraktische Vorschrift" (ebd., S. 275) und „als äußeres Zeichen der Zugehörigkeit zum Islam" (ebd., S. 281), dem u. a. „ein bedeutendes Distinktionsmerkmal unter den muslimischen Frauen selbst" (ebd., S. 276) zukommt. Die Freiwilligkeit spielt für sie eine große Rolle, weil sie das Tragen des Kopftuchs „vom Selbstverständnis her und individuell gewählt" (ebd., S. 280) haben und u. a. mit „der persönlichen

Beziehung zu Allah" (ebd.) begründen. Das Tragen des Kopftuchs wird bei einer
Interviewpartnerin zudem auch explizit gegen den Willen des Vaters durchgesetzt
(vgl. ebd., S. 230).

Dabei hat das Kopftuch „für die Gläubigkeit [...] eine disziplinierende, un-
terstützende Funktion" (ebd., S. 276). Die kopftuchtragenden Frauen assoziieren
mit dem Kopftuch „Schutz" (ebd., S. 279), indem sie „den sexistisch aufgeladenen
öffentlichen Raum" (ebd.) kritisieren und ihre Handlungsfreiheit mit dem Tragen
des Kopftuchs vergrößern möchten (vgl. ebd.). In Bezug auf die Sexualisierung
weiblicher Körper in der Öffentlichkeit argumentieren sie, dass sie die Männer
aufgrund ihres Kopftuchs, „nicht mehr mit ihrem ‚Körper', sondern nur noch mit
ihrer ‚Persönlichkeit'" (ebd., S. 279) konfrontieren. Außerdem verlangen sie, indem
sie sich explizit vom elterlichen Geschlechtermodell distanzieren (vgl. ebd., S. 249),
ein „islamisch feministische[s]" (ebd., S. 279) Rollenmodell, welches sie „befähigt,
emanzipative Ansprüche gegen die Männer zu formulieren" (ebd., S. 277).

Sigrid Nökel führte im Rahmen ihrer Dissertation *Die Töchter der Gastarbeiter
und der Islam* Interviews mit 18 kopftuchtragenden Frauen im Alter von 18 bis 28
Jahren (vgl. Nökel 2002, S. 288ff.). Die Studie fokussiert die „Strategien junger Frauen
der zweiten ImmigrantInnengeneration, ihre kulturelle Identität als Musliminnen
in Deutschland zu finden" (ebd., S. 11). Die Intention dieser Arbeit ist, „konkrete
soziale Handlungsfelder und kulturelle Bezugsfelder der einzelnen Akteurinnen
nachvollziehbar" (ebd., S. 12) zu machen.

Der Lebensstil und die Lebensentwürfe der kopftuchtragenden Frauen sind im
Prinzip vergleichbar mit denen anderer Frauen, die kein Kopftuch tragen und keine
Zuwanderungsgeschichte aufweisen. Alleinig die „ethische Lebensführung, die
sich am Islam orientiert" (Nökel 2007, S. 152), markiert einen Unterschied. Diese
Religiosität, „die dem tiefsten Inneren entspringt und die nicht von Konventionen
oder sozialen Erwartungen anderer abhängig ist" (ebd., S. 142) lässt Nökel zum
Urteil gelangen, dass die Frauen freiwillig und selbständig zur Religion gefunden
haben. Dieser Befund wird gestützt durch die Feststellung, dass „Religion [...] von
den jungen Frauen intellektuell ‚durchgearbeitet', reflektiert angeeignet und in den
Kontext der persönlichen Lebensführung eingebettet" (ebd., S. 140) wird.

Die intellektuelle Auseinandersetzung mit religiösen Texten und Sachverhalten
führt zum einen dazu, dass sich die „Neo-Muslimas [...] als religiös handelnde
Subjekte und nicht als gehorsame Objekte ihres Glaubens" (ebd., S. 142) begreifen, was unter Umständen zu „Kämpfe[n] um Autorität" (ebd., S. 146) führt, die
beispielsweise zwischen den interviewten Frauen und ihren Eltern stattfinden. In

„Diskussionen, die einen Schlagabtausch von Koransuren und Hadith-Elementen"[7] (ebd.) enthalten, erkämpfen sich die jungen Frauen „unter dem Hinweis auf ihr islamisches Wissen Freiräume" (ebd.).

Die interviewten Frauen verteidigen das Kopftuch und ihre Positionen gegenüber anderen – auch muslimischen – Personen, die das Kopftuchtragen in der bundesrepublikanischen Gesellschaft für unnötig halten (vgl. Nökel 2002, S. 93). Das Anlegen des Kopftuchs wird als „[s]elbstermächtigende Praxis" (Nökel 2007, S. 140) empfunden „über deren Annahme letztlich nur die einzelne Person entscheiden kann" (ebd.). Die Argumente für das Tragen des Kopftuchs speisen sich zum einen aus der „koranischen Vorgabe" (ebd., S. 93), die die Frauen als „Pflicht" (ebd., S. 140) empfinden und zum anderen aus der Maßgabe, „aufgrund der inneren Werte und nicht aufgrund des Äußeren" (ebd., S. 93) beurteilt zu werden. Dabei möchten die Frauen der verschleierten Uniformierung und der damit einhergehenden sozialen Exklusion entgehen, indem sie individuelle ästhetische Wünsche mit ihren ethischen Grundsätzen in Einklang bringen (vgl. ebd., S. 99) und zudem auf den bundesdeutschen Lebens- und Gesellschaftsbezug ihrer Kleidung achten (vgl. ebd., S. 93f.).

In der Dissertation von Schirin Amir-Moazami, *Politisierte Religion,* „liegt der Fokus der Untersuchung auf der diskursiven Produktion von Identitäten und den damit verbundenen Mechanismen von Selbst- bzw. Fremdrepräsentationen in der Öffentlichkeit" (Amir-Moazami 2007, S. 16). In der Studie werden gesellschaftliche Diskurse über das Kopftuch in der BRD und Frankreich in Beziehung gesetzt „zu den Selbstbeschreibungen junger Kopftuch tragender Frauen der zweiten Generation von muslimischen Einwanderern in beiden Ländern" (ebd.). Für diese Untersuchung wurden 40 Interviews mit 15- bis 34-jährigen und kopftuchtragenden sowie in islamischen Milieus aktiven Frauen geführt.

Das Bekenntnis zum Kopftuch ist, so Amir-Moazami, „als Wende von ,Ignoranz' zu ,Erleuchtung'" (ebd., S. 185) zu verstehen und hängt „weniger mit transnationalen ,Re-Islamisierungsprozessen'[...] [zusammen] als eher damit, dass die junge Generation von Muslimen [...] ihr öffentliches Bekenntnis zu ihrer Religion [...] als legitim empfindet" (ebd., S. 176). Diese „Externalisierung einer ,muslimischen Identität'" (ebd.) dient u. a. der „,Selbstdisziplinierung' zum Erlernen oder Verinnerlichen religiöser Praktiken" (ebd., S. 184) und kann ihre Ursache in „einer persönlichen Krise" (ebd., S. 185), in dem Bewusstsein, „ein Defizit an religiösem Wissen zu haben" (ebd.), oder in einer persönlichen „Bindung, die sie zu Gott herstellen wollen" (ebd., S. 173), haben. In jedem Fall aber betonen die Interviewpartnerin-

---

7   Hadithe sind Überlieferungen über den Propheten Mohammed. Die einzelnen Abschnitte des Koran werden Suren genannt.

nen die Freiwilligkeit des Kopftuchtragens, welches „als Versuch gelesen werden
[kann], die öffentliche Meinung zu hinterfragen und zu konterkarieren" (ebd., S.
172). Einige Frauen „kritisieren den Verschleierungszwang als eine ‚unislamische'
Praxis" (ebd., S. 173) und lehnen sich mithilfe ihres angeeigneten religiösen Wissens
gegen derartige elterliche Bestrebung erfolgreich auf (vgl. ebd.). Die Freiwilligkeit
und Selbstbestimmtheit des Kopftuchtragens unterstreicht die Befunde, dass sich
einige Frauen „sogar gegen den Willen ihrer Eltern für das Kopftuch entschieden"
(ebd., S. 170) haben. Demnach ist das Tragen des Kopftuchs „keine bloße Famili-
entradition, die sie unverändert fortsetzen" (ebd., S. 171).

Neben den religiös-normativen und religiös-handlungspraktischen Begründungen für das Kopftuchtragen spielen für die interviewten Frauen auch emanzipatorisch-feministische Argumente eine Rolle, indem sie die öffentliche „Zurschau-
stellung von Sexualität und Weiblichkeit" (ebd., S. 189) „als einen Ausdruck von
weiblicher Unterdrückung" (ebd.) interpretieren. Von beiden negativen Aspekten
möchten sich die Frauen mithilfe des Kopftuchtragens befreien. Zudem empfinden
sie „das Kopftuch als einen Akt der Befreiung [...] [, weil es ihnen] einen größeren
Spielraum [gewährt], sich frei im öffentlichen Raum zu bewegen und dabei keine
Scheu vor männlichen Kontakten zu haben" (ebd., S. 191).

Die Kopftuch tragenden Frauen nehmen eine „öffentliche Verachtung des
Kopftuches" (ebd., S. 190) und damit verbundene Diskriminierungen wahr (vgl.
ebd., S. 182). Im Allgemeinen „betonen die meisten Frauen allerdings, dass sie
die deutsche Gesellschaft für ihre ‚tolerante' Haltung gegenüber dem Kopftuch
schätzen würden" (ebd.).

Die angeführten Studien resümierend betrachtend ist festzuhalten, dass sie
detailreiche Befunde über die Religiosität von MuslimInnen im Allgemeinen und
über die Ursachen des Kopftuchtragens im Speziellen ermitteln. Jedoch bestehen
weiterhin Desiderate hinsichtlich des Kopftuchs als sozialisatorisch relevantem
Aspekt, die im Folgenden anhand der Rekonstruktionen zu einem Interview
fokussiert werden.

3   Lina[8]

Lina Sofia wird 1994 in einer deutschen Großstadt als zweites von drei Kindern türkisch-stämmiger Eltern geboren. Die aus einem dörflichen Kontext kommenden Eltern migrierten 1992 nach Deutschland. Die Mutter verfügt über keinen schulischen Abschluss, der Vater besitzt einen Hauptschulabschluss.

Ihre Eltern beschreibt Lina als bildungsferne, als in einen segregierten Bereich der Gesellschaft verwiesene sowie als sprachlich nicht kompetente. Das nur geringe Vorhandensein monetärer Mittel hat, wie die Rekonstruktionen zum Interview verdeutlichen, einen großen Einfluss auf den Alltag der Familie, wenngleich Linas Vater sehr viel arbeitet – oder, wie Lina sagt: „ackert" (683)[9]. Die Eltern werden von Lina als „kulturell [...] hängen geblieben" (664), als rückständig und mit wenig kulturellem Kapital ausgestattete charakterisiert; als Menschen, die „noch niie was gesehen" (674) haben von der Welt. Lina, die angibt, sie habe eine tiefe emotionale Bindung zu den Eltern und die sagt: „ich liebe meine Eltern" (724f.), hat große Schwierigkeiten in der sprachlichen Verständigung mit diesen. Die Eltern sprechen vorwiegend Türkisch und Lina, die „nie so richtig Türkisch gelernt" (1036) hat, vor allem Deutsch. Die Mutter spricht „gar kein" (101) und der Vater „nicht soo perfekt" (100) Deutsch. Das Nichtvorhandensein einer gemeinsamen Sprache erschwert die Kommunikation mit den Eltern, vor allem aber mit der Mutter immens.

Kindheit

Die ersten „acht Jahre" (17) wächst Lina in einem segregierten Stadtteil in einer Hochhaus-Siedlung auf; einer „Gegend" (22), so sagt sie, „wo nur Türken gewohnt haben" (ebd.). Das dortige Wohnumfeld erlebt sie über die Jahre durchweg negativ: U. a. weil sie von „Jungs" (21) aus der Nachbarschaft wegen eines Sprachfehlers als Auszugrenzende stigmatisiert und „oft [...] geschlagen" (20) wird.

Bereits in frühen Jahren erlebt Lina das Umfeld des Stadtteils als aversiv besetzten sozialen Raum. Bei ihr entsteht eine Wahrnehmung, in der das aus dem Elternhaus bekannte Prekäre dieser Wohngegend, die relative Finanz- und Bildungsarmut in essentialisierender Weise mit dem ‚Ausländisch- und Türkisch-Sein' der BewohnerInnen und auch der Eltern gleichgesetzt wird und von dem sie sich distanziert.

---

8   Das Interview wurde mit Hilfe der Dokumentarischen Methode ausgewertet (vgl. Bohnsack 2010; Bohnsack/Nentwig-Gesemann/Nohl 2007). Die folgende Fall- und Ergebnisdarstellung unter 2. und 3. bezieht sich auf die Ergebnisse der formulierenden und reflektierenden Interpretation des Interviews.

9   Die in Klammern angegebenen Ziffern beziehen sich auf die Zeilennummern des Interviewtranskripts.

Mit den „ausländischen (.)[¹⁰] Kindern" (29) versteht sich Lina „niie" (ebd.) und stattdessen sind es „immer so (.) deutsche Freunde" (30), die als „Vorbild" (31) dienen und an denen sich Lina orientiert.

Bereits früh schildert sie hier eine starke Orientierung an Bildung als Vehikel der sozialen Mobilität – eines, das sie in die Lage zu versetzen vermag, alte Zugehörigkeiten und Zwangslagen überwinden zu können. Es ist besonders der Vater, zu dem Lina sagt, er hätte „nie ein gutes Leben" (750) gehabt und der großen Wert darauf legt, dass Lina die „Schule machen" (728) soll, um „nicht wie mein Vater [zu] enden" (728f.). Lina selbst orientiert sich an diesem Wunsch als Möglichkeit, nicht das Leben der Eltern führen zu müssen, wenngleich dies für sie nicht leicht in die Realität umzusetzen ist, wie sich bereits nach der Grundschule zeigt.

Sonderschule und Anlegen des Kopftuchs

Wegen ihres Sprachfehlers, aufgrund dessen ihr eine Lehrerin diagnostiziert, Lina sei „sprachlich behindert" (36), wird sie nach der Grundschulzeit zunächst auf eine Sonderschule verwiesen. Die bildungsfernen und nicht mit der deutschen Sprache vertrauten Eltern erscheinen in diesem Zusammenhang hilflos. Sie können nicht intervenieren und „nichts dagegen tun" (39). Letztlich muss Lina entsprechend „vier Jahre lang" (42) auf diese Schule.

2005, nach der fünften Klasse der Sonderschule – Lina ist zirka elf Jahre alt – entschließt sie sich, das Kopftuch anzulegen. Sie sagt dazu, sie habe es „unbewusst damals" (129) „getragen" (ebd.); „ich wusste nie warum" (148). Diffus, aber doch mit einer positiv-affirmativen Grundhaltung, assoziiert sie das Kopftuch mit dem Glauben an Gott – „es war immer so ah Kopftuch ah Gott ok" (131f.). Es ist besonders die Mutter, die hier als (weibliches Geschlechtsrollen-)Modell fungiert. Lina beschreibt den Grund: „Mama trägt auch Kopftuch ich (.) ich trag jetzt auch n Kopftuch" (380).

Das nachahmende bzw. am Modell der kopftuchtragenden Mutter orientierte Verhalten ist für die elfjährige Lina nicht weiter begründungsbedürftig. Für Linas Eltern hingegen ist es keineswegs selbstverständlich. Sie sind wegen Linas jungem Alter „dagegen" (389), dass ihre Tochter Kopftuch trägt – „diie wollten nie so (.) dass ich ein Kopftuch trage" (393), aber Lina setzt sich durch und trägt es fortan „trotzdem" (399).

Zum Zeitpunkt des Anlegens des Kopftuchs verfügt Lina, ihrer Aussage nach, über kein Wissen darüber, „was es heißt [...] ein Kopftuch zu tragen" (65). Die Eltern, von denen sie Direktiven und Verbote erfährt, die mit einem Bezug auf Religion von diesen begründet werden (234f.: „wenn du (.) das nicht machst kommst du in die

---

10 Ein ‚(.)' verdeutlicht eine Sprechpause von zirka einer Sekunde.

Hölle"), verfügen über wenig religiöses Wissen, das weitergegeben werden könnte. Der Vater „kennt sich nicht so mit Religion aus" (1008f.). Die Mutter kennt sich „ungefähr" (1010) damit aus, aber aufgrund der skizzierten sprachlichen Hürden findet hier keine wissens- oder inhaltsbezogene Vermittlung statt (1048ff.: „wenn sie (.) mir den Islam erklären will [...] ich versteh das nicht"). Der des Deutschen mächtige Vater betet nie, die Mutter „ab und zu" (1057). Lina selbst lernt von ihren Eltern wenig über ihre Religion. Sie sagt: „meine Eltern haben mir nie den Islam erklärt" (130f.); sie konnten kein religiöses Wissen „weitergeben" (135), weil, so sagt sie, schlichtweg kaum etwas davon vorhanden war bzw. es sprachlich nicht vermittelt werden konnte. Und so hat sich Lina auch nicht weiter mit eventuellen Reaktionen der Umwelt auseinandergesetzt, die nicht lange auf sich warten lassen. So erfährt Lina bereits ab elf Jahren, was sich durch das Anlegen des Kopftuchs verändert: Sie schildert bspw., dass „Lehrer" (382) und auch „Leute [...] auf der Straße" (383) sie nunmehr anstarren und von einer „Unter=drückung"[11] (385) des Kindes sprechen.

In der „Achten Neunten" (409) in der Sonderschule beginnen jugendtypische Interessen zunehmend Einfluss auf Linas Denken zu nehmen. Sie sieht in dieser Phase jugendliches Experimentieren mit Kleidung und Frisuren sowie Make Up bei ihren Freundinnen und „[...]sehnt" (410) sich auch zunehmend danach (411: „ich möchte auch"). Lina experimentiert mit Kleidung, Aussehen und anderem. Sie ist „flippig" (429), schminkt sich und trägt Ohrringe, Piercings sowie eine Lederjacke, sie spielt Fußball „in ner Mädchen=mannschaft" (826) – „aber (.) mit nem Kopftuch" (432). Sie sieht bei Freundinnen in der Zeit auch, dass diese Alkohol trinken und kiffen und sagt auch dazu: „ich habs gemacht" (436), „ich [...] hab mit meinen Freunden [...] auch gekifft und (.) getrunken" (477f.); „wonach ich mich gesehnt hab hab ich gemacht aber [...] mit nem Kopftuch" (445f.).

Haupt- und Realschule

2008, Lina ist nunmehr zirka 14 Jahre alt, erfährt sie Unterstützung durch eine Frau, die sie als „sehr gebildet" (46) charakterisiert. Diese Frau hilft Lina, die Sonderschule zu verlassen und den Wechsel auf eine Hauptschule zu vollziehen. Mit einer gewissen Kohärenz hinsichtlich Phänomenen der Ausgrenzung erlebt Lina auch auf der Hauptschule „ganz viele (.) Probleme" (49), die wiederum, so gibt sie an, „mit meiner Sprache" (ebd.), also dem Sprachfehler, zusammenhängen. Auch hier erzählt sie davon, dass sie von MitschülerInnen „fertich gemaacht und gemobbt" (51) wird und dass dies der Grund ist, wieso sie auch die neue Schule baldmöglichst wieder verlassen möchte. Sie gibt sich große Mühe (52: „hab ich mich [...] angestrengt"), die Voraussetzungen zu erfüllen, „auf die Realschule zu

---

11 Ein ,=' verdeutlicht einen Wortabbruch.

kommen" (52f.), was ihr auch nach dem Absolvieren des Hauptschulabschlusses 2010 gelingt. Aber mit dem erneuten Wechsel ist für Lina noch immer kein Ende ihrer Ausgrenzungserfahrungen in Sicht. Auch auf der Realschule sind es Linas sprachliche Besonderheiten, mit denen „die Probleme" (61) erneut beginnen. Abermals erfährt sie, dass sie nicht an der *Normalität* anderer teilhaben kann und abermals setzt sie auf Bildungserfolge, um hieran etwas zu ändern: Sie schafft 2011 den Realschulabschluss und wechselt auf eine Fachoberschule, die sie zum Zeitpunkt des Interviews besucht.

FOS und das Negativbild des bildungsfernen, erfolglosen Migranten

Auf der Fachoberschule angekommen stellt Lina fest, dass dort „nur Ausländer" (200) die Klasse besuchen. Die Distanzierung vom Herkunftsmilieu bestimmt ihre Sichtweisen auf das ‚Ausländische' bzw. ‚Migrantische': In defizitorientierter Manier denkt Lina Migrationshintergrund mit mangelnder Motivation an (schulischen) Erfolgen zusammen. Es wird deutlich, dass sie den Aspekt Migration/Ausländisch-Sein mit einer relativen Bildungsferne und Motivationslosigkeit hinsichtlich Bildung und erfolgreich-Sein verbindet, was auch darauf verweist, dass sie selbst als bildungsaffine junge Frau mit Bildung den Kontext ‚Migration/Ausländisch-Sein' nicht als ihren denkt bzw. diesen hinter sich lassen möchte. Ziel ist auch hier die Orientierung an der von ihr wahrgenommenen *Normalität* der ‚bildungsaffinen bzw. -erfolgreichen Deutschen'. Sie erzählt, dass es „immer ne=ne Motivation" (210) für sie war, „wenn ich eine (.) deutsche Mitschülerin (.) neben mir hatte" (210f.). Lina sucht nach Modellen und Vorbildern, wie man in der Schule erfolgreich sein kann und „orientiert" (213) sich in den Schulformen vor der Fachoberschule an jenen Mitschülerinnen, die sie als ‚deutsch' wahrnimmt und bezüglich derer sie feststellt, dass diese „sehr fleißig" (212) waren. Lina gibt an, dass sie der Fleiß der Mitschülerinnen dazu motivierte, selbst auch mehr zu leisten. Nun, auf der FOS hat Lina „keine mehr zum (.) Motivation (.) weil die auch alle […] laut sind und (.) denen […] ist die Schule (.) nicht mehr so wichtig" (214ff.).

Mit dem Kopftuch durch Schule und Alltag – „ein nicht=muslimisches Mädchen (.) hat nicht die (.) Probleme (.) was ein (.) muslimisches Mädchen mit Kopftuch hat" (1172ff.)

Besonders von Seiten der Lehrkräfte, denen Lina in der Schule begegnet, erfährt sie immer wieder Problematisierungen ihres Tragens des Kopftuchs, bspw. im schulischen Schwimmunterricht. Lina unternimmt zahlreiche Versuche, den Wünschen des Lehrers nachzukommen und gleichzeitig am Kopftuch festhalten zu können. Sie besorgt sich u. a. eine „Badekappe" (73), aber alle von ihr unternommenen

Versuche, einen Zwischenweg zu finden, scheitern, weil sich, so ihre Sichtweise, die LehrerInnen für Kompromisse nicht bereit zeigen. Lina sagt, bezugnehmend auf ihre Versuche, mit anderen Verhüllungstechniken am Schwimmunterricht teilzunehmen: „trotzdem hat das meine [...] Lehrer gestört" (79f.). Sie erzählt: „irgend=wann [...] wurd ich auch [...] gezwungen (.) von den Lehrern" (70f.), „dass ich das Kopftuch ausziehen soll und dann mitschwimmen [soll]" (72f.). Um „keinen [...] falschen Ein=druck [...] gegenüber den Lehrern" (83f.) zu vermitteln, agiert Lina nicht weiter in einer Art und Weise, die widerständig wirken könnte, sondern nimmt das Kopftuch ab und am Schwimmunterricht teil.

Auch im Sportunterricht wird ihr das Kopftuchtragen verboten: Sie schildert, dass ihr ein Lehrer „dieses Kopftuch (.) verboten hat" (86) und dass sie vom „Sportunterricht [...] ausgeschlossen" (91) wurde, weil sie das Kopftuch nicht ablegen wollte. Aber auch in anderen schulischen Zusammenhängen erfährt Lina seitens der LehrerInnen, wie wenig ihr Kopftuch als Teil der *Normalität* wahrgenommen wird. Sie hat wegen dem „Thema [...] Kopftuch" (115) „oft oft oft ganz ganz oft Auseinanders=setzungen" (114f.) und „ganz viele (.) Probleme" (156) mit LehrerInnen, in denen sie sich auf mehr oder weniger subtile Weise angegriffen fühlt. So schildert sie bspw., wie eine Geschichtslehrerin sie mehrfach fragt: „[fragend] wieso trägst du ein Kopftuch +"[12] (119), wobei Lina erzählt, dass sie sich ständig in einer Situation sieht, in der sie sich wegen des Kopftuchs rechtfertigen muss. Lina fühlt sich auf das Kopftuch reduziert und angegriffen, weil sie das Kopftuchtragen für sich als große Selbstverständlichkeit empfindet, die Lehrerin dies aber wiederholt kritisch-konfrontativ hinterfragt.

In ihrem alltäglichen Leben verhält es sich mit dem Kopftuch sehr ähnlich. Im Rahmen einer längeren Erzählung schildert Lina bspw. szenisch Erfahrungen bei der Suche nach einem Mini-Job: In der Supermarkt-Kette A findet Lina, nach vielen erfolglosen Bemühungen um einen „Nebenjob" (327), eine Anstellung, mit der sie nach der Schule etwas Geld verdienen kann. Dass sie den Aushilfsjob an der Kasse im Supermarkt erhält, ist für Lina nahezu unglaublich. Überschwänglich sagt sie: „das war schon so (.) Traum ich [...] hatt (.) s (jetzt) gefunden wow Wahnsinn (.) Glück" (330ff.) und verdeutlicht damit, wie erstaunt und froh sie war, nach Langem eine Zusage für einen Nebenjob zu erhalten. Probleme bei der Jobsuche entstanden, so Lina, zuvor wegen des Kopftuchtragens. Und auch bei der Arbeit im Supermarkt wird dieses zum Problem (gemacht). Es gibt zahlreiche „Beschwerden" (332) durch

---

12   Die Einschübe *[fragend], [leise]* oder *[betont deutlich]* mit einem ‚+' stellen im Transkript eine Schreibweise dar, die verdeutlichen soll, dass der zwischen der Charakterisierung und dem Plus liegende Part von Lina *fragend, leise* oder *betont deutlich* gesprochen wurde.

KundInnen, die betonen, dass Lina sie verschrecke (333: „dass ich die (.) Leute damit abschrecke"). Lina „kann das nicht glauben" (335). Sie sagt, ihrer Irritation Ausdruck verleihend: „ich war immer total offen und lieb zu den Leuten und Hallo und Guten Morgen (.) so und [...] trotzdem kamen dann Beschwerden (.) dass ich die Leute abschrecke" (336ff.). Lina möchte nach außen kommunikativ, ‚lieb und offen' wirken. Sie ist auch zu Zugeständnissen bzw. Veränderungen bereit: Weil sie vermutet, dass ihre Kopftuchfarbe (schwarz) zu dunkel wirken könnte, versucht sie, es alltagskompatibler/-konformer zu machen (wie auch im Sportunterricht) und beschließt, „immer sehr seehr sehr helle Farben" (341) zu tragen und ändert auch die Art des Anlegens des Kopftuchs: „ich [...] hab auch extra mein Kopftuch immer von hinten gemacht soo so wie ein n=n= Turban" (343f.). Letztlich scheitert Lina aber auch mit diesen Bemühungen, verliert ihre Arbeitsstelle und muss resignierend feststellen: „egal was man macht man (.) man hat keine Chance" (345).

Im sonstigen Alltag erlebt es Lina wie im Supermarkt immer wieder, dass sie wegen des Kopftuchs „dumm von der Seite angemacht" (1400f.) wird bzw. dass ihr eine latente „Feindlichkeit" (515) begegnet. Aber auch im islamischen Kontext erfährt sie Problematisierungen: Wegen ihres zum Teil legeren Kleidungsstils wird sie hier mit Fragen konfrontiert, wieso sie sich derart kleidet und ob „das nicht (.) haram ist das nicht verboten" (1402f.) sei. Auch hier erfährt Lina entsprechend einen gewissen Druck, sich für das, was sie macht, rechtfertigen zu müssen.

Kopftuch und religiöse Bildung: Barbara und die Islamische Jugendvereinigung A

Über einen muslimischen Verein, in dem Lina seit einigen Jahren Nachhilfe erhält und sich ehrenamtlich engagiert, lernt sie 2011 mit zirka 17 Jahren Barbara kennen, die dort als Nachhilfelehrerin tätig ist. Sie wird von Lina als „eine äh Deutsche" (141) beschrieben, die „zum Islam konvertiert" (141f.) ist und „Kopftuch" (142) trägt. Im Zusammenhang mit der Begegnung mit Barbara schildert Lina große Irritationen, die sich darauf beziehen, dass Barbara als ‚konvertierte Deutsche' im Unterschied zu ihr als ‚gebürtiger Muslimin' Wissen über den Islam besitzt und ihr dieses zugänglich macht. Sie erzählt:

> „eine äh deutsche Konvertierte praktiziert [...] den Islam im Gegensatz zu dir [...] du bist ne geborene Muslima und (.) kennst dich nicht mal (.) so viel aus wie sie [...] und (.) das hat mich halt motiviert (.) soo [...] mich besser damit auseinanderzusetzen" (263ff.).

Die Erkenntnis, die durch die geschilderte Irritation ausgelöst wird, geht bei Lina mit einer zunehmenden Motivation zur Auseinandersetzung mit der Religion einher, zu der sie sagt: „du musst dich selber [...] damit auseinandersetzen was der Islam ist" (1311f.). Sie beginnt, religiöse Bücher zu lesen und Informationen zu sammeln (151f.: „hab ich selber [...] angefangen zu lesen"; 280: „ich hab mich dann informiert"; 1117f.: „ich hab [...] selber gelesen (.) selber gelernt"). Mit der zunehmenden Beschäftigung mit Religion geht bei Lina ein religiöser Bewusstwerdungsprozess und auch ein Wandel der gelebten Religiosität einher. Vor dem Kennenlernen Barbaras hat Lina nie explizit nach einer Vertiefung ihrer religiösen Bezüge gesucht (152f.: „ich hab selber [...] nie gesucht was der Islam ist"). In der Phase, in der sie mit Barbara Kontakt hat, kommt es diesbezüglich zu Veränderungen. Lina bezieht sich auf ebendies, wenn sie sagt: „jetzt [...] weiß ich [...] warum ich das Kopftuch trage und warum ich Muslima bin" (153f.) – ohne jedoch hierauf detaillierter einzugehen.

Barbara ist für Lina eine Person, mit der sie sich stark identifiziert. Auch sie hat massive Nachteile durch das Tragen des Kopftuchs erfahren, hält aber daran fest. Barbara darf so bspw. nicht ihren Beruf der Lehrerin ausüben und „nicht an Schulen äh unterrichten" (163) „seitdem sie ein Kopftuch trägt" (162). Barbara wird bezüglich Bildung und in beruflicher Hinsicht von Lina als erfolgreiche Person wahrgenommen, die sich nicht entmutigen lässt, auch wenn sie wegen des Kopftuchs Benachteiligungen erfährt.

Relativ zeitgleich mit dem Kontakt zu Barbara lernt Lina noch weitere Mädchen und junge Frauen kennen, bezüglich derer sie das Gefühl von Ähnlichkeit verspürt: Zirka 2011 entschließt sich Lina, an „Seminaren" (281) der Islamischen Jugendvereinigung A teilzunehmen. Über diese Jugendvereinigung knüpft sie Kontakte zu jungen Frauen, die ähnliche religiös gelagerte Interessen besitzen und ähnliche Erfahrungen gemacht haben, wie sie selbst. Sie empfindet hier das angenehme Gefühl der Nähe und Gemeinschaft dahingehend, dass sich die Lebensentwürfe der Jugendlichen mit ihren religiösen Ausrichtungen in einem deckungsgleichen Bereich befinden. Bei den Treffen und Seminaren trifft sie nämlich auf „ganz viel Jugendliche [...] die den Islam [betont deutlich] richtig + praktizieren" (281ff.). Zunächst wird Lina in ihrer sehr negativ konnotierten und oben skizzierten Wahrnehmung von ‚MigrantInnen', ‚AusländerInnen' und ‚MuslimInnen' zutiefst irritiert. Der Schilderung eines Erkenntnismoments ähnlich erzählt sie: „ich hab dort wirklich gesehen (.) [leise] dass es echt (.) Muslime gab die sich echt + also (.) die (.) die (.) die was aus ihrem Leben (.) machen wollten (.) egal (.) wie viel (.) [...] Wider[...]stand die in Deutschland haben" (294ff.).

Über die Jugendvereinigung lernt sie MuslimInnen mit einem hohen Bildungsstatus – Studentinnen und Akademikerinnen – kennen, „die sich selber (.) weiter=bilden (.) im Bereich Islam [...] und (.) die sich auch auskennen [...] mit dem Islam" (1754f.). Mit ihnen und hinsichtlich ihrer Motivation, religiöses Wissen zu vertiefen, verbindet Lina ebenso Ähnlichkeit wie dahingehend, dass diese analoge

Erfahrungen in Deutschland gemacht haben wie sie. Die jungen Frauen tragen Kopftuch und haben – wie Lina – evidente Negativerfahrungen damit gemacht, die von Ausgrenzungen bis hin zu Berufsverboten reichten. Lina sagt zu ihnen, aber auch bezogen auf Barbara, dass sie „Menschen [...] genau [...] wie ich" (1695) sind – es sind junge Frauen, die Kopftuch tragen, religiös und erfolgsorientiert sind. Lina beeindruckt das Kämpferische der jungen Frauen der Jugendvereinigung. Sie schildert, dass alle trotz erfahrener Widerstände am Kopftuch festhalten und sich darum bemühen, einen erfolgreichen Weg als selbstbewusste Musliminnen zu gehen; auch wenn dies oft mit dem Gefühl der Ohnmacht und des Scheiterns verbunden sein kann. Sie sagt: „es (.) motivi=viert mich zu sehen [...] was die alle aus ihrem Leben machen [...] und gegen den Strom kämpfen" (320f.).

Scheinbar erstmalig kann Lina sich als ‚an Deutschland orientierende', bildungs- und erfolgsinteressierte, kopftuchtragende Muslimin positionieren, weil sie in solchen Rahmen Anerkennung, Akzeptanz und *Normalität* ihres Lebensentwurf und ihrer Entscheidung für das Kopftuch erfährt. Lina erlebt, dass sie nunmehr „einfach [...] Personen hat (.) mit denen man=man [...] zusammen ist und sein (.) Wissen erweitert" (1717f.). Das gemeinsame Erweitern von Wissen, das Lernen „über den Islam" (1739f.), gemeinsames Beten und die gegenseitige Unterstützung stehen ebenso wie das selbstverständliche Teilhaben an der Gemeinschaft im Mittelpunkt der Erfahrungen Linas: Im Rahmen der Jugendvereinigung kann sie so sein, wie sie ist – was für Lina keineswegs eine Selbstverständlichkeit darstellt, wie anhand ihrer Biografie rekonstruierbar ist.

Zudem vermittelt ihr das Beispiel der jungen Menschen, die sie dort trifft, ein (Selbst-)Bild der Stärke, in dem es scheint, als könne sie selbst darin sowohl ihre Erfahrungen der Ausgrenzung kompensieren wie auch ihre Sehnsucht nach religiöser und formaler Bildung sowie ihr Erfolgsstreben wiederfinden: Das Bild einer wehrhaften, selbstbewussten, in mehrfacher Hinsicht gebildeten, integrierten und Religion praktizierenden, explizit religiösen und kopftuchtragenden Muslimin.

Linas Resümee zum Kopftuch und Zukunftswünsche sowie -ängste

Lina resümiert, dass sie aufgrund des Kopftuchtragens seit dem elften Lebensjahr zum Teil mit massiven Problemen zu kämpfen hatte. In der Reflexion wird deutlich, dass sie auch starke Zukunftsängste plagen – dahingehend, was in Zukunft auf sie „zukommt" (155) und ob sie „mit Kopftuch ei=ne Möglichkeit" (540) haben wird, einen Arbeitsplatz zu erhalten. Sie sagt: „ich hab [...] bis jetzt ganz viele (.) Probleme gehabt mit nem Kopftuch und [...] da wird auch in Zukunft ganz viele Probleme auf mich zukommen" (155ff.). Wenngleich das Kopftuch für sie selbst „niie so ein riesen Problem" (487) war, wurde es immerzu durch „das [...] Umfeld" (485) dazu gemacht, was wiederum für Lina mit „psychisch" (493) belastenden Konsequenzen verbunden ist. Gerade aber auf der Basis der guten wie auch schlechten Erfahrungen mit dem Kopftuch stellt Lina bezüglich des Kopftuchs insgesamt fest: „ich liebe es es ist ein Teil von mir" (169). Das Kopftuch ist zentraler Bestandteil der Vergangenheit Linas und symbolisiert diese inklusive aller positiven und negativen Erfahrungen, die sie damit gemacht hat.

Zwar gab es durchaus Momente – so z. B. in der „Neunten" (463) –, in denen Lina wegen der negativen Erfahrungen und damit zusammenhängenden Bewusstwerdungsprozessen, dass sie über kein religiöses Wissen darüber verfügt, wieso sie es tragen soll, überlegt hat, das Kopftuch auszuziehen (250ff.: „ne zeitlang (.) hatt ich das Gefühl ich muss jetzt mein Kopftuch ausziehn ich hab keine (.) Lust mehr ich (.) weiß gar nicht wofür ich es trage"). Zum Ablegen des Kopftuchs kommt es jedoch nie und so sagt sie mit Blick auf die Zukunft: „ich werd es (.) auf jeden Fall nicht ausziehen" (584f.).

Die eigene Zukunft und damit verbundene Wünsche und Ängste reflektierend erzählt Lina, dass sie „mit Kindern" (323) arbeiten möchte – jedoch nicht in einem muslimischen Kontext (549: „nicht in so ner (.) muslimischen" Einrichtung), sondern in einem nicht von der bundesrepublikanischen *Normalität* segregierten Bereich. Lina möchte nicht auf muslimische Einrichtungen verwiesen sein, sondern vielmehr „neue Menschen kennen lernen" (551f.), „Geschichten anderer (.) Personen" (817) begegnen und auch „mit fremden Leuten […] Kontakte knüpfen" (553f.). Islamische Einrichtungen kennt sie bereits vor allem über ihre Mitarbeit im angeführten Verein und möchte „auf jeden Fall was Neues machen" (559). Sie erzählt: „ich möchte auf jeeden Fall ne erfolgreichee Frau werden […] mmit äh einem [leise] erfolgreichen Mann + (.) mit einem islamischen Mann […] hoffentlich der mich unterstützt" (2540ff.), „ich hätte auch gerne n Kind auf jeden Fall" (2546), „dann ein schönes Haus" (2547) „mit einem schönen Garten einen schönen Beruf (.) ääh womit ich mich mit Menschen unterhalten kann und […] Kontakte äh knüpfen kann" (2548ff.), „kein […] langweiliges Leben" (2551), „ein n=ganz aktives Leben" (2552), „dass ich einfach (.) ein Leben hab (.) glücklich bin und (.) keine finanziellen […] Probleme und (.) sonst Probleme" (2554f.), „ich möchte […] gutes Geld verdienen einen […] guten Job haben […] und […] Zukunft meiner Familie sichern […] aber […] irgendwoo […] steht schon die Angst ob (.) das echt klappen wird" (541ff.). Lina hat „Angst" (546), ob sie „was finde[t]" (547) und „mit den Kollegen" (548) zurechtkommt. Zentrales Resultat der Rekonstruktionen ist der bei Lina stets vorhandene Wunsch nach einem Zustand fernab der negativen Erfahrungen (besonders wegen des Kopftuchtragens) und skizzierten Ängste, den sie mit folgenden Worten auf den Punkt bringt: „wie sich ein (.) norma[…]ler Mensch halt ein Leben wünscht" (2555f.).

4   Das Kopftuch als sozialisatorisch bedeutsamer Faktor

Die sozialisatorische Bedeutung des Kopftuchs für Lina reflektierend betrachtend ist zunächst erkennbar, dass Lina mit elf Jahren das Kopftuch anlegt. Der Bezug zum Kopftuch ist hier als idiosynkratischer zu fassen – als einer, der mit dem Gefühl der Selbstverständlichkeit einhergeht und der in Linas Augen keiner Begründungen bedarf. Im weiteren Werden Linas verändert sich die Qualität dieses Bezuges. Es kommt zu Bewusstwerdungsprozessen, die dazu führen, dass das Kopftuch als Teil der subjektiven Verortungen und des Denkens über sich selbst bei Lina zunehmend bedeutsamer wird. Religiöse Lernprozesse, die sich vor allem im Kontakt Linas zur Freundin Barbara und der Islamischen Jugendvereinigung A entwickeln, eröffnen reflexive Zugänge zur idiosynkratisch gelebten Religiosität inklusive des Tragens des Kopftuchs, heben damit die Idiosynkrasie auf und setzen an ihre Stelle reflexiv zugängliche inhaltliche Begründungen, die für Lina zu einer Bestärkung hinsichtlich der Entscheidung für das Kopftuch beitragen. Besonders mit Barbara beginnt – auf der Basis religiöser Lernprozesse – ein Wandel des Religionsbezuges Linas, der sich in einer zunehmend geringer werdenden Bedeutung der Idiosynkrasie und einer größer werdenden bewusst-reflexiven Auseinandersetzungen mit dem Islam niederschlägt. Lina erfährt mehr und mehr über das „warum weshalb" (151) des Kopftuchtragens. Das Kopftuch wird in diesem Zusammenhang von Lina als bedeutsamer sozialisatorischer Faktor gedeutet. Sie sagt: „mit dem" (583) Kopftuch „bin ich aufgewachsen ich hab so viel erlebt [...] auch mit dem Kopftuch" (583f.) – „es ist ein Teil von mir" (169).

Bis sie zirka 16 bzw. 17 Jahre alt ist, ist Linas Bezug zu Islam und Kopftuch ein idiosynkratischer. Sie hat kaum ein Wissen darum, lebt beides trotz der Widerstände in der Schule und im Alltag mit großer Selbstverständlichkeit. Für Lina werden Barbara und die jungen Frauen der Islamischen Jugendvereinigung A vor allem dahingehend wichtig, dass sie erkennt, dass es für sie möglich ist, mit dem Kopftuch in Deutschland (bildungs-)erfolgreich zu sein und gleichzeitig an der bei ihr immer positiv konnotierten Zugehörigkeit zum Islam festzuhalten.

In ihrer Biografie erlebt Lina immer wieder Ausgrenzung. Das mehr und mehr werdende Gefühl der Nicht-Passung wächst dabei proportional zum Wunsch nach *Normalität*. Lina, die sich selbst als „Deutsche mit Kopftuch" (1137) definiert, möchte gebildet und erfolgreich in der deutschen Gesellschaft leben und sich behaupten: Und das vor allem ohne stetigen Anerkennungsentzug, ohne Ausgrenzung, ohne Rechtfertigungszwänge, ohne das Gefühl der Fremdheit und Nicht-Passung. Den Weg dahin sieht sie besonders darin, sich Bildung anzueignen, um sich letztlich zu emanzipieren und ein selbstbestimmtes Leben führen zu können, in dem sie selbstverständlich und in ihren Umfeldern akzeptiert diejenige sein kann, als die sie sich wahrnimmt bzw. die sie ist.

Den Stellenwert von Bildung für Lina rekapitulierend, lässt sich feststellen, dass sie diese im Sinne formal-schulischer als Emanzipationsmöglichkeit aus dem ‚prekären, segregierten türkischen (Herkunfts-)Milieu' mit den dort von ihr wahrgenommenen schlechten Zukunftsaussichten versteht. Hier entspringt die Orientierung an einem Zustand der *Normalität* und an den Möglichkeiten des Werdens in der bundesrepublikanischen Gesellschaft, in der Lina zwar immer wieder Erfahrungen der Ausgrenzung macht, die dennoch das kennzeichnet, wozu Lina als selbstverständlicher Teil dazugehören möchte. Bildung als religiöse ist für Lina aber ebenso mit Emanzipationsaspekten verbunden: Mit religiöser Bildung distanziert sich Lina mitunter auch von dem aversiv besetzten Herkunftsmilieu, in dem religiöses Wissen in ihren Augen wenig verbreitet ist.[13] Dem dort in ihrer Wahrnehmung omnipräsenten, oberflächlichen Bezug zur Religion setzt sie ein Verständnis der Zentralität dieser für sich selbst entgegen. Über die Motivation, das eigene Wissen über den Islam zu mehren – und damit auch die Hintergründe für die eigenen Selbstverortungen und für das Kopftuchtragen theoretisch-reflexiv zu erkunden – bringt sich Lina in Distanz zum Herkunftsmilieu und inkorporiert auch Aspekte der Stärke, weil sie zunehmend mehr lernt, sich mit dem größeren religiösen Wissen und den damit zur Verfügung stehenden argumentativen Möglichkeiten auch gegen Widerstände zu behaupten, sich zu schützen und sich zu verteidigen.[14]

Lina ist „traurig" (300) darüber, zu sehen, wie wenig das Kopftuch Teil der bundesrepublikanischen *Normalität* ist; dass das nicht „akzeptiert wird" (1361), dass es vor allem in Deutschland „schwer [ist] ein (.) Muslim zu sein" (1345) und dass sie „nirgendswoo […] einfach […] Ruhe" (1352) haben kann, weil es „immer was auszu=setzen [gibt] wenn du (.) Muslim bist" (1357). Sie sehnt sich danach „als Mensch angesehen" (1366) zu werden und „nicht als ein (.) Mädchen mit Kopftuch" (1367). Wieder und wieder lässt sich im Interview rekonstruieren, wie stark Lina als kopftuchtragende Muslimin in Deutschland als Teil der bundesrepublikanischen

---

13 Lina schildert, dass ähnlich wie bei ihren Eltern viele – vor allem „muslimische Jugendlichee" (243) – „gar nicht" (179) „wissen was der Islam ist" (242). Muslimische FreundInnen von Lina, so erzählt sie, sind „zwar Moslem" (181), aber „wissens nicht" (182). Sie „saufen und trinken" (181) und zeigen damit in Linas Augen, dass sie nichts über den Islam und mit ihm verbundene Ge- und Verbote wissen.

14 Lina bringt dies explizit auf den Punkt, wenn sie sagt: „ich (.) werd auch (.) weiterhin (.) noch mehr […] mich" (349) mit dem Islam beschäftigen, „dami=it (.) mich nicht Leute fertig machen können (.) warum du das Kopftuch trägst (.) damit (.) ich was (.) entgegen bringen kann" (349ff.).

Normalität leben möchte – dass „die (.) Menschen" (170) in Deutschland verstehen, „dass das Kopftuch zu Deutschland gehört (.) und dass man nicht (.) dagegen kämpfen sollte" (171f.).

Auch gegenwärtig ist das Kopftuch zentraler Bestandteil der identitätsbezogenen Verortungen sowie der Selbstbestimmungen und versinnbildlicht den Weg, den Lina bereits „von ganz unten hoch" (112) mit dem Kopftuch hinter sich gebracht hat. Bei der Betrachtung des Lebenswegs Linas wird deutlich, dass nur sehr Weniges für Lina kohärenten und kontinuierlichen Charakter besitzt. Allzu oft erfährt sie Widerstände und problematische Situationen, allzu oft wechselt sie mit ihren schulischen Kontexten auch Bezugsgruppen etc. Das Kopftuch ist hier anders: Es ist der zentrale, vertraute, eindeutige und Klarheit vermittelnde, verlässliche und beständige Aspekt der Biografie seit dem elften Lebensjahr. In allen Phasen des Werdens war es vorhanden und gerade wegen dieser Kohärenz ist es eine Verkörperung des Werdens Linas oder wie sie sagt – „ein Teil von mir" (169). In dieser Konstellation ist erkennbar, inwiefern das Kopftuch in facettenreicher Hinsicht sozialisatorische Relevanz für Lina erlangte.

5   Pädagogische Praxis und symbolische Aufgeladenheit des Kopftuchs

Bezüglich des Kopftuchs sind in der Bundesrepublik Deutschland, wie eingangs angeführt, vielfältige Bedeutungsaufladungen auszumachen. Das Kopftuch wird dabei zeitgleich aus unterschiedlichen Perspektiven als politisches und als religiöses Symbol betrachtet, als Zeichen für Emanzipation und für Unterdrückung, als vermeintliches Sinnbild für eine imaginierte ‚Islamisierung des Westens' und vieles mehr. Das Tragen des Kopftuchs ist auch aus der Perspektive der Trägerinnen mit facettenreichen Faktoren wie Zwang, Emanzipation, Religiosität, Idiosynkrasie und vielem mehr verknüpft. Auf der Verhaltensebene finden sich unterschiedlichste Reaktionen auf das bzw. Umgangsweisen mit dem Kopftuch – je nachdem, welche diesbezüglichen Assoziationen vorhanden sind. Vor dem Hintergrund der Komplexität einen Zugang dazu zu finden, was das Kopftuch für kopftuchtragende Musliminnen bedeutet und inwiefern es sozialisatorische Relevanz entfalten kann, lässt sich in der Reflektion zu den dargestellten Rekonstruktionen feststellen: Die symbolischen Aufladungen existieren – und Musliminnen scheinen fernab eines Wollens oder Nicht-Wollens in gewisser Weise immer wieder dazu gezwungen zu sein, sich in der einen oder anderen Art dazu in der bundesrepublikanischen Gesellschaft zu positionieren. Es wird bereits am Beispiel Linas deutlich, wie wenig das Kopftuch einen neutralen Gegenstand darstellt und dass das Anlegen mit zahlreichen Fragen und Positionierungen verbunden ist, zu denen sich Lina verhalten muss. Insofern hat es bei Lina einen sozialisatorischen Charakter: Dahingehend, dass es mit wirkmächtigen Auseinandersetzungen verbunden ist, die zutiefst mit der Art und Weise des Denkens und Wahrnehmens Linas in ihrem Werden verflochten sind.

Anhand der dargestellten Rekonstruktionen Linas kann konstatiert werden, dass das Kopftuchtragen in Linas sozialisatorisch bedeutsamen Umwelten kaum als Selbstverständlichkeit akzeptiert wird. Vielmehr wird es, meist von VertreterInnen der Mehrheitsgesellschaft, problematisiert.

Auch wenn die bisherigen Ergebnisse nur auf einem Fall beruhen, lässt sich aus der rekonstruktiven Fallanalyse doch für Pädagogik und pädagogische Praxis ableiten, dass der jeweilige Umgang mit der Praxis des Kopftuchtragens bei Lina in pädagogischen Settings einen wirkmächtigen Einfluss auf diese entfaltete und einen konfliktgeladenen Niederschlag hatte. Allein auf der Basis dieser Fallanalyse erscheint es sinnvoll, im pädagogischen Kontext die Frage nach der sozialisatorischen Funktion des Kopftuchs selbst zu hinterfragen. Vor dem Hintergrund, dass der Abwertung der Kategorie der Kultur, die u. a. mithilfe der (zugeschriebenen) Religion operationalisiert wird (vgl. Spielhaus 2013), eine bedeutende Funktion für zeitgenössische rassistische Ausgrenzungsformen zukommt (vgl. Hall 1989), könnte vielmehr die selbstreflexive Auseinandersetzung von PädagogInnen mit der eigenen Sozialisation, mit dem Werden der persönlichen Wahrnehmungsmuster und Denkgewohnheiten bezüglich des Kopftuchs (und allgemeiner: MuslimInnen und dem Islam) gewinnbringend sein, um für die subjektive Wahrnehmung des Kopftuchs und damit verbundene Assoziationen zu sensibilisieren.

Literatur

Ahmed, Leila (1992): Women and Gender in Islam. Historical Roots of a Modern Debate. Yale University Press, New Haven.

Amir-Moazami, Shirin (2007): Politisierte Religion. Der Kopftuchstreit in Deutschland und Frankreich. transcript, Bielefeld.

Barskanmaz, Cengiz (2009): Das Kopftuch als das Andere. Eine notwendige postkoloniale Kritik des deutschen Rechtsdiskurses. In: Berghahn, Sabine/Rostock, Petra (Hrsg.): Der Stoff aus dem Konflikte sind. Debatten um das Kopftuch in Deutschland, Österreich und der Schweiz. transcript, Bielefeld, S. 361-392.

Berghahn, Sabine (2009): Deutschlands konfrontativer Umgang mit dem Kopftuch der Lehrerin. In: Berghahn, Sabine/Rostock, Petra (Hrsg.): Der Stoff aus dem Konflikte sind.

Debatten um das Kopftuch in Deutschland, Österreich und der Schweiz. transcript, Bielefeld, S. 33-72.

Bielefeld, Heiner (1998): Zwischen laizistischem Kulturkampf und religiösem Interalismus: Der säkulare Rechtsstaat in der modernen Gesellschaft. In: Bielefeld, Heiner/Heitmeyer, Wilhelm (Hrsg.): Politisierte Religionen. Suhrkamp, Frankfurt a. M., S. 474-492.

Blume, Michael (2008): Islamische Religiosität nach Altersgruppen. Ein Vergleich der Generationen. In: Bertelsmann Stiftung: Religionsmonitor. Muslimische Religiosität in Deutschland. Überblick zu religiösen Einstellungen und Praktiken. Gütersloher Verlagshaus, Gütersloh, S. 44-49.

Bobzin, Hartmut (2001): Der Koran. Eine Einführung. C.H. Beck, München.

Böckenförde, Ernst-Wolfgang (2009): Bekenntnisfreiheit in einer pluralen Gesellschaft und die Neutralitätspflicht des Staates. In: Berghahn, Sabine/Rostock, Petra (Hrsg.): Der Stoff aus dem Konflikte sind. Debatten um das Kopftuch in Deutschland, Österreich und der Schweiz. transcript, Bielefeld, S. 175-192.

Boos-Nünning, Ursula/Karakaşoğlu, Yasemin (2006): Viele Welten leben: Zur Lebenssituation von Mädchen und jungen Frauen mit Migrationshintergrund. Waxmann, Münster.

Bohnsack, Ralf (2010): Rekonstruktive Sozialforschung. Einführung in Methodologie und Praxis qualitativer Forschung. Barbara Budrich, Opladen.

Bohnsack, Ralf/Nentwig-Gesemann, Iris/Nohl, Arnd-Michael (Hrsg.) (2007): Die dokumentarische Methode und ihre Forschungspraxis. Grundlagen qualitativer Sozialforschung. VS, Wiesbaden.

Bundesverfassungsgericht (2003): BVerfG, 2 BvR 1436/02 vom 03. Juni 2003. https://www.bundesverfassungsgericht.de/entscheidungen/rs20030924_2bvr143602.html. Zugegriffen: 19. Juni 2014.

Ekardt, Felix (2009): Pluralismus, Multikulturalität und der Kopftuchstreit. Politik und Religion in liberalen Demokratien. In: Berghahn, Sabine/Rostock, Petra (Hrsg.): Der Stoff aus dem Konflikte sind. Debatten um das Kopftuch in Deutschland, Österreich und der Schweiz. transcript, Bielefeld, S. 297-313.

Gallup Coexist Index (2009): Weltweite Studie interkonfessioneller Beziehungen. http://www.deutsche-islam-konferenz.de/SharedDocs/Anlagen/DIK/DE/Downloads/WissenschaftPublikationen/gallup-studie-deutsch.pdf?__blob=publicationFile. Zugegriffen: 29. Januar 2014.

Hall, Stuart (1989): Rassismus als ideologischer Diskurs. In: Das Argument 178, S. 913-921.

Halm, Heinz (2008): Der Islam. Geschichte und Gegenwart. C.H. Beck, München.

Haug, Frigga/Reimer, Katrin (Hrsg.) (2005): Politik ums Kopftuch. Argument, Hamburg.

Haug, Sonja/Müssig, Stephanie/Sticks, Anja (2009): Muslimisches Leben in Deutschland. Im Auftrag der Deutschen Islam Konferenz. Berlin.

Hölscher, Barbara (2008): Sozialisation, Sozialisationskontexte, schichtspezifische Sozialisation. In: Willems, Herbert (Hrsg.): Lehr(er)buch Soziologie. Bd. 2. VS, Wiesbaden, S. 747-771.

Hoodfar, Homa (1997): The Veil in Their Minds and on Our Heads. Veiling Practices and Muslim Women. In: Lowe, Lisa (Hrsg.): The Politics of Culture in the Shadow of Capital. Duke University Press, Durham, S. 416-446.

Jedlitschka, Anja (2004): Weibliche Emanzipation im Orient und Okzident. Von der Unmöglichkeit die andere zu befreien. Ergon, Würzburg.

Jessen, Frank/von Wilamowitz-Moellendorf, Ulrich (2006): Das Kopftuch – Entschleierung eines Symbols? Zukunftsforum Politik Nr. 77. Herausgegeben von der Konrad-Adenauer-Stiftung e.V. Sankt Augustin/Berlin.

Karakaşoğlu, Yasemin (2003): Stellungnahme zu den Motiven von jungen Musliminnen in Deutschland für das Anlegen eines Kopftuches. http://www.nafisa.de/wp-content/uploads/2008/11/karakasoglu_gutachten_kopftuch.pdf. Zugegriffen: 20 Juni 2014.

Karakaşoğlu-Aydin, Yasemin (1999): Muslimische Religiosität und Erziehungsvorstellungen. Eine empirische Untersuchung zu Orientierungen bei türkischen Lehramts- und Pädagogik-Studentinnen in Deutschland. IKO – Verlag für Interkulturelle Kommunikation, Frankfurt a. M.

Kermani, Nawid (2010): Wer ist Wir? Deutschland und seine Muslime. C.H. Beck, München.

Klinkhammer, Gritt (2000): Moderne Formen islamischer Lebensführung. Eine qualitativ-empirische Untersuchung zur Religiosität sunnitisch geprägter Frauen der zweiten Generation in Deutschland. Diagonal, Marburg.

Knieps, Claudia (1999): Geschichte der Verschleierung der Frau im Islam. Ergon, Würzburg.

Mernissi, Fatema (1989): Der politische Harem. Mohammed und die Frauen. Herder, Frankfurt a. M.

Mahrenholz, Ernst Gottfried (2009): Das Kopftuch und seine Verwicklungen. Anmerkungen zum Urteil des Bundesverfassungsgerichts vom 24.09.2003. In: Berghahn, Sabine/Rostock, Petra (Hrsg.): Der Stoff aus dem Konflikte sind. Debatten um das Kopftuch in Deutschland, Österreich und der Schweiz. transcript, Bielefeld, S. 193-224.

Mirbach, Ferdinand (2013): Das religiöse Leben von Muslimen in Deutschland. Ergebnisse des Religionsmonitors. Halm, Dirk/Meyer, Hendrik (Hrsg.): Islam und die deutsche Gesellschaft. Springer VS, Wiesbaden, S. 21-47.

Münch, Nils-Arne (2004): Wollen wir eine Parallelgesellschaft? Keine Toleranz am falschen Ort. In: Der Freitag. http://www.freitag.de/autoren/der-freitag/wollen-wir-eine-parallelgesellschaft. Zugegriffen: 19. Mai 2014.

Nökel, Sigrid (2002): Die Töchter der Gastarbeiter und der Islam. Zur Soziologie alltagsweltlicher Anerkennungspolitiken. Eine Fallstudie. transcript, Bielefeld.

Nökel, Sigrid (2007): ‚Neo-Muslimas' – Alltags- und Geschlechterpolitiken junger muslimischer Frauen zwischen Religion, Tradition und Moderne. In: von Wensierski, Hans-Jürgen/Lübcke, Claudia (Hrsg.): Junge Muslime in Deutschland. Lebenslagen, Aufwachsensprozesse und Jugendkulturen. Barbara Budrich, Opladen, S. 135-155.

Rieger, Martin (2008): Der Religionsmonitor. In: Bertelsmann Stiftung: Religionsmonitor. Muslimische Religiosität in Deutschland. Überblick zu religiösen Einstellungen und Praktiken. Gütersloher Verlagshaus, Gütersloh, S. 9-12.

Rommelspacher, Birgit (2009): Feminismus und kulturelle Dominanz. Kontroversen um die Emanzipation der muslimischen Frau. In: Berghahn, Sabine/Rostock, Petra (Hrsg.): Der Stoff aus dem Konflikte sind. Debatten um das Kopftuch in Deutschland, Österreich und der Schweiz. transcript, Bielefeld, S. 395-411.

Schwarzer, Alice (Hrsg.) (2002): Die Gotteskrieger und die falsche Toleranz. Kiepenheuer und Witsch, Köln.

Schwarzer, Alice (2006): ‚Die Islamisten meinen es so ernst wie Hitler'. In: Frankfurter Allgemeine Zeitung. http://www.faz.net/aktuell/feuilleton/debatten/alice-schwarzer-im-interview-die-islamisten-meinen-es-so-ernst-wie-hitler-1358511.html. Zugegriffen: 19. Juni 2014.

Şen, Faruk/Sauer, Martina (2006): Islam in Deutschland. Einstellungen der türkischstämmigen Muslime. Religiöse Praxis und organisatorische Vertretung türkischstämmiger Muslime in Deutschland. Ergebnisse einer bundesweiten Befragung. ZfT-aktuell Nr. 115, Essen. http://www.tamvakfi.de/downloads/downislamindeutschland.pdf. Zugegriffen: 08. Juli 2014.

Spielhaus, Riem (2013): Vom Migranten zum Muslim und wieder zurück – Die Vermengung von Integrations- und Islamthemen in Medien, Politik und Forschung. Empirische Studien zum Zusammenhang von Religiosität und Integration der Muslime. In: Halm, Dirk/ Meyer, Hendrik: Islam und die deutsche Gesellschaft. Springer VS, Wiesbaden, S. 169-194.

Thielmann, Jörn (2008): Vielfältige muslimische Religiosität in Deutschland. Ein Gesamtüberblick zu den Ergebnissen der Studie der Bertelsmann Stiftung. In: Bertelsmann Stiftung: Religionsmonitor. Muslimische Religiosität in Deutschland. Überblick zu religiösen Einstellungen und Praktiken. Gütersloher Verlagshaus, Gütersloh, S. 13-21.

Thierse, Wolfgang (2004): Rede auf der Frühjahrstagung des Politischen Clubs der Evangelischen Akademie Tutzing zum Thema: ‚Auf der Waagschale – das Verhältnis von religiöser Identität und demokratischem Rechtsstaat‘. http://www.thierse.de/reden-und-texte/ reden/evangelische-akademie-tutzing-2004/. Zugegriffen: 19. Juni 2014.

Tibi, Bassam (2000): Der Islam in Deutschland. Muslime in Deutschland. DVA, München.

Wielandt, Rotraud (2009): Die Vorschrift des Kopftuchtragens für die muslimische Frau: Grundlagen und aktueller innerislamischer Diskussionsstand. http://www.60-jahre-bamf.de/SharedDocs/Anlagen/DIK/DE/Downloads/Sonstiges/Wielandt_Kopftuch. pdf?__blob=publicationFile. Zugegriffen: 20. Juni 2014.

Teil 3
Familie

Muslimische Familien in Deutschland
Sozialisation, Erziehung, Geschlechterrollen[1]

Ahmet Toprak

1 Einführung

Recherchiert man beim Internetanbieter für Bücher – amazon.de – nach dem Begriff Islam, werden zirka 14.000 Titel angezeigt. Die Bandbreite der Veröffentlichungen ist vielfältig und reicht von Nachschlagewerken über wissenschaftliche Abhandlungen bis zu Biografien von Personen islamischen Glaubens. Vor allem der letztgenannte Bereich stößt auf großes Interesse. Viele dieser Bücher beschäftigen sich mit problematisierenden Perspektiven auf Themen wie patriachal organisierte Geschlechterrollen in der Familie, Ehrverhalten, Kopftuchzwang, Zwangsheirat, arrangierte Ehen, Gewaltanwendung, Unterdrückung der Frau oder Homophobie. Sicherlich sind mit diesen Themen einhergehende und zu problematisierende Praktiken in einigen muslimisch geprägten Milieus nicht von der Hand zu weisen. Dies ist – unter anderem – ein Grund dafür, dass die muslimische Bevölkerung im Allgemeinen und muslimische Familien im Besonderen im Fokus des öffentlichen Interesses stehen. So wurde zum Beispiel im Jahre 2006 vom ehemaligen Innenminister Wolfgang Schäuble die Deutsche Islam Konferenz initiiert, mit dem Ziel, MuslimInnen besser in die deutsche Gesellschaft zu integrieren, und bis 2009 wurde der Austausch mit den VertreterInnen der muslimischen Bevölkerung forciert. Auch unter den Ministern Thomas de Maizière (CDU) und Hans-Peter Friedrich (CSU) wird die Deutsche Islam Konferenz fortgeführt, ebenso wie auch von der 2013 gebildeten Regierung.

Trotz der Präsenz von MuslimInnen in der öffentlichen Debatte und in den Medien ist das Wissen über muslimische Familien und deren Strukturen tendenziell gering oder von stereotypen Vorurteilen geprägt, obwohl in der Bundesrepublik

---

[1] In diesem Beitrag werden die zentralen Ergebnisse der Studie ‚Unsere Ehre ist und heilig. Muslimische Familien in Deutschland' (Toprak 2012) vorgestellt.

Deutschland schon Anfang der 1960er Jahre die ersten türkeistämmigen Gastarbeiter angeworben wurden. In Deutschland leben mittlerweile zirka vier Millionen Menschen aus zirka 50 Ländern, die dem islamischen Glauben zugerechnet werden. Die größte Gruppe der MuslimInnen umfasst zirka 2,5 Millionen Personen aus der Türkei, gefolgt von vierhunderttausend Menschen aus dem Nahen Osten (beispielsweise Syrien, Irak und Libanon) (vgl. Haug et al. 2009, S. 84). Auch innerhalb der Glaubensrichtung kann eine Differenzierung festgestellt werden. Knapp 75 Prozent der MuslimInnen in Deutschland sind sunnitisch, 12,7 Prozent alevitisch und 7,1 Prozent schiitisch (vgl. ebd., S. 97).

Vielfach werden in Diskussionen, aber auch in einigen sozialwissenschaftlichen Abhandlungen MigrantInnen mit muslimischem Hintergrund als eine in sich homogene Gruppierung betrachtet. Tatsächlich kann weder bei der Bevölkerung der Herkunftsländer noch bei den in Deutschland lebenden MigrantInnen von einer eher homogenen Bevölkerungsstruktur und homogenen Sozialisationsbedingungen ausgegangen werden.

Um hier einen differenzierteren Zugang zu erlangen, werden im vorliegenden Beitrag Sozialisations- und Erziehungsprozesse in muslimischen Familien in Deutschland fokussiert. Zunächst wird in kurzen Zügen der methodische Zugang der diesem Artikel zugrunde liegenden Studie erläutert. Der Schwerpunkt des Beitrags wird einerseits auf den Erziehungsstil und die Erziehungsziele von konservativ-autoritären Familien gelegt, andererseits auf Aspekte religiöser Sozialisation und Erziehung in religiösen Familien. Basierend auf diesen Erkenntnissen werden pädagogische Schlussfolgerungen für die Praxis formuliert.

2   Der methodische Zugang

Um Daten und Informationen über muslimische Familien zu erheben, wurden zwei unterschiedliche Zugangsformen gewählt. Zunächst wurden Untersuchungen über muslimische Familien ausgewertet und dabei Publikationen aus Deutschland und anderen Ländern (vor allem aus der Türkei) berücksichtigt. Da das Anliegen des Forschers darin bestand, die Menschen mit muslimischem Glauben selbst zu Wort kommen zu lassen, wurde als Erhebungsmethode das problemzentrierte Leitfadeninterview nach Witzel (1982) gewählt, in dem die interviewten Personen und Familien selbst Schwerpunkte setzen konnten. Die Hauptfragestellung bestand darin, die innerfamiliären Themen und Kommunikationsmechanismen nachzuzeichnen. Vor allem sollten die Innenansichten in Deutschland lebender Menschen mit muslimischem Glauben auf das eigene Familienleben rekonstruiert werden. Das

Hauptziel des Interviews war es dabei, die subjektiven Erfahrungen der Befragten in einer zuvor von ihnen selbst erlebten und vom Forscher analysierten Situation zu erfassen. Im Vorfeld der Interviews wurden die Familien beobachtet. Um den Alltag der Familien besser zu verstehen, wurden die Familien mehrmals besucht, deren Alltag beobachtet und mit einzelnen Mitgliedern Gespräche geführt. In einem zweiten Schritt hat der Forscher versucht, über eine Analyse der oben genannten Situation hypothetisch wichtige Elemente herauszufiltern, indem er sich mit dieser Situation auseinandergesetzt und die Verhaltensweisen der Beobachteten ermittelt hat. Anschließend wurde ein Interviewleitfaden entwickelt, der die relevanten Themen (wie z.b. Erziehung, Erziehungsziele, Geschlechterrollen, Bedeutung der Religion, Bildung und Bildungsaspiration u.v.m.) sowie für die fokussierte Situation als wichtig erachtete Aspekte und Elemente enthielt.

Bei den 28 geführten Interviews mit 22 Familien und insgesamt 61 Befragten im Alter von 14 bis 69 Jahren stellte sich heraus, dass die Befragten sehr unterschiedliche Wertvorstellungen, Erziehungsmuster sowie politische und religiöse Werte vertreten. Daher bot es sich an, in der Auswertung auf eine Typenbildung abzuzielen, die ähnliche Muster und innerfamiliäre Strukturen ausweist. Familien mit ähnlichen Mustern und Strukturen wurden in Gruppen zusammengefasst. Es muss aber hier betont werden, dass diese Familientypen nicht statisch sind und viele Überschneidungen existieren. Es gibt auch viele Familien, die zu keinem der Typen zugeordnet werden können.

Letztlich wurden die folgenden vier Familientypen rekonstruiert:

- Konservativ-autoritäre Familien
- Religiöse Familien
- Leistungsorientierte Familien
- Moderne Familien

Um den Rahmen nicht zu sprengen, werden im Folgenden an ausgewählten Beispielen der Familientypen typische Erziehungsmuster, der Erziehungsstil, Geschlechterrollen (konservativ-autoritäre Familien) sowie Aspekte religiöser Erziehung und Sozialisation (religiöse Familien) exemplarisch beschrieben. Die dabei vorgenommene Konzentration auf konservativ-autoritäre und religiöse Familie basiert dabei auf der Annahme, dass diese aufgrund ihrer konservativen Haltung hinsichtlich Erziehung und Geschlechterrollen eine für die pädagogische Praxis besonders relevante Gruppierung darstellen.

3   Erziehung und Geschlechterrollen in konservativ-autoritären Familien

In diesem Kapitel werden Muster geschlechtsspezifischer Erziehung sowie der Aufteilung in Geschlechterrollen innerhalb konservativ-autoritärer Familien nachgezeichnet. In diesem Typus finden sich insgesamt sechs der 22 Familien. Um den Erziehungsstil und die geschlechtsspezifische Rollenaufteilung in diesen Familien darzustellen, wird exemplarisch eine Familie vorgestellt.

Familie Bin Al-Saud im Profil

Die Familie stammt ursprünglich aus dem Landkreis einer der größten Städte Syriens: Aleppo. Die Stadt war die bevölkerungsdichteste Stadt Syriens und liegt im Nordwesten des Landes. Sie ist als Kultur- und Handelsmetropole bekannt. Die Mutter der Familie (Ulima) kommt im Rahmen der Familienzusammenführung als Zwölfjährige 1975 nach Deutschland; ihre Eltern leben seit 1968 in Deutschland. Unmittelbar nach der Einreise besucht Ulima eine Hauptschule in Berlin, beendet diese jedoch nicht. Sie verfügt über keine abgeschlossene Berufsausbildung. Ulima arbeitet in einem arabischen Supermarkt in Berlin als Aushilfe und verdient 400 Euro. Als sie 19 Jahre alt ist, heiratet sie 1982 den Nachbarssohn Fadi, der aus derselben Gegend Syriens stammt wie sie. Fadi ist 1960 in der Nähe von Aleppo geboren und kommt 1973 mit seinen Eltern nach Berlin. Auch er besucht eine Hauptschule, die er aber erfolgreich abschließt. Da sich seine Eltern mit der Sichtweise, man würde in dieser Zeit zu wenig verdienen, gegen eine Lehre aussprechen, entscheidet sich Fadi nach der Schule dazu, eine Anstellung bei einer Baufirma anzunehmen, in der er bis heute als Dachdecker arbeitet.

Ulima und Fadi haben drei gemeinsame Kinder. Das älteste Kind kommt 1988 zur Welt, der Sohn Khalid. Er besucht nach der Grundschule eine Realschule, in der er überfordert erscheint. Daraufhin wird er in die Hauptschule zurückgestuft, beendet sie erfolgreich und macht eine Ausbildung zum Maurer. 1992 kommt das zweite Kind der Familie Bin Al-Saud zur Welt: Donia, die nach der Grundschule eine Realschule besucht und auch erfolgreich abschließt. Zum Zeitpunkt des Interviews befindet sich Donia im dritten Ausbildungsjahr zur Zahnarzthelferin. Das jüngste Kind, ebenfalls ein Mädchen, Hira, wird 1999 geboren und besucht zum Zeitpunkt des Interviews die fünfte Klasse einer Schule in Berlin Wedding.

Beim Interview mit der Familie fällt auf, dass bestimmte Grenzüberschreitungen, die von den Kindern begangen werden, mit Strafen, Härte und ggf. mit Gewalt wie bspw. Ohrfeigen oder Schlägen geahndet werden. Da Respekt, Gehorsam und Unterordnung gegenüber den Eltern von Familien des konservativ-autoritären Typus im Mittelpunkt der Erziehung stehen, wird eine solche Bestrafung durch die Eltern von den Kindern akzeptiert. Dies spiegelt sich in einem ausführlichen Auszug aus dem Interview mit Ulima:

„Also, ich denke, dass eine anständige Erziehung der Kinder sehr, sehr wichtig ist. Die Kinder müssen viele Dinge lernen, die ich für wichtig halte. Sie müssen sich zum Beispiel anständig verhalten, wenn Eltern da sind. Sie müssen vor Eltern und anderen älteren Verwandten Respekt haben. Sie sollen nicht laut sein, wenn der Vater spricht. Die Mädchen müssen sich draußen anständig verhalten, nicht auffallen und pünktlich zu Hause sein. […] Ich denke schon, dass Jungen und Mädchen anders sind. Gott hat uns ja so geschaffen. Wir müssen sehen, dass die Mädchen und Jungen anders sind, die haben von der Natur unterschiedliche Aufgaben bekommen. Deshalb müssen wir auch Mädchen und Jungen anders erziehen und behandeln und bestrafen, damit sie ihre Aufgaben machen können. Wie die Mädchen und Jungen werden, liegt in der Erziehung der Eltern. Wenn die Eltern nicht anständig sind, dann werden die Kinder auch nicht anständig. […] Wenn bestimmte Sachen nicht klappen, wenn die Kinder nicht auf die Mutter oder auf den Vater nicht hören, dann finde ich es nicht schlimm, wenn du dem Kind eine Ohrfeige gibst. Ich habe ab und zu mal eine Ohrfeige bekommen, das hat mir auch nicht geschadet. Also, ich meine, große Kinder, zum Beispiel wenn sie fünfzehn sind, soll man nicht schlagen. Dann ist es schon zu spät. Aber wenn die kleinen Kinder nicht auf die Eltern hören oder wenn sie immer Mist bauen, kann man schon eine Ohrfeige geben. Danach machen sie dann nichts mehr. Wenn Eltern ihre Kinder bestrafen, wollen sie doch was Gutes. Wenn ich meine Kinder nicht bestrafe, dann denken sie, es ist mir alles egal, es ist mir aber nicht egal." (Ulima)

Hier werden mehrere Motive für die Gewaltanwendung der Eltern sichtbar. Es wird ein autoritärer und restriktiver Erziehungsstil gepflegt. Auch werden dem verfolgten erzieherischen Ansatz zufolge Mädchen und Jungen unterschiedlich behandelt und bestraft.

Aus diesem beispielhaften Fall lassen sich folgende Schlüsse hinsichtlich des Erziehungsstils, der Erziehungsziele und der geschlechtsspezifischen Erziehung ableiten.

Erziehungsstil

Wie eingangs betont, migrierten viele ZuwandererInnen aus der Türkei und den arabischen Ländern aus wirtschaftlich schwachen Regionen ihrer Herkunftsländer bzw. aus Krisenregionen. Massenarbeitslosigkeit, Armut, Analphabetismus und eine wenig entwickelte Infrastruktur bestimmen das Leben dort auch heute noch. Die Beziehung der Eltern zu ihren Kindern ist in derartigen Milieus häufig geprägt durch Aspekte wie Autorität und Respekt. Offene Zornesäußerungen werden weder gegenüber Eltern noch gegenüber anderen Autoritätspersonen, wie z.b. Lehrkräften, toleriert. In konservativ-autoritären Familien ist die Eltern-Kind-Beziehung geprägt durch eine dominante Haltung der Eltern. Das Kind hat gehorsam zu sein und die von den Eltern übertragenen Aufgaben sorgfältig zu erfüllen, ohne große Erläuterungen und Gegenfragen. Die Eltern haben hier Anspruch auf Achtung, die die Beziehungen zwischen den Personen nach Alter und Geschlecht regelt. Wenn die Älteren – in unserem Kontext die Eltern – keine Achtung von den Kindern erfahren, haben die Jüngeren – die Kinder – kein Recht auf Liebe. Diese beiden Begriffe sind in diesem Typus nicht voneinander zu trennen. Wichtige Entscheidungen in Bezug auf die Kinder werden von den Eltern getroffen, da angenommen wird, dass die Kinder dazu nicht in der Lage sind. Das gilt auch im höheren Alter, wenn es z.b. um die Eheschließung geht. Die Eltern haben, soweit sie Kenntnisse darüber haben, Einfluss auf die Schul- und Berufsausbildung.

Ein anderes Indiz für die Dominanz der Eltern ist, dass sie an Entscheidungen festhalten, auch wenn sie innerlich nicht hundertprozentig davon überzeugt sind. Wenn sie von einer getroffenen Entscheidung abrücken würden, würde dies – zumindest von ihnen selbst – als Schwäche gewertet. Diese dominante Rolle nehmen die Eltern gleichermaßen gegenüber Söhnen und Töchtern ein, wobei die Mütter – so konnte rekonstruiert werden – in einigen Bereichen der Erziehung gegenüber Jungen ambivalent und nachgiebig sind. Dieser Teil der Erziehung wird im Abschnitt ‚geschlechtsspezifische Erziehung' vertieft.

Häufig geht dieser Erziehungsstil mit einem geringen Bildungsniveau der Eltern einher, oft hat der Vater nur eine einfache Schule wie z.b. die Hauptschule besucht, manchmal ohne Abschluss. Unter den Müttern gibt es viele, die keine weiterführende Schule besucht oder abgeschlossen haben. Auch Analphabetismus kommt im Setting vor. Nur in wenigen Fällen ist eine höhere Schulbildung vorhanden.

Erziehungsziele

Die Erziehung zu Respekt, Gehorsam, Höflichkeit, Ordnung und gutem Benehmen hat für die in Deutschland lebenden Menschen mit muslimischem Glauben, die den konservativ-autoritären Familien zugeordnet werden, immer noch einen hohen Stellenwert. Die Kinder werden von klein auf nach diesen traditionellen Wertvorstellungen erzogen und zu einer entsprechenden Haltung gegenüber ihren Eltern, älteren Geschwistern und anderen Verwandten sowie außerhalb der Familie gegenüber pädagogisch Tätigen und religiösen Geistlichen. Kinder dürfen ihre Eltern, ältere Geschwister, Onkel und Tanten nicht mit dem Vornamen ansprechen, sie sollen in Gegenwart der Eltern schweigsam sein, den Höherstehenden – vor allem in der Öffentlichkeit – nicht widersprechen. Auch erwachsene Söhne und Töchter dürfen in Anwesenheit der Eltern nicht rauchen und keinen Alkohol konsumieren.

Respekt bedeutet in diesem Kontext, sich gegenüber den Autoritäten loyal, gehorsam und unterordnend zu verhalten. Nach Çiğdem Kağıtçıbaşı (1997) ist es das Ziel dieser Erziehung, die familiären Bindungen zu festigen und einen auf das Funktionieren der Familie gerichteten Orientierungssinn für das gesellschaftliche Leben zu entwickeln, der sich aus der Tradition ergibt und nicht religiös begründet ist.

Das Erziehungsziel *Ehrenhaftigkeit* spielt im Erziehungsalltag der konservativ-autoritären Familien neben der Erziehung zu ‚Respekt vor Autoritäten' eine zentrale Rolle. Vereinfacht dargestellt, geht es hierbei um die zwei folgenden Punkte: die Beachtung der Grenze zwischen Innen- und Außenwelt und die geschlechtsspezifische Ausrichtung der Ehre. Traditionell gibt es eine klare Grenze zwischen dem Bereich der Familie, ‚Innen', und der Außenwelt. Auch in Deutschland wird von konservativ-autoritären Familien sehr darauf geachtet, diese Grenze nicht zu überschreiten. Vor allem den männlichen Kindern wird sehr früh vermittelt, auf etwaige Grenzüberschreitungen sofort und entschieden zu reagieren, z.B. ihre (jüngeren) Geschwister zu verteidigen, um nach außen ein geschlossenes Bild abzugeben. Da in Deutschland das vertraute soziale Umfeld nicht in dem Maße existiert wie in den Herkunftsländern und der Schutz der einzelnen Familienmitglieder das oberste Prinzip ist, gewinnt dieses Erziehungsziel noch an Bedeutung. Ein Unterschied zu den Herkunftsländern besteht u.a. darin, dass soziale Kontrollinstanzen wie Familiennetzwerke, Nachbarschaft und Dorfgemeinschaft fehlen. Das Ahnden einer Grenzüberschreitung wird darum in der Migration auch von den Mädchen erwartet.

Auch ein starkes Gefühl der *Zusammengehörigkeit* wird von Eltern an Kinder weitervermittelt. Wie schon bei der *Ehrenhaftigkeit* deutlich wurde, ist das Zusammenhalten der Familie in der Migration von zentraler Bedeutung, weil die in den Herkunftsländern üblichen sozialen Netzwerke in Deutschland fehlen. Somit ist dieses Erziehungsziel im Zuge der Migration entstanden, weil Eltern dadurch die innerfamiliäre Bindung, die sie in der Migration gefährdet sehen, festigen wollen. Auch Kağıtçıbaşı (1997) stützt diese These, indem sie darauf verweist, dass Zusammengehörigkeit in der Türkei kein zentrales Erziehungsziel ist.

Die in der deutschen akademisch orientierten Mittelschicht verbreiteten Erziehungsziele (Selbstständigkeit, Selbstbewusstsein, Kritikfähigkeit, Toleranz, Selbstbestimmung, etc.), die auch bei leistungsorientierten und modernen Familien zentral sind, spielen hier kaum eine Rolle (vgl. Toprak 2004).

Geschlechtsspezifische Erziehung oder die Erziehung zur Männlichkeit bzw. Weiblichkeit

In konservativ-autoritären Familien beginnt die Sozialisation in die Geschlechterrollen bereits vor der Geburt eines Kindes. Für die Geschlechter gelten jeweils unterschiedliche Werte und Erwartungen. Ulima beschreibt diese Vorphase:

„Wir haben ja sechs Jahre auf unser erstes Kind gewartet. Der Arzt konnte nicht genau sagen, aber er meinte, es wird ein Junge. Wir haben uns sehr gefreut. [...] Mein Mann hat sich mehr gefreut. Er wollte unbedingt einen Sohn haben. Wir haben dann für ihn alles gekauft: Autos, Bagger, Hosen und so weiter. Dann hat mein Mann gesagt, er wird unsere Familie und den Familiennamen weiterführen. Es war alles geplant."

Das Kind wird in einen Kontext vorgeformter Werte und geschlechtsspezifischer Erwartungen hineingeboren. Es unterliegt schon bald einem teils unterschwelligen, teils offensichtlichen Druck, sich in seine durch die Gesellschaft und die Eltern definierte geschlechtsspezifische Rolle zu fügen. Die Eltern konservativ-autoritärer Familien gewähren ihren Söhnen mehr Freiheit und erlauben ihnen mehr Aggressivität, während sie von den Töchtern Abhängigkeit und Ergebenheit erwarten. Für beide Geschlechter gilt, dass sie nicht zur Unabhängigkeit ermutigt werden. Die Praxis der geschlechtsspezifischen Erziehung wird im Folgenden weiter anhand des Beispiels von Khalid und Donia beschrieben.

Khalid und seine Erziehung

Da sich Khalid zunächst (von der Geburt bis zum Grundschulalter) in der häuslichen Umgebung aufhält, sind seine wichtigsten Bezugspersonen die Mutter und die Großmutter. Bereits mit dem fünften bzw. sechsten Lebensjahr ist sein Verhältnis zur Mutter bzw. zur Großmutter zwiespältig:

„Bei Kahild war es schon schwer. Wir haben sechs Jahre gewartet, dann war es auch ein Junge. Am Anfang hatte ich ihn viel bei mir. Oder die Oma hatte ihn. Aber irgendwann muss man den Jungen auch loslassen. Es ist nicht immer einfach. Loslassen und man möchte ihn wieder umarmen. Das ist ganz schön schwer. Du darfst den Jungen auch nicht zwingen. Wenn er das macht, ist es gut. Wenn nicht, dann ist das bei Jungen nicht so schlimm. Das kann er später lernen." (Ulima)

Die Beziehung ist einerseits noch von körperlicher Zärtlichkeit geprägt, andererseits wird von beiden Seiten diese Körperlichkeit abgelehnt. Kleinere Aufforderungen, wenn er z.B. die Mutter zum Einkaufen begleiten soll, appellieren an seinen freien Willen. Er soll ihnen zwar nachkommen, aber außer einem Tadel geschieht ihm nichts, wenn er sich verweigert. Alles in allem zeigen sich bei Khalid schließlich eine Verunsicherung hinsichtlich der Autorität seiner weiblichen Bezugspersonen und auf der Handlungsebene immer wieder Provokationen diesen gegenüber.

Auch wenn die Mutter und die Großmutter noch die Hauptbezugspersonen des Jungen sind, wird die Zuordnung zum Vater forciert:

„Irgendwann muss der Junge ja lernen, was es ist, ein Mann zu sein. Deshalb muss er mit dem Vater rausgehen. Er muss schauen, was draußen los ist. Er muss alles kennen. Bei uns in Syrien geht das besser, weil jeder jeden kennt. Aber in Deutschland geht das nicht so gut. Aber trotzdem finde ich das gut. Der Junge muss ja alles kennen. Auch andere Stadtteile und so weiter." (Fadi)

Hier beginnt der Vater, Khalid die Welt ‚draußen' zu zeigen. Auch wenn der Vater die Umsetzungsschwierigkeiten dieses Ziels – ‚alles kennen' zu lernen – in der Migration anspricht, soll Khalid das Verhalten erfahren, das später für die Beziehung der Männer untereinander charakteristisch ist. Khalid lernt über die Orientierung am männlichen Geschlecht nicht nur das enge familiale Umfeld, sondern auch die Außenwelt kennen. Außerhalb des Hauses sucht er sich zudem ‚gleichwertige' Freunde.

Im Grundschulalter verfestigt sich Khalids geschlechtsspezifische Erziehung und weitere Differenzierungen der Rollenmuster werden erlernt.

„Also, ich meine, irgendwann muss sich der Junge endlich von Frauen lösen. Er muss sich Sachen bei seinem Vater und anderen Männern angucken. Irgendwann ist ein Junge mit zwölf oder dreizehn in Frauengruppe nicht mehr akzeptiert. […] Natürlich bin ich für meinen Sohn da. Aber draußen ist mein Mann für ihn zuständig, drinnen aber ich. Ich koche, mache Wäsche und schaue, ob er sauber ist." (Ulima)

Die Orientierung des Jungen am männlichen Geschlecht wird von Ulima forciert, die Hauptkontaktperson des Jungen wird der Vater. Indem er seinen Vater begleitet, erlernt der Junge jene Verhaltensweisen, die außerhalb des Hauses als relevant erachtet werden. Die Rolle der Mutter konzentriert sich auf das körperliche Wohlbefinden sowie auf den Bereich der Hygiene; die Beziehung ist somit weiterhin auf Fürsorge und Bedürfniserfüllung beschränkt. Die Mutter tritt nur im Haus als Erziehungsperson in Erscheinung. Im Gegensatz zur Autorität des Vaters ist die der Mutter angreifbar, da sie nach diesem Konzept kein männliches Geschlechtsbild vermitteln kann.

Donia und ihre Erziehung

In der Vorschulphase hält sich Donia genau wie ihr Bruder in der unmittelbaren Nähe der Mutter und der Großmutter auf, die aber auch danach die Hauptbezugspersonen des Mädchens bleiben. Der Aufenthaltsort von Donia ändert sich nicht, der räumliche Bezug bleiben das Haus und die nähere Umgebung.

„Bei Mädchen muss man besser aufpassen. Sie muss immer zu Hause bleiben. Also, ich meine, das Mädchen soll nur rausgehen, wenn das nicht anders geht. Kleine

Mädchen dürfen sowieso nicht alleine rausgehen. Wenn ich oder meine Mutter
andere Familien besuchen, ja, dann nehmen wir sie mit. Dann kann sie wissen, wer
die Leute oder Verwandte sind." (Ulima)

Donia kommt nur sehr eingeschränkt mit der Außenwelt in Kontakt: sie begleitet
die Mutter zu Besuchen bei Verwandten oder Nachbarn. Im Gegensatz zu Khalid
werden Donias Kontakte über die Mutter vermittelt und berühren in erster Linie die
Nachbarschaft, Bekannte und die Verwandtschaft. Während die Mutter Khalid bei
der Neuorientierung am männlichen Geschlecht ohne Strenge positiv unterstützt,
wird die Festigung der weiblichen Geschlechterrolle bei Donia mit mütterlicher
Strenge überwacht und begleitet:

> „Die Frauen, also die Mutter, Schwester oder Großmutter, müssen ja dem Mädchen
> beibringen, wie sie sich draußen oder wenn andere Menschen da sind, benehmen.
> Wenn das nicht klappt oder wenn das Mädchen frech ist […] oder sie macht Sachen,
> was ein Mädchen macht, machen darf, dann ist ein Problem. Ja, und dann sagt
> man, die Mutter hat das nicht gut gemacht. Die Mutter ist deshalb immer streng zur
> Tochter. Also, ich bin immer streng zu meinen Töchtern. Wenn sie nicht anständig
> sind, dann bin ich auch nicht anständig. Deshalb kriegen die Mädchen auch eine
> Strafe von mir." (Ulima)

Hier bleibt die Autorität der Mutter unangreifbar und Ungehorsam wird bestraft.
In dieser Phase wird die Tochter gelegentlich zu kleinen Arbeiten im Haushalt herangezogen, z.B. zum Aufräumen. Auch soll sie lernen, sich in Anwesenheit anderer
ruhig zu verhalten und nicht zu sprechen, außer es wird etwas gefragt. Zudem
wird jedem Mädchen prinzipiell die Aufgabe der Fürsorge für jüngere Geschwister
übertragen; diese Verantwortung wird dem Jungen in der Regel nicht gegeben.

In den Interviews wird deutlich, dass sich bei Konflikten zwischen Ulima und
Donia der Vater einschaltet, indem er sie durch ein Machtwort beendet. In vielen
Fällen droht Ulima ihrer Tochter mit dem Vater, führt aber die Disziplinierungs-
maßnahmen selbst durch. In dieser Phase der geschlechtsspezifischen Erziehung
weitet sich die Erziehung der Mutter und der Großmutter auf alle Bereiche aus.
Donia wird gelehrt, dass sie Verhaltensmuster, z.B. Ring- oder Boxkampf, die für
Jungen relevant sind, nicht braucht. Während die Ehre bei Khalid kämpferische
Eigenschaften verlangt, so erfordert sie bei Donia Schamhaftigkeit und Körperbe-
herrschung. Da sich der Vater aus der geschlechtsspezifischen Rollenzuweisung von
Donia weitgehend heraushält, ist die Vater-Tochter-Beziehung freundlich. Selbst
bei problematischem Verhalten Donias nimmt der Vater der Mutter gegenüber
eine kritische Position ein. Erst wenn die Mutter mit einer Situation nicht fertig
wird, interveniert der Vater.

Zur dargestellten geschlechtsspezifischen Erziehung muss Folgendes hervorgehoben werden: Die Lebensgewohnheiten, Traditionen und Denkmuster ländlich-provinzieller Herkunftsorte geraten in der Migration immer wieder auch in Konflikt mit den in Deutschland erlebten Orientierungsmustern und Normen. Dies wiederum führt oftmals dazu, dass umso stärker an jenen Werten und Traditionen festgehalten wird, die als weniger fremd bzw. als ‚eigene' erlebt bzw. gedeutet werden und gleichsam realisierbar erscheinen. Bspw. kann die Erziehung in die Geschlechterrollen in der traditionellen Form in der deutschen Gesellschaft nicht eins zu eins umgesetzt werden. So modifizieren die Jugendlichen oftmals diese traditionellen Formen und entwickeln gewissermaßen ‚neue', aber aus den alten abgeleitete Denkmuster und Orientierungen (vgl. El-Mafaalani/Toprak 2011).

4   Sozialisation und Erziehung in religiösen Familien

In diesem Kapitel wird der Schwerpunkt am Beispiel der religiösen Familien auf die religiöse Erziehung und religiöse Pflichten und Feste gelegt. Als religiöse Familien konnten ebenfalls sechs Familien in der Typologie verortet werden, wobei Familie Karatepe exemplarisch vorgestellt wird, um die Bedeutung der religiösen Erziehung besser nachvollziehbar zu machen.

Familie Karatepe im Profil

Die Karatepes stammen aus dem Landkreis der zentralanatolischen Großstadt Kayseri, zirka 250 Kilometer östlich von Ankara. Die Stadt ist mittlerweile als boomende Industrie- und Handelsmetropole bekannt. Die Bevölkerung dort gilt in der Türkei als besonders religiös. Der Familienvater (Abdullah) wird 1939 in Kayseri geboren, kommt 1969 als Gastarbeiter zunächst nach Hannover und zieht 1972 nach München. In der Türkei schließt Abdullah die obligatorische fünfjährige Grundschule ab, eine weitergehende Schul- und Berufsausbildung hat er nicht. Bevor er als sogenannter Gastarbeiter nach Deutschland kommt, arbeitet er in Kayseri in einer kleinen Fabrik. Von 1972 bis 1999 arbeitet Abdullah bei Siemens am Fließband, bis er mit 60 Jahren in Frührente geht. Die Mutter (Gülbahar) wird 1942 ebenfalls in der Nähe von Kayseri geboren. Sie besucht keine Schule und kann nicht lesen und schreiben. Gülbahar folgt ihrem Mann 1974 mit ihren drei Kindern nach München. Sie arbeitet ebenfalls bei Siemens, bis sie 1995 krankheitsbedingt ausscheidet. Gülbahar und Abdullah haben fünf gemeinsame Kinder, vier Töchter und einen Sohn. Während die zwei älteren Töchter und der Sohn keine Berufsaus-

bildung nachweisen können, schließen die beiden jüngeren Töchter das Studium der Rechts- bzw. Betriebswirtschaftslehre mit Erfolg ab.
Im Interview mit dem Vater der Familie Karatepe kamen viele Themen zur Sprache. Den Schwerpunkt des Gesprächs setzt Abdullah auf die religiöse Erziehung der Kinder und Enkelkinder, die er wie folgt begründet:

> „Ich bin schon über siebzig Jahre alt, und ich lebe schon vierzig Jahre in Deutschland. Ich bin immer religiös gewesen. Da wo wir her stammen, ist Religion sehr wichtig. Ich würde schon sagen, dass ich für die Religion lebe. Die Sache mit der Religion ist noch intensiver geworden, nachdem ich mit der Arbeit aufgehört habe. Meine Kinder habe ich anständig, also nach den Regeln unserer Religion, erzogen. Meine Kinder erziehen ihre Kinder nach denselben Vorgaben. […] Religiöse Erziehung bedeutet, dass die Kinder die Pflichten eines Moslems kennen und umsetzen. Diese Pflichten sind zum Beispiel Beten, Fasten, Almosen geben und natürlich die muslimischen Feste oder die Beschneidung des Jungen. Das ist in Deutschland nicht immer gut möglich. Aber es geht trotzdem ganz gut. Was in Deutschland nicht gut ist, es gibt keine richtigen Schulen, um die Sachen richtig zu lernen. Es gibt hier einige Vereine oder Moscheen, die machen das schon. Aber da sind nicht immer die richtigen Lehrer, die das machen. Aber trotzdem haben früher meine Kinder diese Moscheen besucht, und jetzt besuchen meine Enkelkinder diese Einrichtungen. In der Türkei ist das schon besser. Da wissen die Lehrer auch besser Bescheid. […] Man kann hier in Deutschland auch sehr gut zu Hause beten. Aber es ist trotzdem besser, wenn man eine Gemeinde hat, wo man sich mit Gläubigen austauschen kann. Natürlich ist es auch besser, wenn die Kinder nicht nur zu Hause religiös erzogen werden, sondern auch in der Moschee. […] Ich finde mittlerweile in Deutschland gut, dass viele Moscheen gebaut werden können. Früher haben wir uns in Häusern gesammelt. Jetzt können wir uns auch richtig in Moschee treffen. Das ist natürlich gut für uns Alten, aber auch gut für unsere Kinder und Enkelkinder."

Abdullah rückt hier zwei Bereiche in den Mittelpunkt: die religiöse Erziehung innerhalb der Familie und die institutionelle religiöse Erziehung.

Die Bedeutung der religiösen Erziehung im Islam

Wie Abdullah im Interview betont, bedeutet religiöse Erziehung für ihn im Islam die Vermittlung der fünf Säulen. Die fünf Säulen des Islam werden demnach beiden Geschlechtern gleichermaßen vermittelt: *Sahada* (die Annahme des Islam als Religion), *salat* (das täglich fünfmal zu verrichtende Ritualgebet), *zakat* (Almosensteuer), *saum* (das Fasten im Monat Ramadan) sowie die *Wallfahrt* nach Mekka. Außerdem gehören zur religiösen Erziehung der Familien dieses Typs das Feiern der islamischen Feiertage, des Opfer- und Zuckerfests sowie die Beschneidung der Jungen.

Sahada – Glaubensbekenntnis: Die Annahme des Islam vollzieht sich mit dem Aussprechen des Glaubensbekenntnisses: ‚ashadu an la ilaha illa llah wa-ashadu anna Muhammadan rasulullah' – ins Deutsche übersetzt heißt es: ‚Ich bezeuge, dass es keinen Gott außer Allah gibt, und ich bezeuge, dass Muhammad der Gesandte Gottes ist.' Im Islam wird angenommen, dass ein Kind automatisch MuslimIn ist, wenn es muslimische Eltern hat. Das Kind wird als MuslimIn behandelt. Nach Christine Schirrmacher (2004) ist keine spätere ‚Bekehrung', kein Bekenntnis oder eine ausdrückliche Erklärung des Kindes notwendig, wie z.b. bei der Taufe oder Konfirmation im Christentum. Wie kann aber ein neugeborenes Kind das Glaubensbekenntnis ablegen? Hierzu ein Zitat der Mutter Gülbahar:

> „Wenn ein Kind auf die Welt kommt, kann das Kind nicht sprechen. Natürlich ist dieses Kind Moslem, weil die Eltern diese Religion haben. Und wenn das Kind da ist, spricht man in sein Ohr ‚Es gibt als Gott nur Allah und der Muhammad ist unser Prophet'. Natürlich spricht man dieses Glaubensbekenntnis im Leben öfters aus. [...] Ja, zum Beispiel bei bestimmten Gebeten spricht man das aus."

Kinder in religiösen Familien werden von klein auf mit religiösen Ritualen vertraut gemacht. Das Kind lernt im Laufe der Zeit, sich in unterschiedlichen Zusammenhängen zu Gott und seinem Propheten zu bekennen. Das kann in unterschiedlichen Gebeten, wie Gülbahar betont, geschehen oder aber bei religiösen Schulungen oder Familienfesten.

Salat – Beten: Das bedeutendste religiöse Ritual ist für die größte Anzahl der MuslimInnen das täglich fünfmalige Gebet. Aufgrund der Erwerbstätigkeit können nicht alle dieses Ritual regelmäßig einhalten. Aber mindestens das Freitagsgebet (mittags), das mit dem sonntäglichen Kirchgang der ChristInnen verglichen werden kann, soll eingehalten werden. Dies ist im Alltag nicht ganz leicht:

> „Bevor man mit dem Beten anfängt, muss man erst einmal den Gebetsort sauber machen oder sauber halten. Das ist das Erste. Dann muss der Mensch selber sauber sein. Also, man muss sich waschen. Hände, Füße, Arme, Kopf, Nase, Gesicht, Ohren müssen vor dem Gebet mit klarem Wasser gewaschen werden. Es ist natürlich wichtig, dieses Ritual so früh wie möglich den eigenen Kindern beizubringen." (Abdullah)

Es muss also nicht nur der Gebetsort sauber gehalten werden, sondern auch der Betende muss sich einer rituellen Waschung, im Arabischen *wudu* im Türkischen *abdest*, unterziehen. Das Gebet wird als Dialog des Gläubigen mit Gott charakterisiert. Durch den symbolischen Akt der Waschung tritt der Gläubige sauber und rein vor Gott. Wie Abdullah erläutert, muss jeder Gläubige vor dem Gebet beide

Hände bis zum Handgelenk und das Gesicht dreimal waschen, er soll Nase und
Mund dreimal ausspülen, einmal den Kopf sowie dreimal beide Füße bis zu den
Knöcheln waschen.

Kinder und Jugendliche sollen die richtige Abfolge in ritualisierter Form, begleitet
von gesprochenen Gebetsversen, erlernen und umsetzen. Es geht nicht darum, die
Bedeutung der arabisch gesprochenen Verse zu verstehen und nachzuvollziehen,
sondern das auswendig Gelernte soll korrekt wiedergegeben werden:

> „Die Kinder müssen lernen, richtig zu beten. Natürlich müssen sie auch die richtige
> Körperhaltung haben und an bestimmten Stellen bestimmte Gebete aufsagen. […] Die
> Gebete sind arabisch, die müssen arabisch sein. Ich kann auch kein Arabisch, aber ich
> habe sie alle gelernt. Ich weiß nicht ganz genau, was jedes Wort bedeutet. Aber muss
> man auch nicht. Genauso müssen das die Kinder auch lernen. Man muss nicht alles
> wissen. Wichtig ist: die Kinder müssen es lernen, korrekt auszusagen, vor allem an
> der richtigen Stelle. Ich habe das so meinen Töchtern beigebracht und mein Mann hat
> das so meinem Sohn beigebracht. Das haben wir selber auch so gelernt." (Gülbahar)

Wie schon bei den konservativ-autoritären Familien beschrieben, werden auch
hier bestimmte Werte und Normen geschlechtsspezifisch vermittelt, d.h. der
Vater unterweist den Sohn, die Mutter die Töchter. Das tägliche Beten wird den
Kindern in der Grundschulzeit beigebracht und soll spätestens ab der Pubertät
beherrscht werden.

Zakat – Almosensteuer: Almosenpflichtig ist jedeR volljährige, gesunde und freie
MuslimIn; der Ertrag der Steuer ist für die Armen und Bedürftigen bestimmt. Sie
wird in der religiösen Literatur als verdienstvolles Werk der/des MuslimIn bezeichnet.
Die Höhe der Almosensteuer richtet sich nach dem Einkommen. Ausgenommen ist,
wer Schulden hat oder nicht genug verdient. Die Almosensteuer hebt den sozialen
Aspekt der religiösen Pflicht hervor: Der Wohlhabende soll durch die Almosensteuer die Ärmeren unterstützen, sie soll an eineN andereN MuslimIn ausgezahlt
werden. Ein Blick auf die erzieherische Umsetzung zeigt, dass die Kinder zu dieser
religiös motivierten sozialen Pflicht angehalten werden:

> „Natürlich ist es wichtig, dass die Kinder Almosen geben. Wenn die Kinder selber
> Taschengeld haben, geht das natürlich nicht. Aber wenn sie erwachsen sind und
> selber Geld verdienen, dann können die Kinder einmal im Jahr Almosen geben. Ich
> meine, wichtig ist, dass meine Kinder lernen sollen, dass sie die anderen Menschen,
> anderen Muslimen helfen sollen." (Ergün)

Saum – Fasten: Das Einhalten des Fastenmonats Ramadan ist in den Herkunftsländern der muslimischen MigrantInnen sehr verbreitet. Die Gläubigen verstehen sich dabei als verpflichtet, einen Monat lang von Sonnenaufgang bis Sonnenuntergang nicht zu essen, nicht zu trinken und nicht zu rauchen. Am Abend – zwischen Sonnenuntergang und Sonnenaufgang – kann wieder gegessen werden. Der Ramadan wird nach einem Monat mit dem drei Tage anhaltenden Zuckerfest beendet. Die Fastenzeit liegt im neunten Monat (Ramadan) des islamischen Mondkalenders, weil in diesem Monat die Offenbarung des Koran an den Propheten Mohammed begonnen hat. Da MuslimInnen den beweglichen Mondkalender nutzen, verschiebt sich der Fastenmonat jeweils um zehn bis elf Tage. Für viele MuslimInnen besteht ein zentraler Sinn des Fastens darin, dass sich die/der Gläubige durch Enthaltsamkeit die Bedeutung von Hunger und Durst vergegenwärtigt. Darüber hinaus wird das Fasten immer wieder auch im Sinne eines Tests der Loyalität gegenüber Gott gedeutet (vgl. Kreiser/Wielandt 1992).

Bei der religiösen Erziehung wird darauf hingewirkt, dass die Kinder Schritt für Schritt das Fasten einhalten. Eine wichtige Lernmethode ist das Prinzip des Lernens am Modell. Das heißt, die Kinder beobachten ihre Eltern beim Fasten, um sie später schrittweise zu imitieren: Ergün, der Sohn der Familie Karatepe, schildert dies wie folgt:

> „Na ja, ich meine, wie willst du den Kindern das beibringen. Ich faste, meine Frau fastet, meine Eltern fasten. Wenn wir alle gesund sind, machen wir das. Das sehen natürlich die Kinder. Irgendwann sagen sie selber, ‚Papa, ich will auch fasten'. Wenn alle in der Familie fasten, lernen die Kinder automatisch, dass (sie) auch fasten müssen. […] Bei Kindern muss man natürlich aufpassen. Unsere Religion sagt, dass sie sehr langsam damit anfangen sollen. Also, zuerst einen Tag, dann einige Tage, vielleicht dann eine Woche. Also, dann immer einige Tage mehr, bis sie durchhalten können."

Spätestens bis zur Pubertät sollen die Kinder gelernt haben, den gesamten Monat fasten zu können. Allerdings kennt das Fasten auch Ausnahmen, wie z.B. Krankheit, Schwangerschaft, Alter oder längere Reisen.

Wallfahrt: Entsprechend der Sure 3, 97 des Koran ist jedeR volljährige MuslimIn verpflichtet, mindestens einmal in seinem Leben die Wallfahrt nach Mekka zu verrichten, sofern sie/er die finanzielle Möglichkeit hierzu hat. Es geht bei der fünften und letzten Säule darum, dass jedeR MuslimIn die heiligen Orte des Islam besichtigen soll. Die Wallfahrt nach Mekka findet im letzten Monat des islamischen Mondkalenders in der Gemeinschaft der Gläubigen statt. Wer die Wallfahrt erfolgreich abgeschlossen hat, erhält den Ehrentitel ‚Hadschi'. Das Ende der Wallfahrt wird mit dem Opferfest gefeiert.

Die religiösen Feste

Neben den fünf Säulen des Islam werden die Kinder in religiösen Familien angehalten, die religiösen Feste zu kennen und zu feiern. Oben wurde erwähnt, dass
die vierte Säule des Islam (Fasten) mit dem Ramadanfest, umgangssprachlich Zuckerfest, und die fünfte Säule (Pilgerfahrt) mit dem Opferfest abgeschlossen wird.
Nun werden diese zwei religiösen Feste des Islam im Kontext der Kindererziehung
näher beschreiben.

Das *Ramadanfest (Zuckerfest):* Neben dem Opferfest ist das Zuckerfest eines der
wichtigsten Feste der MuslimInnen. Es wird wahlweise als Ramadanfest, Zuckerfest
oder Fastenbrechenfest bezeichnet. Da sich in Deutschland der Begriff Zuckerfest
durchgesetzt hat, wird dieser Begriff verwendet. Wie bei der vierten Säule des Islam
erläutert wurde, wird das dreißigtägige Fasten mit dem dreitägigen Zuckerfest
beendet:

> „Fasten ist sehr schön, aber auch sehr anstrengend. Vor allem in Sommertagen dauert
> das Fasten sehr lange. Diese schöne und anstrengende Zeit muss gefeiert werden. In
> der Fastenzeit muss man viel über sich nachdenken und an Verwandte und Freunde
> denken. Da überlegt man auch, ob man ein guter Muslim ist. Und während der Fei-
> ertage verbringt man viel Zeit mit der Familie, die Jüngeren besuchen die Älteren.
> Die ganze Familie geht in die Moschee und betet. Wenn man mit jemandem Streit hat
> oder es Ärger gab, ist das Fest ein guter Anlass, sich wieder zu versöhnen. […] Es ist
> wichtig, diese Tradition an unsere Kinder und Enkelkinder weiterzugeben." (Abdullah)

Bei diesem Fest wird das Ende einer anstrengenden Fastenzeit mit üppigem Essen
und süßen Speisen gefeiert. Am ersten Tag des Zuckerfestes geht die gesamte Familie in die Moschee und feiert gemeinsam. Die folgenden Tage widmet man der
Familie, den Verwandten und Bekannten. Man besucht sich gegenseitig, macht
sich Geschenke und die Kinder bekommen Taschengeld. Alle Familienmitglieder
kleiden sich besonders gut und die Wohnung wird für die zu erwartenden Gäste
besonders gereinigt und vorbereitet. Das Fest ist auch ein Anlass, sich im Falle
von Unstimmigkeiten oder Streit in der Familie oder im Bekanntenkreis wieder
zu versöhnen.

Die älteste Tochter der Familie Karatepe, Ayfer, hebt die Bedeutung dieses Festes
in der Erziehung ihrer Kinder hervor. An einer anderen Stelle beklagt sie aber, dass
die praktische Umsetzung in Deutschland schwierig ist.

> „Ich bin ja erst mit elf Jahren nach Deutschland gekommen. Ich habe als Kind
> mitbekommen, wie man in der Türkei dieses Fest feiert. Das ist wunderschön. Du
> bekommst die ganze Aufregung der Menschen mit, wie sie sich vorbereiten, wie sie

einkaufen, wie sie kochen und so. Hier ist das natürlich sehr schwer. Dort bekommen die Kinder automatisch mit, was dieses Fest zu bedeuten hat. [...] Hier in Deutschland haben die Eltern eine große Aufgabe. Sie müssen das Fest ihren Kindern sehr gut erklären und auch feiern. Sonst vergessen die Kinder sehr schnell, welche Bedeutung solche Feste haben. Meine drei Kinder wissen gut Bescheid, weil mein Mann und ich dahinterstehen."

In Bezug auf die religiöse Erziehung haben die Familien in Deutschland eine große Verantwortung, weil die öffentliche und institutionelle Erziehung der Kinder in Deutschland weitgehend fehlt. Die Eltern müssen nicht nur die Bedeutung des Zuckerfests erläutern, sondern es auch in einer ‚fremden' Umgebung feiern und vorleben. In den Herkunftsländern ist die Vermittlung der Feiertage leichter, weil sie nicht nur in der Familie, sondern auch in Schulen, Einrichtungen und im öffentlichen Leben begangen werden. Die fehlenden Sozialisationsinstanzen in Deutschland führen u.a. dazu, dass die Eltern religiöser Familien ihren Kindern mit Nachdruck nicht nur die fünf religiösen Pflichten vermitteln, sondern auch die dazugehörigen Feste und Feiertage.

Opferfest: Das Opferfest ist das höchste islamische Fest. Mit der Schlachtung eines Tiers gedenken MuslimInnen Ibrahim (Abraham), der in vielen Koranquellen als erster ‚Gottergebener' bezeichnet wird. Nach der Überlieferung wird Ibrahim von Gott in einer Prüfung seiner Glaubensfestigkeit aufgefordert, einen seiner beiden Söhne zu opfern. Ibrahim will dieser Aufforderung gerade nachkommen, als ein Engel – im Auftrag Gottes – einen Schafsbock als Opfer anbietet. Ibrahim besteht den Test, und statt seinen Sohn zu opfern schlachtet er das vom Engel überbrachte Tier. Wie aber wird diese Tradition in den Familien praktiziert?

„Ramadan und Opferfest sind für uns Muslime sehr wichtig. Das sind unsere heiligen Feiertage. Beim Opferfest sollen Menschen oder Familien, die sich das finanziell leisten können, ein Tier opfern. Es ist auch nicht vorgesehen, dieses Fleisch nur selber zu essen. Laut unserer Religion muss man ein Drittel selber behalten, ein Drittel den Verwandten und Nachbarn geben und ein Drittel Bedürftigen geben, die sich kein Fleisch leisten können. Diese guten Dienste müssen unsere Kinder lernen und wissen, warum wir ein Tier opfern." (Gülbahar)

Das Tieropfer hat auch einen karitativen Charakter, denn das Fleisch kommt zu einem großen Teil bedürftigen Menschen zugute. Und da es in Ländern mit einer muslimischen Bevölkerungsmehrheit immer noch viele Menschen gibt, die auf-grund ihrer finanziellen Situation kein Fleisch kaufen können, überweisen viele in Deutschland lebende MusliminInnen zum Anlass des Opferfestes Geld in ihr Herkunftsland, damit ein Verwandter ein Tier opfert und an Bedürftige verteilt. Wie das Zuckerfest wird auch das Opferfest als Familienfest gefeiert und dauert vier Tage. Die Eltern religiöser Familien legen großen Wert darauf, dass ihre Kinder den rituellen Ablauf der islamischen Feste internalisieren und umsetzen. Das Opferfest beginnt mit dem Besuch der Moschee. Am ersten oder zweiten Tag soll ein Tier geopfert werden. An den verbleibenden Tagen besuchen sich die Familien gegenseitig. Ergün beklagt, dass die Umsetzung durch die Erwerbstätigkeit der Menschen in Deutschland erschwert wird und die Bedeutung des Festes verloren geht:

> „Weihnachten und Ostern haben alle frei. Dann haben die Familien und Verwandte Zeit füreinander. In den islamischen Ländern haben die Menschen auch frei. Das geht in Deutschland nicht so gut. Aber trotzdem versuchen wir als Familie, so gut es geht die Feste zu feiern. […] In Deutschland muss man mehr auf solche Feste achten, weil sonst solche Feste bei unseren Kindern oder Enkelkindern verloren gehen. Bei meinen Kindern achte ich sehr darauf. Wir möchten auch einmal mit Kindern in der Türkei Urlaub machen, wenn Opfer- oder Zuckerfest ist. […] Ja, damit sie das so richtig mitbekommen. Hier vergessen sie das ziemlich schnell."

Die Beschneidung des Jungen

Wenn in Deutschland die Beschneidung der Jungen thematisiert wird, geschieht das meist im Kontext von Männlichkeit (vgl. Selek 2010). In der Tat symbolisiert die Beschneidung eines kleinen Jungen die Aufnahme in ‚die männliche Welt'. Vor der Beschneidung dürfen Jungen ganz selbstverständlich ihre Mütter ins Dampfbad nackt begleiten, sobald sie beschnitten sind, ist dies nicht mehr erlaubt. In den Interviews wird neben dem Männlichkeitsaspekt die religiöse Motivation der Beschneidung immer wieder hervorgehoben. Dieser Aspekt wird im Folgenden näher beschrieben.

Streng genommen ist die Beschneidung der muslimischen Jungen oder Männer keine verbindliche religiöse Vorschrift, sie wird im Koran nicht erwähnt. Die Beschneidung wird eher empfohlen und hat darüber hinaus einen hygienischen Aspekt. Zurückzuführen ist sie auf den Propheten Abraham. Sie wurde als Brauch vom Propheten Muhammed übernommen und in die muslimische Tradition eingeführt. Die Beschneidung ist ein medizinischer Eingriff, bei dem die Vorhaut des männlichen Glieds entfernt wird. Da der Eingriff eine medizinisch-operative Indikation darstellt, wird empfohlen, eine örtliche Betäubung vorzunehmen.

Ergün, der selber drei Söhne hat, hebt den religiös-traditionellen Aspekt der Beschneidung hervor:

> „Zu einem richtigen Muslim gehört es auch, dass er beschnitten ist. Ein Muslim, der nicht beschnitten wurde, ist kein richtiger Muslim. [...] Das steht nicht im Koran. Aber unser Prophet war auch beschnitten und hat auch allen Muslimen empfohlen, dies zu tun. Alle meine drei Söhne sind beschnitten. Das ist wichtig. Meinen Söhnen habe ich so früh wie möglich gesagt, dass sie beschnitten werden, weil unsere Religion das von uns möchte. [...] Alle drei Jungs haben wir in der Türkei beschneiden lassen. So richtig traditionell von einem Beschneider ohne Betäubung."

Ergün betont in diesem Interviewausschnitt den historisch bedingten religiösen Aspekt der Beschneidung. Er verweist auf den Propheten, der auch beschnitten war und dies allen Muslimen empfahl. Außerdem geht aus dem Interview hervor, dass es für die Beschneidung keine verbindliche Altersgrenze gibt, denn alle drei Jungen werden gemeinsam beschnitten. Im Allgemeinen gilt, dass ein Junge noch vor der Pubertät, mit zirka zehn oder elf Jahren beschnitten werden soll. Im Interview wird auch deutlich, dass die traditionelle Beschneidung ohne lokale Betäubung bevorzugt wird. Auch wenn in der Türkei und anderen arabischen Ländern immer wieder darauf hingewiesen wird, dass die Beschneidung ein medizinischer Eingriff ist, der im Krankenhaus von einem Arzt unter Betäubung vorgenommen werden muss, wird weiterhin häufig die traditionelle Beschneidungsmethode gewählt. In vielen ländlichen und wirtschaftlich unterentwickelten Gebieten der Herkunftsländer wird die Beschneidung nicht von einem Arzt, sondern von einem Beschneider vorgenommen. Da diese Männer keine medizinische Ausbildung haben, kommt es bei dem Eingriff immer wieder zu Komplikationen.

Ergün erläutert, warum er seine Söhne nach dieser nicht ungefährlichen Methode beschneiden ließ:

> „Also, wir alle wurden so beschnitten. Zu unserer Zeit gab es so etwas nicht. Außerdem wurde unser Prophet Muhammed auch so beschnitten. Es ist unislamisch, wenn die Kinder vorher betäubt werden. Deshalb habe ich ja meine Söhne in der Türkei von einem Beschneider beschneiden lassen. Außerdem muss ein richtiger Mann bei der Beschneidung nicht betäubt werden. Er muss früh lernen, Schmerzen auszuhalten. Das gehört zum Mannsein halt dazu."

Die Beschneidung hat also nicht nur eine religiöse Bedeutung, sondern die Schmerzen, die ein Junge aushalten muss, verweisen auch auf das oben erwähnte Männlichkeitsprinzip. Nach Pinar Selek (2010) markiert die Beschneidung des Jungen (neben Wehrdienst, Arbeit/Beruf und Eheschließung) in muslimischen Kontexten eine der zentralen Stationen des Mannwerdens. Sie wird mit einer feierlichen Zeremonie vollzogen. Dem Jungen wird nicht nur Mut gemacht, dass er die Schmerzen, die nach der Beschneidung mit Geschenken versüßt werden, aushalten kann, sondern er wird auch unter Druck gesetzt, keine Angst und Bedenken zu zeigen:

> „Ich meine, es gehört sich nicht, dass meine Söhne Angst vor der Beschneidung haben. Ich habe allen drei klipp und klar gesagt, dass sie nicht weinen sollen. Das gehört dazu. Das gehört dazu, wenn du Mann werden willst." (Ergün)

Die Beschneidung der Jungen ist also in erster Linie religiös-kulturell motiviert und ein wichtiger Bestandteil der ‚männlichen Sozialisation'. Aber in der Praxis wird sie nicht nur religiös begründet, sondern auch als eine wichtige Station der männlichen Identität betrachtet.

5   Pädagogische Konsequenzen

Einschlägige Untersuchungen zeigen, dass die Bedingungen des Heranwachsens bei Jugendlichen, die eine familiäre Migrationsgeschichte mit türkischem oder arabischem Hintergrund aufweisen, in vielen Fällen ungünstiger sind, als die von Jugendlichen ohne eine derartige Migrationserfahrung (vgl. El-Mafaalani/Toprak 2011). Ausschlaggebendes Indiz bei der Bestimmung von spezifischen Risikofaktoren ist die soziale Lage. Es sind vor allem die sozialen Rahmenbedingungen, die zusammen mit ungünstigeren schulischen und beruflichen Chancen dieser Migrantenkinder (die überwiegend in Kontexten aufwachsen, in denen der Islam eine mehr oder weniger bedeutsame Rolle spielt) eine besonders große Bedeutung für das Auftreten von abweichendem Verhalten haben.

   In diesem Zusammenhang ist eindeutig festzustellen, dass in der öffentlichen Wahrnehmung von MuslimInnen Jungen eher wahrgenommen werden als Mädchen. Mit Blick auf die hier zugrunde liegende Studie, lässt sich feststellen: Da die Mädchen im Kontext der dargestellten Familien in Bezug auf ihre Freizeit in der Regel stärker reglementiert werden, orientieren sie sich tendenziell nach innen. D.h., deren Hauptbezugspersonen sind überwiegend Familienmitglieder, Verwandte und einige den Eltern bekannte Freundinnen. Dies könnte ein Grund dafür sein, dass sie ‚angepasster' und unauffälliger erscheinen, weil sie diese eingeschränkten Bedingungen für sich ins Positive ummünzen: In der Schule sind sie beispielsweise erfolgreicher und erwerben öfter das Abitur als Jungen. Da Jungen in der Tendenz intensiver als Mädchen nach außen orientiert sind, fallen sie stärker – nicht nur mit ihren Stärken, sondern auch mit ihren Problemen – auf.

Die Studie, die auf die Heterogenität von Sozialisationsprozessen in muslimischen Familien verweist, mit Fokus auf pädagogische Implikationen reflektierend, erscheint die Berücksichtigung folgender zentraler Punkte bedeutungsvoll:

- *Elternkooperation:* Das Hauptaugenmerk ist auf die Elternarbeit zu richten. Ohne die konkrete Unterstützung der Eltern kann wenig erreicht werden, weil konservative und religiöse Migrantenfamilien anders organisiert sind. Beispielsweise sind Berufs- bzw. Schulentscheidungen keine individuellen Belange der Kinder, sondern werden in erster Linie von den Eltern vorgegeben. Hier ist es außerdem von großer Bedeutung, die Eltern als Kooperationspartner zu gewinnen, ohne ihnen das Bild zu vermitteln, in Erziehungsfragen versagt zu haben.
- *Ressourcenorientierte Arbeit:* In der konkreten Arbeit mit dieser Zielgruppe ist es zu empfehlen, ressourcenorientiert zu arbeiten. Das heißt, nicht die Schwächen der Zielgruppe in den Vordergrund zu stellen, sondern ihre Stärken. Insbesondere durchaus positive Werte wie Solidarität und Loyalität können einen Ansatzpunkt bieten, einen gemeinsamen Nenner zu finden. Ferner erscheint es sinnvoll, mit ausgewählten Vorbildern aus der eigenen Community zu arbeiten.
- *Interkulturelle Kompetenz:* Um die Jugendlichen und deren Eltern bei gezielten Erziehungsfragen adäquat beraten zu können, sollte hinsichtlich Fragen der interreligiösen und interkulturellen Kompetenz umfassend und gezielt geschult werden. Die zentralen Ziele sollten sein: vorurteils- und wertbewusst mit Familien auf Augenhöhe kommunizieren, wertschätzend in Bezug auf die Religion und/oder Kultur agieren.
- *Ausbau der Angebote – Ganztagsschulen:* Die pädagogischen Institutionen sind gerade deshalb von besonderer Bedeutung, weil ‚benachteiligte' Migrantenfamilien ihren Kindern beim schulischen Lernen und bei der sozialen Etablierung nur wenig helfen können. Sie kennen sich nur schlecht mit dem Schul- und Ausbildungssystem aus, verstehen häufig nicht die pädagogischen Ziele und überschätzen die Funktion der Schule in Deutschland. Das führt dazu, dass die Eltern pädagogische Verantwortung umfassend an Schulen, Lehrkräfte und anderen PädagogInnen abtreten, was die Fachkräfte ihrerseits dann häufig als Desinteresse deuten. Das deutsche Schulsystem ist kaum in der Lage, adäquat auf die Lebensumstände der Kinder einzugehen, da es zu stark von einer historisch gewachsenen Normalitätsannahme (deutsche Mittelschichtfamilie) ausgeht (vgl. Knapp-Potthoff 1997). Entsprechend machen Migrantenjugendliche seltener als ihre Altersgenossen höhere Schulabschlüsse, verlassen das Schulsystem deutlich häufiger ohne Abschluss und haben entsprechend auch größere Probleme beim Übergang von der Schule in den Ausbildungs- und Arbeitsmarkt. Ohne systematische Kommunikation und Kooperation zwischen Institutionen und

Eltern und ohne den Ausbau echter Ganztagsschulen, von denen bildungsbe-
nachteiligte Milieus erwiesenermaßen profitieren, wird dieser ‚Teufelskreis'
vermutlich nicht durchbrochen.

• *Einbeziehung der traditionellen Normen in die Bildungsarbeit:* Wie die hier
beschriebene Untersuchung deutlich macht, operieren viele Jugendliche stark
mit traditionellen Männlichkeitsbildern. Wenn die Jungen und jungen Männer
danach gefragt werden, welche Bedeutung diese Werte haben, können viele dazu
keine Stellung beziehen. Diese Begriffe werden unreflektiert übernommen, ohne
sich z.b. mit dem tiefen Sinn der Ehre auseinander gesetzt zu haben Damit die
Jugendlichen diese Werte reflektieren und hinterfragen lernen, muss in der
Schule, in Bildungseinrichtungen oder in der Jugendarbeit dieses Thema auf
die Tagesordnung kommen. Dadurch können PädagogInnen und Jugendliche
voneinander lernen und ihre eventuell handlungsleitenden Orientierungen und/
oder Vorurteile revidieren oder zumindest in Frage stellen.

Literatur

El-Mafaalani, Aladin/Toprak, Ahmet (2011): Muslimische Kinder und Jugendliche in
Deutschland. Lebenswelten, Denkmuster, Herausforderungen. Sankt Augustin, Berlin.

Haug, Sonja/Müssig, Stephanie/Stichs, Anja (2009): Muslimisches Leben in Deutschland.
Im Auftrag der Deutschen Islamkonferenz. Berlin.

Kağıtçıbaşı, Çiğdem (1997): Familie und Sozialisation in der Türkei. In: Nauck, Bernhard/
Schönpflug, Ute (Hrsg.): Familien in verschiedenen Kulturen. Lucius & Lucius, Stuttgart.

Knapp-Potthoff, Annelie (1997): Interkulturelle Kommunikationsfähigkeit als Lernziel. In:
Knapp-Potthoff, Annelie/Liedke, Martina (Hrsg.): Aspekte interkultureller Kommunikationsfähigkeit. Iudicium, München.

Kreiser, Klaus/Wielandt, Rotraud (1992): Lexikon der islamischen Welt. Kohlhammer,
Stuttgart.

Schirrmacher, Christine (2004): Kindererziehung und Familienwerte im Islam. www.
islaminstitut.de/ uploads/media/Kindererziehung.pdf. Zugegriffen: 17. Februar 2014.

Selek, Pinar (2010): Zum Mann gehätschelt. Zum Mann gedrillt. Männliche Identitäten.
Orlanda, Berlin.

Toprak, Ahmet (2004): ‚Wer sein Kind nicht schlägt, hat später das Nachsehen'. Elterliche
Gewaltanwendung in türkischen Migrantenfamilien und Konsequenzen für die Elternarbeit. Centaurus, Herbolzheim.

Toprak, Ahmet (2012): Unsere Ehre ist uns heilig. Muslimische Familien in Deutschland.
Herder, Freiburg.

Witzel, Andreas (1982): Verfahren der qualitativen Sozialforschung. Überblick und Alternativen. Campus, Frankfurt a. M.

Religiös-normative Orientierungen von muslimischen Jugendlichen im Kontext familialer Erziehung und Sozialisation

Nils Köbel, Stefan Weyers, Nina Brück und Sascha Benedetti

1 Einleitung

Der vorliegende Beitrag bezieht zwei Forschungsrichtungen aufeinander: Zum einen soll anhand einer aktuellen Studie die religiös-normative Orientierung religiös aktiver muslimischer Jugendlicher aufgezeigt werden. Die leitende Fragestellung ist hierbei, in welches Verhältnis die befragten muslimischen Jugendlichen ihre religiösen Überzeugungen zu moralischen und rechtlichen Normen setzen. Zum anderen soll anhand dieser Forschungsergebnisse die Frage erörtert werden, ob es Zusammenhänge zwischen den religiös-normativen Urteilen dieser Jugendlichen und ihrer jeweiligen familialen Sozialisation und Erziehung gibt. Hierfür soll neben der genannten Untersuchung auch auf aktuelle sozial- und erziehungswissenschaftliche Studien zum Verhältnis von Jugend und Familie in muslimischen Lebenswelten Bezug genommen werden.

2 Religiös-normative Orientierung muslimischer Jugendlicher

In der 2012 veröffentlichten Studie ,Entwicklung von Rechts- und Menschenrechtsvorstellungen' (vgl. Weyers 2012a) untersuchen wir rechtlich-moralische Vorstellungen von Jugendlichen im Kontext religiös-kultureller Differenz.[1] Anhand

---

1 Die Studie basiert auf dem DFG-Projekt ,Entwicklung von Rechtsvorstellungen im Kontext religiös-kultureller Differenz', das von 2005-2008 unter Leitung von Stefan Weyers am Deutschen Institut für Internationale Pädagogische Forschung und an der Universität Frankfurt a. M. durchgeführt wurde. Die qualitativen Leitfadenfadeninterviews führten

ausgewählter Dilemmata und Szenarien werden christlichen und muslimischen Jugendlichen im Alter von 13 bis 23 Jahren Fragen zum Verhältnis von Religion, Recht und Moral vorgelegt. Die Szenarien und Dilemmata umfassen dabei ein breites Spektrum an moralischen und rechtlichen Themen, die von grundlegenden Fragen zu rechtlichen Normen (z.B. ‚Warum darf man nicht stehlen?‘), über Fragen nach Gleichberechtigung von Mann und Frau, bis hin zu Menschenrechtsthematiken wie Folterverbot und Sterbehilfe reichen. Die Untersuchung richtet sich vor allem auf die Bedeutung religiöser Vorstellungen für normative Urteile. Wie religiös normierte Fragen der Lebensführung und des Zusammenlebens interpretiert werden, ob und in welcher Weise dabei auf religiöse Gebote rekurriert wird, gibt Hinweise auf die normative Relevanz der Religion für die Gläubigen. Ein Schwerpunkt der Analyse liegt auf dem Verhältnis von Religion, Moral und individuellen Freiheitsrechten, daher ist von Interesse, wie Situationen bewertet werden, bei denen säkular-moralische und religiöse Normen im Konflikt stehen (vgl. Weyers 2011, S. 122f.).

Für die Analyse normativer Urteile ist es sinnvoll, fünf normativ relevante Regelbereiche zu unterscheiden. Nach Elliot Turiel (1983) bezieht sich *Moral* auf Fragen der Gerechtigkeit, Achtung und Wohlfahrt. Moralnormen gelten als universell, nicht änderbar und unabhängig von sozialen Regeln. Normverletzungen wie Stehlen werden als überall und grundsätzlich falsch angesehen. *Konventionen* sind auf die Ordnung und Tradition eines sozialen Systems bezogen. Sie sind relativ und änderbar und existieren nur, weil es soziale Regeln gibt. Regelverstöße wie bspw. das Schmatzen beim Essen gelten nur innerhalb einer Ordnung als falsch, aber nicht als überall und grundsätzlich falsch. Der persönliche Bereich umfasst die *sozial nicht normierte Sphäre der Privatangelegenheiten*. Handlungen sind hier keine Frage von richtig und falsch, sondern von persönlicher Wahl und Präferenz (vgl. Nucci 1981). *Rechtsnormen* unterscheiden sich durch Merkmale wie Kodifizierung, Institutionalisierung und Erzwingbarkeit von anderen sozialen Normen (vgl. Weyers 2012b). Den Bezugspunkt für *religiöse Normen* bildet in Offenbarungsreligionen eine göttliche Instanz; sie gelten daher im Kern als unveränderlich (vgl. Oser/Gmünder 1988).

Nils Köbel und Hasibe Özaslan. An der Auswertung, die mit Verfahren der qualitativen Inhaltsanalyse und der Typenbildung durchgeführt wurde, waren zudem Sascha Benedetti, Christian Betzel und Florian Gebhardt beteiligt. Die Stichprobe umfasst 89 Personen, 45 christliche und 44 muslimische. Alle Personen sind in Deutschland aufgewachsen und besuchten bzw. besuchen deutsche Schulen. Die christlichen Jugendlichen sind katholisch, die muslimischen sind türkischer Herkunft und sunnitischer Konfession. 55 Prozent von ihnen haben Abitur oder besuchen ein Gymnasium, 20 Prozent besuch(t) en eine Realschule, 10 Prozent eine Hauptschule und 10 Prozent eine Gesamtschule.

Religion und Recht stellen keine strikt getrennten Bereiche des Denkens dar. So kann ein Diebstahl moralisch, rechtlich und religiös zugleich gedeutet werden. Die analytische Unterscheidung der fünf Bereiche ist dennoch sinnvoll, denn sie beinhalten unterschiedliche Bedeutungen und Geltungsansprüche. So erscheint bspw. der Konflikt um das Tragen eines Kopftuchs in der Schule in unterschiedlichem Licht, je nachdem ob dies primär als Privatsache, als Frage der Konvention (Tradition), als religiöses Gebot, als moralisches (Un-)Recht oder als rechtliche Frage angesehen wird (vgl. Weyers 2011).

Für die empirische Rekonstruktion normativer Urteile ist es entscheidend, die Zuordnung von Handlungen zu Bereichen nicht als ‚objektiv' gegeben, sondern als Interpretationsleistung zu verstehen. In vielen Situationen sind mehrere Regelsysteme involviert. Die verschiedenen, teilweise widersprüchlichen Anforderungen müssen daher koordiniert werden. Es geht dann darum, welchen Anforderungen Vorrang eingeräumt oder wie sie miteinander vereinbart werden (vgl. Weyers 2012b).

Die Ergebnisse unserer Untersuchung wurden in eine Typologie religiös-normativen Denkens überführt, indem Differenzen und Übereinstimmungen zwischen den Fällen anhand theoretischer Kategorien verdichtet und davon ausgehend gemeinsame Muster abstrahiert wurden. Ausschlaggebend war hierbei die Frage, inwieweit ein Typ allgemeine Strukturmerkmale repräsentiert, die für die religiös-normative Orientierung von Bedeutung sind und die ihn von anderen Typen unterscheiden. Im Folgenden liegt der Fokus der Darstellung auf den befragten muslimischen Jugendlichen. Sie sind alle in islamischen Jugendorganisationen oder Moscheegemeinden aktiv und an religiösen Normen orientiert.[2] Wir erfassen in der Stichprobe somit nur MuslimInnen, für die ihre Religion eine vergleichsweise hohe normative Relevanz hat. Die Untersuchung ist daher nicht repräsentativ, sondern bildet einen Ausschnitt der muslimischen Jugendlichen in Deutschland ab.

Die Ergebnisse der Studie zeigen, dass die Art und Weise, wie die befragten Jugendlichen auf religiöse Gebote Bezug nehmen, in mehrere Basistypen unterteilt werden kann. Dabei handelt es sich nicht um ‚Idealtypen', sondern um empirisch gewonnene ‚Realtypen'. Daher ist die Abgrenzung zwischen den Typen nicht immer trennscharf, d.h. sie weisen neben den dominanten Differenzen auch gewisse Überlappungen auf. Die Typologie wird im Folgenden vorgestellt, wobei zu den drei Typen, die sich im Sinne einer maximalen Kontrastierung am stärksten

---

2 Dies zeigt sich sowohl in den Interviews als auch in der ergänzenden Fragebogenerhebung: 41 der 44 jungen MuslimInnen halten die Befolgung religiöser Gebote für ‚sehr wichtig' und drei für ‚wichtig'. Niemand wählt die Antwort ‚teils teils', ‚weniger wichtig' oder ‚unwichtig' (vgl. Weyers 2012a, S. 142).

voneinander unterscheiden, jeweils ein entsprechender Fall zur Illustration und Verdeutlichung herangezogen wird.

2.1 Der ‚religiös-fundamentalistische' Typ

Bei Jugendlichen, die diesem Typ zugeordnet werden, steht die Religion im Zentrum jeder moralisch-normativen Argumentation. Die religiös-fundamentalistische Orientierung ist geprägt von einer religiösen Heteronomie, in der der Mensch sich den im Koran eindeutig gewordenen göttlichen Weisungen vorbehaltlos fügen soll. Eine Abwägung mit säkularen moralischen oder rechtlichen Normen ist nicht vorgesehen. Entsprechend antwortet ein 20- Jähriger auf die Frage nach dem Zweck von Gesetzen:

> „Wir Menschen wurden ja von Gott erschaffen. Und wir selbst wissen gar nicht, was für uns richtig und was für uns falsch ist. Und im Prinzip haben wir den Koran bekommen, wo die Gesetze drinstehen und auch Verbote. Und nach diesen Gesetzen soll man sich halten, dann können wir besser leben. Manchmal wissen wir gar nicht, warum wir uns daran halten sollten oder warum es besser für uns ist. Aber im Grunde ist der Koran für uns so was wie ne Bedienungsanleitung" (Weyers 2012a, S. 329).

Für muslimische Jugendliche des religiös-fundamentalistischen Typs besitzt der Koran absolute Autorität, jede einzelne Sure verdient unbedingte Achtung. Bei Fragen zu Religion, Moral und Recht steht immer das religiöse Gebot im Zentrum, Konflikte zwischen Religion und Moral sind nicht erkennbar. Der Koran wird nicht als auslegungsbedürftig angesehen, sondern als eindeutig erkennbare göttliche Weisung. Deutlich wird diese Haltung in der Antwort des bereits zitierten 20-Jährigen auf die Frage nach der islamischen Strafe für Diebstahl (vgl. ebd., S. 331):

I.: Nach islamischem Recht kann einem Dieb die Hand abgetrennt werden. Findest du das richtig?

P.: Ja. Aber dazu müssen ja auch gewisse Aspekte gegeben sein. Zumal muss er reif sein, d.h. mindestens 18 Jahre …Einer, der aus Armut klaut … darf dafür nicht bestraft werden. Und es müssen gewisse Zeugen dafür aussagen. Wenn diese Kriterien gegeben sind, dann sollte man das nicht machen, dann muss man das machen …

I: Und darf ein Staat so eine Strafe verhängen?

P: Er müsste es. Ein islamischer Staat müsste es. Weil ein islamischer Staat nach den Regeln Gottes lebt. Und das sind Gottes Regeln. Und wenn man die Regeln nicht beachtet, dann heißt das, dass man Gott nicht beachtet.

Diese Haltung wird eingebunden in eine religiöse Grundüberzeugung, in deren Zentrum die göttliche Vorsehung und Weltordnung stehen (vgl. ebd., S. 332):

> P: Was einem im Leben passiert, ist von Gott gegeben. Sowohl die guten Dinge als auch die schlechten Dinge. Wenn unser Prophet sagt: ‚Auch wenn ihr über den Weg lauft und euch ein kleiner Stein trifft, dann ist das vorherbestimmt, also der sollte euch treffen. Und für alles, was euch auf dieser Welt passiert, alles Schlimme, werden euch Sünden für die nächste Zeit weggenommen'.

Dieser ‚religiös-fundamentalistische' Strukturtypus beinhaltet die wesentlichen Merkmale, die in aktuellen Arbeiten aufgezeigt werden. Demnach ist religiöser Fundamentalismus nicht mit Strenggläubigkeit gleichzusetzen, sondern beinhaltet weitere Kriterien. Klaus Kienzler (2002, S. 21ff.) nennt die Verabsolutierung religiöser Gebote und Antworten, ein strikt wörtliches Schriftverständnis, das absolut behauptet wird, einen „rigorosen Moralismus" (ebd., S. 26) und die Reaktion gegen die Moderne mit der Überzeugung, dass die „Religion das Allheilmittel gegen alle Laster und Fehler dieser Welt ist" (ebd., S. 23). Martin Riesebrodt (2000) nennt darüber hinaus die Orientierung an einer „patriarchalischen Sozial- und Sexualmoral" mit der „Idealisierung patriarchalischer Autorität als gottgewollte Norm" (ebd., S. 54).

Die Argumentation des jungen Mannes, die oben nur knapp zitiert werden konnte, entspricht in wesentlichen Aspekten den genannten Kriterien (vgl. Weyers 2012a, S. 329ff.). Aus dieser Perspektive gelten individuelle Menschen- und Freiheitsrechte nicht oder nur sehr begrenzt – auf keinen Fall dürfen sie religiösen Geboten widersprechen.

2.2 Der ‚religiös-orthodoxe' Typ

Der ‚religiös-orthodoxe' Typ weist einige Ähnlichkeit mit dem religiös-fundamentalistischen Typ auf. So ist auch der religiös-orthodoxe Typus ‚strenggläubig': Die Religion ist das dominante Bezugssystem für normative Urteile und die Orientierung an religiösen Normen ist überwiegend heteronom, d.h. religiöse Gebote werden wörtlich verstanden und kontextuale oder historische Auslegungen des Koran werden abgelehnt. Jedoch speist sich die Moral im Unterschied zum fundamentalistischen Typ nicht vollkommen aus religiösen Quellen oder Geboten. Das heißt, die Religion wird hier nicht verabsolutiert und die Moral geht nicht völlig in der Religion auf. So gibt es etwa bei der Frage, ob es legitim ist, einem Dieb die Hand abzutrennen, eine distanzierte Haltung, und individuelle Freiheitsspielräume in der Lebensgestaltung werden teilweise bejaht. Die religiös-normative Orientierung ist hier also weniger rigide und absolut als beim fundamentalistischen Typ.

2.3   Der ‚religiös-moralische' Typ

Auf die Fragen nach Recht und Moral werden von Personen des ‚religiös-moralischen' Typs sowohl religiöse als auch säkular-moralische Begründungen angeführt – ohne einen heteronomen Bezug zu religiösen Anordnungen. Moral und Religion werden überwiegend aufeinander abgestimmt, viele religiöse Gebote werden kontextualisiert und historisch betrachtet. So argumentiert beispielsweise eine 16jährige muslimische Jugendliche auf die Frage nach Gleichberechtigung von Mann und Frau (Weyers 2012a, S. 339f.):

I: In einigen Stellen des Korans wird die Unterordnung der Frau unter den Mann verlangt. Was meinst du dazu?

P: Also wenn das da steht, dann ist das so, aber man darf das jetzt nicht so scharf sehen, das heißt ja nur, dass die Frau sich da fügen soll, aber nicht, dass der Mann seine Stellung ausnutzen und mit der Frau machen kann, was er will … so ist das, denk ich, im Koran auch gemeint. Wenn in Bereichen, wo sich Männer besser auskennen, was vielleicht früher so war, heute aber nicht mehr, dann entscheiden, ohne ihre Stellung auszunutzen.

I: Im islamischen Recht zählt die Aussage eines Mannes manchmal doppelt so viel wie die einer Frau. Wie findest du das?

P: Also in Deutschland ist es nicht so und da bin ich auch froh drüber. Aber man muss halt immer sehen, weil früher waren die Frauen vielleicht nicht so gebildet oder haben sich nicht so dran interessiert oder die Männer hatten ein höheres Ansehen. Aber ich find das nicht in Ordnung, ich will nicht sagen, dass es falsch ist, es hat bestimmt einen Sinn, aber ich würds nicht so machen, ich würd dagegen stimmen.

Die junge Muslimin stellt die koranischen Verse nicht direkt in Frage, kontextualisiert und relativiert jedoch die Gebote so, dass sie als historisch sinnvoll, aber gegenwärtig nicht mehr zeitgemäß erscheinen. Diese Passage erscheint charakteristisch für den ‚religiös-moralischen' Typus: Der Islam ist ein wichtiger Bezugspunkt der normativen Orientierung, jedoch werden koranische oder andere religiöse Gebote nicht strikt wörtlich interpretiert. Hierdurch gelingt eine Vereinbarkeit von individuellen moralischen und religiösen Überzeugungen, ohne dass ein Regelbereich einem anderen vollständig untergeordnet werden muss.

2.4 Der ‚Religion-Moral-Konflikt'-Typ

Bei diesem Typ gelingt die Integration von moralischen Überzeugungen und religiösen Geboten nicht immer. Im Falle eines Widerspruchs von religiösen und moralischen Haltungen werden koranische Gebote moralischen Beurteilungen übergeordnet, jedoch wird gleichzeitig an der moralischen Überzeugung festgehalten. Einen solchen ungelösten Religion-Moral-Konflikt zeigt z.b. eine 14jährige muslimische Befragte zum Thema Gleichberechtigung (Weyers 2012a, S. 348):

I: Sollten Männer und Frauen gleichberechtigt sein?

P: Ja. Ich mein, früher war das ja so, dass die Frauen sehr oft auch in der Türkei benachteiligt wurden, irgendwie so als Diener gesehen wurden. Das ist ungerecht. Ich mein, beide haben, also auf alles gleich viel Rechte und das ist ungerecht, wenn man jetzt Frauen schlechter behandelt.

I: Sollen Frauen auch den gleichen Anteil wie Männer an einem Erbe haben?

P: Ja. Also wenn ein Mann jetzt 100 bekommt, dann sollte die Frau genauso viel bekommen, warum denn nicht? Also warum werden denn die Frauen da benachteiligt?

I: Und wenn es im Koran vorgeschrieben ist, dass die Frauen nicht so viel bekommen? [...]

P: Wenn das im Koran vorgeschrieben wäre, dann würd ich nicht dagegen sagen und das befolgen.

I: Warum würdest du das befolgen?

P: Weil uns das vorgeschrieben ist und da wir Moslems das tun müssen, was im Koran steht, würd ich das auch tun.

Nachdem die Jugendliche zunächst die Diskriminierung von Frauen als ungerecht bewertet, wird dieses moralische Urteil ausgesetzt, sobald die koranische Vorschrift angeführt wird. Die moralische Beurteilung wird dann dem religiösen Gebot untergeordnet. Dass die Befragte trotz dieser eindeutigen Hierarchisierung ihr moralisches Urteil weder aufgibt, noch in das religiöse Gebot integriert, zeigt die sich anschließende Interviewpassage (ebd., S. 349):

I: Im islamischen Recht zählt die Aussage eines Mannes manchmal doppelt so viel wie die einer Frau. Wie findest du das?

P: Also, das ist keine Gleichberechtigung. Warum zählt die Aussage von einem Mann mehr als von einer Frau? Das finde ich nicht gerecht. [...] Aber ich trotzdem muss ich selber folgen, wenn das so ist. Aber das ist immer ... also ich find's trotzdem nicht gerecht.

I: Wann würdest du sagen, du befolgst es, und wann, du befolgst es nicht?

P: Ich würd es immer befolgen, egal wie ich das finde, wenn's im Koran vorgeschrieben ist.

Erneut wird das moralische Urteil hier dem religiösen Gebot untergeordnet, jedoch
gelingt der 14-Jährigen keine subjektiv befriedigende Lösung des Widerspruchs
zwischen Religion und Moral: Das koranische Gebot genießt den Vorrang, auch
wenn es der eigenen moralischen Auffassung widerspricht. Religion-Moral-Kon-
flikte treten in unserer Studie in unterschiedlicher Stärke auf: Entweder entsteht
eine unauflösliche Diskrepanz zwischen säkularer und religiöser Argumentation,
oder religiöse Gebote werden ähnlich wie beim ‚religiös-moralischem Typ' kontextualisiert und dadurch in seiner Widersprüchlichkeit zu eigenen moralischen
Haltungen abgemildert. Gemeinsam ist diesen Subtypen jedoch die nie ganz
gelingende Lösung des Konfliktes.

2.5 Der ‚konventionell-moralisch-religiöse' Typ

Die normative Orientierung der muslimischen Jugendlichen dieses Typs ist sehr
inkonsistent. Religion, Moral und Recht werden häufig ohne Bezugnahme aufeinander genannt und es werden kaum Hierarchisierungen oder Koordinationen
vorgenommen, die auf eine ausgeprägte individuelle Urteilsstruktur hindeuten.
Die Auswahl der Regelbereiche für die Beantwortung der vorgelegten Fragen
orientiert sich stattdessen eher an strategischen Überlegungen und Konventionen
sowie an der Faktizität von Regeln und Gesetzen. Da mit einer Ausnahme lediglich
13-15-Jährige im Sinne dieses Typs argumentieren, also die jüngsten Personen der
Stichprobe, scheint dieser Typ auf ein entwicklungsspezifisches Phänomen zu verweisen: das noch niedrige moralkognitive Entwicklungsniveau dieser Jugendlichen
(vgl. Weyers 2012a, S. 353f.).

2.6 Verteilung der Typen und analytische Abstraktionen

Von den 44 muslimischen Jugendlichen lassen sich 19 dem Typ ‚Religion-Moral-Konflikt' zuordnen; das sind 43 Prozent. An zweiter Stelle, mit einem knappen
Viertel der Personen, folgt der ‚religiös-moralische' Typ. Je fünf Personen urteilen
im Sinne der Typen ‚religiös-fundamentalistisch', ‚religiös-orthodox' sowie ‚konventionell-moralisch-religiös'.

Auffällig ist an dieser Verteilung zunächst, dass religiöse Normen ein wichtiger
Bezugspunkt in den normativen Urteilen und Bewertungen aller MuslimInnen

darstellen. Ausschließlich säkulare Argumentationen finden sich nicht. Allerdings gibt es in der Art und Weise, wie mit dem Regelbereich Religion umgegangen wird, große Unterschiede: Vor allem Jugendliche der Alterskategorie 13-15 Jahre urteilen konventionell-moralisch-religiös, hingegen gehören neun der zehn Personen des religiös-orthodoxen und des religiös-fundamentalistischen Typs zur ältesten Gruppe der Befragten; im Mittel sind sie 21 Jahre alt. Somit scheint es in der Spätadoleszenz bei religiös aktiven Jugendlichen einen Trend zu einem strikteren, wortwörtlichen Verständnis islamischer Gebote zu geben. Aufgrund der Alters der Befragten lässt sich dieser Befund allerdings nicht als strukturgenetisch erklärbares Entwicklungsphänomen verstehen, sondern verweist auf Prozesse der Identitätsbildung im frühen Erwachsenenalter (vgl. Weyers 2012a). Vor allem hochreligiöse junge Männer scheinen offener für fundamentalistische Haltungen und Einstellungen zu sein. Als Erklärungsmodelle für dieses Phänomen werden in der Literatur häufig biografische Krisen- oder Verunsicherungserfahrungen in Zusammenhang mit Migration angeführt, in denen radikale Formen des Islam zu einer Basis der individuellen und kollektiven Identitätsbildung werden können (vgl. Frese 2002, Riesebrodt 2000; Roy 2004, Tietze 2003, Weyers 2012a). Diesen Thesen soll im Folgenden hinsichtlich familialer Sozialisations- und Erziehungserfahrungen weiter nachgegangen werden: Welche Wechselwirkungen existieren zwischen biografischen Erfahrungen und familialen Bedingungen des Aufwachsens und spezifischen Formen muslimischer Grundhaltungen? Für die Bearbeitung dieser Frage soll unsere empirische Studie nun um die Sichtung aktueller anderer Untersuchungen ergänzt werden.

3 Familie, Islam, Persönlichkeitsentwicklung

Trotz zunehmend gehaltvolleren Studien, die mithilfe quantitativer und qualitativer Forschungsmethoden die familialen Lebenswelten muslimischer Jugendlicher untersuchen, bleibt die Frage nach Sozialisationsprozessen in muslimischen Familien weitgehend ein Forschungsdesiderat. Welche Bedingungen des Aufwachsens zu welchen Ausprägungen muslimischer Religiosität führen können, kann an dieser Stelle daher nur in begründeten Hypothesen erfolgen, die sich an einschlägigen Forschungsbefunden orientieren und Impulse für weitere Untersuchungen geben können. Als Anknüpfungspunkte für die vorgestellte Studie sollen in diesem Sinne drei Untersuchungen ausgewählt werden, die unter anderem das Verhältnis von muslimischen Jugendlichen und ihren Familien beleuchten.

3.1 Hans Ludwig Frese: ‚Den Islam ausleben'

In problemzentrierten Interviews befragt Frese 29 in Deutschland lebende muslimische Jugendliche im Alter von 14 bis 26 Jahren, welche einem oder mehreren
religiösen Dachverbänden angehören. Die meisten Jugendlichen sind nach eigener
Angabe im Dachverband der Milli Görus (16) oder der DITIB (8) aktiv. Frese stellt
in dieser Untersuchung fest, dass sich unter muslimischen Jugendlichen eine „ausgeprägte Individualisierungstendenz" (Frese 2002, S. 278) zeigt. Diese beeinflusst
vor allem die Beziehung zu den Eltern. Besonders hinsichtlich der „erworbene[n]
Bildung" (ebd., S. 279) und der damit einhergehenden „Aufstiegsorientierung" (ebd.)
übersteigen die Jugendlichen Frese zufolge das Bildungsniveau ihrer Eltern. Zudem
kritisieren die muslimischen Jugendlichen die Einstellungen und die Lebensführung
der Eltern. So ist beispielsweise die Migration für die Jugendlichen im Gegensatz zu
ihren Eltern kein temporärer Zustand mehr. Ebenso lassen sich im Hinblick auf das
Thema Religion Brüche mit den Eltern verzeichnen – die Jugendlichen fühlen sich
ihren Eltern überlegen. Sie werfen ihnen vor, dass sie ihre Einstellungen lediglich
„traditionell und nicht eigentlich islamisch" (ebd., S. 281) begründen, da die Eltern
sich im Gegensatz zu den Jugendlichen nicht eigenständig „mit den eigenen Wurzeln
und ihren geistigen Grundlagen" (ebd.) befassen. Die muslimischen Jugendlichen
hingegen erachten es Frese folgend als wichtig, ihre religiöse Bildung gerade nicht
in Abhängigkeit von den Eltern zu erlangen, sondern eigenständig. Für die religiöse
Sozialisation der Jugendlichen ist vor allem die Gemeinde entscheidend, denn sie
dient einigen als „Gegenwelt, Zuflucht und Schutzraum" (ebd., S. 289). Dennoch
ist trotz der Veränderungen und Brüche eine Bindung an die familiäre Herkunft
für die Jugendlichen von großer Relevanz. Denn gerade Religion biete sich an, um
mit anderen Teilen der Gesellschaft Allianzen gegen Säkularisierung und Werteverfall zu schließen, um für den Schutz der Familie einzutreten (vgl. ebd., S. 297).

3.2 Hans-Jürgen von Wensierski und Claudia Lübcke: ‚Jugendphase und Jugendkulturen junger Muslime in Deutschland'

Von Wensierski und Lübcke haben im Rahmen eines DFG Projektes biografische
Interviews mit Jugendlichen im Alter von 20-30 Jahren durchgeführt, die sich als
MuslimInnen definierten, und hierbei fünf Typen muslimischer Jugendbiografien erforscht, die sich im „Spannungsverhältnis zwischen säkularen und religiös

geprägten Biografien" (von Wensierki/Lübcke 2010, S. 159) bewegen.[3] Die zentrale
Fragestellung ist hier, wie die kulturellen Spezifika und Traditionen der muslimischen Herkunftsmilieus muslimische Jugendliche prägen. Die Studie zeigt auf, dass
das „biografisch[e] Problem zwischen säkularer Mehrheitskultur und islamischer
Herkunftskultur" (ebd.) vor allem im Jugendalter bearbeitet wird. Von den fünf
Typen sind für die vorliegende Fragestellung insbesondere die Typen 3 und 4
interessant, denn gerade hierauf beziehen sich von Wensierski und Lübcke, wenn
sie von einer „muslimischen Jugendphase" (ebd.) sprechen. Diese ähnelt zwar den
AutorInnen zufolge teilweise der „westlich modernisierten Jugendphase" (ebd., S.
160), sie unterscheidet sich aber in der „Kontinuität traditioneller Familienstruk-
turen" (ebd., S. 162) sowie im „Fortwirken der normativen Bindungskraft religiös
begründeter Normen und Werte für eine islamisch legitime Lebensführung"
(ebd.). Sowohl die traditionellen als auch die religiösen Haltungen nehmen Einfluss
besonders auf die Entwicklung und Einstellungen hinsichtlich der Sexualität der
Jugendlichen sowie der geschlechtlichen Beziehungen, die die Jugendlichen führen.
Da hier geschlechtsspezifische Unterschiede während der Adoleszenz evident sei-
en, müsse man streng genommen die muslimische Jugendphase in eine spezifisch
weibliche und eine männliche Variante differenzieren (vgl. ebd.). Im Gegensatz
zu der westlich modernisierten Jugendphase sei die muslimische einerseits bereits
erheblich durch das Herkunftsmilieu sowie das familiäre Milieu vorgegeben und
andererseits durch eben dieses auch wesentlich stärker reguliert und strukturiert
(vgl. ebd., S. 163). Ablösungsprozesse finden bei muslimischen Jugendlichen nicht
in der Form statt wie bei westlich modernisierten Jugendlichen. Denn muslimische
Jugendliche orientieren sich weit über die Adoleszenz hinaus an ihren Eltern und
ihrem Herkunftsmilieu. Diese starke Orientierung an den Eltern steht nach von
Wensierski vor allem mit dem „sozialkulturelle[n] Konstrukt der Familienehre"
(2007, S. 66) in Zusammenhang. Unter dem Konzept der Familienehre werden die
muslimischen Jugendlichen „den kollektiven Normen und Wertvorstellungen des
familiär-muslimischen Herkunftsmilieus überantwortet" (ebd.). Die Strukturen in
muslimischen Familien werden demnach durch religiöse Erziehung gerahmt, welche
bei den meisten Jugendlichen Zustimmung findet. Diese traditionale Struktur der
muslimischen Jugendphase werde vor allem durch zwei westlich dominierte Bereiche
reflexiv gebrochen: die Bildungsprozesse sowie die Jugendkulturen (vgl. ebd., S. 70).
Hier gelten Schule und Studium als Möglichkeiten, den traditionalen Strukturen
zumindest örtlich und räumlich zu entkommen, was ansonsten erst durch eine
Heirat realisierbar wäre (vgl. ebd., S. 70f.). Vor allem in Hinblick auf Bildung lässt

---

3   Die gesamten Ergebnisse der Studie sowie äußerst detailreiche und anschauliche Dar-
    stellungen biografischer Fallportraits finden sich in von Wensierski/Lübcke 2012.

sich vermuten, dass von Wensierski zufolge nicht Religion ausschlaggebend für die Bildungschancen muslimischer Jugendlicher ist; vielmehr

> „scheinen die sozialstrukturellen Faktoren der Herkunftsmilieus und die Bildungsab-
> schlüsse der Eltern, aber auch die geschlechtsspezifischen Erziehungsvorstellungen in
> den Herkunftsfamilien die Bildungschancen und Bildungsverläufe der Jugendlichen,
> v.a. der Mädchen, zu bestimmen" (ebd., S. 59).

3.3   Julia Gerlach: ‚Zwischen Pop und Dschihad. Muslimische Jugendliche in Deutschland'

Gerlach geht in ihrem Werk ‚Zwischen Pop und Dschihad. Muslimische Jugendliche in Deutschland' auf den Glauben der befragten Jugendlichen, ihr Islamverständnis und ihre religiöse Sozialisation ein. Sie lässt muslimische Jugendliche,
die sie vorrangig dem ‚Pop-Islam' zuordnet, über die Themen Familie, Erziehung,
Religion und weitere lebensnahe Fragen sowie zur Frage nach dem Sinn des Lebens
zu Wort kommen. Das Phänomen, das Gerlach mit dem Begriff ‚Pop-Islam' fasst,
geht ihr folgend auf Amr Khaled, einen islamischen Prediger, zurück. Es handelt
sich hierbei um einen Islam,

> „der sich gut mit dem Leben eines ehrgeizigen jungen Menschen in einer modernen
> Gesellschaft vereinbaren lässt. Die Jugendlichen greifen Elemente der westlichen oder
> besser gesagt globalisierten Jugendkultur auf, versehen diese mit einem islamischen
> Vorzeichen und – schwupp – gehören sie ihnen" (Gerlach 2010, S. 111).

Diese Sichtweisen der Jugendlichen im Hinblick auf den Islam entstehen Gerlach
zufolge vor allem auch in Auseinandersetzung mit den traditionellen Vorstellungen
der Eltern sowie deren Islamverständnis. Beispielsweise finden sie den Sinn des
Lebens „nicht im traditionellen Islam wie ihre Eltern, sondern in einem Verständnis
des Islam, das sehr überlegt ist" (Gerlach 2006, S. 134). So wollen diese Jugendlichen nicht einfach die traditionellen Auffassungen ihrer Eltern übernehmen. Im
Gegenteil – sie hinterfragen die Traditionen:

> „Hin- und hergerissen zwischen den traditionellen Vorstellungen ihrer Eltern, die aus
> dörflichen Verhältnissen der Türkei oder der arabischen Welt eingewandert sind, und
> den Anforderungen des Daseins als Jugendliche in der westlichen Gesellschaft, sehen
> viele in der Hinwendung zum Islam einen guten Mittelweg. [...] Ihr Islamverständnis
> ist anders als das ihrer Eltern. [...] Sie gehen eigene Wege" (ebd., S. 21f.).

Beispielsweise schildert einer der Jugendlichen, dass die sich jetzt herausbildende islamische Jugend den Islam im Gegensatz zu ihren Eltern nicht einfach „nur so leben will, sondern auch mit einem festen Fundament: Warum machen wir das, was wir machen?" (ebd., S. 113). Es scheint darum zu gehen, den eigenen Glauben und die damit zusammenhängenden Praktiken und Bräuche zu hinterfragen sowie nach der Legitimation für das eigene Handeln zu suchen und nicht wie die eigenen Eltern Traditionen scheinbar unhinterfragt zu übernehmen. Grund dieses Hinterfragens ist, dass Vorurteile hinsichtlich des Islam ausgeräumt werden sollen, nicht jedoch um zu bekehren, sondern um Fragen gut und vernünftig begegnen zu können. Sie wollen den Islam verinnerlichen (vgl. ebd., S. 113f.).

4   Religiöse Grundhaltungen im Kontext familialer Erziehung

Die dargestellten Ergebnisse der Studien von Freese, von Wensierski und Lübcke sowie Gerlach können in Verbindung mit den empirischen Befunden unserer Studie begründete Hypothesen über den Zusammenhang zwischen religiöser Identität und familialer Sozialisation liefern. Die Urteile in unserer Studie zeigen, dass alle befragten muslimischen Jugendlichen religiöse Normen und Werte berücksichtigen, keinE muslimischeR BefragteR argumentiert ausschließlich säkular. Da keine KonvertitInnen befragt wurden, lässt dieser Befund darauf schließen, dass in den Herkunftsfamilien der Befragten die muslimische Religiosität eine große Rolle spielt und die Heranwachsenden in Auseinandersetzung mit den religiösen und traditionell-konventionellen Werten und Normen ihrer Eltern und anderer Familienmitglieder stehen.

Die Erforschung, wie genau diese Entwicklungsverläufe in Familien erfolgen, bleibt die Aufgabe zukünftiger Studien, jedoch scheinen sich bereits jetzt Annahmen formulieren zu lassen. So beschreibt der Religionssoziologe Peter L. Berger (1992) in seinem Werk ,Der Zwang zur Häresie. Religion in der pluralistischen Gesellschaft' die Möglichkeiten und Herausforderungen, angesichts der gesamtgesellschaftlichen Veränderungen der Moderne mit religiösen Haltungen und Einstellungen umgehen zu können. Nach Berger entsteht aufgrund der tiefgreifenden Pluralisierungs- und Individualisierungsprozesse in modernen Gesellschaften ein kognitiver Druck für gläubige Menschen: Anders als in traditionellen Gesellschaften, in denen das Individuum sich vorbehaltlos in die unhinterfragte Gültigkeit religiöser Deutungssysteme einfügen konnte, muss sich in der Moderne jede Person angesichts vielfältiger weltanschaulicher Optionen für eine bestimmte Weltdeutung entscheiden und vor sich selbst rechtfertigen. Religion wird damit privatisiert und Gegenstand einer persönlichen Wahl, die jedoch nach Berger nicht willkürlich verläuft, sondern sich in drei grundlegenden Optionen für religiöses Denken zeigt (vgl. ebd., S. 73-78):

- Die *deduktive* Option besteht darin, die Autorität einer Religionstradition angesichts der modernen Säkularität zu bekräftigen und gegebenenfalls zu fundamentalisieren. Religiös deduktive Subjekte bezeichnen die religiöse Realität als souverän und unabhängig von Relativierungen der soziohistorischen Situation.
- Die *reduktive* Option bezeichnet die Uminterpretation der Tradition im Sinne der modernen Säkularität, die als zwingende Teilhabe am modernen Leben erachtet wird. Die Autorität des modernen Denkens oder Bewusstseins tritt an die Stelle der Autorität der Tradition, das moderne Bewusstsein und seine vermeintlichen Kategorien werden als die einzig gültigen Kriterien für die religiöse Reflexion postuliert.
- Die *induktive* Option zielt darauf ab, sowohl die jeweils subjektive Erfahrung als auch die in Traditionen verkörperte Erfahrung zur Grundlage aller religiösen Bestätigungen zu machen. Induktion meint in diesem Zusammenhang, dass die religiösen Traditionen als Bezugssysteme verstanden werden für individuelle oder kollektive religiöse Erfahrungen.

Bezieht man diese religionssoziologischen Erkenntnisse auf die vorgestellten Studien, lassen sich Hypothesen formulieren, wie sich der Zusammenhang zwischen familialer Sozialisation und individueller Religiosität gestalten kann.

4.1   Unreflektierte Übernahme

‚Konventionell-moralisch-religiöse' Jugendliche übernehmen die religiösen Haltungen ihrer Familie und können noch keine selbsterarbeitete Synthese zu moralischen oder rechtlichen Urteilen herstellen. Die Jugendlichen dieses Typs befürworten anscheinend noch unreflektiert die „religiöse Erziehung durch die Eltern" (von Wensierski 2007, S. 67) und die Koordination mit anderen Regelbereichen steht entwicklungspsychisch noch aus.

4.2   Liberalisierte und modernisierte Religiosität

‚Religiös-moralische' Jugendliche zeigen keinen heteronomen Bezug zu religiösen Anordnungen, sondern kontextualisieren viele religiöse Gebote und stimmen Moral und Religion aufeinander ab. In Bezug auf die Herkunftsfamilie der Jugendlichen könnte dieses Phänomen auf eine Übernahme bereits bestehender liberaler und modernisierter Umgangsformen mit religiösen Einstellungen und Haltungen hinweisen. Denkbar ist jedoch auch, dass Jugendliche traditionelle religiöse Vorstellungen ihrer Familie mit liberalen Werten und Normen verbinden und so zu einer integrativen Haltung gelangen. Bildungsprozesse würden in diesem Sinne nicht dazu dienen, traditionalen Strukturen zu „entkommen" (ebd., S. 20), sondern sie hinsichtlich einer ‚religiösen Ambiguitätstoleranz' (vgl. Köbel 2009a, 2009b) zu transformieren. Diese Möglichkeit würde der induktiven Option in Bergers Modell sowie den Studien Gerlachs entsprechen, die eine solche Neuinterpretation religiöser Gebote bei muslimischen Jugendlichen in ihren Untersuchungen beobachtet (vgl. Gerlach 2010).

4.3   Spannungen zwischen Religion und Moral

Jugendlichen in einem ‚Religion-Moral-Konflikt' fällt diese Integration von religiösen Geboten und moralischen Urteilen schwerer. Im Sinne Bergers scheinen sie sich in einem Spannungsverhältnis zwischen dem familial vermittelten, ‚deduktiven' Verständnis religiöser Gebote und den durch Bildungsprozesse hinzugewonnenen ‚reduktiven' säkular-moralischen Haltungen und Urteilsstrukturen zu befinden bzw. vor der schwierigen Aufgabe zu stehen, die daraus resultierenden Anforderungen jeweils miteinander zu vermitteln bzw. auszubalancieren. Dieser Befund entspricht wiederum den Studien Gerlachs, die die von ihr untersuchten muslimischen Jugendliche als „[h]in- und hergerissen zwischen den traditionellen Vorstellungen ihrer Eltern [...] und den Anforderungen des Daseins als Jugendliche in der westlichen Gesellschaft" (Gerlach 2006, S. 21f.) beschreibt. Allerdings bildet der Islam für Jugendliche in einem ‚Religion-Moral-Konflikt' nicht wie für die muslimischen Jugendlichen in Gerlachs Studie „einen guten Mittelweg" (ebd.); der Konflikt zwischen Modernität und Tradition spiegelt sich vielmehr im Verhältnis von Moral und Religion wider. Jedoch ist auch denkbar, dass diese Spannung bereits in der Herkunftsfamilie vorhanden ist und von den Jugendlichen aufgenommen und weitergeführt wird.

4.4   Hinwendung zu Orthodoxie und Fundamentalismus

‚Religiös-orthodoxe' und ‚religiös-fundamentalistische' muslimische Jugendliche zeichnen sich wie beschrieben durch eine heteronome Orientierung an religiösen

Geboten aus, wobei orthodoxe Jugendliche Moral nicht vollkommen religiösen Geboten unterordnen. Es findet im Sinne Bergers eine deduktive Bestärkung oder gar Fundamentalisierung der Autorität einer Religionstradition statt. Besonders interessant ist hierbei die Bezugnahme auf die Untersuchungen von Frese, der die Identitätssuche muslimischer Jugendlicher in Bezug auf ihre Herkunftsfamilie betrachtet. Obwohl Frese nicht explizit fundamentalistische oder orthodoxe junge Muslime untersucht, zeigen sich in seiner Studie zur muslimischen Identitätsbildung Erscheinungen, die auch für das Verständnis dieses Jugendphänomens bedeutsam sind: Einige muslimische Jugendliche fühlen sich in Hinblick auf Religion ihren Eltern überlegen. Sie werfen ihren Eltern vor, ihre Haltungen und Einstellungen seien lediglich „traditionell und nicht eigentlich islamisch" (Frese 2002, S. 281). Des Weiteren mangelt es ihnen ihrer Meinung nach an „eigener Auseinandersetzung mit den eigenen Wurzeln und ihren geistigen Grundlagen" (ebd.). Fundamenta-listische und orthodoxe Haltungen können somit neben der Transmission bereits bestehender fundamentalistischer Einstellungen in der Familie auch als identitäts-stiftende Gegenbewegungen zur Herkunftsfamilie auftreten. Das orthodoxe oder gar fundamentalistische Religionsverständnis des Jugendlichen wird dann als der selbsterfahrene ‚wahre Glaube' der ‚verwässerten' und ‚angepassten' Religiosität der Familie gegenübergestellt. Der Frage, ob und inwiefern dieses Verständnis des Islam als Reaktion auf krisenhafte Verunsicherungserfahrungen und als Folge entsprechender Peergroupkontakte in individuellen Biografien entsteht, wie es exemplarische Einzelfallstudien nahe legen (vgl. z.B. Hößl/Köbel 2013, 2015), muss in zukünftigen Forschungen weiter nachgegangen werden.

4.5   Religiöse Grundhaltungen und familialer Bildungshintergrund

Der vorliegende Beitrag soll mit der erziehungswissenschaftlich interessanten Frage schließen, ob ein Zusammenhang zwischen der Entwicklung der religiös-normati-ven Orientierung muslimischer Jugendlicher und dem Bildungshintergrund ihrer Herkunftsfamilien existieren könnte. Im Rahmen unserer Studie wurden auch Daten zum Schulabschluss, zur Ausbildung und zur Berufstätigkeit der Eltern erhoben. Diese bildungs- und berufsbiografischen Daten liefern keineswegs ein repräsentatives Abbild der (Aus-)Bildungs- und Erwerbstätigkeitsstrukturen von MuslimInnen in Deutschland. Sie ermöglichen jedoch wiederum die Formulierung begründeter Hypothesen über Zusammenhänge zwischen den Bildungs- und Berufstätigkeitsstrukturen der Eltern und der moralischen und religiösen Ent-wicklung der Jugendlichen.

Von den 44 Befragten gaben 40 Jugendliche Auskunft über den Schulabschluss ihres Vaters. Nur jeweils zwei Väter (je 5 Prozent) haben die Mittlere Reife bzw. das (Fach-)Abitur erworben. Neun Väter (22,5 Prozent) haben einen Hauptschulabschluss und 18 Väter (45 Prozent) haben die Schule ohne Abschluss beendet. Bei den 41 Müttern, von denen Informationen erhalten wurden, zeichnet sich ein noch deutlicheres Gefälle ab: Zwei Mütter (4,9 Prozent) haben die Mittlere Reife und drei Mütter (7,3 Prozent) einen Hauptschulabschluss erworben. 30 Mütter (73,2 Prozent) haben nach Angaben der Jugendlichen die Schule ohne Abschluss beendet.

39 der 44 befragten Jugendliche machten auch Angaben zur Ausbildung ihrer Väter: drei Jugendliche (7,7 Prozent) gaben an, dass ihr Vater einen Fachschul- oder Fachhochschulabschluss hat. Die Väter von neun Jugendlichen (23,1 Prozent) haben eine abgeschlossene Lehre. Eine überwiegende Mehrheit (25, 64,1 Prozent) hat keine abgeschlossene Ausbildung. Dieses Ungleichgewicht der Verteilung zeigt sich noch deutlicher bei den Müttern: 90,2 Prozent der Auskunft gebenden Jugendlichen (37 von 41) gaben an, dass ihre Mutter keine abgeschlossene Lehre habe. Nur zwei Mütter (4,9 Prozent) haben laut Angabe der Jugendlichen eine Ausbildung abgeschlossen.

Schließlich berichteten 41 der 44 Probanden über die Berufstätigkeit ihres Vaters. Sechs Väter (14,6 Prozent) sind selbständig und zehn Väter (24,4 Prozent) arbeiten in einem Angestelltenverhältnis. 25 Väter (61 Prozent) sind nach Auskunft der Jugendlichen als Arbeiter erwerbstätig. Hinsichtlich der Erwerbstätigkeit der Mutter fällt zunächst auf, dass 19 von 41 Jugendliche (46,3 Prozent) angaben, dass ihre Mutter berufstätig ist/war. 22 Jugendliche (53,7 Prozent) gaben hingegen an, dass ihre Mutter nicht arbeitet, sondern Hausfrau sei. 13 der 19 erwerbstätigen Mütter (68,4 Prozent) sind als Arbeiterinnen, aber nur jeweils drei (je 15,8 Prozent) sind als Angestellte oder Selbständige erwerbstätig.

Auffällig an diesen Daten ist der sehr niedrige durchschnittliche (Aus-)Bildungsstatus der Eltern der befragten muslimischen Jugendlichen. Vielleicht gibt dieser Befund einen Hinweis auf einen Zusammenhang zwischen der Verteilung der dargestellten Typen religiös-normativer Orientierung und dem Bildungshintergrund der Herkunftsfamilien: Die Verteilung der Typen zeigt, das lediglich 10 der 44 befragten muslimischen Jugendlichen ,religiös-moralisch' argumentieren und damit eine integrative, religiöse Gebote und moralisches Urteilen gleichermaßen berücksichtigende Orientierung ausbilden. Diese Personen zeigen einen differenzierten historischen und kontextsensitiven Umgang mit religiösen Geboten und Normen. 19 Jugendliche, und damit fast doppelt so viele, befinden sich demgegenüber in einem ,Religion-Moral-Konflikt', in dem diese Synthese (noch) nicht gelingt. Dieser Befund könnte für die These sprechen, dass nicht die familiale Religionszugehörigkeit, sondern der familiale Bildungshintergrund dieser Jugendlichen entscheidenden Einfluss darauf hat, ob und wie unterschiedliche

Anforderungen an die Ausbildung normativer Orientierungen gekoppelt werden können. Die Herkunftsfamilien dieser Jugendlichen scheinen in der Regel kein Ort der religiösen Bildung zu sein, an dem eine weiterführende Auseinandersetzung mit religiösen und moralisch-rechtlichen Themen für die Heranwachsenden möglich ist. Die Frage, welche Bildungsressourcen Familien ihren Kindern in ihrer Entwicklung bereitstellen können, scheint somit auch für den Bereich der religiösen und moralischen Sozialisation entscheidend zu sein und die Bedeutung religiöser Bildung in Ergänzung zur Familie, etwa im Sinne eines an staatlichen Schulen angebotenen Islamunterrichtes, zu unterstreichen (vgl. Kaddor 2012).

Der Eindruck der Bedeutsamkeit des familialen Bildungshintergrundes verstärkt sich bei einem Vergleich der muslimischen Befragten mit den Jugendlichen, die in katholischen Jugendverbänden und Gemeinden aktiv sind, von denen keiner sich den Typen ‚religiös-fundamentalistisch' und ‚religiös-orthodox' zuordnen lässt:

Tab. 1   Verteilung der Antworten der befragten katholischen Jugendlichen

Typ	Anzahl
‚Säkular-moralisch'	29
‚Religion-Moral-Konflikt'	0
‚Religiös-moralisch'	12
‚Religiös-fundamentalistisch'	0
‚Religiös-orthodox'	0
‚Konventionell-moralisch-religiös'	3
Gesamt	44

Die große Mehrheit der katholischen Jugendlichen (60 Prozent der Stichprobe) bezieht sich bei der Beantwortung der rechtlich-moralischen Dilemmata überhaupt nicht auf religiöse Normen, sondern argumentiert rein säkular und teilweise auf hohem moralischen Urteilsniveau. 12 Jugendliche lassen sich dem integrativ denkenden ‚Religion-Moral'-Typ zuordnen und drei dem ‚konventionell-moralisch-religiösem' Typ.

Der familiale Bildungshintergrund der christlichen unterscheidet sich indes deutlich von dem der muslimischen Jugendlichen: Bei den christlichen Jugendlichen haben 40 Prozent der Mütter und sogar 59 Prozent der Väter die Schule mit dem (Fach-)Abitur abgeschlossen. Die meisten Väter haben zudem ein (Fach-)Hochschulstudium, und die meisten Mütter eine Berufsausbildung absolviert.

Unsere Hypothese hinsichtlich pädagogischer Perspektiven ist es, dass mit diesem familialen Bildungshintergrund eine – im Vergleich zu den Familien der befragten MuslimInnen – höhere Bereitschaft einhergeht, Kinder und Jugendliche in diskursive Auseinandersetzungen mit weltanschaulichen, religiösen und rechtlich-moralischen Fragen einzubeziehen. Die innerfamiliäre Bereitschaft und Gelegenheit zur diskursiven Aushandlung unterschiedlicher normativer Erwartungen ist vermutlich eine wichtige Ressource, um mögliche Spannungen zwischen den Regelbereichen Religion, Moral, Person und Recht durch Kontextualisierung lösen und zu einer normativen Orientierung zu gelangen, in der religiöse und säkular-rechtliche Geltungsansprüche miteinander vereinbart werden können. Ob diese Hypothese zutreffend ist und wie solche Aushandlungsprozesse zu einer ‚integrativen' normativen Orientierung beitragen können, muss allerdings noch untersucht werden.

Literatur

Berger, Peter L. (1992): Der Zwang zur Häresie. Religion in der pluralistischen Gesellschaft. Herder, Freiburg.

Frese, Hans-Ludwig (2002): Den Islam ausleben. Konzepte authentischer Lebensführung junger türkischer Muslime in der Diaspora. transcript, Bielefeld.

Gerlach, Julia (2006): Zwischen Pop und Dschihad. Muslimische Jugendliche in Deutschland. Christoph Links, Berlin.

Gerlach, Julia (2010): Pop-Islam revisited. Wohin entwickelt sich die transnationale Jugendbewegung der ‚neuen Prediger' in Europa und in der Arabischen Welt? In: Hunner-Kreisel, Christine/Andresen, Sabine (Hrsg.): Kindheit und Jugend in muslimischen Lebenswelten. Aufwachsen und Bildung in deutscher und internationaler Perspektive. VS, Wiesbaden, S. 109-124.

Hößl, Stefan E./Köbel, Nils (2013): Rethinking Religiosity - Muslimische Religiosität im Fokus der Biographie- und Jugendforschung. In: Neue Praxis 5/2013, S. 439-456.

Hößl, Stefan E./Köbel, Nils (2015): Religiöse Radikalisierung und Deradikalisierung im biographischen Verlauf. Empirische Rekonstruktionen aus erziehungswissenschaftlicher Perspektive. In: BIOS. Zeitschrift für Biographieforschung, Oral History und Lebensverlaufsanalysen. (Ms. eingereicht)

Kaddor, Lamya (2012): Der Islam. Lesen-Staunen-Wissen. Gerstenberg, Hildesheim.

Kienzler, Klaus (2002): Der religiöse Fundamentalismus. Christentum, Judentum, Islam. Beck, München.

Köbel, Nils (2009a): Jugend - Identität - Kirche. Eine erzähltheoretische Rekonstruktion kirchlicher Identität im Jugendalter. Goethe-Universität, Frankfurt a. M.

Köbel, Nils (2009b): Motive kirchlichen Engagements im Jugendalter: Biographische Rekonstruktionen kirchlich-religiöser Orientierung. In: Neue Praxis 9/2009, Heft 3, S. 268-279.

Nucci, Larry P. (1981): Conceptions of Personal Issues: A domain distinct from moral or societal concept. In: Child Development 52, S. 114-121.

Oser, Fritz/Gmünder, Paul (1988): Der Mensch. Stufen seiner religiösen Entwicklung. Gütersloher Verlagshaus, Gütersloh.

Riesebrodt, Martin (2000): Die Rückkehr der Religionen. Fundamentalismus und der ‚Kampf der Kulturen'. Beck, München.

Roy, Olivier (2004): Der islamische Weg nach Westen. Pantheon Verlag, München.

Tietze, Nikola (2003): Muslimische Identitäten. In: Bukow, Wolf-Dietrich/Yildiz, Erol (Hrsg.): Islam und Bildung. Leske&Budrich, Opladen, S. 83-91.

Turiel, Elliot (1983): The Development of Social Knowledge. Morality and Convention. Cambridge University Press, Cambridge.

Wensierski, Hans Jürgen von (2007): Die islamisch-selektive Modernisierung. Zur Struktur der Jugendphase junger Muslime in Deutschland. In: Wensierski, Hans Jürgen von/Lübcke, Claudia (Hrsg.): Junge Muslime in Deutschland. Lebenslagen, Aufwachsprozesse und Jugendkulturen. Barbara Budrich, Opladen, S. 55-82.

Wensierski, Hans-Jürgen von/Lübcke, Claudia (2010): HipHop, Kopftuch und Familie. Jugendphase und Jugendkulturen junger Muslime in Deutschland. In: Hunner-Kreisel, Christine/Andresen, Sabine (Hrsg.): Kindheit und Jugend in muslimischen Lebenswelten. Aufwachsen und Bildung in deutscher und internationaler Perspektive. VS, Wiesbaden, S. 157-175.

Wensierski, Hans-Jürgen von/Lübcke, Claudia (2012): ‚Als Moslem fühlt man sich hier auch zu Hause': Biographien und Alltagskulturen junger Muslime in Deutschland. Barbara Budrich, Opladen.

Weyers, Stefan (2011): Zwischen Selbstbestimmung und religiöser Autorität, säkularem und göttlichem Recht. Normative Orientierungen christlicher und muslimischer Jugendlicher. In: Bohler, Karl F./Corsten, Michael (Hrsg.): Begegnungen von Kulturen. VS, Wiesbaden, S. 105-180.

Weyers, Stefan (2012a): Entwicklung von Rechts- und Menschenrechtsvorstellungen. Normenkonflikte aus Sicht junger Christen und Muslime. Unter Mitarbeit von Nils Köbel. Sascha Benedetti, Christian Betzel und Florian Gebhardt. Goethe-Universität, Frankfurt a. M.

Weyers, Stefan (2012b): Wie verstehen Kinder und Jugendliche das Recht? Sechs Phasen der Entwicklung rechtlichen Denkens. In: Journal für Psychologie, Jg. 20, Heft 2. http://www.journal-fuer-psychologie.de/index.php/jfp/article/view/223. Zugegriffen: 13. April 2014.

„Das Universum lesen lernen"
Islamische Religiosität im Kontext ästhetischer Darstellungsformen

Nino Ferrin und Marion Ziesmer

1 Einleitung

Die 25-jährige Tochter der Familie Yildirim[1], die wir im Rahmen dieser Studie in ihrer Familie besuchten, ist eine Studentin der Universität der Künste. Sie verweist im unten dargestellten Gespräch auf die Bedeutung, die der Koran für ihr tägliches Leben hat. Er helfe ihr, das Leben zu verstehen und Rätselhaftes in übergeordnete Zusammenhänge einzuordnen. Darüber hinaus enthalte der Koran durchgängig die Aufforderung, metaphysische Erkenntnisse zu gewinnen und einzuordnen.

> „Man soll das ganze Universum verstehen, nicht nur das Handfeste. Deshalb heißt die erste Sure ja ‚ikra' also ‚lies', die erste Aufforderung, die ein Mensch hat: Die Natur zu verstehen, das Universum lesen zu lernen."

Die junge Frau bezeichnet sich als sehr religiös und möchte dies auch durch das Tragen eines Kopftuches zum Ausdruck bringen. Ihre These erläutert sie im anschließenden Gespräch durch einen Verweis auf ihr Kunststudium. Sie nutzt das Verfahren der Bleistiftzeichnung, um die Natur durch ihre Abbildbarkeit zu verstehen. So präzise wie möglich zeichnet sie die Strukturen von Baumblättern ab, die sie ohne technische Hilfsmittel, also nur mit dem bloßen Auge, wahrnimmt. Sie versucht so, aus dem ‚Kleinen das Große zu verstehen', aus ‚einem kleinen Blatt die ganze Schöpfung Gottes'.

Mit ihrer Sichtweise umreißt die Studentin ein individuelles, religiös verankertes Konzept des Weltverstehens. Sie stellt Bezüge vom Textgehalt des Koran zu Natur-phänomenen in eigenen Produktionen her. Der Erkenntniswunsch ist getragen von einer Beziehung, die sich aus Koranrezeption, Naturbeobachtung und ästhetischer

---

1   Aus Datenschutzgründen wurden die Namen geändert.

Darstellung ergibt. Damit wird eine Form der Interrelation angesprochen, die auf komplexe Art tradierte Religiosität und aktuelle Weltwahrnehmung miteinander verbindet. In diesem Zusammenhang wäre auch die Frage nach den hier bedeutungsvollen mimetischen Relationen[2] aufzuwerfen, da die Aussage der Studentin auf einen Unterschied zwischen der Kunstproduktion als ‚natura naturata' und ‚natura naturans' verweist: Insofern der Künstler auf die Natur mimetisch referenziert und sie nicht ‚nur' als bloßes Produkt darstellen möchte (natura naturata im Sinne von geschaffene Welt), „ahmt [er] die produktive Freiheit der Natur als Subjekt nach, er mimt gewissermaßen die Produktion der Produktion [= natura naturans]" (Meyer 2010, S. 214). Im Schaffensprozess vergegenwärtige sich demzufolge ein Nachbilden ‚natürlicher Kräfte', was im einleitenden Beispiel allerdings in Assoziation mit der göttlichen Natur geschieht. Aufgrund dieses Zusammenhangs sollen einleitend einige Gedanken zum Sozialisationsfeld der muslimisch geprägten Familie Yildirim dargestellt werden, um auf dieser Basis zur Forschungsfrage überzuleiten. Auf die Beschreibung der methodischen Grundannahmen und der aufgeworfenen Feldbedingungen folgt sodann die weiterführende Darstellung erster Ergebnisse der hier vorgestellten empirischen Studie.

2   Sozialisation in muslimisch geprägten (Sub-)Kulturen

Bei der Beschreibung des Sozialisationsfeldes folgen wir einer performativen Auffassung von Kultur (vgl. Wulf/Zirfas 2007). Demnach wird Sozialisation im Sinne einer Heuristik der Verschränkung materieller und kultureller Bedingungen der Gesellschaft mit den sozialen Aneignungspraktiken ihrer Mitglieder verstanden. Wenn vor diesem Hintergrund von einer Analyseeinstellung auf den performativen Charakter, von Handlungen zwischen Menschen und Dingen hinsichtlich der Bildung von Gemeinschaft und von Subjekten die Rede ist, dann kommt in erster Linie dem Inszenierungs- und Aufführungscharakter sozialer Praktiken Aufmerksamkeit zu (vgl. Zirfas 2004). Denn Handeln ist mehr als die Verwirklichung von Intentionen, das ‚Mehr' an Bedeutung, verstanden als performativer Überschuss, ist dabei mit dem Begriff der Aufführung verbunden. Während Inszenierungen einen planvollen und intentionalen Entwurf einer sozialen Szenerie darstellen, legt die Aufführung vor oder mit einem Publikum immer gleichzeitig auch dessen Unplanbarkeit offen (vgl. Ferrin 2013, S. 201ff). Sozialisation wird somit als perfor-

---

2   Mimetische Prozesse werden in diesem Zusammenhang als aktiver Vorgang der Weltaneignung verstanden (siehe dazu Gebauer/Wulf 2003 sowie Ferrin 2014).

mativer Prozess verstanden, der die situativen Vollzugsmomente sozialer Praxis in den Mittelpunkt rückt. In diesem Sinne ist das Sozialisationsfeld der Familie ein immer wieder aufgeführtes und aufzuführendes soziales Beziehungsgeflecht, in dem verwandtschaftliche Verhältnisse sowie eine Generationendifferenz grundlegend sind (vgl. Schinkel 2011, S. 115). Die Familie ist als die Sozialisationsinstanz zu verstehen, die zeitlich gesehen den anderen vorgelagert ist und erste Erfahrungen und Befähigungen tradiert. So „schlagen sich Kernvorstellungen von Familie – die ,von außen' durch historisch, kulturell und sozialpolitisch variable Rahmenbedingungen bestimmt wird – gewöhnlich in regelmäßigen Interaktionen und oft auch in einem gemeinsamen Wohnbereich nieder" (ebd.). In den vorliegenden Fallbeispielen handelt es sich demnach um Familien, die im Kontext einer – jeweils in unterschiedlicher Art und Weise – islamisch geprägten Sozialisationskultur zu verorten sind. Die im empirischen Teil dargestellten Familien bezeichnen sich dementsprechend selbst als muslimisch, was eine Suchkategorie des Projektteams bei der Auswahl der Familien darstellte. Demgegenüber wurden im Sinne der Kontrastierung nicht-religiöse Familien in die Fallstudie miteinbezogen. Diese verfügen, im Gegensatz zu den muslimisch-religiösen Familien, über keine familialen Migrationserfahrungen. Es ist wichtig hervorzuheben, dass der Islambezug nicht immer religiösen Glauben oder Frömmigkeit impliziert, jedoch auch nicht ausschließt. Vielmehr kann von Rahmenbedingungen ausgegangen werden, die im Vollzug – *performativ* – verhandelt und vermittelt werden, wobei in Frage steht, inwiefern oder welche Bedeutung hier der Religion des Islam zukommt. Als Fokus der Studie sind dementsprechend die islamisch geprägten Familienbilder und -praktiken zu bezeichnen, die zu ästhetischen Ausgangsreizen ins Verhältnis gesetzt werden.

3   Forschungsdesign

Als zentraler Forschungsfokus wird der Effekt ausgewählter Kunstmedien auf die Interaktionskultur muslimisch geprägter Familien erachtet. Das Vorgehen rückt Irritationsmomente ästhetischer Ausgangsreize und die sich daran anschließende Kommunikationssituation in den Mittelpunkt. In der subjektiven Aneignung und Herstellung von Kunstmedien sind diese als ästhetische Prozesse der Erzeugung von Welt zu verstehen, die sowohl den Kindern als auch ihren Eltern einen (alternativen) Zugang zu ihrer eigenen wie sozial geteilten Wirklichkeit ermöglichen.

Eine aus zwei Personen bestehende ForscherInnengruppe trifft die im Kern der Studie stehenden Familienmitglieder in ihrer alltäglichen, häuslichen Umgebung und legt den aus mindestens einem Kind und einem Elternteil bestehenden Akteuren zwei Ausgangsreize vor (Bildbeispiel: Der Wanderer über dem Nebelmeer/ Caspar David Friedrich, Hörbeispiel: 9. Sinfonie – Ode an die Freude/Ludwig van Beethoven). Diese sollen die Familien kommentieren und diskutieren. Über die qualitativ-rekonstruktive Analyse der Interaktionen lassen sich, so die leitende Annahme, kulturelle Orientierungen der RezipientInnen ausdeuten. Es lässt sich auch danach fragen, ob und inwiefern sich Unterschiede zwischen den Orientierungen der hier kontrastierten Familien ergeben bzw. in welcher Art und Weise die islamisch geprägten im Vergleich zu den beiden anderen, nicht religiösen Familien des Samples an ihrer spezifischen (auch an religiösen Symbolen und Ritualen ausgerichteten) Erfahrungswelt orientierte Muster zur Darstellung bringen. Die nachstehenden Forschungsfragen sind insofern nicht als Hypothesen zu verstehen, sie dienen eher als Interessenkonglomerate, die aus bereits vorliegenden Studien (vgl. bspw. Ziesmer 2011) abgeleitet wurden. Die leitenden Forschungsfragen der Studie richten sich darauf, ob

1. eine Strukturanalogie zwischen erweiterten ästhetischen Erfahrungen wie der Musik-, Bild- und Medienrezeption im Zusammenhang mit religiöser Erfahrung besteht.
2. Angehörige islamischen Glaubens aufgrund ihres Kontaktes zum Koran, also zur gehobenen, poetischen Ausdrucksform ihrer Religiosität, besonders prädestiniert sind für ästhetische Erscheinungsformen.
3. islamische Religiosität ästhetische Erfahrungsräume ermöglicht, die intertextuelle – d. h. kulturell bezugnehmende – Verstehensmodi unbekannter ästhetische Impulse sinnstiftend konturieren.

4   Methodisches

Im Sinne eines rekonstruktiven Auswertungsverfahrens werden Daten aus teilnehmender und videogestützter Beobachtung auf Erfahrungsdimensionen und Praktiken der Auseinandersetzung mit den eingebrachten Ausgangsreizen hin analysiert und interpretiert. Die der wissenssoziologisch-praxeologisch ausgerichteten Herangehensweise inhärente Ausdeutung des Orientierungsrahmens (gleichbedeutend dem Habitus) ermöglicht eine Identifizierung erfahrungs- und handlungsleitender Konzepte und Modelle (vgl. Bohnsack 2013, S. 184f.; Bohnsack et al. 2014). Ob sich ein Kind beispielsweise dem Kunstwerk Friedrichs im Modus von Bildbeschreibungen nähert oder Handlungsmotive unterstellt lässt auf grundlegende Unterschiede in der Differenziertheit ästhetischer Wahrnehmung wie auch deren Artikulationen schließen. Die Auseinandersetzung mit solchen verdichteten symbolischen Figurationen ist im Sinne einer (inneren) Ergriffenheit jedoch nur bedingt der empirischen Erforschung zugänglich. In der Rekonstruktion der Reaktionen auf die dargebotenen Reize können aber solche Gehalte ausgedeutet werden, die die Auseinandersetzung mit dem Kunstmedium zum Gegenstand haben bzw. diese strukturieren.

Das ethnografische Vorgehen verdeutlicht das Eintauchen ins Feld und die Gewinnung von Daten unterschiedlicher Art. Christian Lüders spricht die „quasi-polizeilichen Vorschriften einer methodisch kontrollierten Hermeneutik" (vgl. Lüders 2008, S. 394) an und fordert eine „subtile Anwendung ihrer Kontaktformen" (ebd.). Damit geht es nach Lüders nicht mehr um die richtige oder falsche Anwendung einer Methode, sondern um die situations- und fallangemessene Realisierung einer allgemeinen methodischen Pragmatik. Das Risiko und die nicht planbaren, situativen, zufälligen und individuellen (und somit auch transformativen und performativen) Momente des Forschungsprozesses rücken in den Mittelpunkt auch der teilnehmenden und videobasierten Beobachtung (vgl. ebd.). Nachfolgend bezieht er sich, Bezug nehmend auf Jorgensen, auf die Logik der teilnehmenden Beobachtung im Feld, die er, unter Bezugnahme auf die angelsächsische Feldforschung, als eine nicht lineare kennzeichnet:

> „Die Logik teilnehmender Beobachtung ist nicht linear; ihre Praxis erfordert vom Forscher ein breites Spektrum an Fähigkeiten, Entscheidungen zu treffen und einfallsreich zu sein; darüber hinaus beeinflussen zahlreiche sachfremde (nonrationale) Faktoren in vielfältiger Sicht empirische Untersuchungen" (Jorgensen zitiert nach Lüders 2008, ebd.).[3]

Innerhalb der Familien ist es deshalb relevant, über die teilnehmende und videogestützte Datengewinnung, über persönliche Gespräche, dem Dokumentieren der Werke, der Räumlichkeiten sowie in der Erfassung der sozioökonomischen Grunddaten der jeweiligen Akteure Informationen in umfassenderem Maße zu sammeln. In der späteren Auswertung der Daten und in Überleitung zur Analyse sind sodann die parallele und komplementäre Interpretation von Gesten und Sprache aufgrund der Simultanität und gleichzeitigen Sequenzialität des audiovisuellen Materials hervorzuheben (vgl. Bohnsack et al. 2014). Im Falle der hier vorgestellten Studie wurde das analysierte Gespräch mit Hilfe einer festinstallierten Kamera videogestützt dokumentiert; ein zeitnahes Gedächtnisprotokoll hat ferner gehol-

---

3   Siehe dazu auch Nohl 2004 sowie Wagner-Willi/Wulf 2007 und Wagner-Willi 2008.

fen, das neben der Kamera Beobachtete festzuhalten. Die Äußerungen (verbal wie gestisch) der besuchten Familien wurden zudem transkribiert.

Die in der Auswertung erfolgte Anlehnung an die Grundprinzipien der Dokumentarischen Methode (vgl. Bohnsack 2013) – im Sinne einer Ethnografie aus wissenssoziologisch-praxeologischer Perspektive (vgl. Blaschke 2014) – fand im Forschungsdesign nicht erst in der Bearbeitung der gewonnen Daten statt. Auch in der Datengewinnung ist der leitende Gedanke, die Akteure in der Entfaltung ihrer eigenen Interaktionssysteme so offen wie möglich agieren zu lassen, da in der Rekonstruktion der Akteurssicht alltägliche und typische Überzeugungen sichtbar werden können.

Die in der Alltagsrealität wohl seltener auftretende heterogene Rezeption von Kunstmedien sichert die initiierte Kommunikation durch die irritierende Wirkung des Materials auf die TeilnehmerInnen. Zu erläutern wäre dabei auch der Wert und die Symbolik, die von den ‚Dingen‘ ausgehen, in dem vorliegenden Falle also die Kunstmedien, die als Irritation dem Gespräch, Besuch oder einer Beobachtung vorangestellt werden (vgl. Nohl 2011 sowie Parmentier 2001). Eine Medienanalyse im Sinne der Interpretation der Werke ist hier daher eine sinnvolle Ergänzung; an einigen Stellen wird in den späteren Fallbeschreibungen darauf eingegangen. Dies auch deshalb, da die von den einzelnen Personen hervorgehobenen Aspekte der Kunstmedien einen propositionalen Gehalt, einen Bedeutungsgehalt in Bezug auf diese aufweisen.

Die Rekonstruktion soll einer umfassenden Darstellung der Situation gerecht werden und einen differenzierten Erkenntnisgewinn ermöglichen. Dazu gehören eine erste Interpretation als Konstruktion einer Deutung, die Interpretation der Darstellungsform innerhalb der Gesprächssituation (Performanzen) und die Betrachtung von „Fokussierungsakten" (Nentwig-Gesemann 2007, S. 108) oder aber Schlüsselstellen, „key incidents" (vgl. auch Kroon/Sturm 2002, S. 96ff. und Wieler et al. 2008, S. 41f.), in denen sich Texteigenheiten sowohl auf der Ebene des sprachlichen Handelns als auch auf der Ebene des körperlichen Handelns abbilden. Anschließend kann eine Dekonstruktion (vgl. Ziesmer 2011) der bisher gefundenen Deutungen stattfinden, auch unter Berücksichtigung etwaig vorhandener Haltungen bezüglich kultureller Charakteristika auf Seiten der Forschenden. So können auch die Orientierungen erfasst werden, die als gemeinsam geteilte, konjunktive Erfahrungsräume (vgl. Bohnsack 1989 und Przyborski 2004) eine besondere Relevanz für Sozialisations- und Bildungsprozesse aufweisen.

Auswertungsschwerpunkt werden im Folgenden Daten der vorgenommenen Videographien sein, die bei mehrstündigen Hausbesuchen in den Familien Öztürk und Yildirim erhoben wurden. In diesen Familien, die wie alle anderen auch in der Stadt Berlin leben, wird die islamische Religion ausgeübt und ‚gelebt‘. Kontrastierend

werden Ergebnisse einfließen, die in Hausbesuchen bei Familien erhoben wurden, die sich selbst als eher säkularisiert einstufen.
Im Fokus stehen Reaktionen auf zwei ästhetische Impulse:
- Ludwig van Beethoven: Ode an die Freude (Hörbeispiel).
- Caspar David Friedrich: Der Wanderer über dem Nebelmeer (Bildbetrachtung).

5 Empirische Fallanalyse: Reaktionen auf die Impulse

5.1 Die Familien mit islamischem Glaubenshintergrund

In der Familie Öztürk traf das ForscherInnenteam eine Mutter (zirka Mitte dreißig) mit ihrem Sohn (10 Jahre, fünfte Klasse) an. Die Wohngegend ist als bürgerlich zu bezeichnen.

Familie Yildirim wohnt ebenfalls in einer bürgerlichen Gegend, die allerdings durch die Anbindung an den Innenstadtring von S- und Autobahn und die innerstädtische Lage etwas urbaner wirkte. In der Wohnung trafen wir die eingangs zitierte Studentin, die ein Kopftuch trägt (25 Jahre), ihre Mutter, ebenfalls Kopftuchträgerin (zirka 45 Jahre) und ihre Schwester (15 Jahre), die kein Kopftuch trägt.

In beiden Familien wird darum gebeten, den Raum und die Sitzaufteilung selbst zu wählen, bevor eine knappe Darstellung der Forschungsfrage erfolgt. Sodann wird den Anwesenden der erste Ausgangsreiz dargeboten, indem ein zweiminütiger Ausschnitt des vierten Satzes der 9. Sinfonie von van Beethoven ohne weitere Explikation an einem mit Boxen verbundenem Laptop angespielt wird.

1. Impuls
Ludwig van Beethoven: Ode an die Freude

Familie Öztürk

Der zehnjährige Sohn der Familie Öztürk (im Folgenden mit J gekennzeichnet) zuckt beim Einsetzen der Musik zusammen und folgt dem Hörerlebnis mit deutlich ablesbarer Ratlosigkeit. Er unterdrückt mehrmals ein Lachen und schiebt seinen Körper unruhig auf dem Sofa hin und her und wischt sich über das Gesicht. Seine verbale Reaktion nach dem Hören fällt kurz und eindeutig aus.

J: [lächelt und setzt sich gerade hin] Also ähm als der Mann gesungen hat, also
       mit dieser [fasst sich an den Hals] tiefen Stimme, fand ich´s [gestikuliert mit den

Händen] witzig. also (.) und dann ja also ähm witziges ... äh **Lied** ... [schüttelt den Kopf] mehr nicht[4]

Daraufhin schaltet sich seine Mutter (im Folgenden mit M gekennzeichnet) ein.

M: Ich fand dis so ähm .. irgendwie jemand der seine Freude so mit **lauter Stimme** auch wiedergeben wollte glaub ich mal, also der hat so fast geschrien vor **Jubel** und hat **deshalb** glaub ich so laut gesungen, ne... [fragend, Forscher nicken zustimmend] dass er denn... deshalb hat man nicht verstanden weil manchmal, wenn man sich . aufregt, also ( ) **Freude** . wenn man so laut ah ich hab's geschafft oder so weiß de, dann verstehste die Person auch nicht, vor also vor/ so kam's mir so vor, als ob der so aufgeregt wärt. [J lacht.] Weeste, wenn du so auf ( ) [klatscht in die Hände] ah ich hab's geschafft dann biste auch so, [J. fasst sich verlegen ans Ohr] verstehe ich dich nich gleich ( ) komma erst mal runter. Weisste [J. nickt zustimmend].

Es ist leicht festzustellen, dass weder Sohn noch Mutter Erfahrung mit diesem Lied haben. Der Junge weist darauf hin, dass er mit der Musik (dem ‚Lied') nichts anzufangen weiß, außer dass er es mit dem Adjektiv ‚witzig' kennzeichnet. Die Mutter bemüht sich um einen Interpretationsansatz, der dem Sohn verständlich ist. Sie beschreibt nicht ihr eigenes Hörverhalten, sie sucht nach Erklärungsmustern zur Einordnung der Musik, die ihr Sohn nachvollziehen kann. Eine leichte Unsicherheit ist in der Nachfrage an die ForscherInnen abzulesen, als sie nach positiver Rückbestätigung auf ihre Interpretation des ‚Jubelns' sucht. Nachdem sie diese erhalten hat, fährt sie in ihren Erklärungsversuchen fort, der Sohn reagiert mit Lachen. Der von der Mutter gefühlte Ausdruck der Aufregung, den sie in der Musik entdeckt, wird zum Schlüssel ihres Erklärungsmodells. Durch Bezugnahme auf vertraute Gefühlsäußerungen stellt sie eine Verbindung zu einem ihr unbekannten Musikstück her. Die Äußerung des Wortes ‚Freude' trifft ja den inhaltlichen Gehalt der Ode relativ genau, so dass ihre Musikrezeption durch die Vermittlung an ihren Sohn auf einen gemeinsamen Erfahrungsraum rekurriert, der eine Verstehensleistung untereinander aufbaut. Die Kommunikationssituation verweist zudem auf die mütterliche Bereitschaft, ihm Erklärungsmodelle zur Welterschließung anzubieten. In einer anderen Szene aus der Anschlusskommunikation an die Ausgangsreize, holt sie Lernspiele hervor und klärt die ForscherInnen über ihre Aktivitäten zur Lernhilfe auf. Wiederkehrend innerhalb des Besuches zeigt sie ein unterstützendes Handeln – ganz im Sinne eines inkludierenden Modus der Diskursorganisation. Es kann dabei beispielsweise eine Verdoppelung oder Weiterführung von Aussa-

---

4   Die verwendete Transkriptionslegende findet sich im Anhang.

gen stattfinden (vgl. Przyborski 2004, S. 95ff.) – das auch mit der gegenseitigen (Er-)Klärung bestimmter metaphysischer und religiöser Fragen einhergeht. In Hinsicht auf das Kopftuchgebot oder aber Die Schweinefleischabstinenz weist die Mutter auf ihre eigenen Konzepte hin und legitimiert auch so die Unterlassung des Kopftuchtragens.

Familie Yildirim

Die Töchter der Familie Yildirim (T1 und T2) und ihre Mutter (M) hören sich die Musik von Anfang an mit großem Ernst und erkennbarer Apperzeption – d. h. mit der aktiven und bewussten Aufnahme von sinnlich Gegebenem – an. Die jüngere, fünfzehnjährige Tochter (T1) liefert, leicht verlegen lächelnd, den ersten Redebeitrag:

> T1: [lacht kurz] Am Anfang dacht ich dis is ne Rede oder so/also es hatte so was Auffallendes. (auch) n bisschen … keine Ahnung [lacht kurz] wie ein Diktator oder so-n bisschen/hat er so gebetet (.) später dann is es jetzt musikalisch ( ) gegan´. ja

Sie wird von ihrer Mutter ergänzt:

> M: Mhm am Anfang war ne **Dramatik** irgendwie äh und (da) dacht ich geht so weiter, aber danach äh war dann jetzt so ne (.) so ne Harmonie [gestikuliert mit den Händen]/ so / so ne Gesamtheit irgendwas [M, T1 und T2 sitzen mit im Schoss gefalteten Händen auf dem Sofa] / also es war ähm .. als ob sie sich dann einig war`n und dann . (so zu ne) Gesamtheit/ aber ich weiß jetzt nicht worum es so richtig geht, weil ich auch nich richtig [bewegt den Zeigefinger der linken Hand mit kreisenden Bewegungen am Kopf]. alles mitbekommen habe/ nich verstanden habe.

Im Anschluss an das Gesagte der Mutter wird die zweite Tochter aktiv, die bereits eingangs als 25-jährige Studentin der Universität der Künste Berlin vorgestellt wurde.

> T2: […] sehr viele **Gegen**sätze auch da sind und/ auch von den **Höhen** und **Tiefen** [bewegt die linke Hand hoch und runter] und **Stimm**lagen und . und zum Ende dann wirklich so ne Harmonie entsteht [@ I].

Auch in dieser Familie ist das Musikstück unbekannt, ebenfalls finden sich auf Assoziationen ausgelegte Erklärungsversuche. Da die Töchter älter sind als der Sohn der Familie Yildirim fallen ihre Redebeiträge zwar eloquenter aus, die umfangreichste Reaktion erfolgt jedoch auch in diesem Fall seitens der Mutter. Sie beschreibt ihre Eindrücke, spricht von einer anfänglichen ‚Dramatik‘, die sich dann in ‚Harmonie‘ auflöste.

Im Kontrast der Familien Öztürk und Yildirim finden sich jedoch gewisse Ähnlichkeiten. Das unbekannte Hörbeispiel wird zunächst als unruhig wahrgenommen und dieser Eindruck wird nachdrücklich artikuliert. Man kann beide Mütter als konzentrierte Zuhörerinnen bezeichnen. Die hohe Aufmerksamkeit ermöglicht ihnen den inhaltlichen Nachvollzug und die Artikulation ihrer Eindrücke mit individuellen Vorstellungsbildern. Insbesondere die Reaktion der jüngeren Tochter verweist aber auch hier auf die Einbettung der Musik in die gewohnte Alltäglichkeit. Die Assoziation mit einem ‚Diktator‘ und zum ‚Beten‘ am Anfang des Stücks deckt sich bereits in der Verwendung dieser Wörter mit dem kollektiv geteilten Erfahrungshintergrund der religiösen Familie. Obwohl sie als einzige kein Kopftuch trägt und an anderer Stelle darauf hingewiesen wird, dass die Töchter keinem familiären Zwang zum Tragen des Kopftuchs ausgesetzt sind, könnte die Konnotation der alltäglichen Rituale zu religiösen Inhalten *auch* in der Gestik der Frauen abgelesen werden. Die Inszenierung einer Andacht durch die in den Schoss gelegten Hände lässt gleichsam auf leiblicher Ebene eine bedachtsame Gestimmtheit sichtbar werden.

5.2   Kontrastierende Reaktionen aus den anderen Familien

In der Familie Kasupke, wohnhaft in einem sehr gepflegten Reihenhaus im Berliner Umland und bestehend aus Vater und Mutter (beide etwa Mitte vierzig) und ihrem 14-jährigen Sohn, zuckte die Mutter beim Einsetzen der Musik kurz zusammen. Dann hören sie sich den Ausschnitt aufmerksam an. Der Vater nimmt kurz Blickkontakt mit seinem Sohn auf, der mit einem etwas unwirschen ‚Was denn?‘ den Kontakt ablehnt. Dann äußert der Vater, dass er die Musik schön fände und sie ihn an die Arena di Verona erinnere, in der er einmal die Oper Carmen gehört hätte. Darüber hinaus weckt die Musik allerdings bei den Familienmitgliedern keine weiteren Emotionen. Man fühlt sich ‚wohlig‘ (Vater), wenn man es hört, sonst aber weiter nichts. Die Mutter fühlt sich noch an den Kirchenchor erinnert, in dem sie früher gesungen hat.

Mutter und Tochter (10 Jahre) der Familie Müller schrecken beim Einsetzen der Musik gemeinschaftlich auf, schauen sich an und lächeln. Die Mutter nimmt Kontakt zur zehnjährigen Tochter auf und fragt sie etwas, das nicht ganz zu verstehen ist. Es könnte die Frage an die Tochter sein, ob die gesungene Sprache deutsch sei. Die Tochter lächelt, geht aber nicht darauf ein. Mehrfach wechseln Mutter und Tochter noch die Blicke, dann wird die Mutter in den Bann der Passage ‚Freude, schöner Götterfunken' gezogen. Sie ist sichtlich erfreut, singt textsicher mit und erklärt im Anschluss:

M: Wenn wir das nochmal hören, dann können wir den Text mitsingen! (schaut lächelnd zur Tochter) Das ham wir auf Norderney gelernt vor zwei Jahren. Hat uns meine Mutter den Text gegeben und dann ham wir die, das ham wir eine Woche lang gesungen. ‚Freude schöner Götterfunken' (singend) [@1]. (schaut zur Tochter) Ne?

Leider hat die Tochter den Text schlicht vergessen und so äußert sie, dass sie die Musik am Anfang als ‚marschmäßig' empfunden hätte, später aber als ‚palastartig'. Die Mutter hingegen empfindet das ‚Lied schön'. Während Tochter Müller die Differenz innerhalb des Klangbeispiels nachzeichnet, ähnlich dem Empfinden der islamisch geprägten Familien, hebt ihre Mutter auf eine allgemeine Kulturvorstellung ab. Dies auch ähnlich des Berichts von Vater Kasupke, der von den persönlichen Erfahrung mit klassischer Musik berichtet, jedoch nicht von sich selbst und seinen Vorstellungsbildern bei der momentanen Rezeption von Musik.

5.3   Zwischenfazit

Während die Mitglieder der Familien Müller und Kasupke bei den Anfangsklängen der ‚Ode an die Freude' Erkennungsäußerungen parasprachlich darstellen (Nicken, Mitsingen, rhythmisches Sich-Wiegen) ist den Familien Öztürk und Yıldırım diese Musik nicht vertraut. Mutter Öztürk äußert im späteren Verlauf des Gesprächs, dass gerade sie, von einer ‚anderen Kultur', diese Musik nicht so hören, aber dass sie diese durch ‚das Fernsehen' ‚mitbekommen' würden. Deutlich wird, dass die islamisch sozialisierten Familien, in denen diese Musik nicht zum allgemeinen Kulturgut gehört, ein ästhetisches Verstehen durch Beschreibung und vor allem Interpretationen anstreben. Sie stellen die Wirkung der Musik dar und reflektieren dabei Aufbau und Struktur der Komposition. Dadurch wird gerade das zunächst unbekannte Stück zum Ausdrucksmedium eines beginnenden Dialoges zwischen dem Selbst und dem Fremden. Zudem zeigt sich hier die Überlagerung zweier Erfahrungsräume, die einerseits durch Migrationsaspekte und andererseits durch religiöse Erlebnisse bedingt sind. Die Art und Weise der Bezugnahme auf die Musik durch metaphysische Zuschreibungen kann jedoch lediglich innerhalb des Religionserfahrungsraumes gedeutet werden.

2. Impuls
Caspar David Friedrich: Der Wanderer über dem Nebelmeer (Bildbetrachtung)

Diese Form ästhetisch-motivierten Fremdverstehens wird bei dem 2. Impuls noch deutlicher. In diesem Gemälde nehmen wir „an der Einsamkeit und Intimität einer opaken Figur teil, die uns zugleich auf Abstand hält" (Böhme 2006, S. 56):

> „Das Gemälde lässt erfahren, dass es die Reflexivität des Sehens ist, die diese unge-
> brochene Exzentrizität zur Folge hat. Sie ist mit der Sehnsucht nach unmittelbarer
> Koinzidenz von Ich und Welt verbunden, die wir zwar sehen, aber nicht ‚haben', noch
> weniger ‚sein' können" (ebd.).

Die Suche nach einer möglichen Bildbotschaft erhält in den Familien Öztürk und Yildirim nunmehr auch eine religiöse Komponente. Die Mutter Öztürk sieht in dem Nebelmeer den undurchsichtigen und unvorhersehbaren Lebenslauf des Individuums, dessen reale Entwicklung nur ‚Allah' kennen kann.

> M: Ich glaub ma damit wird gezeigt [gestikuliert mit der Hand] dass es jedem/ man
>   ist imma mit dem Fu/ dis is so wie mit dem Leben und Tod. Man ist imma . äh
>   man muss imma damit rechnen der Tod is . steht genau vor uns [deutet mit der
>   Hand vor sich in einem Abstand hin] es könnte jeden Moment so sein, also man
>   könnte jeden Moment hinfallen, man könnte jeden Moment äh . also sterben.
>   Es ist so (also) bei uns im Glauben is es ja so [gestikuliert viel] unser Leben ist
>   hinter einem Berg [deutet dies mit der Hand an], hinter den Berg könn wir
>   aber nich sehen, wir könn auch nicht auf etwas Hohen steigen um dahinter zu
>   gucken, weil wenn wir das könnten dann wäre dis . dann wär'n wir nich mehr
>   **da** sozusagen. (Also) müssen wa auch unser Schicksal in Kauf nehm/ also wir
>   müssen's akzeptieren. Hinter den Berg kann keiner von uns gucken, aber es is
>   hinterm Berg, so müssen wa uns dis vorstellen. So hat mein Vater uns dis immer
>   gesagt . und dahinter könn wa nie gucken, was dahinter is und wir [macht eine
>   Handbewegung in die Runde] müssen's akzeptieren was da halt is.

Festzustellen ist auch, dass sich hier die religiöse Kontextualisierung durch eine Unkenntnis des Bildes und seine kunstgeschichtliche Einbindung eröffnet. Auffällig ist auch die Vermittlung der Propositionen in der Relation von Gestik und Sprache. Der Mutter zufolge gibt es einen sehr ‚lebendigen' Glauben an die Allmacht des Vorherbestimmung – ‚der Tod steht genau vor uns'. Mit einer Abstandsmessung mittels des Arms – einer knappen Armlänge – und der parallelen Kommentierung zeigt sie an, dass sich unmittelbar ein Schicksalsschlag ereignen kann, vor dem es kein Entkommen gibt.[5] Die Akzeptanz darüber, nicht selbst über sein Leben verfügen zu können, stellt Mutter Öztürk dezidiert dar. So mache es großen Sinn, sich direkt an die Macht zu wenden, die die Zukünfte für einen bereithält: Allah oder Gott. Im Verlauf des Besuches holt der Sohn dann auch die ‚Heilige Schrift', den Koran, aus dem Schrank und intoniert einige auswendig gelernte Suren im Beisein der ForscherInnen. Aus dem Nachbarzimmer kommen sodann relativ zeitnah zum Beginn der „musikalischen Lesung" (Zitat aus der Aufnahme der jüngsten Tochter Familie Yildirims, siehe nächster Absatz) die Schwester und seine Cousine, die noch im Kindergartenalter sind. Zur Vorbereitung durchläuft der Sohn eine ritualisierte Abfolge von Reinigungsaktivitäten, Hand- und Fußwäsche. Die spätere Interpretation der Korantexte bzw. die Diskussion über abgeleitete Regeln verläuft dann jedoch auf Basis eigener Erfahrungen im Kontext der Familie. Hier zeigen Mutter und Sohn im gemeinsamen Gespräch, dass die strikte Auslegung und Regelanwendung des Koran der Praxisanwendung unterliegt und aus kultur-historischen Gründen formiert wurde.

Zum Vergleich die Reaktion der 15-jährigen Tochter Yildirim:

> T1: [Hände im Schoss, lächelt] Und zwar is dis ein typisches Abbild der Epoche Romantik. Wir nehm´ [gestikuliert mit der linken Hand] nämlich jetzt die Epo-chen auch durch dis **ein Mann** [gestikuliert mit beiden Händen] eben auf ähm am Abgrund steht und in die Ferne blickt/ die **Sehnsucht**, das Warten auf die Liebe oder (.) auch die blaue Blume is jetzt auch zum Beispiel (ein) bestimmtes Symbol aber (.) dis hat mich [lacht kurz beim Sprechen] **sofort** daran erinnert.

Die junge Gesprächsteilnehmerin expliziert Gegebenheiten, die Gegenstand ihres Schulunterrichts sind. Sie zählt diese auf, ein persönlicher Bezug zum Bild, eine mögliche Sinnzuordnung innerhalb der Bildaussage ist nicht erkennbar. Im Ver-gleich jedoch zu der Anschlusskommunikation in den nicht-religiösen Familien ist auffallend, dass durch das Faktenwissen über die Epoche, den Künstler und den Zeitgeist nun auch bei der Tochter der Familie Yildirim eine distanzierte Nennung der typischen Ausprägungen des Bildes, die Bezugnahme zu ‚eigenen Themen' in den Hintergrund rückt, biografisches Assoziieren und heuristische Annahmen sind dadurch eher verunmöglicht. Die Bekanntheit des Malers verhindert gewisserma-ßen eine persönliche Bezugnahme und auch eine Affizierung und prädisponiert

---

5 Genau diese Haltung kann bei einem Aufeinandertreffen mit säkularisierten Akteuren zu Irritationen führen – und zwar insbesondere dort, wo pädagogische Inhalte institutionalisiert tradiert werden sollen. In solchen ‚Kontaktzonen' wie der Schule kann es dann situativ zu Momenten der Verwunderung über die Meinungen der anderen kommen oder auch zu Erfahrungen von Fremdheit (vgl. Ferrin/Blaschke 2010).

die gelehrte Analyse- und Beobachtereinstellung, um das Bild zu interpretieren. Vielleicht schaltet sich deshalb die Mutter so lebhaft ein.

> M: [gestikuliert stark mit beiden Händen] Dis Hintergrundwissen hab ich **nicht** [legt die Hände gefaltet in den Schoss] [...] auf´m Gipfel/ wenn man am Gipfel [hebt beide Hände] is hat man v/ vielleicht ne **Macht** [hebt beide Hände] . aber auch ne Verantwortung un/ und/ und auch ne Gefahr ... mhh und dis **Unermessliche.**

Das benannte ‚Hintergrundwissen‘ imponiert ihr nicht, sie möchte lieber ohne den Umweg der memorierten Information zur Bildaussage vordringen. Durch die ausdrückliche Vermeidung der Aussagen über einen allgemeinen Wissenskanon, der in dieser Situation von ihrer Tochter aufgeführt wird, ist ihr ein Einstieg in die Deutung des Bildes jenseits von Stilkriterien möglich. Sie vertraut ihrer Wahrnehmung und führt ein bestimmtes Wissen auf. Demzufolge bedeute ‚Gipfel‘, ‚Macht‘, ‚Verantwortung‘ und letztlich auch ‚Gefahr‘, so lautet die Begriffskette. Dann allerdings verliert sie sich, fast ein wenig einschränkend, im ‚Unermesslichen‘. Es ist der Aspekt des Rätselhaften und Unbekannten, der in die Gedankenkette aufgenommen wird und als eine Orientierungsfigur aufgefasst werden kann. Die Tatsache, dass ihre Tochter jedoch schon im Vorhinein von einer ‚Sehnsucht‘ und dem ‚Warten auf die Liebe‘ spricht und somit eine emotive Ebene in ihrer eigenen Aussage aufgreift, scheint ihr zu entgehen. Stattdessen ist die Bezugnahme auf das ‚Nicht-Ermessliche‘ als Steigerung der zuvor angesprochenen Machtthematik zu verstehen. Es handelt sich um eben jenen Bereich menschlichen Lebens, der durchzogen ist von Ehrfurcht und einer Abkehr von profanen Themen. So gesehen und in Bezug auf die anfangs zitierte Stelle, das ‚Universum verstehen‘ zu lernen, aktualisiert sich in der Metaphorik eine familiäre Praxis, sich metaphysischen Inhalten in religiöser Art und Weise zu nähern und die eigene Existenz in die Anschauung der göttlichen Wirkkraft zu legen. In der Kunst verbindet und transformiert sich zugleich die gläubige Einstellung mit den eigenen Gedanken. Dieser Ansatz wird in der Folge auch von der jungen Tochter fortgeführt, die damit die Ebene des Schulwissens verlässt.

> T1 Dass die **Grenze** [M schaut zu T1] auch [führt ihre Handinnenflächen zusammen] ganz dünn [schaut kurz zu M] is zwischen . [bewegt beide Hände nach links] **Abgrund** [bewegt beide Hände nach rechts] und .. (fest steh´n . [lacht kurz beim Sprechen] **oder was** auch immer).

Hier wird der Grenzbereich benannt, der Züge eines allgemeinen, menschlichen Schicksalsgedankens aufweist. Das Gefühl, sich an einem Abgrund zu bewegen und in ständiger Gefahr zu leben, ruft ‚Sehnsüchte‘ nach einem Gott hervor, der die menschlichen Geschicke kennt und lenkt sowie metaphysische Antworten bereithält. An den Reaktionen beider Mütter ist abzulesen, dass sie im Bild auch sich selbst begegnen und Bezugsebenen zum Religiösen herstellen, um das Fremdartige und teilweise Irritierende, das im Bild auftaucht, mit ihrem Weltverständnis zu verbinden.

5.4 Kontrastierende Reaktionen aus den anderen Familien

In den anderen, säkularisierten Familien war der Aspekt des Religiösen bei der Bildbetrachtung nahezu bedeutungslos. Es wurden materielle und fassbare Dinge assoziiert sowie Faktenwissen memoriert. So ergreift der Vater Kasupke etwa nach der Bildbetrachtung das Wort und verortet sicher den geographischen Hintergrund des Gemäldes:

> V: Nee? Kommt das nich ausm Erzgebirge? Sieht so aus wie die Burg Rathen. Äh, äh [...] Dann bin ich da (zeigt auf den Bildschirm) hingefahren und dachte: Boah, das sieht richtig, richtig gut aus. Mit der Elbe und so, die da lang fließt und dann diese... Burg. Toll, also (räuspert sich) schick. Sieht man an den Türmen (zeigt näher auf den Bildschirm und empfindet mit den Händen die Türme nach), die da so... is ja ganz... klassisch dazu. Ja. Schön. (Schaut zum Sohn.)

Er kann sogar, und dies ist auf der Strukturebene vergleichbar mit den beiden Müttern der islamisch geprägten Familien und zur Reaktion auf das Musikstück, die eigene biografische Erfahrung auf den dargestellten Ort beziehen und berichtet von seinen Erlebnissen im Gebirge, auf der Burg Rathen und dem Blick auf die Elbe sowie in die Ferne. Somit verortet auch er sich im Bild, ihm scheint jedoch zunächst der Aspekt der eigenen Begegnungen mit dem Dargestellten im Vordergrund zu stehen. Zudem erfolgt keine ‚Psychologisierung' der Situation. Der etwa 15-jährige Sohn hingegen bezieht die Traurigkeit als Effekt und die Situation des Mannes auf die Einsamkeit, die auch Jugendliche nach einem ‚Stress' mit den Eltern suchen und auch die Mutter fokussiert das Alleinsein.

In der Familie Müller hingegen wird längere Zeit über passende Wanderbekleidung diskutiert, jedoch erst nachdem die etwa 10-jährige Tochter in der Ferne und dem Blick eine Sehnsucht nach einem ‚neuen Leben' verortet. Während die Mutter stark auf den Bildinhalt und davon ableitbare Zuschreibungen abzielt, verbleibt die Tochter konsequent bei einer narrativen Interpretation und Emotionalisierung. In der Folge holt die Tochter eigene Zeichnungen, Bücher und Mitbringsel von besuchten Ausstellungen.

5.5   Zwischenfazit

Abschließend kann davon ausgegangen werden, dass die Eltern der säkularisierten Familien durch die Ansammlung kulturellen Wissens und Kapitals eher allgemein über die Kulturgüter der Kunst und Musik referieren, in einem Fall auch die jüngere Tochter Yildirim. Ansonsten sind es die islamisch geprägten Familien und allenfalls die Kinder der nicht-religiösen Familien, die mit der Kunst auch eine affektive und ästhetische Wahrnehmung und Sinndeutung verbinden. Ein Ansatz eines typischen Umgangs mit den Kunstmedien könnte dahingehend formuliert werden, dass alle InterpretInnen durch den Aufforderungscharakter in der Situation eine Haltung gegenüber dem Dargebotenen einnehmen müssen. Inwiefern jedoch erhebliche Differenzen zwischen den Familien existieren, kann mit Hinblick auf verschiedene Dimensionen diskutiert werden.

So scheint sich beispielsweise eine Migrationstypik, aber auch eine Generations- bzw. Wissenstypik anzudeuten. Die persönlichen Erfahrungen in ‚Verona und im Erzgebirge' und mit ‚Oma' sind eher Kontextuierungen in der eigenen Erfahrung. Im Prinzip verbinden die säkularisierten Eltern nicht eine momentane Affizierung mit dem Kunstwerk, die Kinder hingegen schon, indem sie Räume entwerfen (‚so wie der Stress mit den Eltern' und ‚palastartig') und in diesen die Effekte des Materials auf ihre Affekte zum Ausdruck bringen. Letzteres trifft auch auf die islamisch geprägten Familien zu, jedoch sind bei den Szenen relativ homogene Argumentationen innerhalb der Familien aufgetreten. Hier wirkt dann ein generationaler ‚Wissensvorsprung' eben *nicht* ein, so dass insgesamt eher die Migrationsthematik und nicht die Generationstypik eine übergeordnete Rolle in der Kontrastierung spielt. Die einzige Ausnahme ist die bereits erwähnte jüngste Tochter Yildirim, die kurz ihr Schulwissen zur Aufführung bringt, um dann den Modus wieder zu einer eher als gläubig zu bezeichnenden Lesart zu wechseln. Diese Interpretation verbindet sodann metaphysische Inhalte mit dem visuellen und auditiven Material. Eine übergeordnete Rahmung aller Deutungen besteht in mimetischen Bezugnahmen jeweils unter den spezifischen Bedingungen der eigenen Biografie. Ob Reisen und Ausstellungsbesuche, der Streit mit den Eltern etc. die gleiche Zugangsweise in der Beziehung zur Welt implizieren, ist aber mit Hinblick auf die letzten und großen Fragen des Lebens zu bezweifeln.

6   Intertextualität als Bezugsform eines ästhetisch-religiösen basierten Bildungswillens?

Die den islamischen Familien zugeschriebene Zugangsweise zu ästhetischen Deutungsformen als intertextuellem Verständnisprozess kann durch die empirische Fallstudie präziser formuliert werden. Durch die Erfahrungen gelebter Religiosität kann die Aussage über die Kunstmedien als Sinnsuche verstanden werden. Hier greift der von Mechthild Dehn (1999) verwendete und u. a. auf Wolfgang Iser zurückgehende Begriff der Literarität als intertextuelles Instrument (vgl. Kristeva 1972) eines sehr komplexen Konstellationsvorgangs: der Beziehung des Selbst zur Welt: „Literarität […] meint den Zugang zur Darstellung von Erfahrung, von personaler Erfahrung, der von Selbst und Welt" (Dehn 1999, S. 36).

Die religiösen Erfahrungen, die in den Familien gemacht werden, sind durch Bedeutungsmuster eines geteilten Erfahrungsraums geprägt, welche den Orientierungsrahmen dieser Familien bilden. Innerhalb des Dialogfeldes Aisthesis (Bildwahrnehmung) und Religiosität (Islam als Sozialisationsinstanz) werden sowohl Ich-Botschaften als auch Modi der Weltanschauung und personaler Sinnsuche aktualisiert und können so gleichsam präzisiert werden. Im Vergleich zu den Familien Kasupke und Müller, innerhalb derer Musik und Kunst weitestgehend bekannt sind, stellt sich allerdings ein anderer Bezugsmodus der Interpretation dar. Hier sind die ersten Eindrücke in der Regel im Bild oder an dem Musikstück nachweisbar. So halten sich die Eltern noch deutlich mehr als die Kinder an konkrete Gegebenheiten und an bereits vorhandenes kodifiziertes bzw. faktisches Wissen. Anders agieren die Mitglieder der Familien Yildirim und Öztürk, die die Ausgangsreize intensiver mit ihren eigenen Einstellungen und nicht ‚nur' mit eigenen Erfahrungen in Verbindung bringen. Während die eine Lesart eher als ‚faktisch' zu bezeichnen ist, könnte die andere demgegenüber als ‚emphatisch' bezeichnet werden. Doch dabei ist es geboten, nicht zu sehr einer normativen Auslegung zu verfallen und die eine oder andere Art und Weise zu erhöhen. Zusammenfassend kann jedoch festgehalten werden, dass die ästhetische Bezugnahme eine Passung zu den Themen produziert, von denen teilweise auch in den Suren des Koran die Rede ist.

Mit ihrem Wunsch, das Universum zu lesen, eröffnet die Studentin eingangs ein Diskursfeld, das von außerordentlicher Komplexität gekennzeichnet ist. Um es einzugrenzen, hilft der von ihr gewählte Terminus des ‚Lesens' in Bezug auf das Verständnis des Universums. Das Lesen wird hier in einem umfassenden Sinn verstanden. Die Studentin liest den Koran, um daraus Verständisstrategien zu entwickeln, die es ihr ermöglichen, das Universum zu begreifen. Die Sinnsuche ihres aktuellen Seins verbindet sich mit der religiösen Textaussage des Koran. Hier zeigt sich ein Kulturverständnis, das an die Kulturdebatte der späten 60er

Jahre des 20. Jahrhunderts erinnert. Bezugnehmend auf Michail Bachtin stellt Julia Kristeva heraus, dass Bachtin Texte in den Zusammenhang von Geschichte und Gesellschaft stellt, „welche wiederum als Texte angesehen werden" (Kristeva 1972, S. 346). Geschichte und Gesellschaft können demnach auch als intertextuelle Konzepte gelesen werden, als ein Interaktionsprozess, der sich als Dialog zwischen Text und AdressatInnen darstellt.[6]

Letztlich gewinnt nun ein Textbegriff Kontur, in dem religiöse Anschauungen in den Kontext ästhetischer Rezeptionsformen eingebunden werden: Kunst und Weltanschauung werden nicht nur innerhalb von Historizität wahrgenommen, sondern aus dem aktiven, intertextuellen Dialog des Subjektes mit der ihn jeweils umgebenen Erscheinungsform von Kultur. Auch eine religiös grundierte Suche nach gesellschaftlichen und kulturellen Sinnzusammenhängen auf der Basis der Koranrezeption kann mit den Ansätzen eines intertextuell motivierten Weltverstehens schärfer gefasst werden. In seinen Ausführungen über die islamischen Künste zieht Mehrez Hamdi das Fazit, dass muslimische Identität und Religiosität im Zusammenhang mit der Textrezeption des Koran einen zutiefst ästhetischen Menschen hervorbringen können: „Und wir haben Recht, uns zu fragen, ob der Muslim nicht zutiefst Ästhet oder Dichter ist, in dem Sinne, das sein Verhältnis zum Göttlichen sich mit einem Kunstwerk verbindet, nämlich dem Text des Koran" (Hamdi 2007, S. 162).

Abschließend sei in diesem Zusammenhang auf Navid Kermani verwiesen, der bereits 2004 auf die Vieldeutigkeit des Korantextes verwies. Den Koran müsse man in seiner Vieldeutigkeit rezipieren, dadurch erst würde man seiner Poetizität gerecht:

> „Er lässt sich poetologisch geradezu durch seine Ambiguität definieren, ja, er hört auf, poetisch zu sein, wenn er eindeutig wird. Dann sinkt er zum Thesenpapier herab, zum ideologische Manifest oder – im Falle eines Offenbarungstextes – zum bloßen Gesetzestext" (Kermani 2004, S. 324).

Hier zeigt sich die Mehrdimensionalität, mit der diese Studie schließen muss. Ebenso wenig wie es pauschal nicht ‚die Koranrezeption' geben kann, gibt es auch keine exakt zu greifende Definition des „islamischen Glaubenshintergrundes" (vgl. Bihl 2003, S. 216). Doch gerade die Vielschichtigkeit, die in den Äußerungen der besuchten Familien deutlich wird, reflektiert die ästhetischen Impulse in einem neuen, erhellenden Licht. Durch die Vielfalt religiös geprägter Wahrnehmungsweisen

---

6   Im philosophischen Diskurs der Moderne findet diese Lesart von Text, Gesellschaft und Kultur auch ihre Kritiker. So mahnt Habermas bei aller Auflösung starrer sprachlicher Strukturen, das philosophische Denken nicht von der Pflicht zu entbinden, Probleme zu lösen (Habermas 1985, S. 246).

werden ästhetische Erfahrungsräume eröffnet, die bei einer routinierten, kulturell eingebundenen Rezeptionsart unentdeckt bleiben könnten. Die Bezugsform ‚Intertextualität' erhält im Kontext eines ästhetisch-religiös basierten Erkenntniswillens den Status einer kulturellen Bereicherung, in der auf vermeintlich bekanntem Terrain niveauvolle Neuentdeckungen evoziert werden und sicher eine Bereicherung für das Feld der (inter-)kulturellen Bildung darstellen.

Im Hinblick auf performative Sozialisationsprozesse sind ästhetische Aneignungskulturen als vom Material ausgehende Effekte der Affizierung der Akteure zu verstehen, die je nach Kontext auf bereits bestehende Erlebnisse verweisen. Als sinnlich-körperliche Erfahrung der Differenzbearbeitung durch die Praxis mit ästhetischem Material können sie alltägliche Orientierungen erweitern und so neue kulturelle Erfahrungshorizonte eröffnen.

Transkriptionslegende

Schnitt Regular (8,5 pt)	Gesprochenes
[Text]	Regieanweisungen, Beobachtungen, Kommentare
(Text)	schwer verständliche Äußerungen
( ) leeres Klammerpaar	unverständliche Äußerungen
Schnitt fett	Betont gesprochen
g e s p e r r t	Gedehnt gesprochen
.. ...	Pause: 1-3 Sekunden
... x s	Pause länger als 3 Sekunden
/	Selbstunterbrechung
//	Fremdunterbrechung
<SprecherIn1: <Text <SprecherIn2: <Text	Gleichzeitiges Sprechen
[...]	Auslassungen

Literatur

Bihl, Wolfgang (2003): Islam. Böhlau, Wien.
Blaschke, Gerald (2014): ‚Hier wird richtig gelernt!' Eine dokumentarische Perspektive auf die Gestaltung des Übergangs in die Schule. In: Bohnsack, Ralf/Fritzsche, Bettina/ Wagner-Willi, Monika (Hrsg.): Dokumentarische Video- und Filminterpretation. Methodologie und Forschungspraxis. Barbara Budrich, Opladen, S. 73-95.

Böhme, Hartmut (2006): Rückenfiguren bei Caspar David Friedrich. In: Greve, Gisela (Hrsg.): Caspar David Friedrich. Deutungen im Dialog. edition diskord, Tübingen, S. 49-95.

Bohnsack, Ralf (1989): Generation, Milieu und Geschlecht. Ergebnisse aus Gruppendiskussionen mit Jugendlichen. Leske & Budrich, Opladen.

Bohnsack, Ralf (2013): Dokumentarische Methode und die Logik der Praxis. In: Lenger, Alexander/Schneickert, Christian/Schumacher, Florian (Hrsg.): Pierre Bourdieus Konzeption des Habitus. Grundlagen, Zugänge, Forschungsperspektiven. Springer VS, Wiesbaden, S. 175-200.

Bohnsack, Ralf/Fritzsche, Bettina/Wagner-Willi, Monika (Hrsg.) (2014): Dokumentarische Video- und Filminterpretation. Methodologie und Forschungspraxis. Opladen, Barbara Budrich.

Dehn, Mechthild (1999): Texte und Kontexte. Volk und Wissen, Berlin.

Ferrin, Nino (2013): Selbstkultur und mediale Körper. Zur Pädagogik und Anthropologie neuer Medienpraxen. transcript, Bielefeld.

Ferrin, Nino (2014): Mimetic References to a Digital World. In: Buhl, Mie/ Kraus, Anja/ von Carlsburg, Bodo (Hgs.): Performativity, Materiality and Time – Modelling the Tacit Dimensions of Pedagogy. Münster, Waxmann, S. 41-52.

Ferrin, Nino/Blaschke, Gerald (2010): Pädagogische Potenziale von Kontaktzonen. In: Wulf, Christoph (Hrsg.): Kontaktzonen. Zur Dynamik und Performativität kultureller Begegnungen. Paragrana. Zeitschrift für historische Anthropologie, Band 19/2. Akademie, Berlin, S. 179-191.

Gebauer, Gunter/Wulf, Christoph (2003): Mimetische Weltzugänge. Kohlhammer, Stuttgart.

Habermas, Jürgen (1985): Der philosophische Diskurs der Moderne. Zwölf Vorlesungen. Suhrkamp, Frankfurt a. M.

Hamdi, Mehrez (2007): Die islamischen Künste und der interkulturelle Dialog. In: Wulf, Christoph/Poulain, Jaques/Triki, Fathi (Hrsg.): Die Künste im Dialog der Kulturen. Europa und seine muslimischen Nachbarn. Akademie, Berlin, S. 155-162.

Kermani, Navid (2004): Die Macht der Sprache. Über Koran, Poesie und Politik. In: Katholische Blätter, Heft 129, S. 319-324.

Kristeva, Julia (1972): Bachtin, das Wort, der Dialog und der Roman. In: Buck, August/ Hebelhaus, Clemens/Lauberg, Heidrich/Mauser, Wolfram (Hrsg.): Literaturwissenschaft und Linguistik. Bd. 3. Athenäum, Frankfurt a. M., S. 345-375.

Kroon, Sjaak/Sturm, Jan (2002): ‚Key Incident Analyse‘ und ‚internationale Triangulierung‘ als Verfahren in der empirischen Unterrichtsforschung. In: Kammler, Clemens/Knapp, Werner (Hrsg.): Empirische Unterrichtsforschung und Deutschdidaktik. Hohengehren, Baltmannsweiler, S. 96-113.

Lüders, Christian (2008): Beobachten im Feld und Ethnographie. In: Flick, Uwe/von Kardorff, Ernst/Steinke, Ines (Hrsg.): Qualitative Forschung. Handbuch. Rowohlt, Reinbek bei Hamburg, S. 384-401.

Meyer, Thorsten (2010): Next Nature Mimesis. In: Schuhmacher-Chilla, Doris/Ismail, Nadia/ Kania, Elke (Hrsg.): Image und Imagination. Athena, Oberhausen, S. 211-227.

Nentwig-Gesemann, Iris (2007): Sprach- und Körperdiskurse von Kindern. In: Friebertshäuser, Barbara/von Felden, Heide/Schäffer, Burkhard (Hrsg.): Bild und Text. Methoden und Methodologien visueller Sozialforschung in der Erziehungswissenschaft. Barbara Budrich, Opladen, S. 105-120.

Nohl, Arnd-Michael (2004): Bildung und Islam. Pragmatische Reflexionen und empirische Rekonstruktionen zur Lebensgeschichte eines jungen Mannes. In: Wulf, Christoph/

Macha, Hildegard/Liebau, Eckart (Hrsg.): Formen des Religiösen. Pädagogisch-anthropologische Annäherungen. Beltz, Weinheim, S. 286-314.

Nohl, Arnd-Michael (2011): Pädagogik der Dinge. Julius Klinkhardt, Bad Heilbrunn.

Parmentier, Michael (2001): Der Bildungswert der Dinge oder: Die Chancen des Museum. In: Zeitschrift für Erziehungswissenschaft, 1/2001, S. 39-50.

Przyborski, Aglaja (2004): Gesprächsanalyse und dokumentarische Methode. Qualitative Auswertung von Gesprächen, Gruppendiskussionen und anderen Diskursen. VS, Wiesbaden.

Schinkel, Sebastian (2011): Gestaltung, Verortung und Einfühlung. Gesten im Familienleben. In: Wulf, Christoph/Althans, Birgit/Audehm, Kathrin/Blaschke, Gerald/Ferrin, Nino/Kellermann, Ingrid/Schinkel, Sebastian: Die Geste in Erziehung, Bildung und Sozialisation. VS, Wiesbaden, S. 115-174.

Wagner-Willi, Monika (2008): Die dokumentarische Videointerpretation in der erziehungswissenschaftlichen Ethnographieforschung. In: Hünersdorf, Bettina/Maeder, Christoph/Müller, Burkhard (Hrsg.): Ethnographie und Erziehungswissenschaft. Methodologische Reflexionen und empirische Annäherungen. Juventa, Weinheim, S. 221-231.

Wagner-Willi, Monika/Wulf, Christoph (2007): Zur Ethnographie der Berliner Ritualstudie. In: Weigand, Gabriele/Hess, Remi (Hrsg.): Teilnehmende Beobachtung in interkulturellen Situationen. Campus, Frankfurt a. M., S. 157-175.

Wieler, Petra/Brandt, Birgit/Naujok, Natascha/Petzold, Janina/Hoffmann, Jeanette (2008): Medienrezeption und Narration. Gespräche und Erzählungen zur Medienrezeption von Grundschulkindern. Fillibach, Freiburg i. Br.

Wulf, Christoph/Zirfas, Jörg (Hrsg.) (2007): Pädagogik des Performativen. Theorien, Methoden, Perspektiven. Beltz, Weinheim.

Ziesmer, Marion (2011): Die entfesselte Sprache. Fallstudien zum poetischen Erleben von Kindern aus Einwandererfamilien. Hohengehren, Baltmannsweiler.

Zirfas, Jörg (2004): Sozialisation als performativer Prozess. Ethnographische Überlegungen zu rituellen Praktiken in der Familie. In: Wulf, Christoph/Zirfas, Jörg (Hrsg.): Zeitschrift für Erziehungswissenschaft. 2. Beiheft: Innovation und Ritual. Jugend, Geschlecht und Schule. VS, Wiesbaden, S. 59-75.

Verzeichnis der Autorinnen und Autoren

Sascha Benedetti, Dr. phil., ist Wissenschaftlicher Mitarbeiter der AG ‚Allgemeine Erziehungswissenschaft' am Institut für Erziehungswissenschaft der Johannes Gutenberg-Universität Mainz. Seine Arbeitsschwerpunkte liegen in den Bereichen des gesellschaftlichen, freiwilligen und bürgerschaftlichen Engagements, der erziehungswissenschaftlichen Biographie- und Bildungsforschung, der Vergleichenden Erziehungswissenschaft, der Interkulturellen Pädagogik sowie der Normentwicklung in Kindheit und Jugend.

Oktay Bilgi, Dip.-Päd., ist Wissenschaftlicher Mitarbeiter am Lehrstuhl ‚Frühe Kindheit und Familie' des Instituts I (Bildungsphilosophie, Anthropologie und Pädagogik der Lebensspanne) der Humanwissenschaftlichen Fakultät der Universität zu Köln. Seine Arbeitsschwerpunkte liegen in den Bereichen Differenz und Andersheit in der frühen Kindheit, Anfänglichkeit und Ethik sowie Pädagogische Anthropologie und Existenzphilosophie.

Gerald Blaschke-Nacak, Dr. phil., ist Wissenschaftlicher Mitarbeiter am Lehrstuhl ‚Frühe Kindheit und Familie' des Instituts I (Bildungsphilosophie, Anthropologie und Pädagogik der Lebensspanne) der Humanwissenschaftlichen Fakultät der Universität zu Köln. Seine Arbeitsschwerpunkte liegen in den Bereichen Qualitative Forschung in der Frühpädagogik, Bildung und Übergänge in der Frühen Kindheit, Pädagogische Anthropologie sowie Heterogenität und Diversität in der Frühpädagogik.

Nina Brück, M. A., ist Wissenschaftliche Mitarbeiterin der AG ‚Allgemeine Erziehungswissenschaft' am Institut für Erziehungswissenschaft der Johannes Gutenberg-Universität Mainz. Ihre Arbeitsschwerpunkte liegen in den Bereichen Moralentwicklung in der Kindheit und kindlichen Beziehungen, Kindheitsforschung sowie Geschwisterforschung.

Karim Fereidooni ist Lehrer für die Fächer Deutsch, Politik/Wirtschaft und Sozialwissenschaften am St. Ursula Gymnasium Dorsten. Zudem ist er Doktorand am Institut für Bildungswissenschaft der Ruprecht-Karls-Universität Heidelberg und Lehrbeauftragter der Hochschule Magdeburg-Stendal sowie am Zentrum für LehrerInnenbildung der Universität zu Köln. Seine Arbeitsschwerpunkte sind Rassismuskritik in pädagogischen Institutionen, Schulforschung, Politische Bildung, Diversity Studies und Bullying.

Nino Ferrin, Dr. phil., ist Postdoc am Fachbereich Erziehungswissenschaft und Psychologie der Freien Universität Berlin. Seine Arbeits- und Forschungsschwerpunkte liegen in den Themenfeldern der Medienbildung und Kulturellen Bildung, der rekonstruktiven Ethnographie und Pädagogischen Anthropologie.

Magnus Frank ist wissenschaftlicher Mitarbeiter im Projekt ProDaZ am Institut für Deutsch als Zweit- und Fremdsprache an der Universität Duisburg-Essen. Seine Arbeits- und Forschungsschwerpunkte entlang qualitativ-rekonstruktiver Methoden (Ethnographie, Biographieanalyse u.a.) liegen in den Themenfeldern Migration, Mehrsprachigkeit und religiöse Orientierung in (außer)schulischen pädagogischen Settings.

Julia Franz, Dr. phil., ist Professorin für Sozialwissenschaften/Qualitative Sozialforschung am Fachbereich Soziale Arbeit, Bildung und Erziehung der Hochschule Neubrandenburg. Ihre Forschungsschwerpunkte sind Adoleszenz und Migration, Wahrnehmungen von und Umgang mit sozialer Differenz und Professionalisierung der Sozialen Arbeit.

Thomas Geier, Dr. phil., vertritt zur Zeit die Professur für Interkulturelle Pädagogik und Lebenslange Bildung an der Fakultät für Geistes- und Humanwissenschaften der PH Karlsruhe. Seine Arbeitsschwerpunkte liegen in den Bereichen der Migrationsgesellschaftlichen Schul- und Bildungsforschung, von Differenz und sozialer Ungleichheit, der Pädagogischen Professionalität und den Qualitativen Methoden in Forschung und Lehre.

Stefan E. Hößl, Dipl. Päd., ist Stipendiat der Friedrich-Ebert-Stiftung und arbeitet an der Universität zu Köln im Rahmen seines Promotionsprojekts zum Thema ‚Antisemitismus und religiöser Habitus bei muslimischen Jugendlichen'. Seine Arbeits- und Interessenschwerpunkte liegen in den Bereichen Qualitative (Biographie-)Forschung; Jugendphase im Kontext von Migration, Religiosität, Gewalt und Antisemitismus; Politische Bildung sowie Holocaust Education.

Ingrid Kellermann, Dr. phil., ist Wissenschaftliche Mitarbeiterin im Fachbereich Erziehungswissenschaft und Psychologie an der Freien Universität Berlin. Ihre Forschungsschwerpunkte liegen in den Bereichen Anthropologie und Erziehung, Performativität und Anerkennung in der Schule, Gestaltung von Bildungsprozessen und empirisch-rekonstruktive Sozialforschung.

Nils Köbel, Dr. phil., ist Wissenschaftlicher Mitarbeiter der AG ‚Allgemeine Erziehungswissenschaft' am Institut für Erziehungswissenschaft der Johannes Gutenberg-Universität Mainz. Seine Arbeitsschwerpunkte liegen in den Bereichen Theorien der Erziehung, Bildung und Sozialisation, Identitätsforschung, Biographieforschung, Religions- und Moralpädagogik.

Ditte Lorenz, Cand. Mag. in Religionssoziologie (Kopenhagen, Dänemark), ist Projektkoordinatorin bei trendence Berlin. Ihre Forschungsschwerpunkte richten sich auf die Rolle der Religion(en) in der Gesellschaft, Bildungssysteme in Deutschland und Dänemark, qualitative und quantitative Auswertungsmethoden, empirisch-rekonstruktive Sozialforschung.

Ahmet Toprak, Dr. phil., Professor für Erziehungswissenschaft an der FH-Dortmund, Fachbereich Angewandte Sozialwissenschaften. Seine Arbeits- und Forschungsschwerpunkte sind Migration, Integration, Geschlechterforschung im Kontext der Migration.

Stefan Weyers, Dr. phil. habil., ist Professor für Allgemeine Erziehungswissenschaft am Institut für Erziehungswissenschaft der Johannes Gutenberg-Universität Mainz. Seine Arbeitsschwerpunkte liegen in den Bereichen Moral-, Demokratie- und Menschenrechtsbildung, Normative Entwicklung und Sozialisation, Bürgerschaftliches Engagement, Jugend, Delinquenz und Gewalt sowie Pädagogische Ethik.

Marion Ziesmer, Dr. phil., war Lehrerin für Deutsch und Musik im Berliner Bezirk Neukölln. Seit 2007 Lehre im Fachbereich Erziehungswissenschaft und Psychologie an der FU Berlin. Ihre Forschungsschwerpunkte befassen sich mit der Auswirkung ästhetischer Impulse auf Sprache und Habitus.

The manufacturer's authorised representative in the EU is Springer
Nature Customer Service Centre GmbH, Europaplatz 3, 69115 Heidelberg,
Germany. If you have any concerns regarding our products, please
contact ProductSafety@springernature.com

Printed and bound by CPI Group (UK) Ltd, Croydon, CR0 4YY
28/04/2026
02098479-0004